Abele, Reinhart
Zukunft der Produktion

Eberhard Abele
Gunther Reinhart

Zukunft der Produktion

Herausforderungen, Forschungsfelder, Chancen

HANSER

Die Autoren:

Prof. Dr.-Ing. Eberhard Abele
Technische Universität Darmstadt
Institut für Produktionsmanagement, Technologie und Werkzeugmaschinen
Petersenstraße 30, 64287 Darmstadt
abele@ptw.tu-darmstadt.de

Prof. Dr.-Ing. Gunther Reinhart
Technische Universität München
Institut für Werkzeugmaschinen und Betriebswissenschaften
Boltzmannstraße 15, 85748 Garching
gunther.reinhart@iwb.tum.de

Bibliografische Information Der Deutschen Bibliothek:
Die Deutsche Bibliothek verzeichnet diese Publikation in der Deutschen Nationalbibliografie; detaillierte bibliografische Daten sind im Internet über <http://dnb.d-nb.de> abrufbar.
ISBN: 978-3-446-42595-8

Die Wiedergabe von Gebrauchsnamen, Handelsnamen, Warenbezeichnungen usw. in diesem Werk berechtigt auch ohne besondere Kennzeichnung nicht zu der Annahme, dass solche Namen im Sinne der Warenzeichen- und Markenschutzgesetzgebung als frei zu betrachten wären und daher von jedermann benutzt werden dürften.

Alle in diesem Buch enthaltenen Verfahren bzw. Daten wurden nach bestem Wissen erstellt und mit Sorgfalt getestet. Dennoch sind Fehler nicht ganz auszuschließen. Aus diesem Grund sind die in diesem Buch enthaltenen Verfahren und Daten mit keiner Verpflichtung oder Garantie irgendeiner Art verbunden. Autor und Verlag übernehmen infolgedessen keine Verantwortung und werden keine daraus folgende oder sonstige Haftung übernehmen, die auf irgendeine Art aus der Benutzung dieser Verfahren oder Daten oder Teilen davon entsteht.

Dieses Werk ist urheberrechtlich geschützt. Alle Rechte, auch die der Übersetzung, des Nachdruckes und der Vervielfältigung des Buches oder Teilen daraus, vorbehalten. Kein Teil des Werkes darf ohne schriftliche Einwilligung des Verlages in irgendeiner Form (Fotokopie, Mikrofilm oder einem anderen Verfahren), auch nicht für Zwecke der Unterrichtsgestaltung – mit Ausnahme der in den §§ 53, 54 URG genannten Sonderfälle – reproduziert oder unter Verwendung elektronischer Systeme verarbeitet, vervielfältigt oder verbreitet werden.

Die Inhalte dieses Buches basieren auf den Inhalten des Projekts „Produktionsforschung 2020".
Dieses Forschungs- und Entwicklungsprojekt wurde mit Mitteln des Bundesministeriums für Bildung und Forschung (BMBF) (Förderkennzeichen: 02PC2161) gefördert und vom Projektträger Karlsruhe (PTKA) betreut. Die Verantwortung für den Inhalt dieser Veröffentlichung liegt beim Autor.

© Carl Hanser Verlag, München 2011
Herstellung: Steffen Jörg
Buchgestaltung, Layout und Satz: www.designlibretto.de, München
Lektorat: Anita Svach
Coverconcept: Marc Müller-Bremer, www.rebranding.de, München
Coverrealisierung: Stephan Rönigk
Druck und Bindung: Firmengruppe APPL, aprinta druck GmbH & Co. KG, Wemding
Printed in Germany

Vorwort der Autoren

Liebe Leserinnen und Leser,

die Zusammenarbeit von Wissenschaft und Wirtschaft hat in der Produktionstechnik schon eine lange Tradition. Bereits im Jahr 1937 haben in Leipzig die Professoren Otto Kienzle, Adolf Wallichs, Herwart Opitz und Gotthold Pahlitzsch den Grundstein für die Zusammenarbeit der produktionstechnischen Forschung mit der Anwendung Ihrer Ergebnisse gelegt: Sie gegründeten in den Räumen des Vereins Deutscher Werkzeugmaschinenfabriken (VDW) die Hochschulgruppe für Betriebswissenschaften (HGB), die Vorgängerin der heutigen WGP (Wissenschaftliche Gesellschaft für Produktionstechnik), deren Ziel es ist, sich in der Forschung sowohl den Fragen der Werkzeugmaschinen und Fertigungstechnik als auch der wissenschaftlich begründeten Betriebsführung zuzuwenden und dies in der Zusammenarbeit mit Produktionsunternehmen zur Anwendung zu bringen. Später kamen noch die Fachgebiete Montagetechnik und Robotik, Produktionslogistik und Messtechnik hinzu.

Die Früchte der intensiven Zusammenarbeit zwischen Wissenschaft und Wirtschaft hat auch das Bundesministerium für Bildung und Forschung (BMBF) schon vor langer Zeit erkannt. Es fördert deshalb seit vielen Jahren mit Hilfe des Projektträgers Karlsruhe (PTKA) Verbundprojekte aus dem Gebiet der Produktionstechnik, zuletzt im Rahmen des Programmes „Forschung für die Produktion von morgen (PROmorgen)". Nun soll daran angeknüpft werden und deshalb wurde ein Forschungsprojekt mit der Zielsetzung durchgeführt, zukünftige Forschungsbedarfe und Forschungsansätze im Bereich der Produktion für den Zeithorizont bis zum Jahr 2020 aufzudecken. Dabei sollte der Bedarf sowohl aus gesellschaftlicher, wissenschaftlicher aber insbesondere auch aus industrieller Sicht aufgezeigt werden. Dieses Buch baut im Wesentlichen auf den Ergebnissen dieser Untersuchung auf.

Universitäten, Forschungsinstitute und Industrieunternehmen können gerade in den Ingenieurwissenschaften erheblich von einer intensiven Zusammenarbeit profitieren. Die Wissenschaft greift aus der Wirtschaft wichtige und grundsätzliche Fragestellungen auf und erarbeitet hierzu neue Erkenntnisse und Handlungsanleitungen. Die Industrie kann diese Erkenntnisse in neue Produkte, Produktionsprozesse, Strukturen und Abläufe einbeziehen. Richtig verstanden und vor allen Dingen richtig umgesetzt können beide Gruppen aus dem dargestellten Kreislaufprinzip Honig saugen – eine Win-win-Situation stellt sich ein.

Vorwort der Autoren

In der starken Kooperation von Wissenschaft und Wirtschaft liegt bekanntermaßen eine der wesentlichen Stärken des Standortes Deutschland. Gerade in einer Zeit, welche durch einen schnellen Technologiewandel, hohe Innovationsgeschwindigkeiten sowie veränderte ökonomische Randbedingungen gekennzeichnet ist, stellt ein Ausbau dieser traditionellen Stärke eine große Chance dar. Dies insbesondere vor dem Hintergrund der zurzeit stattfindenden Inversion unserer Alterspyramide. Sie führt zu einem dramatischen aber unabwendbaren Wandel: Die Menschheit wird im Durchschnitt immer älter und die jungen Menschen immer weniger. Bis zum Jahr 2050 wird mehr als die Hälfte der Deutschen über 50 Jahre alt sein.

Dieser Trend lässt sich nur noch sehr langfristig umkehren. Die Zukunft wird unsere Unternehmen verstärkt mit alternden Belegschaften konfrontieren, deren Leistungsprofil sich von dem junger Menschen erheblich unterscheidet. Wissen und Erfahrung werden an die Stelle hoher physischer Belastbarkeit treten. Deshalb müssen in unseren Unternehmen gezielte Maßnahmen sowohl technischer als auch organisatorischer Art getroffen werden. Diese Maßnahmen beginnen bei jungen Menschen, indem sie substanzerhaltend und belastungsmindernd wirken und setzen sich bei älteren Menschen fort, denen angepasste Arbeitsbedingungen angeboten werden müssen.

Ein ideales Betätigungsfeld für die Zusammenarbeit von Industrie und Forschung. Arbeitsmediziner, Psychologen, Biologen, Ökonomen und vor allen Dingen Ingenieurwissenschaftler können und müssen an zukunftsweisenden Lösungen arbeiten, um die Menschheit fit zu machen – für ein längeres unabhängiges Leben, für eine anhaltende Mobilität und für eine längere Lebensarbeitszeit.

Ähnliches gilt für die effiziente Nutzung unserer Ressourcen im Sinne von Materialien, Energie, Wasser, Boden und Kapital und für die Reduzierung der Belastungen für unsere Umwelt. Diese beiden und weitere acht sog. Megatrends werden in diesem Buch aufgegriffen und als Herausforderung wie auch als Chance für die Produktion der Zukunft und die produktionstechnische Forschung der kommenden 10 Jahre verstanden. Daran leiten sich dann Zukunftsperspektiven und Forschungsthemen, von neuartigen Geschäftsmodellen über innovative und kognitive Produktionsausrüstung, zukunftsweisende Produktionsstrategien bis hin zu einem neuen Ansatz im Umgang mit Wissen ab.

Das produzierende Gewerbe in Deutschland erwirtschaftet knapp ein Viertel des Bruttoinlandprodukts. Berücksichtigt man die direkte Beschäftigung in der Produktion, aber auch die indirekt von der Produktion abhängigen Arbeitsplätze, so ist mit 15 bis 20 Mio. Stellen ca. jeder zweite Arbeitsplatz in unserem Land mit der Produktion verbunden. Kein anderes Land hat sich in den letzten Jahrzehnten eine so herausragende Basis im Bereich der Produktion, aber auch im Bereich des für produktionstechnische Innovation so wichtigen Maschinen- und Anlagenbaus, erarbeitet. Diese über Jahrzehnte aufgebaute Position muss verteidigt und ausgebaut werden. Für das Aufrechterhalten und den Ausbau unseres Vorsprungs kommt der Produktionsforschung dabei eine ganz besondere Rolle zu. Denn: ohne Produktion keine Produkte, ohne Produkte kein Wachstum und ohne Wachstum kein Wohlstand.

Wirtschaft und Staat investieren in Deutschland folgerichtig wieder mehr in Forschung und Entwicklung. Wie aus den Berichten über die Hightech-Strategie der deutschen Bundesregierung hervorgeht, wird die Wirtschaft im Jahr 2007 für 41,8 Milliarden Euro durchgeführt. Damit stehen wir im internationalen Vergleich auf dem fünften Platz. Für das Jahr 2010 wurden gar über 50 Mrd. € in Forschung und Entwicklung investiert. Für die acht Schlüsseltechnologien als Treiber für Innovationen hat die Bundesregierung in ihrer Hightech-Strategie klare Ziele herausgestellt. Dabei will sie konsequenterweise die Kooperation zwischen exzellenter Wissenschaft und kreativen Unternehmen stärken und die Zusammenarbeit zwischen öffentlicher Forschung und Wirtschaft auf ein neues Niveau bringen.

Dabei gilt es nicht nur, dem Drei-Prozent-Ziel von Lissabon im Anteil von Forschung und Entwicklung am Bruttoinlandsprodukt näher zu kommen. Es geht vielmehr um Arbeitsplätze und Beschäftigung. Innovation schafft Produkte, Produkte brauchen Produktion, Produktion schafft Arbeitsplätze. Der Bedarf an hoch qualifizierter Arbeit steigt bereits. Die Zahl der in Forschung und Entwicklung beschäftigten Personen in der Wirtschaft wuchs nach Berichten des Stifterverbandes in den letzten Jahren um jährlich ein Prozent. Von der Forschung und Entwicklung, über die Konstruktion bis hin zum Design wächst gerade in der Postkrisenzeit die Einstellungsbereitschaft bei den Unternehmen.

Lange Verzögerungszeiten für den Technologietransfer von der Forschung in die Wirtschaft, aber auch eine fehlende Rückkoppelung industrieller Anforderungen in der wissenschaftlichen Arbeit und vielfach auch der umstrittene Ruf von Industrieforschung in der Wissenschaftsgemeinde behindern oftmals die Zusammenarbeit von Forschung und Industrie. Gerade die Schnelllebigkeit des weltweiten Marktes erlaubt jedoch hier keine Reibungsverluste. Das rechtzeitige Erkennen und Umsetzen von Technologie- und Markttrends wird ganz entscheidend. Eine Wissenschaft, die Wissen schafft, muss dieses eben auch vermitteln können und entsprechende Transferkanäle installieren. Auf der anderen Seite sollte die Industrie auch lernen sich mehr Wissen an den Forschungsinstituten abzuholen. Denn eines zeigt sich bei der Beobachtung des aktuellen Forschungstransfers in Deutschland: Ein ausschließliches Veröffentlichen von Resultaten in wissenschaftlichen Journalen und das Warten darauf, dass die Wirtschaft die Forschungsergebnisse eigenständig erkennt und aufgreift, reicht bei weitem nicht aus. Hierfür sind proaktive Maßnahmen und persönliche Beziehungen entscheidend.

Eine entsprechend starke Verzahnung zwischen Forschung und Wirtschaft schafft Synergien und sorgt für einen – im Hinblick auf Kosten und Zeit – reibungslosen Technologietransfer. Selbst kleinere Unternehmen können durch eine enge Vernetzung mit innovativen Instituten und dem Zusammenschluss ihrer Entwicklungskompetenzen nachhaltigen Erfolg generieren. Dabei bieten sich vielfältige Möglichkeiten der Kooperation, beispielsweise die Gestaltung eines Verbund-Forschungsprojektes, das vom Bundesministerium für Bildung und Forschung gefördert wird.

Wir bedanken uns bei unseren Kollegen aus der Wissenschaft, die bei der Erstellung der vom Bundesministerium für Bildung und Forschung geförderten und im Sommer 2010 fertig gestellten Forschungsprojektes „Produktionsforschung 2020" außerordentlich engagiert mitgewirkt haben. Konkret sind dies:

Vorwort der Autoren

- Prof. Dr.-Ing. Dr. h.c. Albert Albers, Karlsruhe
- Prof. Dr.-Ing. Jan C. Aurich, Kaiserslautern
- Prof. Dr.-Ing. Christian Brecher, Aachen
- Prof. Dr.-Ing. Jürgen Gausemeier, Paderborn
- Prof. Dr.-Ing. Dipl.-Wirtsch.-Ing. Peter Groche, Darmstadt
- Prof. Dr. Hartmut Hirsch-Kreinsen, Dortmund
- Prof. Dr. -Ing. Hartmut Hoffmann, München
- Prof. Dr.-Ing. Dr.-Ing. E.h. Dr. h.c. Dr. h.c. Fritz Klocke, Aachen
- Prof. Dr.-Ing. Horst Meier, Bochum
- Prof. Dr.-Ing. habil. Prof. E.h. Dr.-Ing. E.h. Dr. h.c. Reimund Neugebauer
- Prof. Dr.-Ing. habil. Peter Nyhuis, Hannover
- Prof. Dr.-Ing. Uwe Reisgen
- Prof. Dr.-Ing. Bernd Scholz-Reiter, Bremen
- Prof. Dr.-Ing. Günther Seliger, Berlin
- Prof. Dr.-Ing. Dr.-Ing. E.h. Dieter Spath, Stuttgart
- Prof. Dr.-Ing. habil. Joachim Warschat, Stuttgart
- Dr. rer. pol. Steffen Kinkel
- Dr.-Ing. Ekkehard Gericke
- Dr. Joachim Schulz
- Karl-Heinz Lust †
- Prof. Dr.-Ing. Eckhard Weidner

Ebenfalls danken wir ganz ausdrücklich unseren Koautoren, Herrn Dipl.-Ing. Thomas Bonin, Dr.-Ing. Gregor Branner, Dipl.-Wirtsch.-Ing. Benjamin Hueske, Dipl.-Wirt.-Ing. Guido Rumpel und Dipl.-Ing. Hendrik Schellmann, die in mühevoller Kleinarbeit Inhalte recherchiert, Fallbeispiele gesammelt, Bildmaterial erstellt, Texte formuliert und das Gesamtwerk redigiert haben. Ohne ihren Einsatz wäre dieses Werk nicht zustande gekommen.

Schließlich aber nicht zuletzt bedanken wir uns beim Verlag Carl Hanser München, der uns dieses Projekt ermöglicht, ja uns sogar dazu ermuntert hat und das Buch nun kompetent verlegt.

Und nun wünschen wir unseren Leserinnen und Lesern eine gute Perzeption des innovativen Stoffes. Mögen Sie viele Ideen aus diesem Buch schöpfen und Anregungen für gemeinsame Forschungsprojekte zwischen Wirtschaft und Wissenschaft erhalten.

Prof. Dr.-Ing. Eberhard Abele   **Prof. Dr.-Ing. Gunther Reinhart**

Institutsleiter PTW, TU Darmstadt   *Institutsleiter iwb, TU München*

Vorwort
Dr.-Ing. E.h. Manfred Wittenstein

Liebe Leserinnen und Leser,

Deutschland ist Industrieland: Rund ein Viertel trägt das Verarbeitende Gewerbe direkt zur deutschen Bruttowertschöpfung bei, mehr als jeder dritte Arbeitsplatz hängt unmittelbar von der Produktion ab. Mithin haben wir es durch eine intelligente Produktion aus Deutschland für die Welt geschafft, uns abzukoppeln vom internationalen Trend der Deindustrialisierung. Diese schreitet in fast allen ehemals großen Industrieländern scheinbar unaufhaltsam voran, nicht aber in Deutschland. Im Gegenteil: Bis zuletzt konnten wir den Industrieanteil an der gesamtwirtschaftlichen Wertschöpfung sogar wieder steigern. Davon hat unser Land profitiert – vor der Wirtschaftskrise, und natürlich auch jetzt, da Deutschland dank seines starken industriellen Kerns wieder europäischer Wachstumsmotor ist.

Grundlage unserer industriellen Spitzenstellung sind die Innovationsnetzwerke aus Industrie und Wissenschaft, die uns in der Produktionstechnik in Deutschland auszeichnen. Auf der Basis von Systemkompetenz, Technologie-Integration und Netzwerkfähigkeit generieren wir Lösungen für die großen Herausforderungen unserer Zeit. So sind es unsere Effizienztechnologien, die das wirtschaftliche Wachstum vom Energieverbrauch entkoppeln und aus grünen Visionen endlich grüne Realitäten zu machen vermögen. Auch ist die Produktionstechnik wichtigster „Enabler" für eine bezahlbare und damit marktfähige Elektromobilität oder für Umwelttechnologien.

Ob Umwelt, Energie, Mobilität oder Urbanisierung – hier entstehen Zukunftsmärkte mit enormen globalen Potenzialen, die wir mit unserer Innovations- und Umsetzungsstärke bedienen können und werden. Für unsere künftigen Erfolge müssen wir uns aber heute schon ins Zeug legen. Investition in Innovation ist das Gebot der Stunde. Dies beginnt beim ingenieurwissenschaftlichen Nachwuchs, führt über neue Instrumente in der staatlichen Förderpolitik bis hin zu einer starken Produktionsforschung. Hierfür liefert das Buch „Zukunft der Produktion" viele wichtige Hinweise. Mit unserem einzigartigen deutschen Produktionsnetzwerk aus Industrie und Wissenschaft haben wir alle Chancen – lassen Sie uns gemeinsam Zukunft produzieren!

Dr.-Ing. E.h. Manfred Wittenstein

Past-Präsident des VDMA und Vorsitzender des Vorstandes der WITTENSTEIN AG

Vorwort Dr. Joachim Schulz

Liebe Leserinnen und Leser,

von den rund 40 Mio. Beschäftigten in Deutschland sind rund 8 Mio. in der Produktion von Konsumgütern und Industriegütern tätig. Rechnet man die direkten, von der Produktionsleistung abhängigen rund 7 Mio. Beschäftigten hinzu, wird ersichtlich, dass Vollbeschäftigung und Wohlstand unseres Landes eng mit der Frage der Zukunftsfähigkeit der Produktion in Deutschland verbunden ist.

Das Bundesministerium für Bildung und Forschung (BMBF) hat diese Herausforderung aufgegriffen und ein Forschungsprojekt zur Analyse des zukünftigen Forschungsbedarfs für die Produktion gefördert. An diesem Vorhaben durfte ich als Vertreter der produzierenden Industrie mitwirken und Impulse aus meiner beruflichen Erfahrungen einbringen.

In den zahlreichen Gesprächen im Rahmen des Projekts „Produktionsforschung 2020" mit Kollegen aus der Industrie und Wissenschaft wurde deutlich, dass eine zielführende Definition zukünftiger Forschungsthemen sowohl den Pull- als den Push Effekt beachten muss:

Pull bedeutet, dass branchenabhängige produktionstechnische Herausforderungen definiert und konkretisiert werden.
Push bedeutet, dass die Wissenschaft Vorausentwicklung betreiben muss. Neue Methoden, neuartige Fertigungsverfahren müssen entwickelt und die Anwendungsmöglichkeiten zur Verbesserung der Produktivität oder Qualität in der Produktion aufgezeigt werden.

In beiden Fällen ist aktive Industriebeteiligung gefordert, um Realitätsnähe und Umsetzbarkeit zu vermitteln. Deutschland hat in der Verbundforschung nicht nur viel Erfahrung, sondern in deren Qualität und Intensität geradezu ein Alleinstellungsmerkmal.

Die Effizienz einer Forschungsagenda wird sich daran messen müssen, welche Impulse sie für produzierende Unternehmen geben kann und welche Ansätze mittel- bis langfristig tatsächlich in die Anwendung übergeführt werden können.

Das vorliegende Buch zeigt diesen zweigleisigen Ansatz in hervorragender Weise auf, indem sowohl branchenbezogene Potenziale als auch querschnittsbezogene Forschungsthemen adressiert werden.

Mögen möglichst zahlreiche der sorgfältig ausgewählten Ideen und Ansätze dieses Buches in ein zukünftiges Produktionsforschungsprogramm einfließen.

Mögen sich möglichst viele Industriebetriebe in vorwettbewerblicher Forschung engagieren.

Und mögen sich noch mehr Betriebe die Ergebnisse dieser Forschungsarbeit zunutze machen. Dann hat sich die Arbeit, die in diesem Buch steckt, gelohnt.

Dr. Joachim Schulz

Mitglied des Vorstands der Aesculap AG

Inhaltsverzeichnis

1 **Management Summary** 1

2 **Herausforderungen an die Produktion der Zukunft** 5

   2.1 Produktion ist mindestens so vielfältig wie die Produkte 5

   2.2 Produktion ist Deutschlands Kernkompetenz 6
       2.2.1 Produktion schafft Arbeitsplätze und Wohlstand 7
       2.2.2 Produktion muss sich an den Veränderungen des gesellschaftlichen Bedarfs und des Marktes orientieren 10

   2.3 Herausforderungen als Chance – die Entwicklungstrends für die Produktion der Zukunft 10
       2.3.1 Die Herausforderungen im Überblick 10
       2.3.2 Globalisierung 11
       2.3.3 Durchdringung mit neuen Technologien 12
       2.3.4 Dynamisierung der Produktlebenszyklen 15
       2.3.5 Ressourcenknappheit 17
       2.3.6 Wissensgesellschaft 18
       2.3.7 Gefahr der Instabilität 19
       2.3.8 Demografischer Wandel 19
       2.3.9 Klimawandel 21
       2.3.10 Mobilität 22
       2.3.11 Lebensqualität 23

   2.4 Produktion in Deutschland – quo vadis? 24
       2.4.1 Negativszenario 2020: Produktion kehrt Deutschland den Rücken ... 26
       2.4.2 Positivszenario 2020: Die Renaissance der Produktion 28
       2.4.3 Produktion in Deutschland am Scheideweg 31

   2.5 Produktionsforschung macht aus Herausforderungen Chancen 31

Inhaltsverzeichnis

3 Ein Leitbild für die Produktion der Zukunft 33

    3.1 Rückblick: Besinnung auf unsere Stärken 33

    3.2 Der Blick nach vorne 33

    3.3 Paradigmenwandel 37

4 Die Forschungsthemen zur Umsetzung des Leitbildes 39

    4.1 Neue Produkte für die Märkte der Zukunft 39
        4.1.1 Die wichtigsten Megatrends und ihre Herausforderungen 40
        4.1.2 Paradigmenwandel im Aktionsfeld 43
        4.1.3 Strukturierung des Aktionsfeldes „Neue Produkte für die Märkte der Zukunft" .. 46
        4.1.4 Geschäftsmodelle 47
        4.1.5 Nutzenverkauf statt Produktverkauf 52
        4.1.6 Strategische Produktplanung und Innovation 59
        4.1.7 Integrierte Produkt- und Produktionssystementwicklung ... 63
        4.1.8 Produktentstehung als Wissensarbeit 66
        4.1.9 Werkzeuge der Produktentstehung 68
        4.1.10 Zusammenfassung 72

    4.2 Produktionstechnik und Ausrüstung 72
        4.2.1 Die wichtigsten Megatrends und ihre Herausforderungen 72
        4.2.2 Paradigmenwandel im Aktionsfeld 75
        4.2.3 Strukturierung des Aktionsfeldes „Produktionstechnik und Ausrüstung" ... 76
        4.2.4 Urformtechnik 77
        4.2.5 Umformtechnik 84
        4.2.6 Trennende Fertigungstechnik 90
        4.2.7 Fügetechnik 97
        4.2.8 Montage-, Handhabungstechnik und Robotik 99
        4.2.9 Automation und industrielle IT 104
        4.2.10 Elektrische Antriebstechnik 108
        4.2.11 Industrielle Material- und Komponentenrückgewinnung ... 113
        4.2.12 Ressourceneffiziente Verfahren und Maschinen 114
        4.2.13 Zusammenfassung 120

    4.3 Organisation und Produktionsmanagement 120
        4.3.1 Die wichtigsten Megatrends und ihre Herausforderungen ... 121
        4.3.2 Paradigmenwandel im Aktionsfeld 122
        4.3.3 Strukturierung des Aktionsfeldes „Organisation und Produktionsmanagement" .. 124
        4.3.4 Unternehmensführung 125
        4.3.5 Produktionsstrategie 130
        4.3.6 Dienstleistung 134
        4.3.7 Logistik 140
        4.3.8 IT und Digitale Fabrik 144
        4.3.9 Zusammenfassung 149

4.4 Mensch und Wissen ... 150
- 4.4.1 Die wichtigsten Megatrends und ihre Herausforderungen ... 150
- 4.4.2 Paradigmenwandel im Aktionsfeld ... 152
- 4.4.3 Strukturierung des Aktionsfeldes „Mensch und Wissen" ... 154
- 4.4.4 Strategische Personalplanung /-entwicklung und -weiterbildung ... 155
- 4.4.5 Erfahrungstransfer und alter(n)sgerechte Arbeit ... 158
- 4.4.6 Wissensmanagement /-organisation: Ausschöpfung von Wissenspotenzialen ... 159
- 4.4.7 Wissensintensiver Technologietransfer ... 162
- 4.4.8 Zusammenfassung ... 166

5 Prioritäre Forschungsbedarfe ... 167

- 5.1 Energie- und Ressourceneffiziente Produktionstechnologien ... 168
- 5.2 Von der Quellen-Senken-Wirtschaft zur Kreislaufwirtschaft ... 171
- 5.3 Methoden zur integrierten Entwicklung nachhaltiger Produkte ... 173
- 5.4 Das atmende und wandlungsfähige Produktionsnetzwerk ... 175
- 5.5 Durchgängige Informationssysteme zur Planung und Steuerung der Produktion ... 178
- 5.6 Ganzheitliche Simulation von Produkten und Produktionssystemen ... 179
- 5.7 Kognition in der Produktion ... 181
- 5.8 Methoden zur Erhöhung der Prozessstabilität ... 183
- 5.9 Produkte und Produktionstechnologien für die Märkte von Morgen ... 186
- 5.10 Nutzen- statt Produktverkauf ... 187
- 5.11 Know-how-Schutz in dynamischen Märkten ... 190
- 5.12 Durchgängiges, nachhaltiges Wissen für die Produktion ... 192
- 5.13 Die demografieorientierte Fabrik ... 195
- 5.14 Neue Produktionstechnologien für die Medizintechnik von Morgen ... 197
- 5.15 Neue Produktionstechnologien & -systeme für Energiesysteme ... 199
- 5.16 Wertschöpfungsketten und Produktionstechnologien für Elektromobilität ... 202
- 5.17 Der zukunftsorientierte Prototypen- und Formenbau ... 205
- 5.18 Chemische und pharmazeutische Produktionstechnologie ... 207

	5.19	Hochleistungsfertigungsverfahren für die Kunststoff- und Metallverarbeitung	209
	5.20	Wettbewerbsfähige EMS-Strukturen durch Anlagen- und Prozessinnovationen	212

6 Die integrative Rolle der Produktion 215

	6.1	Produktionsforschung macht Neuentwicklungen anderer Technologien marktfähig. . .	216
	6.2	Produktionsforschung nutzt Fortschritte anderer Technologien	217
	6.3	Interdisziplinarität stärkt die Wettbewerbsposition	217

7 Schulterschluss zwischen Industrie und Wissenschaft 219

	7.1	Notwendigkeit der Kooperation von Forschungsinstituten und Industrieunternehmen	219
	7.2	Möglichkeiten der Zusammenarbeit.	220
	7.3	Beispiele für erfolgreiche Verbundprojekte	223
		7.3.1 ProOriginal - Ganzheitlicher Produktschutz durch Verbundforschung.	223
		7.3.2 SimuSint - Entwicklung neuer Simulationsmethoden für Strahlschmelzverfahren.	225
		7.3.3 Zusammenfassung.	226

8 Schlusswort 229

Glossar 231

Literatur 235

Verzeichnis der Autoren 243

1 Management Summary

Deutschlands Wirtschaftsleistung ist so stark wie in keinem anderen westlichen Industrieland auf die Produktion von Gütern ausgerichtet. Trotz des vielfach propagierten Wandels von der Industrie- zur Dienstleistungs- und Informationsgesellschaft zeigen die Fakten: Die Produktion ist noch immer das Rückgrat des deutschen Wohlstands. Etwa 7,7 Mio. Arbeitsplätze sind heute in Deutschland direkt in der Produktion vorzufinden. Weitere ca. 7,1 Mio. Arbeitsplätze bestehen im Umfeld der Produktion in Bereichen wie der Logistik, der Informationstechnik etc. und sind direkt abhängig von der Produktion.

Kapitel 2.1/2.2

Wegen der vielfältigen zu beobachtenden Veränderungen der Rahmenbedingungen für die Produktion steht der Produktionsstandort Deutschland jedoch unter Druck. Zum einen werden Produktionsstandorte global in einen immer schärferen Wettbewerb treten: Schwellenländer haben die letzten Jahre ihre Infrastruktur, ihre Bildung und Qualifizierung verbessert und somit die Grundlage einer eigenen produzierenden Industrie geschaffen. Zum anderen werden sich aufgrund der folgenden zehn Megatrends die Märkte und Rahmenbedingungen für die Produktion nachhaltig wandeln:

- Globalisierung
- Durchdringung mit neuen Technologien
- Dynamisierung der Produktlebenszyklen
- Ressourcenverknappung
- Wissensgesellschaft
- Gefahr der Instabilität
- Demografischer Wandel
- Klimawandel
- Mobilität
- Lebensqualität

Kapitel 2.3

Sind produzierende Unternehmen in Deutschland nicht in der Lage sich diesen Veränderungen entsprechend zu wandeln, droht dem Produktionsstandort Deutschland bis 2020 ein Verlust von ca. 20–25 % der von der Produktion abhängigen Arbeitsplätze. Gelingt hingegen nicht nur die Bewältigung, sondern gar die aktive Mitgestaltung dieser Veränderungen, gewinnt der Produktionsstandort Deutschland langfristig weiter an Bedeutung. Eine Steigerung der hiesigen Produktionsarbeitsplätze bis 2020 im einstelligen Prozentbereich scheint realistisch, wenn wir unsere Chancen nutzen.

Kapitel 2.4

1 Management Summary

Kapitel 2.5

Der Schlüssel zur Nutzung dieser Chancen waren in der Vergangenheit und sind auch zukünftig Innovationen. Produkt- und Prozessinnovationen müssen daher gemeinsam die Basis für einen Wettbewerbsvorsprung schaffen und dabei die Stärken und Kompetenzen des Produktionsstandorts Deutschland nutzen. Unternehmens- und disziplinübergreifende Produktionsforschung spielt als Weg zur Innovation in diesem Zusammenhang die entscheidende Rolle.

Kapitel 3

Nachhaltig erfolgreiche Produktionsforschung am Standort Deutschland basiert auf klaren Vorstellungen und Zielsetzungen, wie die Produktion in Zukunft aussehen soll. Dadurch wird der Handlungsbedarf für den Ausbau und die Unterstützung der Produktionsforschung verdeutlicht. Die Vorstellungen und Ziele werden durch ein Leitbild zukünftiger Produktionsforschung in Deutschland beschrieben, das für produzierende Unternehmen eine Orientierungshilfe ist, wie mit Produktionsforschung auf zukünftige Bedürfnisse und Herausforderungen reagiert werden muss. Vier Aktionsfelder charakterisieren dieses Leitbild, für die jeweils zahlreiche Forschungsbedarfe identifiziert und detailliert aufbereitet wurden:

Kapitel 4.1

Im Zentrum dieses Aktionsfeldes stehen Herausforderungen bei der Ableitung des Bedarfs nach Produkten und der Produktentstehungsprozesse in den Unternehmen. Daneben spielen die zugehörigen Märkte und jeweils geeignete Geschäftsmodelle die entscheidende Rolle für den erfolgreichen Absatz der Erzeugnisse. Um auch zukünftig erfolgreich zu sein und Wachstum gewährleisten zu können, muss das Augenmerk der Unternehmen auf der anforderungsgerechten Entwicklung und Produktion von innovativen Produkten für die unterschiedlichen Absatzmärkte der Zukunft liegen und sowohl die Kunden- als auch die Unternehmersicht befriedigen.

Kapitel 4.2

Die Wettbewerbsfähigkeit eines Produktionsunternehmens wird auch in Zukunft entscheidend von der richtigen Auswahl bzw. Gestaltung der einzelnen Fertigungsverfahren und Werkzeugmaschinen sowie deren optimalen Verknüpfung zu einer Prozesskette abhängen. Automatisierungskomponenten sowie industrielle Informationstechnologien sind dabei wichtige Querschnittbereiche, die sowohl die Leistungsfähigkeit der produzierenden Unternehmen erhöhen als auch eine Schlüsselrolle Deutschlands als Maschinen- und Anlagenlieferant sowie als Fabrikausrüster ermöglichen werden. Eine ressourceneffiziente Gestaltung der Fertigungsverfahren, Maschinen und Prozessketten wird zukünftig ein neues Marktdifferenzierungsmerkmal sein. Der industriellen Material- und Komponentenrückgewinnung wird darüber hinaus als zukunftsträchtiges Segment in diesem Aktionsfeld eine wesentliche Bedeutung zukommen.

Kapitel 4.3

Im Aktionsfeld Organisation und Produktionsmanagement werden Herausforderungen für eine effiziente und zukunftsfähige Gestaltung von Produktionsnetzwerken und -systemen dargelegt. Es ergeben sich Schwerpunkte der Forschung in der Gestaltung wandlungsfähiger weltweiter Produktionsnetzwerke und im Bereich der ressourcen- und energieeffizienten Produktion. Weitere Kerne von Forschungstätigkeiten sind in der Integration von Dienstleistungen in das Produktionskonzept von Unternehmen sowie in der Entwicklung durchgehender integrierter Planungssysteme für die Produktion zu sehen. Insgesamt ist eine ganzheitliche und umfassende Planung von Produktionsprozessen und -systemen bis hin zur Errichtung global vernetzter Kreisläufe als Trend zu erkennen.

Wissen und Qualifizierung sind gerade in einem rohstoffarmen Land wie Deutschland für die Zukunftsfähigkeit einer Produktion von entscheidender Bedeutung. Der Aufbau von Wissen und Qualifizierung wird zukünftig über die gesamte betriebliche Hierarchie (vom Montagearbeiter bis zum Produktionsleiter) und über den gesamten Produktlebenszyklus (von der Produktentwicklung, über die Fertigungsplanung und Herstellung bis zum Service) zu gestalten sein. Die Bedeutung von spezialisierten „Einzelkämpfern" rückt dabei in den Hintergrund. In Zukunft gilt es, durch vernetzten Wissenstransfer das Wissen an jedem Ort im Unternehmen zielgruppengerecht zugänglich und verständlich zu machen. In Zusammenhang mit Lernkultur und Wissenstransfer ist auch die Wissensorganisation von entscheidender Bedeutung.

Kapitel 4.4

Die vielfältigen und zahlreichen Forschungsbedarfe aus den vier Aktionsfeldern sind vor allem mit Bezug auf Unternehmens- und Funktionsbereiche ermittelt worden. Über alle Aktionsfelder hinweg lassen sich Hauptstoßrichtungen erkennen, die als übergeordnete prioritäre Forschungsbedarfe zusammengefasst wurden. So wurden 20 prioritäre Forschungsbedarfe identifiziert, die den Kern zukünftig zu forcierender Produktionsforschung bilden:

- Energie- und ressourceneffiziente Produktionstechnologien
- Von der Quellen-Senken-Wirtschaft zur Kreislaufwirtschaft
- Methoden zur integrierten Entwicklung nachhaltiger Produkte
- Das atmende und wandlungsfähige Produktionsnetzwerk
- Durchgängige Informationssysteme zur Planung und Steuerung der Produktion
- Ganzheitliche Simulation von Produkten und Produktionssystemen
- Kognition in der Produktion
- Methoden zur Erhöhung der Prozessstabilität
- Produkte und Produktionstechnologien für die Märkte von Morgen
- Nutzen- statt Produktverkauf
- Know-how-Schutz in dynamischen Märkten
- Durchgängiges, nachhaltiges Wissen für die Produktion
- Die demografieorientierte Fabrik
- Neue Produktionstechnologien für die Medizintechnik von Morgen
- Neue Produktionstechnologien und -systeme für Energiesysteme
- Wertschöpfungsketten und Produktionstechnologien für Elektromobilität
- Der zukunftsorientierte Prototypen- und Formenbau
- Chemische und Pharmazeutische Produktionstechnologie
- Hochleistungsfertigungsverfahren für die Kunststoff- und Metallverarbeitung
- Wettbewerbsfähige EMS-Strukturen durch Anlagen- und Prozessinnovation

Kapitel 5

Management Summary

Kapitel 6

Um diese prioritären Forschungsbedarfe zielgerichtet in Angriff zu nehmen, reicht es zukünftig nicht mehr aus, den Blick allein auf Themengebiete und Herausforderungen zu richten, die klassischerweise der Produktionsforschung zugeordnet werden. Vielmehr müssen auch neueste Ergebnisse aus den anderen vom BMBF definierten Schlüsseltechnologien in die Produktionsforschung integriert werden. Neben der Produktionstechnik zählen dazu beispielsweise auch die Informations- und Kommunikationstechnologie, die Nanotechnologie oder die Werkstoffwissenschaften. Einerseits können aus diesen Bereichen Ansätze für neue, effizientere Produktionsmaschinen und -prozesse gewonnen werden. Andererseits gelingt es erst mit Hilfe der Produktion, aus Neuentwicklungen anderer Schlüsseltechnologien innovative Produkte erfolgreich auf dem Markt zu verbreiten.

Kapitel 7

Der Blick auf die notwendigen Forschungsbedarfe zeigt unmissverständlich: Der Aufwand zur Erforschung all dieser Bedarfe ist erheblich und die Kernkompetenzen zur Ermöglichung der Forschung sind meist breit über verschiedenste Institutionen und Unternehmen verteilt. Innovationsführerschaft im Alleingang wird zukünftig ein Ausnahmefall sein. Risikoverteilung und Kompetenzbündelung werden zu einer neuen Dimension kooperierender Forschung führen: Der Schulterschluss zwischen Unternehmen, Forschungsinstituten und Staat ist mehr denn je gefordert. Verbundforschungsprojekte, in denen Partner aus Industrie und Wissenschaft vertrauensvoll miteinander kooperieren, haben sich dafür in der Vergangenheit bewährt.

Es ist sprichwörtlich „Fünf vor Zwölf" und es besteht die Dringlichkeit, zu handeln. Gemeinsam ist es möglich, den Herausforderungen der Zukunft gerecht zu werden und eine positive Entwicklung der Produktion zu initiieren.

Der Anfang ist gemacht,
       lassen Sie uns gemeinsam mit Taten folgen.

2 Herausforderungen an die Produktion der Zukunft

Ein Vorhaben, das sich zum Ziel gesetzt hat, Anstöße für eine zukünftige Weiterentwicklung der Produktionstechnologie in Deutschland zu geben, muss sich zunächst mit der Vielfalt der Produktion vertraut machen. Ausgehend von dem so definierten Produktionsbegriff wird die Bedeutung von Produktion in Deutschland im internationalen Kontext analysiert und deren wichtigste Herausforderungen dargestellt.

2.1 Produktion ist mindestens so vielfältig wie die Produkte

Der Begriff der *Produktion* bezeichnet zunächst allgemein die Herstellung von Gütern und ist nicht auf den industriellen Bereich beschränkt. Produziert wird ebenso im Handwerk, in der Land- und Forstwirtschaft und auf künstlerischem Gebiet.

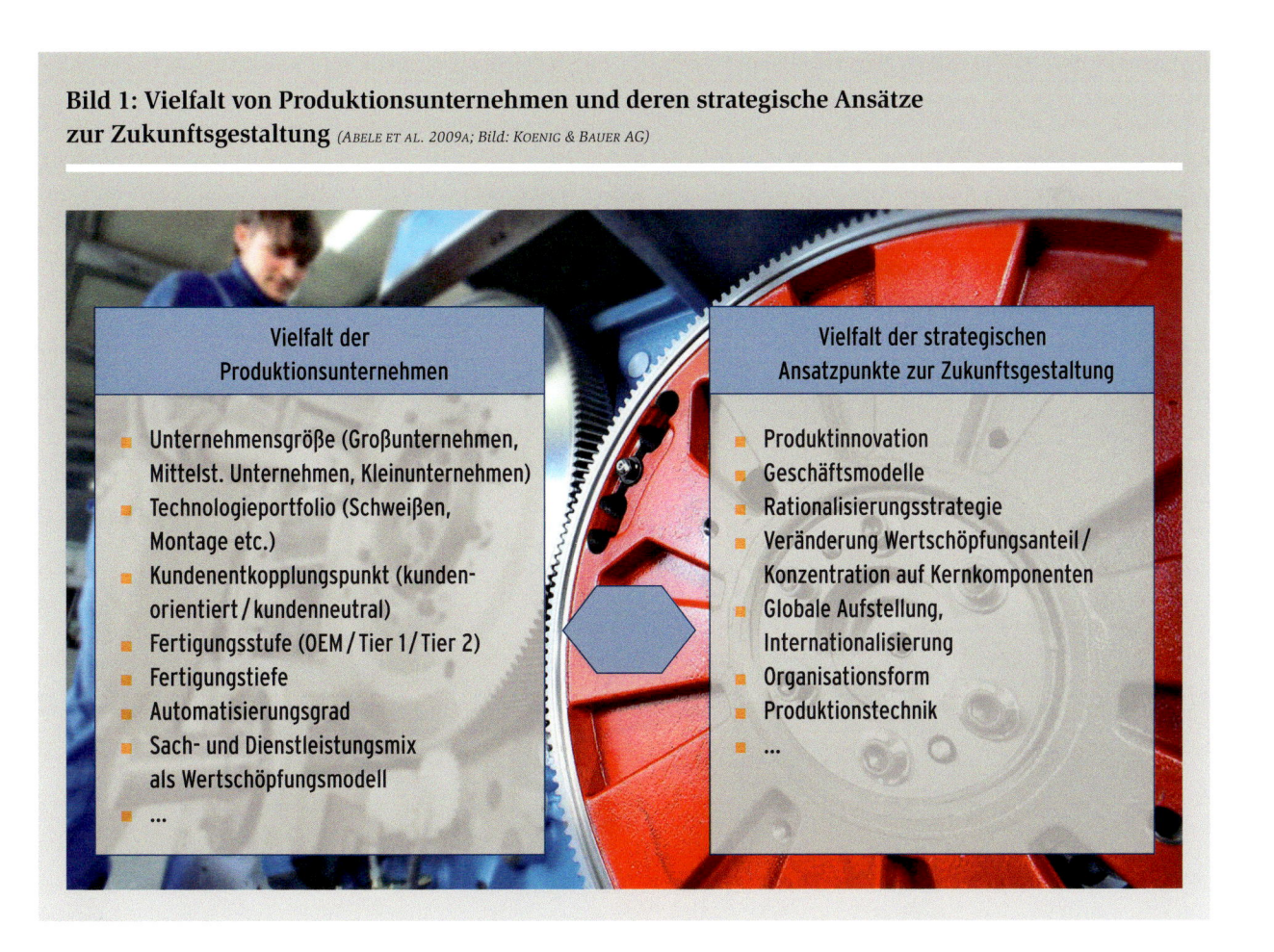

Bild 1: Vielfalt von Produktionsunternehmen und deren strategische Ansätze zur Zukunftsgestaltung (ABELE ET AL. 2009A; Bild: KOENIG & BAUER AG)

Vielfalt der Produktionsunternehmen
- Unternehmensgröße (Großunternehmen, Mittelst. Unternehmen, Kleinunternehmen)
- Technologieportfolio (Schweißen, Montage etc.)
- Kundenentkopplungspunkt (kundenorientiert / kundenneutral)
- Fertigungsstufe (OEM / Tier 1 / Tier 2)
- Fertigungstiefe
- Automatisierungsgrad
- Sach- und Dienstleistungsmix als Wertschöpfungsmodell
- ...

Vielfalt der strategischen Ansatzpunkte zur Zukunftsgestaltung
- Produktinnovation
- Geschäftsmodelle
- Rationalisierungsstrategie
- Veränderung Wertschöpfungsanteil / Konzentration auf Kernkomponenten
- Globale Aufstellung, Internationalisierung
- Organisationsform
- Produktionstechnik
- ...

2.2 Produktion ist Deutschlands Kernkompetenz

Im Folgenden wird jedoch nur die industrielle Produktion von Stückgütern sowie von Fließgütern (Prozessfertigung, Verfahrenstechnik) und damit direkt verbundene *Dienstleistungen* (produktionsnahe Dienstleistung) betrachtet.

2.2 Produktion ist Deutschlands Kernkompetenz

Deutschlands Wirtschaftsleistung ist wie in keinem anderen westlichen Industrieland auf die *Produktion von Gütern* ausgerichtet (siehe Bild 2). Diese in Jahrzehnten erarbeitete Stärke und Vorreiterrolle in der *Produktionstechnik* gilt es zu verteidigen.

Die Entwicklung neuer Produkte leistet einen wichtigen Beitrag für den Erfolg unseres Landes. Aber erst die Herstellung und der erfolgreiche Absatz dieser Produkte sind entscheidend für Wertschöpfung und damit für den Wohlstand der Gesellschaft. Eine gesicherte und steigende Wertschöpfung ist nur möglich, wenn die Produkte auch in Deutschland selbst produziert werden. Deutschland kann seit Jahren seine Position als eine der führenden Exportnationen der Welt behaupten und seine Exporte – die zu 90 Prozent Sachgüter darstellen – an die europäischen Nachbarn und in die ganze Welt verkaufen (siehe Bild 3). Die davon abhängigen Arbeitsplätze lassen sich aber nur dadurch langfristig sichern, dass Investitions- und Konsumgüter auch in Deutschland produziert werden. Nur wer Erfahrungen aus der Produktion auf kurzem Wege in die Entwicklung zurückspiegeln kann, wird „best in class" werden können.

Wertschöpfung findet aber nicht nur durch die Herstellung von Produkten statt, sondern bezieht sich auf die gesamte *Produktentstehung,* die sämtliche Prozesse von der Produktidee bis zum Verkauf des fertigen Produktes umfasst. In diesem Sinne geht der Begriff Produktion, wie er im Buch verstanden wird, über die reine Fertigung und Montage von Produkten hinaus. Er umfasst neben den Geschäftsmodellen von Unternehmen insbesondere auch die Prozesse von der strategischen Produktplanung über die Produktentwicklung bis zur Produktionssystementwicklung. Der Betrieb von Produktionssystemen wird genauso adressiert wie Fragestellungen aus dem Bereich der Dienstleistung, Logistik und Ressourceneffizienz.

Bild 2: Deutschlands Anteil von Produktion an der Wertschöpfung im internationalen Vergleich *(UN 2010)*

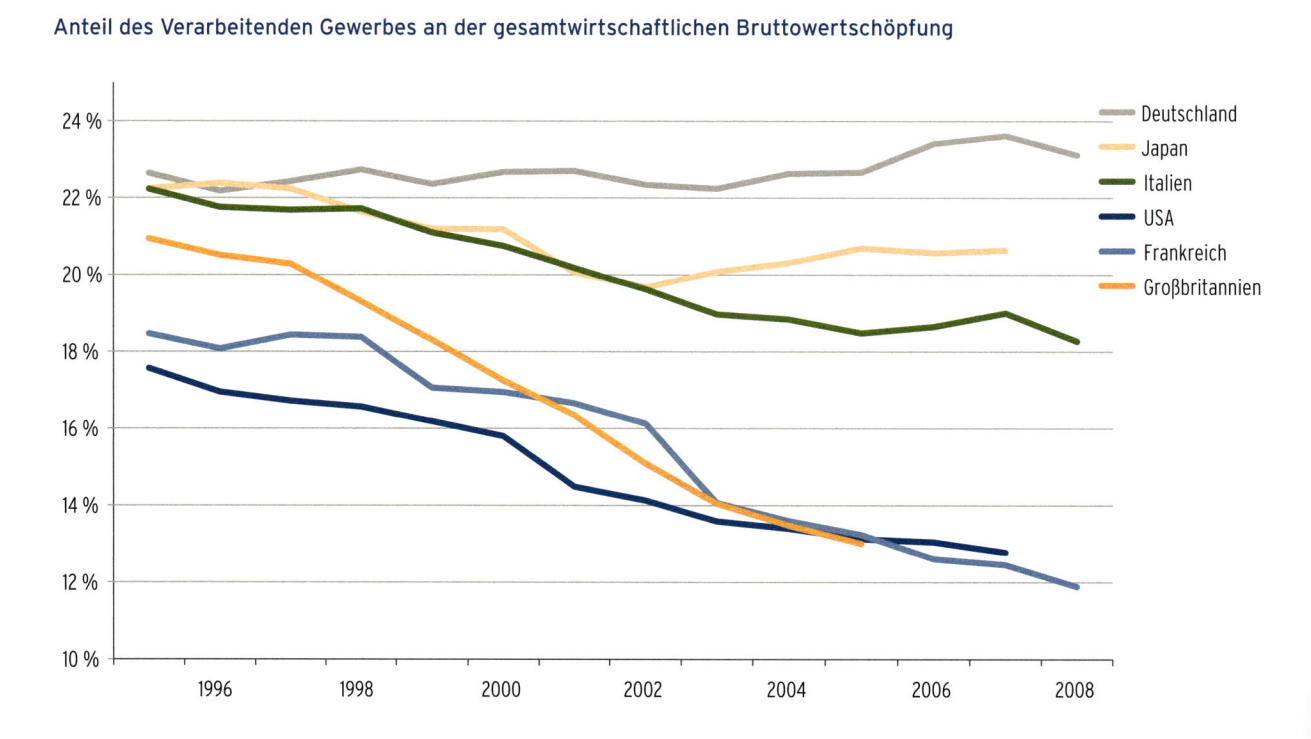

Anteil des Verarbeitenden Gewerbes an der gesamtwirtschaftlichen Bruttowertschöpfung

Bild 3: Fakten zum Export in Deutschland (UN 2010; Stat. Bundesamt 2010a)

Top Exportländer Deutschlands in Mrd. € (2007)

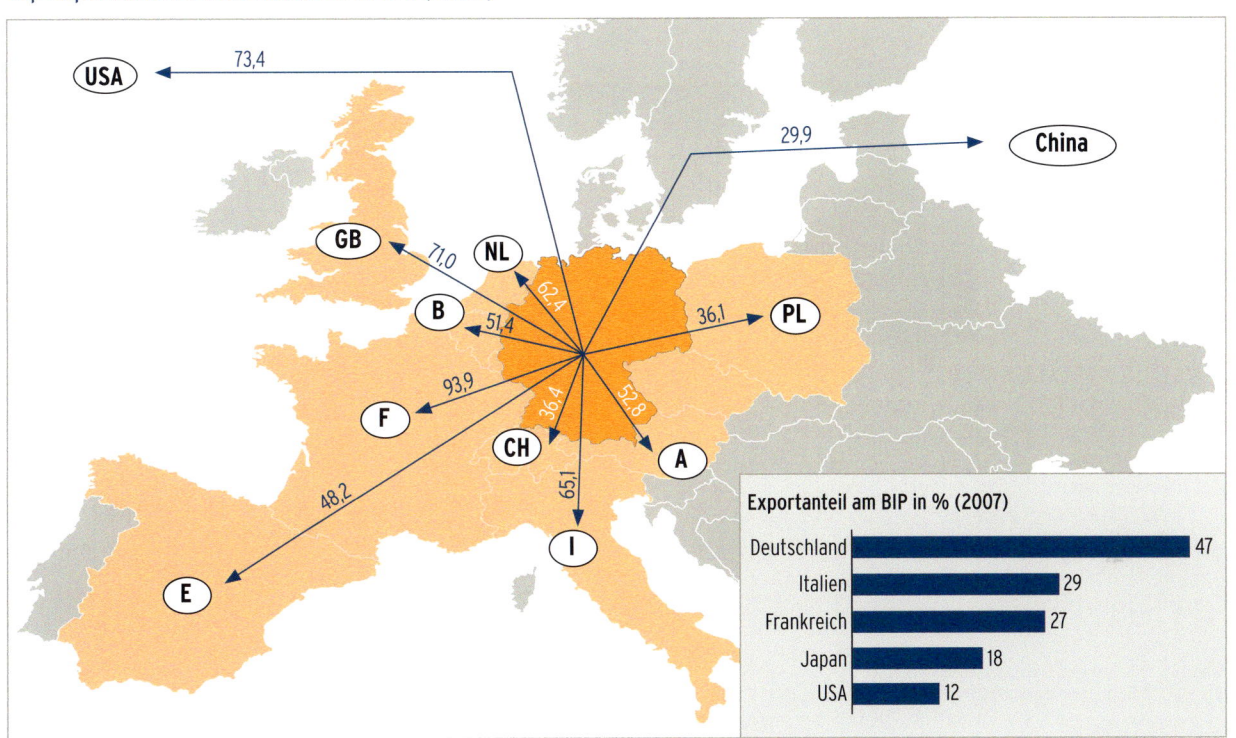

- USA: 73,4
- China: 29,9
- GB: 71,0
- NL: 62,4
- B: 51,4
- PL: 36,1
- F: 93,9
- CH: 36,4
- A: 52,8
- I: 65,1
- E: 48,2

Exportanteil am BIP in % (2007)
- Deutschland: 47
- Italien: 29
- Frankreich: 27
- Japan: 18
- USA: 12

2.2.1 Produktion schafft Arbeitsplätze und Wohlstand

Das *produzierende Gewerbe* in Deutschland erwirtschaftet knapp ein Viertel des Bruttoinlandsprodukts (BIP) und stellt jeden dritten Arbeitsplatz in unserem Land. 7,7 Millionen Menschen beschäftigt das produzierende Gewerbe direkt (siehe Bild 4). Hinzu kommen nochmals mehr als sieben Millionen Arbeitsplätze im Dienstleistungssektor, die eng mit dem produzierenden Gewerbe verknüpft sind, beispielsweise in der Logistik, in Ingenieurbüros und in der Informations- und Kommunikationstechnik. Die in den Produktionsunternehmen tätigen Menschen schaffen eine erhebliche Nachfrage und sichern so die Infrastruktur in den Regionen. Experten schätzen, dass auf diese Weise jeder Industriearbeitsplatz zwei weitere Arbeitsplätze in der lokalen Wirtschaft nach sich zieht (McKinsey&Company 2009).

Das produzierende Gewerbe bildet heute und in Zukunft die Basis jeder gesunden und prosperierenden Volkswirtschaft. Trotz des vielfach propagierten Wandels zur Dienstleistungs- und Informationsgesellschaft zeigen die Fakten: Die Produktion ist das Rückgrat des deutschen Wohlstands. Der beste Beweis ist die weltweite Finanzkrise im Jahr 2009, die Deutschland deutlich besser und mit einem vergleichsweise geringen Anstieg der Arbeitslosigkeit überstanden hat als andere Volkswirtschaften, die sich deutlich stärker von der Industrie ab- und dem Dienstleistungssektor zugewandt haben. Erste Tendenzen zu einer Reindustrialisierung sind in diesen Ländern bereits erkennbar und bestätigen die These, dass breiter Wohlstand in Deutschland nur durch die Produktion von Gütern geschaffen und erhalten werden kann.

Der Automobilbau, der Maschinenbau und die Herstellung von Metallerzeugnissen bilden Deutschlands starken Kern der Produktionsindustrien. Sie tragen mit fast einem Drittel der Arbeitsplätze des produzierenden Gewerbes einen Großteil zur Beschäftigung in Deutschland bei. Die Basis für die innovative und wettbewerbsfähige Produktion in diesen und anderen Industriezweigen ist eine hochproduktive Produktionstechnik, die der Maschinenbau mit seinen Maschinen und Anlagen

2.2 Produktion ist Deutschlands Kernkompetenz

Bild 4: Beschäftigungsstruktur in Deutschland (Stat. Bundesamt 2010b)

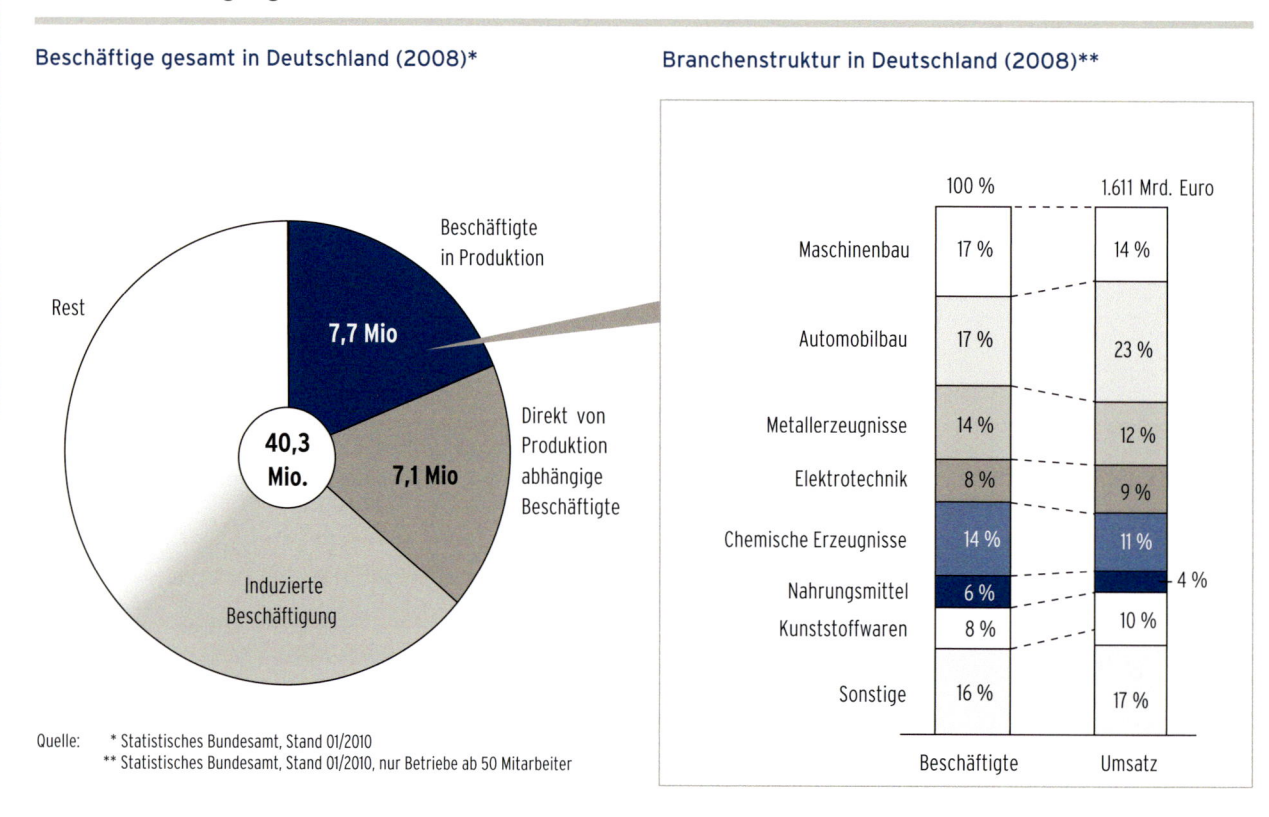

Beschäftige gesamt in Deutschland (2008)*

- 40,3 Mio.
- Rest
- Beschäftigte in Produktion: 7,7 Mio
- Direkt von Produktion abhängige Beschäftigte: 7,1 Mio
- Induzierte Beschäftigung

Branchenstruktur in Deutschland (2008)**

Branche	Beschäftigte (100 %)	Umsatz (1.611 Mrd. Euro)
Maschinenbau	17 %	14 %
Automobilbau	17 %	23 %
Metallerzeugnisse	14 %	12 %
Elektrotechnik	8 %	9 %
Chemische Erzeugnisse	14 %	11 %
Nahrungsmittel	6 %	4 %
Kunststoffwaren	8 %	10 %
Sonstige	16 %	17 %

Quelle: * Statistisches Bundesamt, Stand 01/2010
** Statistisches Bundesamt, Stand 01/2010, nur Betriebe ab 50 Mitarbeiter

bereitstellt. Der deutsche Maschinenbau erzielte 2008 etwa 220 Milliarden Euro Umsatz (Stat. Bundesamt 2010b). Der größte Teil der Waren (gut 129 Milliarden Euro) ging in den Export. Das macht Deutschland zu einer der stärksten Exportnationen und unterstreicht die führende Rolle im Bereich der *Produktionstechnik*, die wiederum die Voraussetzung für die Herstellung von Waren aller Art bildet. Die Produktionstechnik ist deshalb von ausschlaggebender Bedeutung für die Beschäftigung und die Zukunft Deutschlands, weshalb die Bundesregierung sie zu einer der tragenden Säulen ihrer Hightech-Strategie machte.

Bild 5: Bedeutung der KMU für Deutschland (IFM 2010)

Verteilung Großunternehmen und KMU (2007 / 2008)

Anmerkung: Abgrenzung der KMU nach IfM: bis 499 Beschäftigte und bis 50 Mio. Euro Umsatz

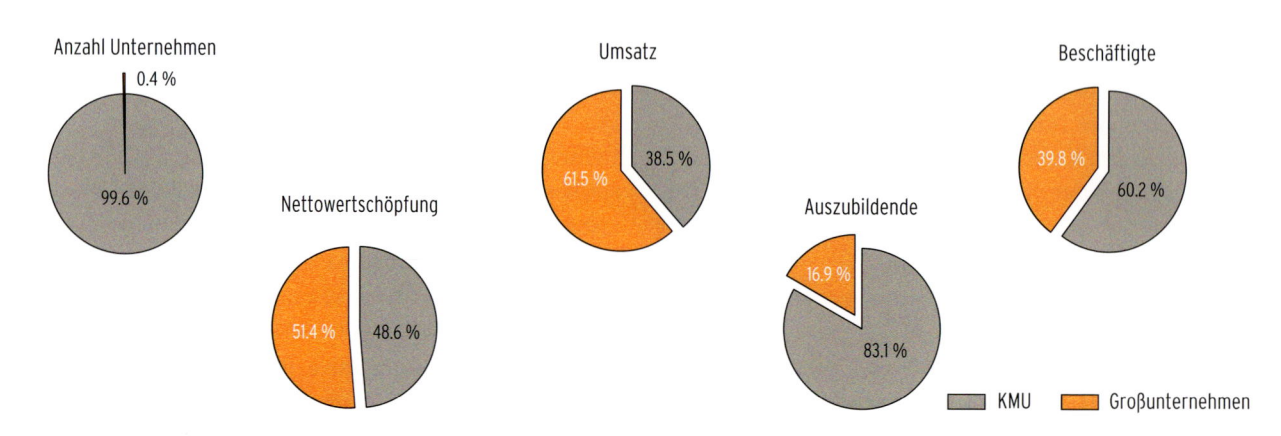

- Anzahl Unternehmen: KMU 99,6 % / Großunternehmen 0,4 %
- Nettowertschöpfung: KMU 51,4 % / Großunternehmen 48,6 %
- Umsatz: KMU 38,5 % / Großunternehmen 61,5 %
- Auszubildende: KMU 83,1 % / Großunternehmen 16,9 %
- Beschäftigte: KMU 60,2 % / Großunternehmen 39,8 %

2.2.1 Produktion schafft Arbeitsplätze und Wohlstand

Der Maschinenbau als zentrale Branche der Produktionstechnik ist mit seinen rund 6000 Unternehmen und etwa einer Million Beschäftigten stark mittelständisch geprägt (STAT. BUNDESAMT 2010B). Über 99 Prozent der Unternehmen in Deutschland sind kleine und mittlere Unternehmen (KMU) (siehe Bild 5). Die traditionellen Stärken des Mittelstands – Flexibilität und Innovationskraft – machen ihn zu einem wichtigen Fundament der deutschen Industrie.

Vor allem in den technologieorientierten Branchen des produzierenden Gewerbes leisten KMU einen wichtigen Beitrag zur Forschung. Dort finden sich viele „Hidden Champions", weitgehend unbekannte Unternehmen, die aber auf ihrem Spezialgebiet weltweit technologisch führend sind. Sie reagieren in der Regel besonders schnell auf sich verändernde Marktbedürfnisse und entwickeln neue Technologien rasch zur Anwendungsreife. Das macht sie extrem wichtig für eine prosperierende Innovationskultur.

Eine weitere Voraussetzung, um die weltweit führende Position der deutschen Industrie zu sichern und auszubauen, ist das Aus- und Weiterbildungswesen in Deutschland. Die Ausbildung zum Ingenieur an den renommierten Hochschulen und Forschungseinrichtungen der Produktionstechnik in Verbindung mit dem weltweit anerkannten dualen Ausbildungssystem von Facharbeitern sichert die Spitzenposition. Öffentliche Förderung vorwettbewerblicher *Verbundforschungsprojekte* unterstützt maßgeblich die Qualifizierung von Nachwuchskräften an den Universitäten und Hochschulen, die im Rahmen von Promotionsvorhaben in diese Projekte eingebunden sind und später oftmals Leitungsfunktionen in produzierenden Unternehmen übernehmen. Erst praxisrelevante und anspruchsvolle Projekte ermöglichen den Forschern, Verantwortungsbewusstsein, Leistungsbereitschaft, Methodenwissen und ihr Fachwissen stetig weiter zu entwickeln. Exzellent vorbereitet auf eine Laufbahn in der Industrie, sorgen sie auch für den schnellen Transfer der Innovationsergebnisse aus der Forschung in die Märkte der Welt.

Das Humboldt'sche Prinzip der engen Verzahnung von Forschung und Lehre und die damit erreichbaren Synergien findet man an führenden produktionstechnischen Hochschulinstituten gut umgesetzt. Die Ergebnisse von anwendungsorientierten, geförderten Projekten fließen in die Weiterbildung von Studenten und Unternehmensvertretern zu gleich.

Bild 6: Die Hightech-Strategie 2020 für Deutschland *(Bild: BMBF HIGHTECH-STRATEGIE)*

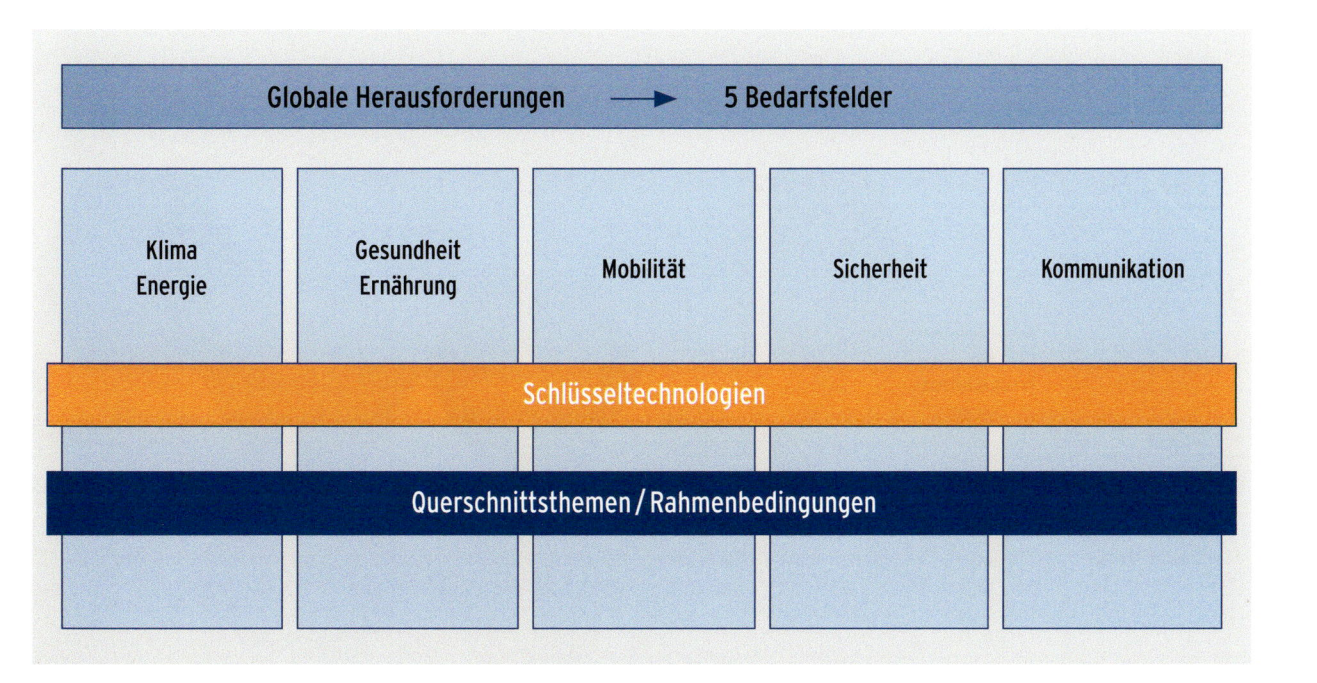

2.2.2 Produktion muss sich an den Veränderungen des gesellschaftlichen Bedarfs und des Marktes orientieren

Zahlreiche Produkte des alltäglichen Lebens sind nur deshalb kostengünstig herstellbar, weil Innovationen des Maschinen- und Anlagenbaus sowie der Produktionstechnik dazu beigetragen haben. Produktion leistet somit einen Beitrag, um Bedürfnisse des Menschen mit erschwinglichen Produkten zufrieden zu stellen.

Die besonders aussichtsreichen Bedarfsfelder der Gesellschaft wie Energie/Klima, Gesundheit, Mobilität und Sicherheit erfordern die Entwicklung neuer Produkte und Lösungen (siehe Bild 6). Daher muss möglichst frühzeitig eine geeignete und effiziente Produktionstechnik in den Entwicklungsprozess integriert werden, damit diese Produkte ihr Leitmarkt- und Exportpotenzial voll entfalten können – Produktion ist die Voraussetzung, um den zukünftigen gesellschaftlichen Bedarf zu befriedigen.

Es wäre zu kurz gegriffen, nur die Hightech-Produktion von Hightech-Produkten ins Visier zu nehmen. Hochwertige Produktionstechnik ist genauso eine Voraussetzung, um auch einfache Produkte in großen Stückzahlen für in- und ausländische Märkte kosteneffizient herstellen zu können.

Die ausschlaggebenden Erfolgsfaktoren für beide Bereiche sind die intelligente Nutzung von Technik und Automatisierung, die Integration verschiedener Technologien, effizienter Prozesse und nicht zuletzt qualifizierter Mitarbeiter. Werden diese Faktoren richtig kombiniert, können optimale Lösungen zum Nutzen der Kunden angeboten werden.

2.3 Herausforderungen als Chance – die Entwicklungstrends für die Produktion der Zukunft

2.3.1 Die Herausforderungen im Überblick

Eine zukunftsorientierte Gestaltung der Produktion muss kommende Veränderungen antizipieren und die daraus resultierenden Chancen schneller nutzen als mögliche Wettbewerber. Dies gilt gleichbedeutend aus unternehmerischer wie auch aus volkswirtschaftlicher Perspektive.

Aus diesem Grund wurden zehn für Produktionsunternehmen bedeutende *Megatrends,* d. h. längerfristige

Bild 7: Megatrends mit entscheidender Bedeutung für die Produktion

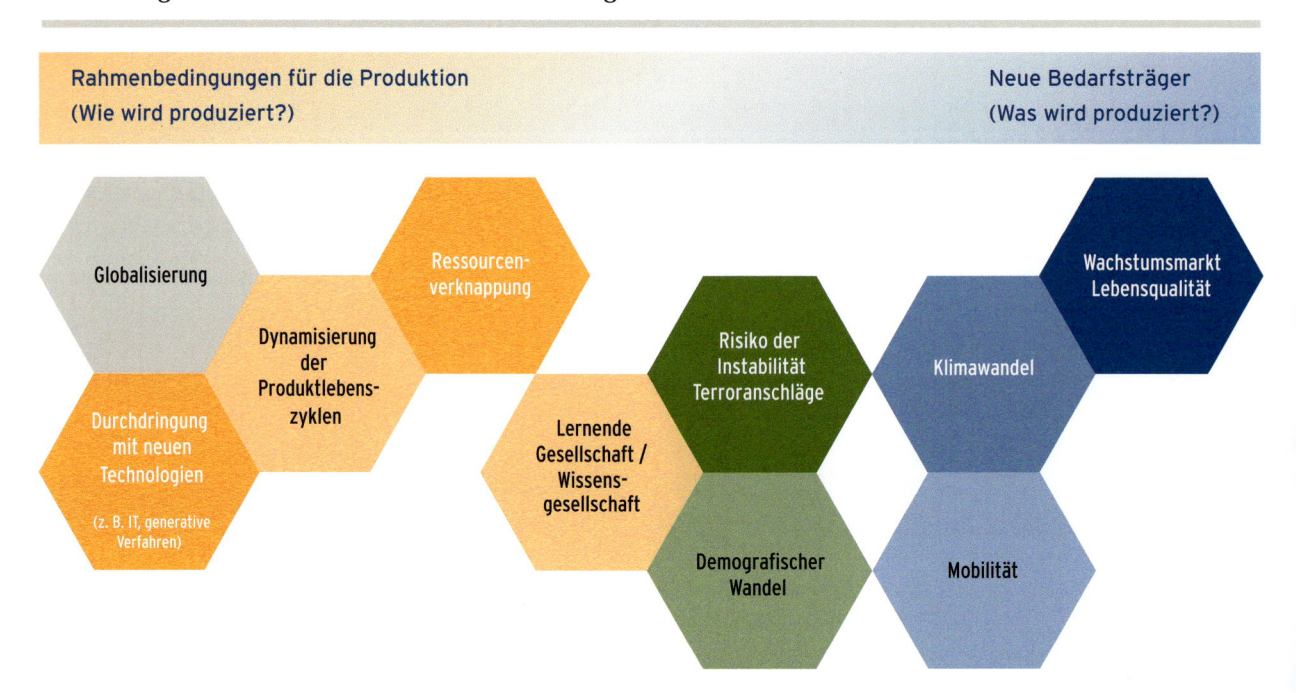

Rahmenbedingungen für die Produktion (Wie wird produziert?)

Neue Bedarfsträger (Was wird produziert?)

- Globalisierung
- Ressourcenverknappung
- Dynamisierung der Produktlebenszyklen
- Durchdringung mit neuen Technologien (z. B. IT, generative Verfahren)
- Lernende Gesellschaft / Wissensgesellschaft
- Risiko der Instabilität Terroranschläge
- Demografischer Wandel
- Wachstumsmarkt Lebensqualität
- Klimawandel
- Mobilität

Entwicklungen, die durch globale, nachhaltige Auswirkungen mit hohen Eintrittswahrscheinlichkeiten gekennzeichnet sind, aus Studien und Veröffentlichungen herausgearbeitet. Diese Megatrends werden immer wieder von kurzfristigen Entwicklungen wie z. B. Krisen überlagert werden, aber sie stellen dennoch im nächsten Jahrzehnt die grundlegenden Veränderungstreiber für Organisation, Technik sowie Qualifizierung und Arbeitsrahmenbedingungen dar.

In Bild 7 findet sich eine Übersicht der identifizierten Megatrends vor dem Hintergrund ihrer Auswirkungen auf Produktion und Produkte. So können auf der einen Seite Megatrends antizipiert werden, die vornehmlich die Art und Weise der Produktion von Gütern beeinflussen, wie z. B. die Globalisierung. Auf der anderen Seite beeinflussen einige Megatrends vor allem die Notwendigkeit von neuen Produkten, wie z. B. der Megatrend Lebensqualität.

In den folgenden Abschnitten werden die einzelnen Megatrends detailliert und deren Auswirkungen auf Produkte und Produktion betrachtet.

2.3.2 Globalisierung

Unter dem Megatrend *Globalisierung* wird der Prozess der zunehmenden weltweiten Verflechtung in Bereichen wie Politik, Wirtschaft, Kultur etc. verstanden. Dabei können diese Beziehungen sowohl auf der Ebene von Individuen, Unternehmen, Gesellschaften oder auch Staaten entstehen. Im Rahmen der wirtschaftlichen Globalisierung werden unter anderem das Wachstum des Welthandels, die Zunahme globaler Unternehmenskooperationen oder das Wachstum ausländischer Direktinvestitionen aufgefasst.

Deutschland hat in den vergangenen Jahrzehnten viele Produktionsarbeitsplätze durch einen erfolgreichen Export aufgebaut. Gerade die beschäftigungsintensiven Bereiche Automobilbau und Maschinenbau waren durch hohe Exportquoten gekennzeichnet. Weitere wichtige Exportgüter Deutschlands sind in Bild 8 aufgeführt.

Insbesondere größere Unternehmen im Maschinen- und Anlagenbau sowie der Automobilindustrie haben in der Vergangenheit weltweit umspannende Fertigungsnetzwerke konzipiert und aufgebaut. Damit ein-

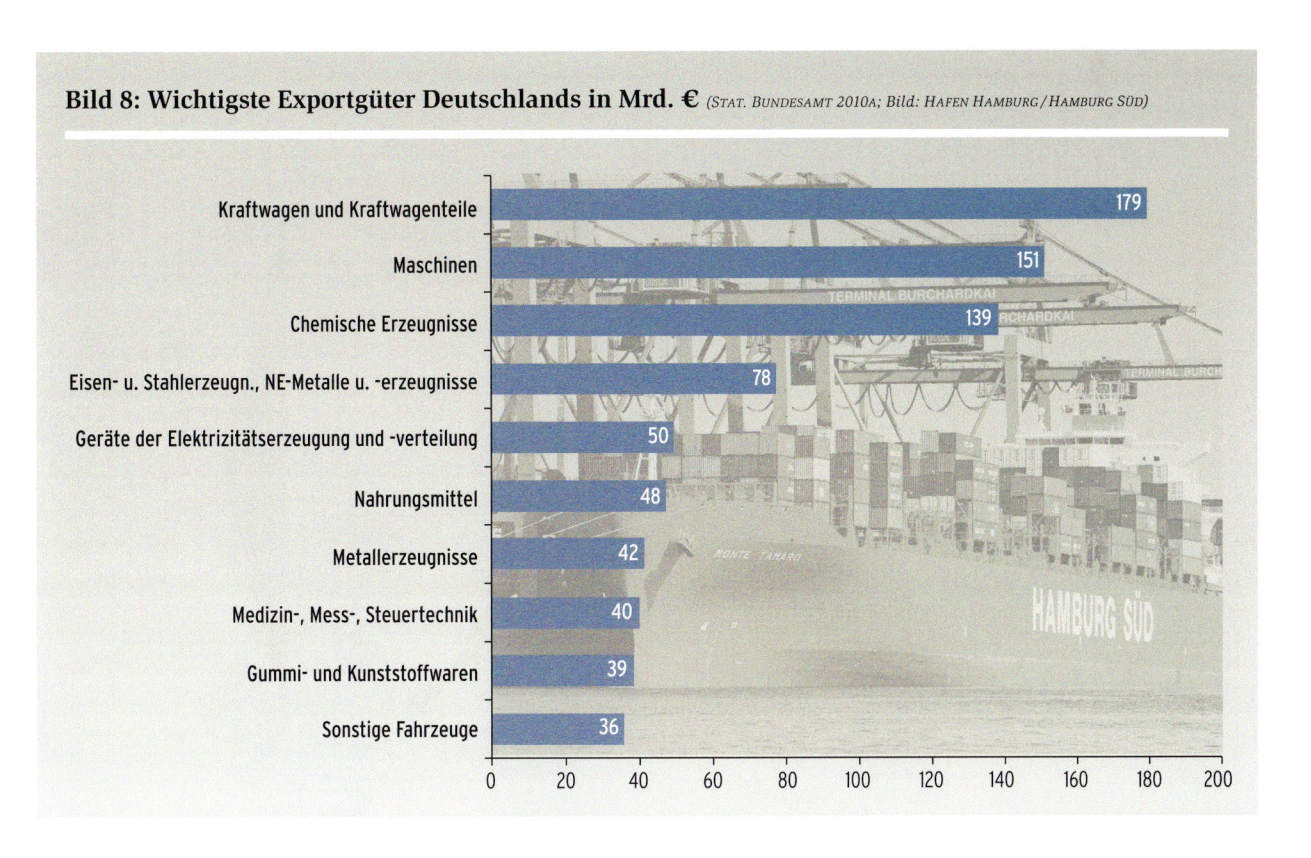

Bild 8: Wichtigste Exportgüter Deutschlands in Mrd. € (STAT. BUNDESAMT 2010A; Bild: HAFEN HAMBURG / HAMBURG SÜD)

Exportgut	Mrd. €
Kraftwagen und Kraftwagenteile	179
Maschinen	151
Chemische Erzeugnisse	139
Eisen- u. Stahlerzeugn., NE-Metalle u. -erzeugnisse	78
Geräte der Elektrizitätserzeugung und -verteilung	50
Nahrungsmittel	48
Metallerzeugnisse	42
Medizin-, Mess-, Steuertechnik	40
Gummi- und Kunststoffwaren	39
Sonstige Fahrzeuge	36

her ging auch die Überlegung, Produktionsaktivitäten in Länder mit geringeren Faktorkosten zu verlegen. In Bild 10 sind die wesentlichen, bis heute angeführten Kriterien für und gegen Verlagerung dargelegt. Die Fortsetzung dieses Trends der globalen Aufstellung wird sich die nächsten Jahre noch weiter beschleunigen, weil

- attraktive Märkte insbesondere in den sogenannten BRIC-Staaten (Brasilien, Russland, Indien, China) entstehen,
- ausländische Produktionsstandorte bezüglich Qualität, Stückkosten enorme Fortschritte machen,
- die Transport- und Logistikkosten der letzten Jahre erheblich gesenkt werden konnten,
- mit dem Internet ein leistungsfähiges, schnelles und weltumspannendes Kommunikationsnetzwerk verfügbar ist und damit
- Niedrigkostenstandorte mit Hilfe der entsprechenden Infrastruktur immer besser an Deutschland angebunden werden (siehe Bild 9).

Die Globalisierung birgt damit aber auch gewisse Risiken. Der Export vieler Produkte verleitet Unternehmen anderer Länder dazu, die Produkte mit gleichem Aussehen nach zu bauen und als sog. Plagiate zu verkaufen. Weiterhin nutzen Unternehmen die hohen, weltweiten Lohnunterschiede aus und produzieren zu weitaus geringeren Kosten, was unter Umständen zu Dumping-Preisen und zu Arbeitsplatzexport führen kann. Darüber hinaus führt die Globalisierung auch zu einer Verkürzung und Dynamisierung der Produktlebenszyklen, was besondere Herausforderungen an den Produktentstehungsprozess stellt.

2.3.3 Durchdringung mit neuen Technologien

Der Megatrend *Durchdringung mit neuen Technologien* beschreibt die zunehmende Verflechtung verschiedener Wissenschaftsdisziplinen zur Generierung von Innovationen und die daraus resultierende Notwendigkeit zur interdisziplinären Zusammenarbeit. Hintergrund ist, dass Innovationen einerseits zunehmend an den Schnittstellen einzelner Wissenschaftsdisziplinen entstehen und andererseits die stetige Zunahme des Wissens eine Spezialisierung der verschiedenen Disziplinen erfordert.

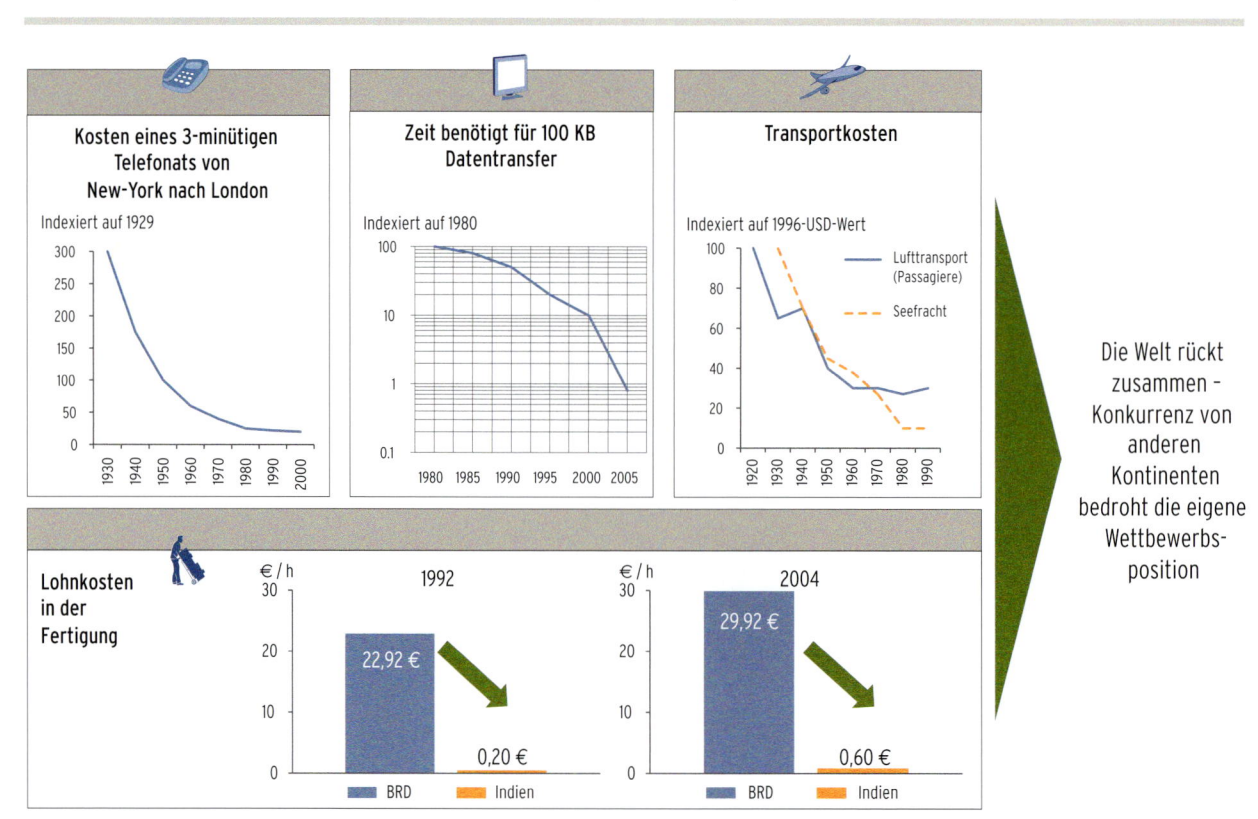

Bild 9: Sinkende Kosten im Globalen Wettbewerb (ABELE ET AL. 2006A)

2.3.3 Durchdringung mit neuen Technologien

Bild 10: Produktion im globalen Wettbewerb (KINKEL & LAY 2004)

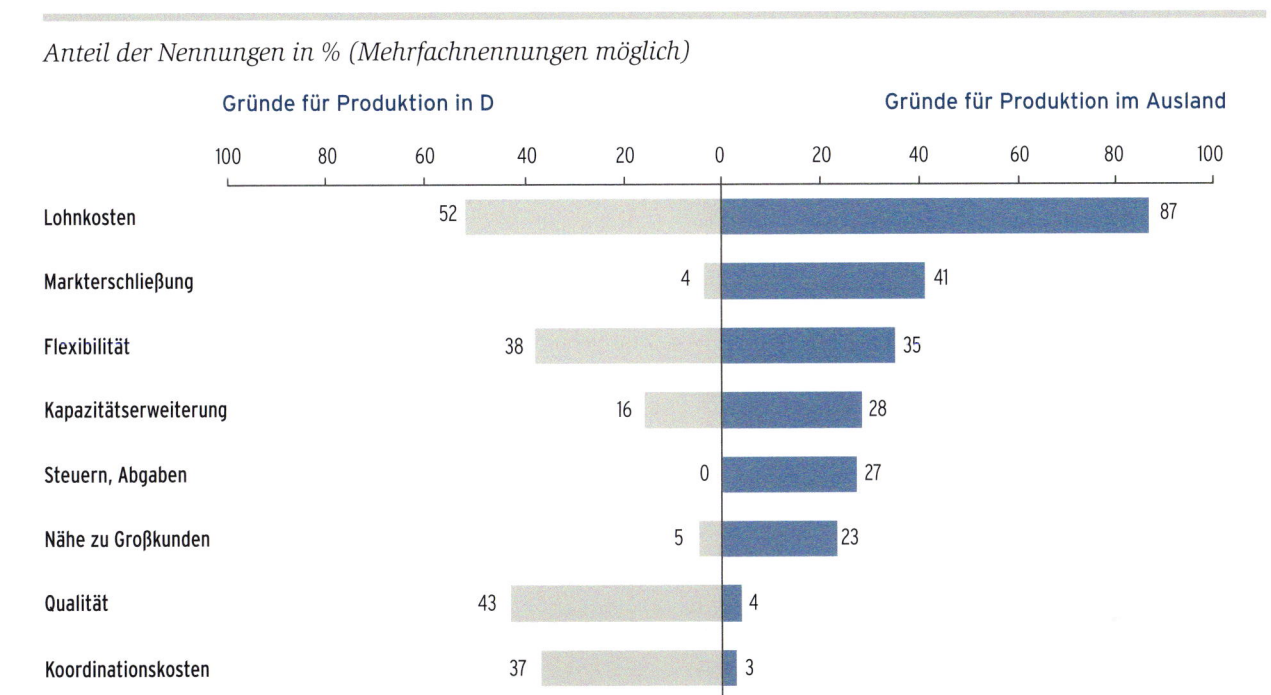

Anteil der Nennungen in % (Mehrfachnennungen möglich)

	Gründe für Produktion in D	Gründe für Produktion im Ausland
Lohnkosten	52	87
Marktschließung	4	41
Flexibilität	38	35
Kapazitätserweiterung	16	28
Steuern, Abgaben	0	27
Nähe zu Großkunden	5	23
Qualität	43	4
Koordinationskosten	37	3

Dieser Trend ist nicht neu und hat bereits in den letzten Jahren immer mehr an Bedeutung gewonnen. Viele Produkte aus Deutschland sind heute bereits gelungene Beispiele interdisziplinärer Entwicklungen.

Im Maschinenbau und besonders in der Kraftfahrzeugindustrie hat beispielsweise die Integration von Mechanik, Elektronik sowie Informatik zu neuartigen Produkten und Produktionsprozessen geführt (siehe

Bild 11: Internationale Arbeitsteilung am Beispiel Automobil

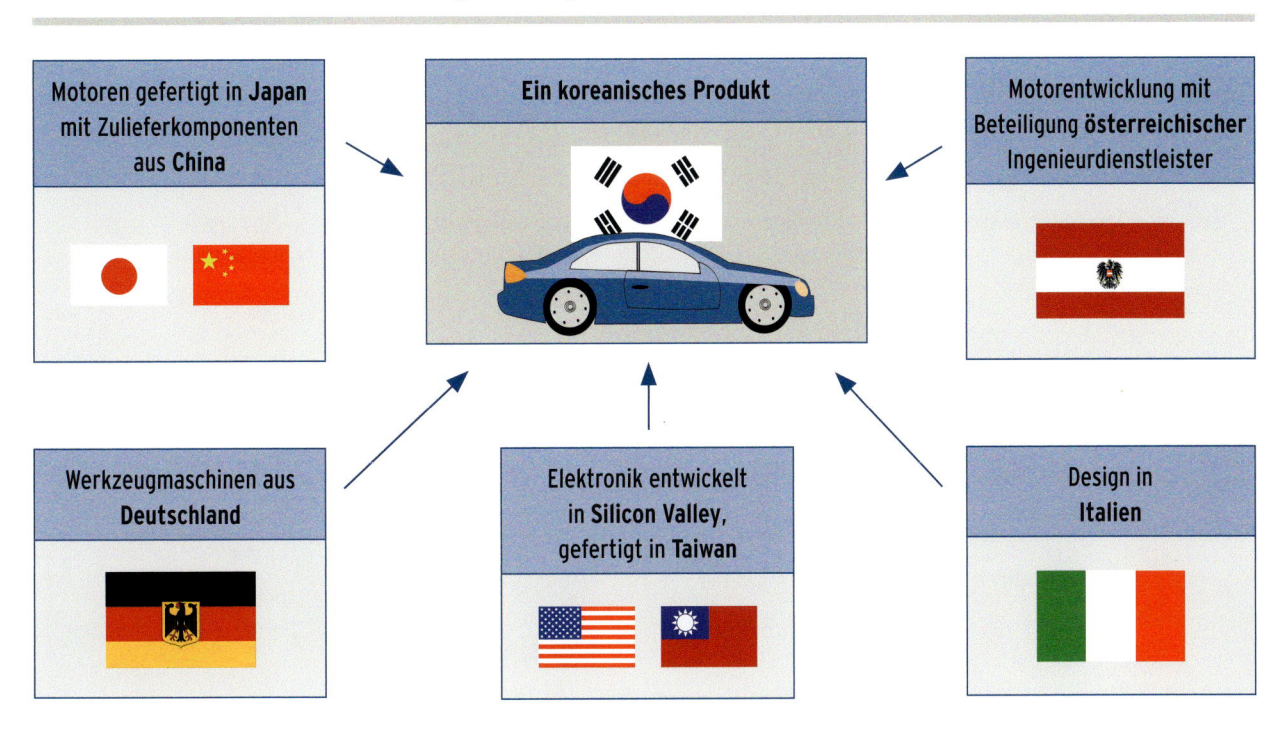

- Motoren gefertigt in **Japan** mit Zulieferkomponenten aus **China**
- **Ein koreanisches Produkt**
- Motorentwicklung mit Beteiligung **österreichischer** Ingenieurdienstleister
- Werkzeugmaschinen aus **Deutschland**
- Elektronik entwickelt in **Silicon Valley**, gefertigt in **Taiwan**
- Design in **Italien**

HERAUSFORDERUNGEN AN DIE PRODUKTION DER ZUKUNFT

2.3 Herausforderungen als Chance – die Entwicklungstrends für die Produktion der Zukunft

Bild 12: Integration von Bionik und mechatronischen Systemen (Bild: Festo AG & Co. KG)

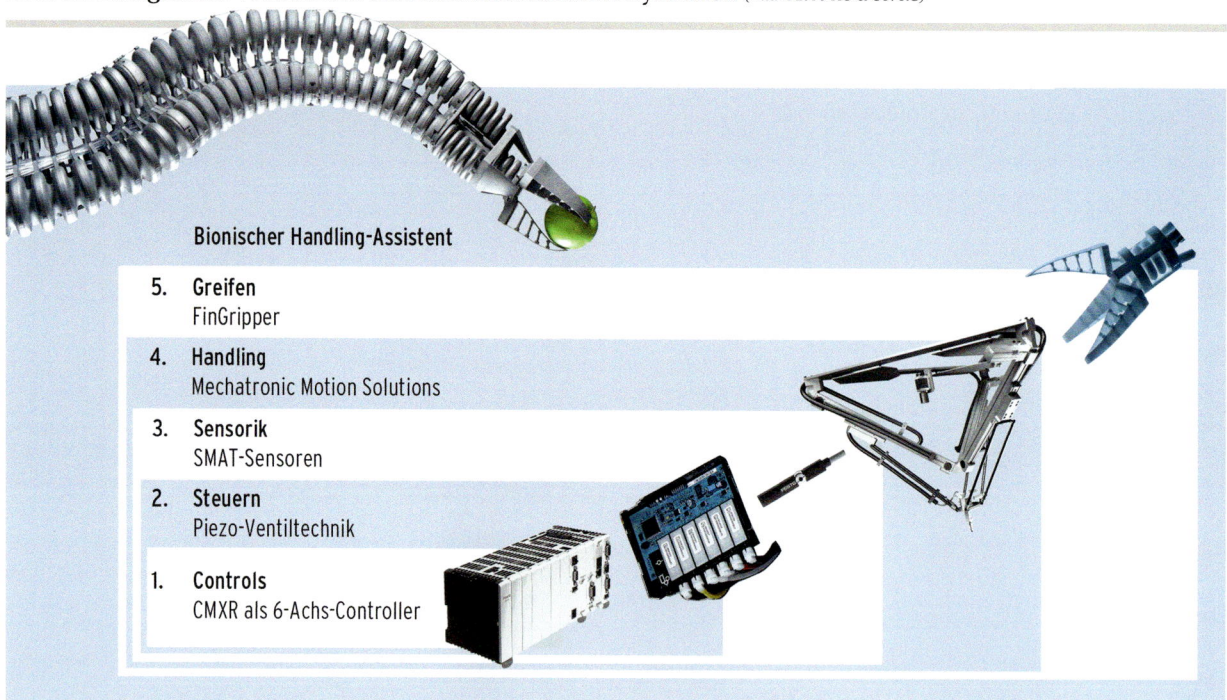

Bionischer Handling-Assistent
5. Greifen – FinGripper
4. Handling – Mechatronic Motion Solutions
3. Sensorik – SMAT-Sensoren
2. Steuern – Piezo-Ventiltechnik
1. Controls – CMXR als 6-Achs-Controller

bspw. Bild 12). Die Intensität und Vielfalt dieser Zusammenarbeit wird zukünftig weiter zunehmen. Völlig neue Möglichkeiten werden sich mit der zusätzlichen Integration weiterer Schlüsseltechnologien wie beispielsweise der Nano-, der Kunststoff- oder der Bioverfahrenstechnik ergeben. Die Ermöglichung einer

Bild 13: Produktionstechnische Herausforderungen in der Luftfahrt am Beispiel des A380
(Bilder: Lufthansa AG; Airbus SAS (unten))

Leichtbau	Informations- und Kommunikationstechnologie	Steer by Wire	Endmontage A380
Mehr als 40 % der Struktur werden aus Verbundwerkstoffen gefertigt	In-Flight-Entertainment-Systeme	Hochintegrierte Elektronikschaltungen	Eine Vielzahl neuer Technologien ermöglichen Produktinnovationen
Nietenfreie Struktur	Komplexe Schaufelgeometrien	Neuartige Verbindungsverfahren	Die Produktion muss diese beherrschen!
Mehr Stabilität durch laserunterstützte Fügeverfahren	Effiziente Triebwerke mit Blisk-Technologie	Verbundwerkstoff aus Aluminium und Glasfaserlaminat (Glare)	

effizienten und effektiven Durchdringung mit neuen Technologien wird deshalb zu einem entscheidenden Baustein für zukunftsweisende Produkte und Produktionsprozesse.

Einen Einblick in die Themenbreite und Herausforderungen der Technologiedurchdringung liefert die Neuentwicklung des A380. Neue Technologien sollen hier ein sicheres, ökologisches und ökonomisches Fliegen in vollkommen neuen Dimensionen ermöglichen (siehe Bild 13). Diese Technologien erfordern wiederrum neue Produktionsverfahren, um die Herstellbarkeit und Kosteneffizienz zu gewährleisten. Die Einbindung vieler Spezialisten bei der Integration der Technologien führte zu einer hohen Arbeitsteilung, die im Wertschöpfungsnetzwerk koordiniert werden muss. So gibt es allein für den A380 mehr als 16 Produktionsstandorte, die einzelne Module kosten- und termingerecht produzieren müssen.

2.3.4 Dynamisierung der Produktlebenszyklen

Unter der Dynamisierung der Produktlebenszyklen wird die Verkürzung der Zeit zwischen zwei Produktgenerationen verstanden. Ein Grund dafür ist der raschere Technologiewandel, der zu häufigeren Innovationssprüngen und so häufiger zu neuen Produktgenerationen führt. Dieser Sachverhalt wird in Bild 14 am Beispiel der sich beschleunigenden Entwicklungsstufen von verschiedenen Datenträgertechnologien verdeutlicht.

Nicht nur technologische Innovationen, sondern auch ein rascherer Wandel von absatzmarktspezifischen Modeströmungen verstärken diesen Trend zusätzlich.

Als High-Tech-Exportland ist Deutschland stark von dieser Entwicklung betroffen, da sowohl Markt- als auch Innovationsvielfalt große Auswirkungen auf die Art und Weise der Produktion haben. So fordert die zunehmende Nachfrage nach kundenindividuellen Produkten in vielen Branchen (z. B. Medizintechnik, Automotive) neuartige Produktions- und Logistikkonzepte, deren Entwicklung, Anpassung und Einbindung in die Unternehmensprozesse eine gewisse Flexibilität erfordert. Rasche Wandlungsfähigkeit in der Organisation, den Abläufen aber auch insbesondere in den Produktionstechnologien ist gefragter denn je.

Diese Entwicklung ist gerade am Produktionsstandort Deutschland mit seinen bestehenden und z. T. noch starren Netzwerken aus mittelständisch geprägten Engineering-Unternehmen, Werkzeug- und Prototypenbaubetrieben sowie seiner Stärke im Maschinen- und Anlagenbau eine einzigartige Chance.

Bild 14: Verkürzung der Produktlebenszyklen am Beispiel von Datenträgern *(Bild: Computer Bild 2010)*

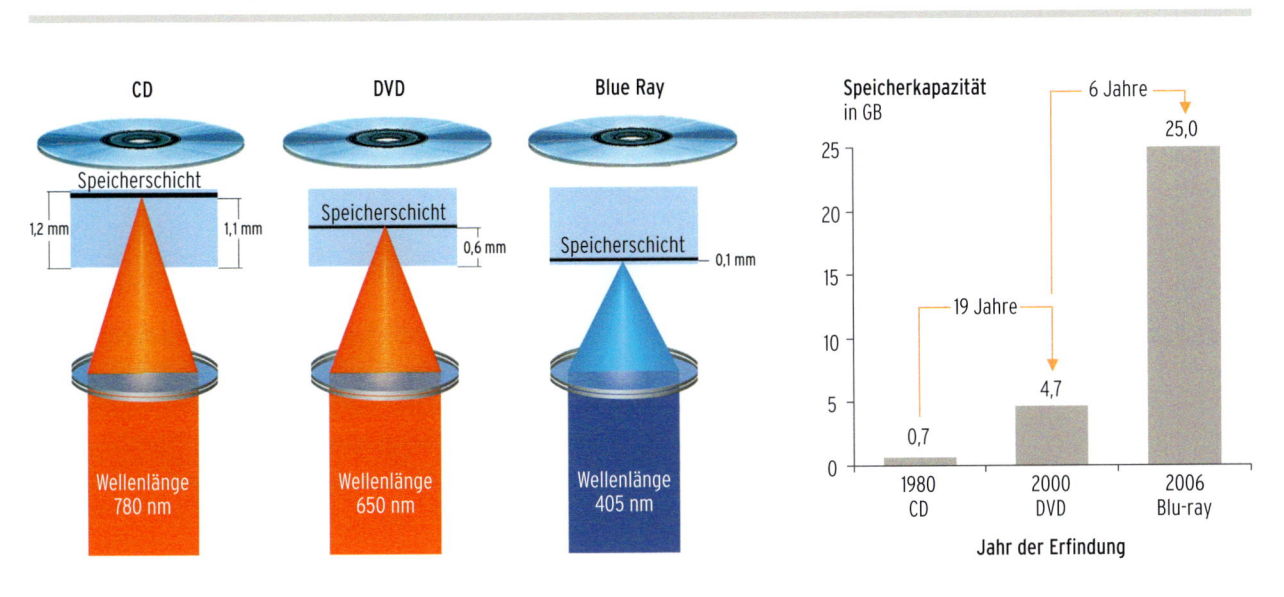

2.3 Herausforderungen als Chance – die Entwicklungstrends für die Produktion der Zukunft

Bild 15: Reichweite ausgewählter Rohstoffe (BGR ET AL. 2005, Bild: WISMUT GMBH)

Reichweite in Jahren (2004)

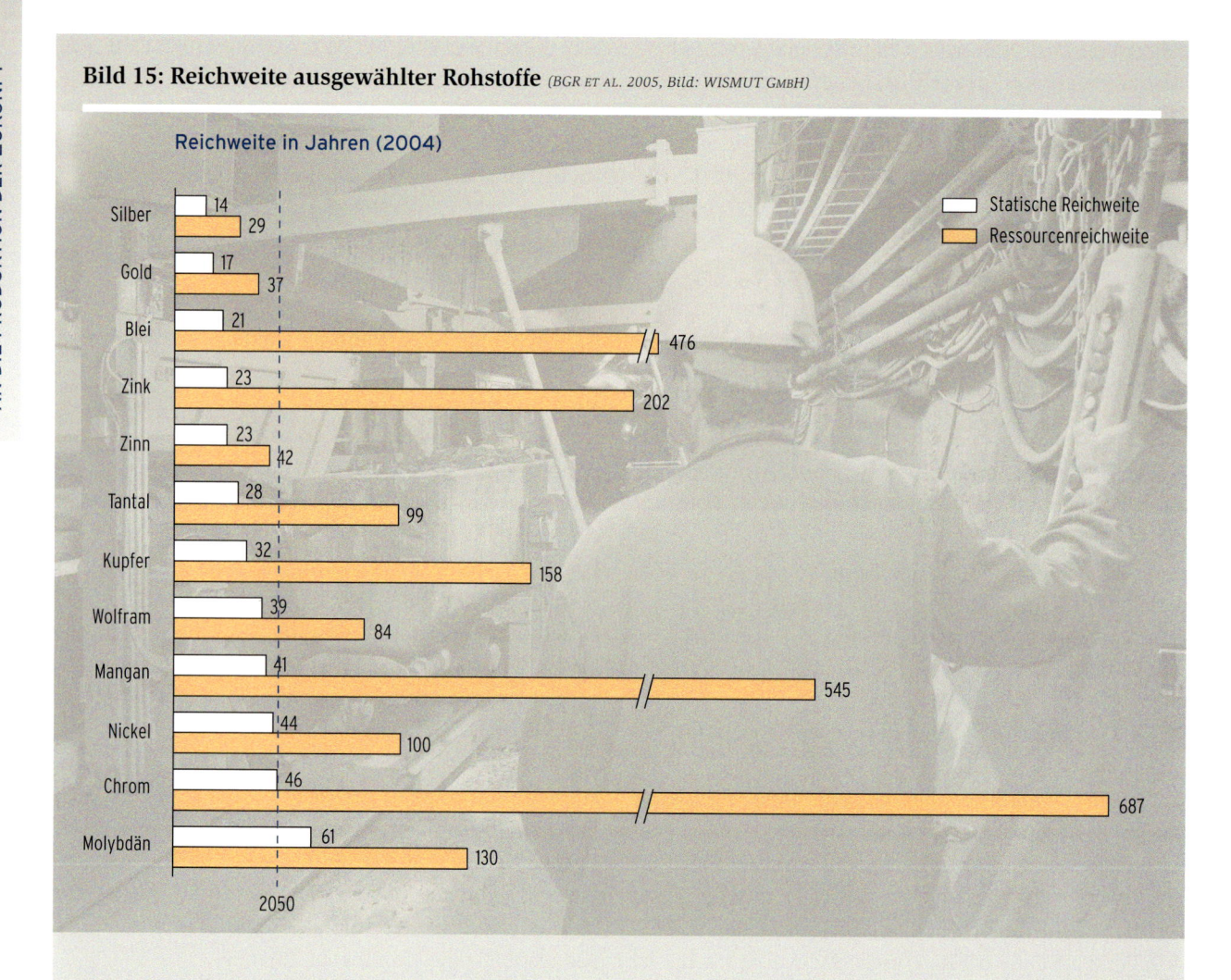

Rohstoff	Statische Reichweite	Ressourcenreichweite
Silber	14	29
Gold	17	37
Blei	21	476
Zink	23	202
Zinn	23	42
Tantal	28	99
Kupfer	32	158
Wolfram	39	84
Mangan	41	545
Nickel	44	100
Chrom	46	687
Molybdän	61	130

2050

Seltene Erden und ihre Anwendungsbereiche (HANNEN 2010 IN VDI NACHRICHTEN)

Seltene Erden: Dazu gehören die Elemente Scandium, Yttrium, Lanthan sowie die 14 auf das Lanthan folgenden Elemente, die Lanthanoide: Cer, Praseodym, Neodym, Promethium, Samarium, Europium, Gadolinium, Terbium, Dysprosium, Holmium, Erbium, Thulium, Ytterbium und Lutetium.

Einsatzgebiete: Sie gelten bei vielen elektronischen, optischen, magnetischen und katalytischen Anwendungen als unersetzlich, sowohl im zivilen als auch im militärischen Bereich.

- Einsatz in Permanent- und Keramikmagneten: u. a. für Elektro- und Hybridantriebe, Generatoren für Wind-/Wasserkraft, schnurlose Elektrogeräte, Handhelds, Computerlaufwerke, bildgebende Verfahren in der Medizin, Mobilfunk, selbststeuernde Raketen, Flugkörper, Bomben und Artilleriegranaten
- Einsatz in Leuchtstoffen: u. a. für LED und Energiesparlampen, Plasma- und LCD-Monitore Luft- und Raumfahrttechnik, Nachtsichtgeräte
- Einsatz in Katalysatoren: u. a. für Crackverfahren in der Erdölindustrie, Zusatz für Dieseltreibstoffe, Ethanpolymerisation
- Einsatz in Kondensatoren mit hoher Energiedichte: u. a. für Mikrowellenwaffen und Railguns
- Einsatz in Lichtwellenleitern: u. a. für Glasfaserkabel, Radar
- Einsatz in weiteren Anwendungen: Spezialgläser, Laser, Supraleiter, Mast- und Düngemittel.

2.3.5 Ressourcenknappheit

Das stetige Wachstum der Weltbevölkerung, der steigende Lebensstandard und der teilweise sorglose Umgang mit Ressourcen führen zu einem Bedarf an Rohstoffen, der bald nicht mehr gedeckt werden kann. In Anbetracht der bekannten Vorkommen ist abzusehen, dass einige Materialien schon in wenigen Jahren nicht mehr zur Verfügung stehen werden. Bild 15 zeigt zum einen die voraussichtliche Reichweite einer Auswahl von Rohstoffen unter der Annahme, dass der aktuelle Verbrauch sich nicht ändert und lediglich die bekannten Quellen noch zur Verfügung stehen (statische Reichweite). Zum anderen ist die gesamte Ressourcenreichweite auf der Erde aufgetragen, die sich aus vermuteten Vorkommen ergibt, welche aufgrund wirtschaftlicher, technischer oder logistischer Randbedingungen derzeit nicht gefördert werden können. Besonderes Augenmerk sollte aus produktionstechnischer Sicht auf die statische Reichweite von Tantal, Kupfer und Zink, aber auch seltene Erden gelegt werden. Wird es gelingen Produkte und Fertigungsverfahren zu entwickeln, die mit alternativen Werkstoffen auskommen? Wird es gelingen den Recyclinggrad bei diesen Werkstoffen weiter anzuheben?

Deutschland besitzt selbst nur geringe Rohstoffvorkommen und hat somit lediglich zwei strategische Handlungsoptionen:
- Eine Ausbalancierung der Rohstoffabhängigkeit von den Ländern, die diese fördern oder
- die eigene Erforschung und Entwicklung von Substitutionswerkstoffen sowie geeignete Prozessketten für deren prozesssichere Verarbeitung.

Die Umsetzung der zweiten Handlungsoption erfordert die enge Zusammenarbeit von materialwissenschaftlicher und produktionstechnologischer Forschung. Die Synergie zwischen diesen beiden Wissenschaftsbereichen könnte Deutschland in vielen Bereichen den Aufbau nachhaltiger *Wertschöpfungsketten* ermöglichen und die Erschließung neuer Märkte begünstigen.

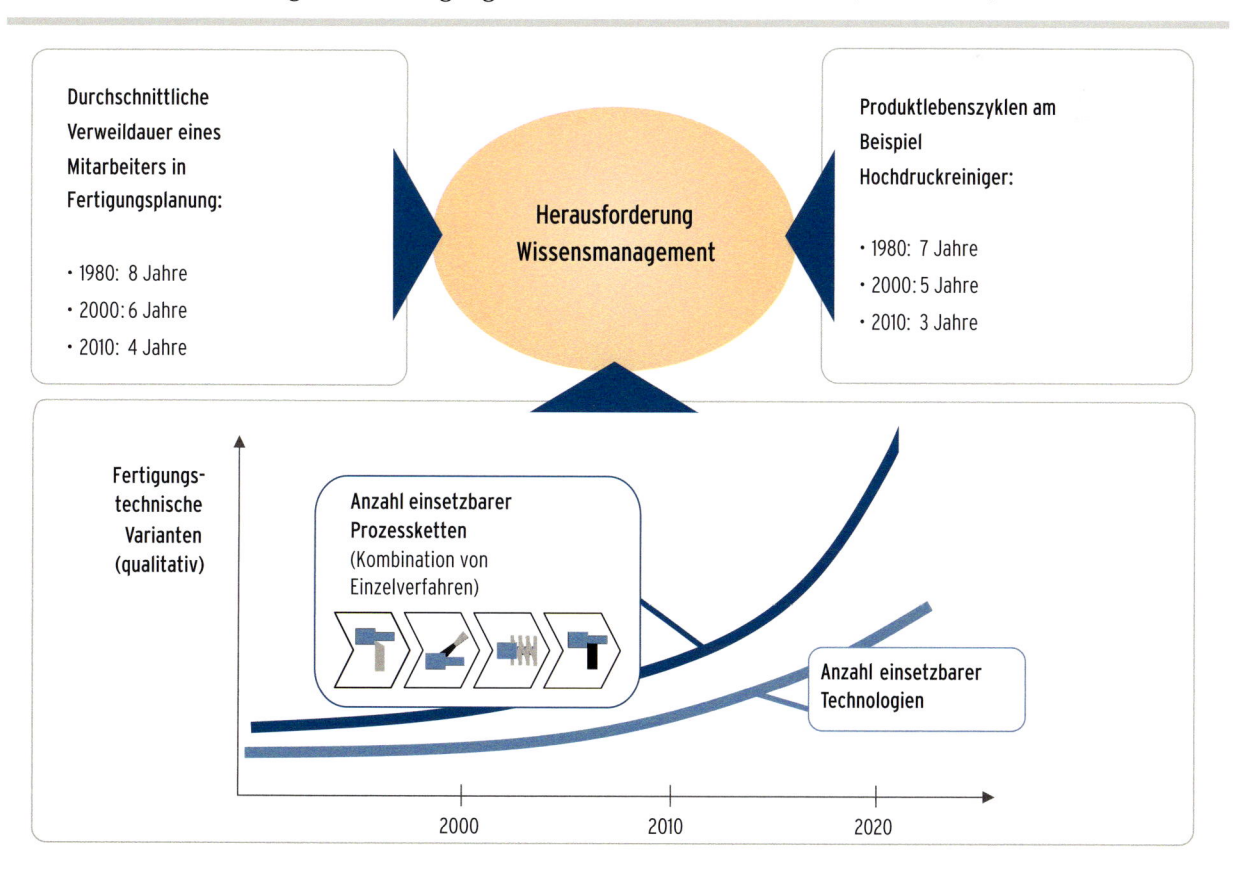

Bild 16: Herausforderung für den Umgang mit Wissen in der Produktion *(ABELE ET AL. 2009A)*

Durchschnittliche Verweildauer eines Mitarbeiters in Fertigungsplanung:
- 1980: 8 Jahre
- 2000: 6 Jahre
- 2010: 4 Jahre

Herausforderung Wissensmanagement

Produktlebenszyklen am Beispiel Hochdruckreiniger:
- 1980: 7 Jahre
- 2000: 5 Jahre
- 2010: 3 Jahre

Fertigungstechnische Varianten (qualitativ)

Anzahl einsetzbarer Prozessketten (Kombination von Einzelverfahren)

Anzahl einsetzbarer Technologien

2000   2010   2020

2.3.6 Wissensgesellschaft

Das Wissen in nahezu allen Disziplinen wächst exponentiell. Insbesondere in den technischen Disziplinen wie auch der Produktionstechnik werden angefacht durch den ständigen Innovationsdruck stetig Informationen und neues Wissen generiert. In Verbindung mit einer exzellenten Verfügbarkeit von Informationen durch Medien, wie dem Internet, führt diese Entwicklung in eine Gesellschaft, die sich durch eine extreme Fülle und Vielfalt an Wissen auszeichnet.

Überall in der Welt werden Bildung und Wissen als Schlüsselressourcen für den sozialen und wirtschaftlichen Fortschritt anerkannt. Gerade in einem rohstoffarmen Land wie Deutschland sind Wissen und Innovationskraft der Menschen der Garant des Wohlstands, weil Wissen die Grundlage von Innovationen ist. Wissen muss auf der anderen Seite aber auch beherrscht werden, d. h. die Lokalisation, Verinnerlichung und der Transfer von Wissen sind Herausforderungen in einer Wissensgesellschaft und insbesondere für die Produktion.

Gerade für Unternehmen ergeben sich zwei zentrale Herausforderungen in einer Wissensgesellschaft:

- Durch steigende Kundenindividualität und fortschreitende Technologiediversifizierung spezialisieren sich Unternehmen immer weiter, um diese Wissensfelder dominieren zu können aus denen sich ihre Innovationsvorteile ergeben. Abnehmende Wertschöpfungstiefen sind Indikatoren für die Spezialisierung des Know-hows in Unternehmen. Das führt die Unternehmen zu neuen Herausforderungen, z. B. bei der Gestaltung von Kooperationen und Wertschöpfungsnetzwerken. Eine steigende Anzahl von Schnittstellen muss dynamisch gebildet, beherrscht und rasch rekonfiguriert werden können.
- Kürzer werdende *Produktlebenszyklen* und das schnelle Aufkommen neuer Technologien beschleunigen den Prozess der Wissensalterung. Insbesondere Fachwissen unterliegt einem ständigen Wandel. Der einzelne Mitarbeiter muss diesen Wissenszuwachs bewältigen und sich auf ein kontinuierliches und lebenslanges Lernen einlassen, um mit dem Wandel der Arbeitswelt Schritt halten

Bild 17: Auswirkungen von Krisen auf die globale Wirtschaftsdynamik *(IFO 2010)*

ifo Weltwirtschaftsklima*

* Arithmetisches Mittel des aktuellen Geschäftsklimas und der Geschäftserwartungen

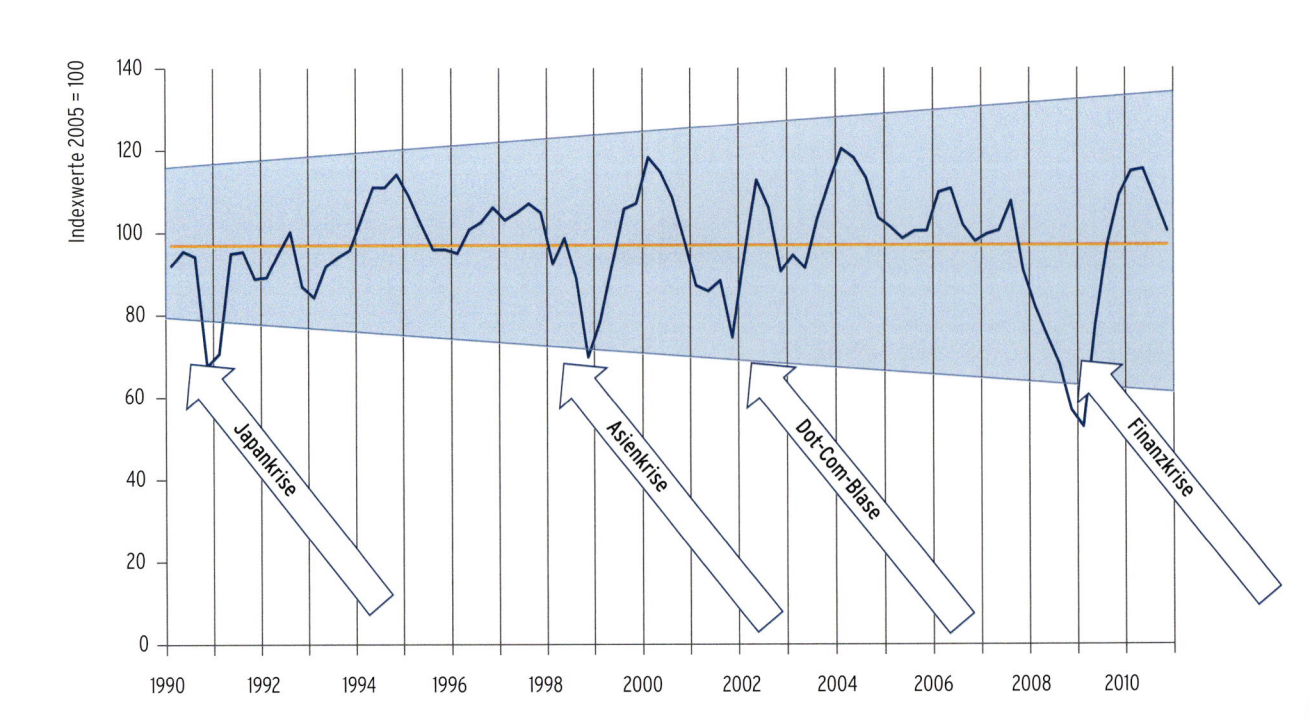

zu können. Die Herausforderungen der Unternehmen liegen in der Anwerbung der erforderlichen Talente, der Qualifikation der Mitarbeiter und dem Management des bestehenden Wissens.

Bild 16 verdeutlicht, dass eine Vielzahl neuer Fertigungstechnologien und damit eine exponentiell steigende Anzahl von möglichen Prozessketten eine große Herausforderung der Zukunft für einen Fertigungsplaner darstellt. Diese Herausforderung wird zeitgleich dadurch verstärkt, dass die Verweilzeit der Mitarbeiter in den einzelnen Abteilungen kürzer wird und parallel die schon angesprochenen Produktlebenszyklen sich ebenfalls verkürzen. All dies erfordert neue Methoden, aber auch Ausbildungswege, um dieser Dynamik des Wissenszuwachses zu begegnen.

2.3.7 Gefahr der Instabilität

Instabilität in Hinblick auf Produktion ist eine direkte Folge einer zunehmenden Dynamik der Wirtschaft und der Märkte sowie steigender Sicherheitsrisiken in Verbindung mit einer zunehmenden Vernetzung von Finanzwirtschaften und Unternehmen. Instabilität beschreibt in diesem Zusammenhang die zunehmenden Schwierigkeiten von Unternehmen zukünftig relevante Entwicklungen zu antizipieren und mit ausreichender Wahrscheinlichkeit vorherzusagen. Stark schwankende Konjunkturentwicklungen (siehe Bild 17), Terroranschläge, Markteinbrüche, Ressourcenengpässe, Handelssperren und Kriege stellen beispielsweise Faktoren auch für die globale Produktion dar, die eine stabile und langfristige Planung auf allen Unternehmensebenen sehr erschweren. Die dadurch geforderte kapazitive Flexibilität von Produktionsstandorten bis hin zum Produktionsnetzwerk ist nicht zum Nulltarif zu haben. Gerade vor dem Hintergrund der Vielzahl an hochautomatisierten und dadurch begrenzt flexiblen Produktionen in Deutschland gewinnt der Megatrend „Instabilität" eine zusätzlich hohe Bedeutung.

Die Herausforderung für produzierende Unternehmen wird die Entwicklung von Standortkonzepten, Netzwerkstrukturen und Geschäftsmodellen, aber auch Fertigungskonzepten sein, die sich auszeichnen durch

- Antizipationsfähigkeit, d. h. die Fähigkeit Veränderungen der Unternehmensumwelt in ihrer Vielfalt und Eintrittswahrscheinlichkeit zu erfassen
- Robustheit, d. h. die Fähigkeit Veränderungen der Unternehmensumwelt möglichst schadlos zu widerstehen,
- Flexibilität, d. h. die Fähigkeit sich **vorhersehbaren** Veränderungen der Unternehmensumwelt möglichst kostengünstig anzupassen
- Wandlungsfähigkeit, d. h. die Fähigkeit sich **unvorhergesehenen** Veränderungen der Unternehmensumwelt möglichst kostengünstig anzupassen.

2.3.8 Demografischer Wandel

Unter dem *Demografischen Wandel* werden Tendenzen in der Bevölkerungsentwicklung verstanden, die eine grundlegende Änderung der Altersstruktur einer Gesellschaft beschreiben (siehe Bild 18). Ausgelöst wird diese Änderung in Deutschland durch einen starken

Bild 18: Demografischer Wandel in Deutschland *(Focus 2010)*

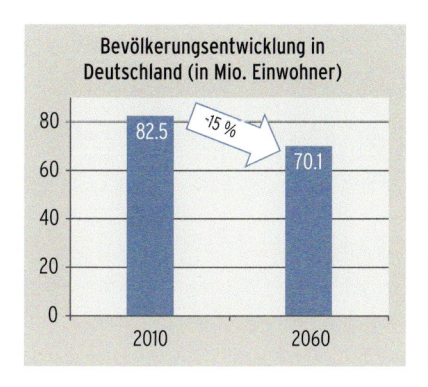

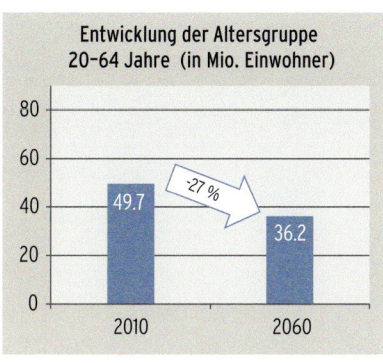

2.3 Herausforderungen als Chance – die Entwicklungstrends für die Produktion der Zukunft

Bild 19: Assistenzroboter zum Handling schwerer Bauteile in der Montage *(Bild: iwb/FitForAge)*

Masse: 6,5 kg   Hubhöhe: 500 mm   Menge: >700 pro Tag

Rückgang der Geburtenrate bei einer gleichzeitig höheren Lebenserwartung der Menschen. Im Jahr 2020 wird voraussichtlich jeder Fünfte in Deutschland älter als 64 Jahre sein, in 2035 ist es bereits jeder Vierte. Die potenziellen Erwerbstätigen werden bis 2035 um mehr als 18 % zurückgehen, weit mehr als heute an Arbeitslosen, ungeachtet der Qualifikation, auf dem Arbeitsmarkt zur Verfügung steht. Da die Unternehmen in Deutschland unmittelbar von dieser Entwicklung betroffen sind, werden die jüngeren Mitarbeiter in der *Produktion* fehlen. Aus diesem Grund wird der Anteil von Mitarbeitern mit Migrationshintergrund, die sich um Produktionsarbeitsplätze bewerben, zunehmen.

Der demografische Wandel erzwingt verstärkt Initiativen zur Förderung des produktionstechnologischen Qualifikations- und Kompetenzniveaus. Nachdem die Lernfähigkeit im Alter als geringer angenommen wird, sind neue Formen des Lernens und des Wissenstransfers notwendig. Personalwirtschaftliche Konzepte zur Integration des wachsenden Anteils von Produktionsarbeitskräften mit Migrationshintergrund müssen entwickelt werden. Gerade vor dem Hintergrund der sich

Bild 20: Struktur des Energieverbrauchs in Deutschland *(Prognos 2009; UBA 2010)*

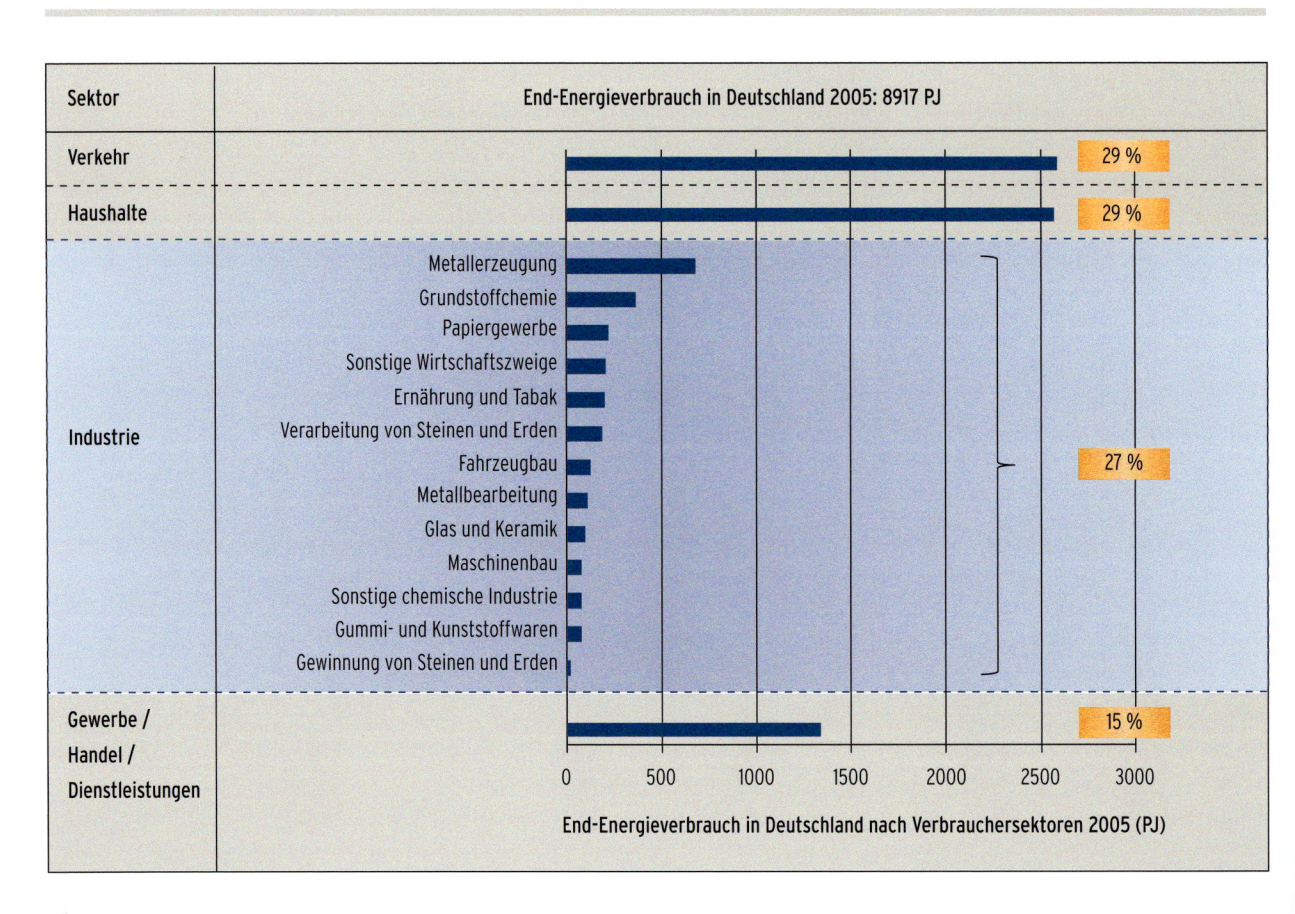

Sektor	End-Energieverbrauch in Deutschland 2005: 8917 PJ
Verkehr	29 %
Haushalte	29 %
Industrie	Metallerzeugung, Grundstoffchemie, Papiergewerbe, Sonstige Wirtschaftszweige, Ernährung und Tabak, Verarbeitung von Steinen und Erden, Fahrzeugbau, Metallbearbeitung, Glas und Keramik, Maschinenbau, Sonstige chemische Industrie, Gummi- und Kunststoffwaren, Gewinnung von Steinen und Erden — 27 %
Gewerbe / Handel / Dienstleistungen	15 %

End-Energieverbrauch in Deutschland nach Verbrauchersektoren 2005 (PJ)

Bild 21: Wachstumspotenzial von Umwelttechnologien (BMU 2009)

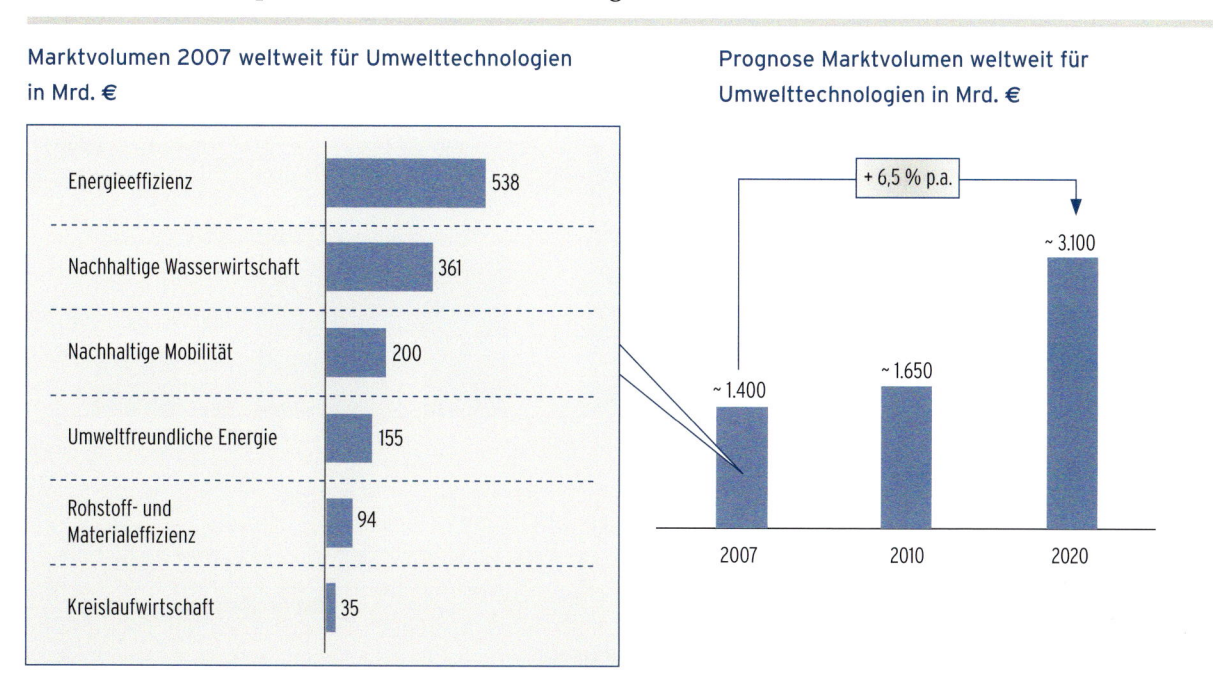

Marktvolumen 2007 weltweit für Umwelttechnologien in Mrd. €

- Energieeffizienz: 538
- Nachhaltige Wasserwirtschaft: 361
- Nachhaltige Mobilität: 200
- Umweltfreundliche Energie: 155
- Rohstoff- und Materialeffizienz: 94
- Kreislaufwirtschaft: 35

Prognose Marktvolumen weltweit für Umwelttechnologien in Mrd. €

- 2007: ~1.400
- 2010: ~1.650
- 2020: ~3.100

+6,5 % p.a.

rasch verändernden Produktionstechnologien stellt lebenslanges Lernen eine große Herausforderung für Deutschland dar, da die Produktivität und damit die Attraktivität eines Standortes letztendlich von der Qualifikation der Produktionsmitarbeiter abhängen.

Deutschland ist neben Japan das erste Land, das den demografischen Wandel in diesem Ausmaß erleben wird. Dieser Wandel bietet aber auch gleichzeitig die Chance, Innovationsführer für alters- und alternsgerechte Produkte zu werden, z. B. für Assistenzroboter im Haushalt sowie als kooperierende Unterstützung für die Produktion (siehe Bild 19).

2.3.9 Klimawandel

Der Megatrend *Klimawandel* beschreibt die langfristige Veränderung des Weltklimas, der sich z. B. in steigenden Jahresdurchschnittstemperaturen äußert. Als Hauptursache dafür gelten Kohlendioxid- und Schadstoffemissionen durch die Industrienationen. Eine Studie des McKinsey Global Institutes weist in diesem Zusammenhang z. B. darauf hin, dass in den kommenden 35 Jahren etwa eine zehnfach höhere Kohlenstoffproduktivität (BIP pro emittierter CO_2-Einheit) notwendig ist, um das derzeitige Wachstum der Weltwirtschaft bei gleichzeitiger Begrenzung der CO_2-Emissionen aufrechterhalten zu können (BEINHOCKER ET AL. 2008). Nachhaltige Offensiven, die einen weiteren Klimawandel aufhalten und dessen Folgen wie z. B. Trinkwasserknappheit und Wüstenbildung vermeiden, können nur im globalen Kontext, d. h. durch entsprechende weltweite Anstrengungen zur Reduktion der Emissionen erreicht werden. Für die Produktionstechnologie in der Industrienation Deutschland stellt dieser Megatrend besondere Herausforderung dar:

Zum einen ist die Produktion selbst ein Hauptverbraucher von Energie in Deutschland. Mit 27 % des Gesamtenergieverbrauchs müssen produzierende Unternehmen zukünftig einen Beitrag zur Steigerung der Energieeffizienz und zur Senkung des Energieverbrauchs leisten, z. B. durch die Erforschung und Entwicklung energieeffizienter Produktionsprozesse und energieautarker Fabriken und Fabrikgebäude.

Zum anderen ergeben sich aus dem Klimawandel neue Märkte und Wachstumschancen, in denen Deutschland die globalen Standards setzen und durch internationale Beschlüsse auch weltweit zum Nutzen dieser Erde durchsetzen kann:

- Für das Marktvolumen der sog. Umwelttechnologien werden auch zukünftig erhebliche Wachstums-

2.3 Herausforderungen als Chance – die Entwicklungstrends für die Produktion der Zukunft

Bild 22: Veränderung der Verkehrsleistung von 2005 bis 2025 in Deutschland *(ITP & BVU 2007)*

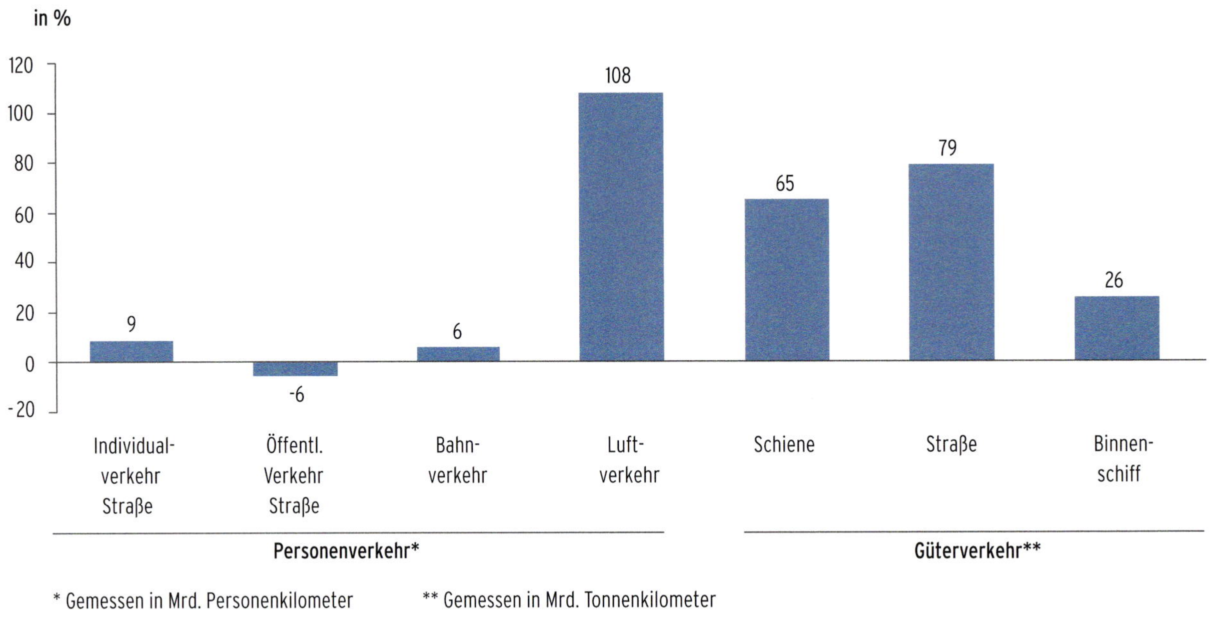

Personenverkehr* (Gemessen in Mrd. Personenkilometer):
- Individualverkehr Straße: 9
- Öffentl. Verkehr Straße: -6
- Bahnverkehr: 6
- Luftverkehr: 108

Güterverkehr** (Gemessen in Mrd. Tonnenkilometer):
- Schiene: 65
- Straße: 79
- Binnenschiff: 26

potenziale gesehen (siehe Bild 21). Die deutsche Maschinenbauindustrie kann mit einer Vielzahl neuer Produktionsverfahren sowie Maschinenkonzepten und Dienstleistungen im Bereich der sogenannten „Green Technologies" weltweit eine führende Rolle einnehmen.

- Die Produktion in rasch wachsenden Marktsegmenten der Energieerzeugung, Umwelttechnologien aber auch der Wasseraufbereitung bietet gerade für ein Land mit starkem Engineering-Know-how ein großes Potenzial.

2.3.10 Mobilität

Mobilität ist ein zentrales Grundbedürfnis des Menschen. Nicht nur der Personenverkehr, sondern insbesondere auch der Güterverkehr unterliegen in den nächsten Jahren einer drastischen Zunahme des Verkehrsaufkommens in Deutschland (siehe Bild 22). Das betrifft aus Sicht der Produktion nicht nur die Transportmittelherstellung und -weiterentwicklung sondern auch die Koordination des unternehmensweiten Warenverkehrs in Deutschland. So werden nicht nur die bloßen Transportkosten, sondern auch die Verfügbarkeits- und Klimaziele einen immer wichtiger werdenden Faktor bei der Wahl des richtigen Verkehrsmix darstellen.

Während in Deutschland und der EU vorwiegend der Güterverkehr stark zunimmt, bieten sich insbesondere auf dem Gebiet des individuellen Straßenverkehrs neue Marktpotenziale für Automobil-Produzenten. In Europa (27 EU-Mitgliedstaaten) wird erwartet, dass die jährlichen Neuzulassungen bei ca. 16 Mio. Fahrzeugen im Jahr stagnieren, wobei sich der Bedarf an PKW im Rest der Welt fast verdoppelt. Die großen zukünftigen Wachstumsmärkte liegen hier in Asien und Südamerika.

Aus diesen Entwicklungen leitet sich die Notwendigkeit ab, den ökologischen Folgen der Mobilität Rechnung zu tragen. Konsequentes Downsizing von Verbrennungskraftmotoren (VKM), aber auch alternative Antriebskonzepte, wie beispielsweise Elektro- oder Hybridantriebe, sind eine Option, um diesen Herausforderungen zu begegnen. Insbesondere für die produzierenden Unternehmen ergeben sich aus diesem Technologiewandel Chancen für die Produktionstechnologie für die neuen Antriebe. Durch den erwarteten Umbruch in der Wertschöpfungskette vom Verbrennungs- zum E-Motor (siehe Bild 23) ist ebenfalls der des Aufbaus von Produktionskompetenz für elektronische Komponenten und Energiespeichern von nationalen Zulieferern wichtig.

2.3.11 Lebensqualität

Bild 23: Einfluss der Elektromobilität auf die Wertschöpfungsstruktur im Automobilbau *(PwC 2010)*

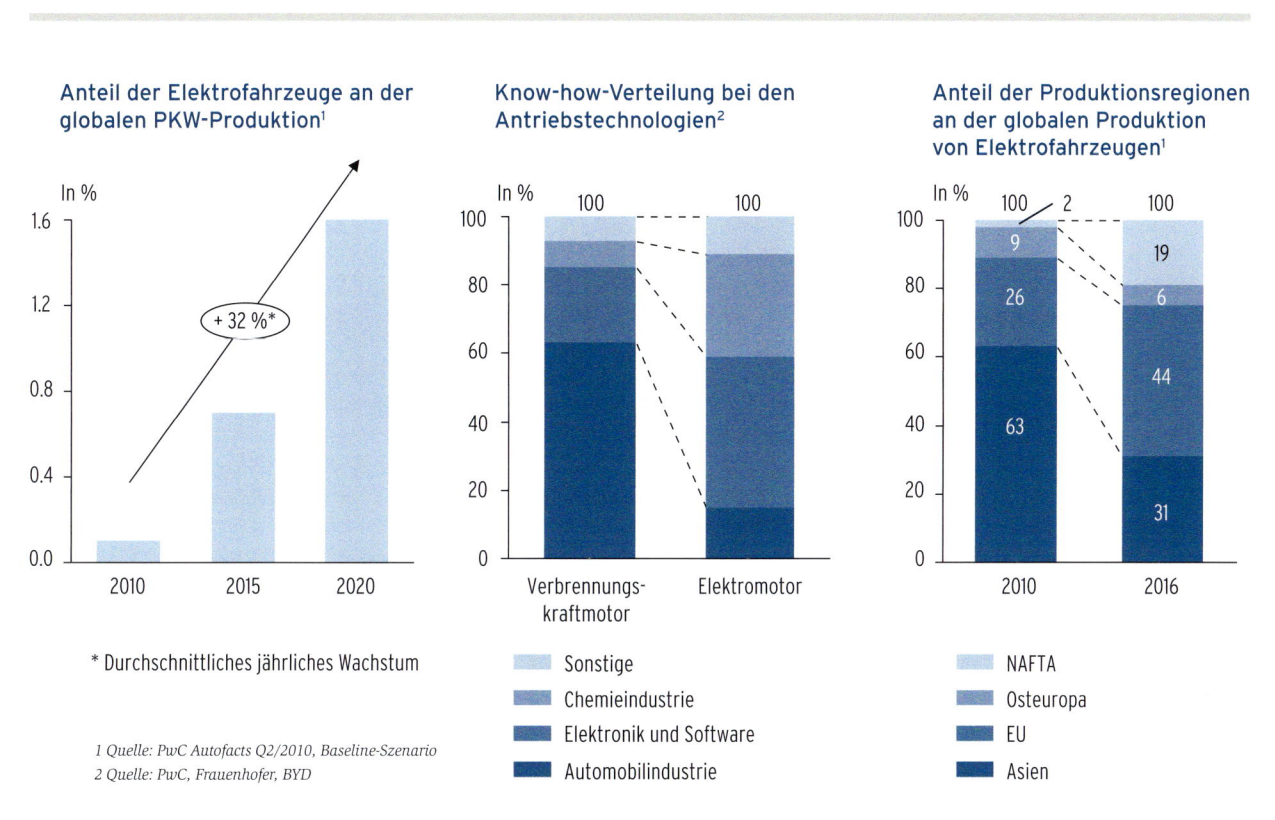

Anteil der Elektrofahrzeuge an der globalen PKW-Produktion¹

In %: 2010 ≈ 0.1; 2015 ≈ 0.7; 2020 ≈ 1.6

+ 32 %*

* Durchschnittliches jährliches Wachstum

1 Quelle: PwC Autofacts Q2/2010, Baseline-Szenario
2 Quelle: PwC, Frauenhofer, BYD

Know-how-Verteilung bei den Antriebstechnologien²

Verbrennungskraftmotor: 100 %; Elektromotor: 100 %

- Sonstige
- Chemieindustrie
- Elektronik und Software
- Automobilindustrie

Anteil der Produktionsregionen an der globalen Produktion von Elektrofahrzeugen¹

2010: NAFTA 2, Osteuropa 9, EU 26, Asien 63
2016: NAFTA 19, Osteuropa 6, EU 44, Asien 31

- NAFTA
- Osteuropa
- EU
- Asien

→ Nach der Hochlaufphase bis 2020 wird die Volumenproduktion von Elektrofahrzeugen erwartet.

Das enorme Wachstum der PKW-Absatzmärkte insbesondere in den BRIC-Staaten ist Chance und Risiko zugleich. Die Zulieferung der geeigneten Produktionsausrüstung (Werkzeugmaschinen, Montageanlagen, Messtechnik) für die neuen Massenmärkte oder gar die zentrale Produktion von Komponenten durch Unternehmen aus Deutschland wird mittelfristig Arbeitsplätze im Engineering-Bereich unterstützen. Das Risiko wird aber heute schon sichtbar: In Produktion und Maschinenbau werden Engineeringkompetenzen auch in diesen Ländern rasch aufgebaut. Sie werden sich nicht auf Befriedigung nationaler Märkte konzentrieren sondern ebenfalls ihrerseits lukrative Exportmärkte systematisch erschließen.

2.3.11 Lebensqualität

Lebensqualität umschreibt die Lebensbedingungen in einer Gesellschaft durch eine Vielzahl von Faktoren, wie materieller Wohlstand, Bildung, Berufschancen, Kultur, Erholungsmöglichkeiten, Natur und viele andere. Verstärkt durch den demografischen Wandel und einer immer älter werdenden Gesellschaft ist das zentrale zukünftige Thema zur Sicherung der Lebensqualität die Aufrechterhaltung der Gesundheit. Produktionstechnik und Produktionsforschung kann hier auf vier Ebenen einen wichtigen Beitrag leisten:

- Innovationen in der Gesundheitsforschung herstellbar machen: z. B. Entwicklung von neuen Produktionsverfahren für neue Materialien wie biokompatiblen Titanlegierungen
- Innovationen in der Gesundheitsforschung allen zugänglich machen: z. B. Entwicklung von Produktionsmethoden, um medizinische Geräte wie Computertomographen kostengünstig herstellen und betreiben zu können
- Innovationen in der Gesundheitsforschung patientenindividuell bereitstellen: z. B. Herstellung von patientenindividuellen Implantaten (siehe Bild 24), Prothesen, Zahnersatz und Medikamente, die einen rascheren Heilungsprozess ermöglichen

2.4 Produktion in Deutschland – quo vadis?

Bild 24: Medizinische Produkte der Implantattechnik *(Bild: GILDEMEISTER AG)*

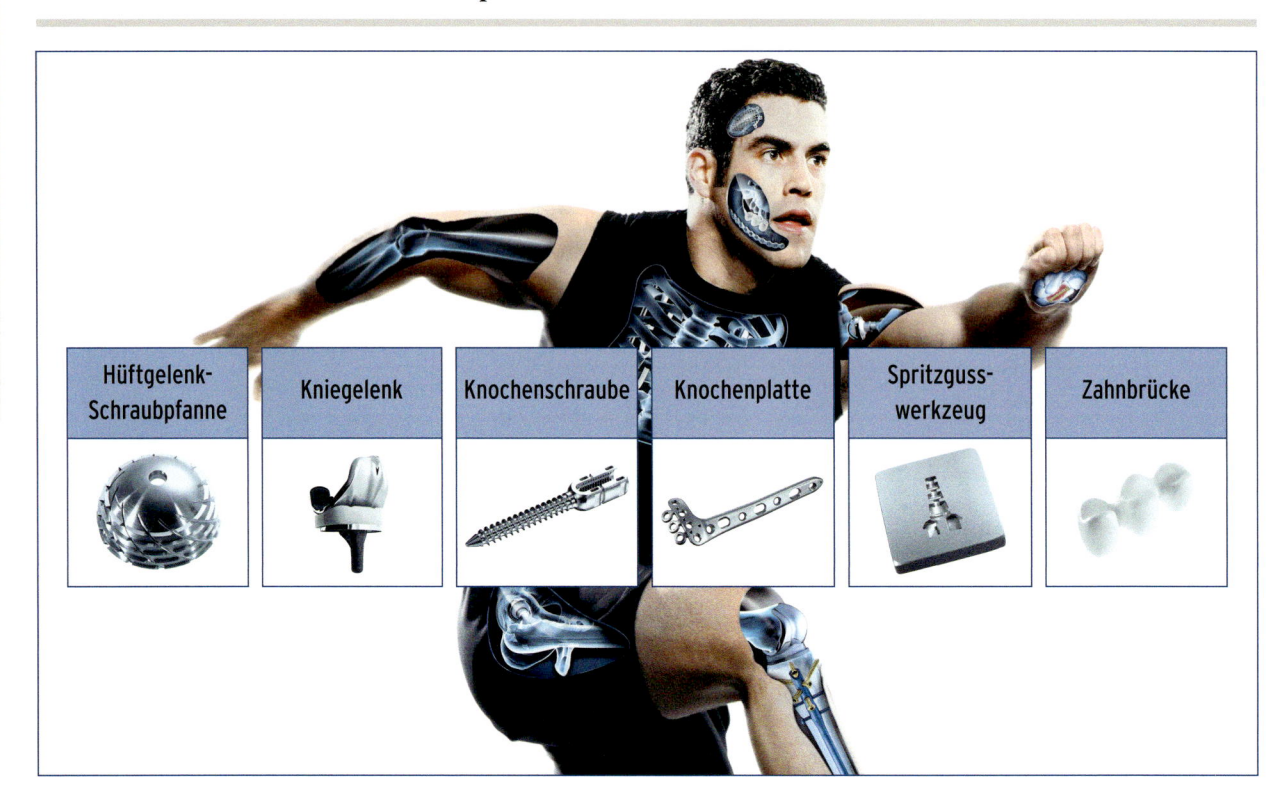

- Gesundheit am Arbeitsplatz sicherstellen und schützen: z. B. Verbesserung der Arbeitsplatzbedingungen durch eine bessere work life balance

2.4 Produktion in Deutschland – quo vadis?

Produktion in Deutschland hat Zukunft! Darüber sind sich die meisten Studien und Prognosen zur künftigen Entwicklung des produzierenden Gewerbes einig. Betrachtet man die Entwicklungen genauer, wird schnell klar: Je nach den zugrunde gelegten Rahmenbedingungen liegen konkrete Abschätzungen über die Entwicklung der zukünftigen Arbeitsplätze im Produzierenden Gewerbe weit auseinander oder fehlen vollständig. Tatsächlich sind es gerade diese vielfältigen politischen, wirtschaftlichen und finanzwirtschaftlichen Einflussfaktoren, die genaue Aussagen zur Zukunft schwierig machen.

Betrachtet man die Wettbewerbsposition im internationalen Kontext, relativieren sich die oftmals sehr positiven Einschätzungen. Wie in Bild 25 dargestellt, wird mit einem Anstieg des Bruttoinlandsprodukts Deutschlands von 2006 bis 2050 um den Faktor 1,8 zunächst eine positive Entwicklung erwartet. Im in-

Bild 25: Prognose des Bruttoinlandsprodukts Deutschlands *(GOLDMANN SACHS 2007)*

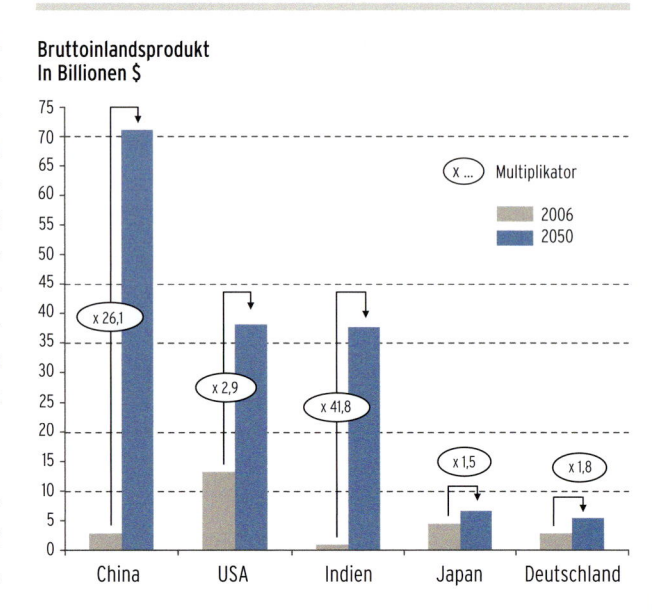

2.4 Produktion in Deutschland – quo vadis?

ternationalen Vergleich wird jedoch deutlich, dass die Wachstumsmärkte der Zukunft in anderen Regionen, wie China (Faktor 26,1) und Indien (Faktor 41,8), liegen. Nach dieser Einschätzung (GOLDMANN SACHS 2007) kann Deutschland und auch die Produktion in Deutschland mit einem Anteil von ca. 25 Prozent am Bruttoinlandsprodukt nur wenig am Wachstum dieser neuen Bedarfsregionen partizipieren. Für andere, ähnlich entwickelte Länder, wie die USA, fällt die Erwartung deutlich positiver aus.

In den meisten Studien kann eine positive Entwicklung des Bruttoinlandsprodukts (BIP), des Umsatzes und der Bruttowertschöpfung in Deutschland verzeichnet werden, ein Blick auf die Beschäftigtenzahlen ist in den gleichen Studien oft weniger optimistisch.

Führende Zukunftsforscher (z.B. Global Insight oder Prognos, siehe Bild 26) gehen davon aus, dass Beschäftigung im Verarbeitenden Gewerbe abgebaut wird. Bis 2020 wird mit einem Verlust von einer halben Million Arbeitsplätzen gerechnet. Die gesamtwirtschaftlichen Verluste dürften aufgrund der direkt und indirekt abhängigen Arbeitsplätze (siehe auch Kapitel 2.2) deutlich darüber liegen.

Ein wesentlicher Grund für die gegenläufige Entwicklung von BIP und Arbeitsplätzen ist ein Wirtschaftswachstum, das niedriger ist als das Produktivitätswachstum. Dadurch kann die Wirtschaftsleistung mit weitaus weniger Arbeitskräften realisiert werden.

Da das Produktivitätswachstum aber der wesentlichste Treiber für eine konkurrenzfähige Produktion und damit für das Wirtschaftswachstum ist, bleibt der Produktion in Deutschland nur die „Flucht nach vorn": Wir dürfen in die Wachstumsmärkte der Zukunft (z. B. Mobilität, Energie, Medizintechnik) nicht nur Blaupausen exportieren, sondern müssen Wertschöpfungsketten in Deutschland aufbauen. Die Produktion muss noch produktiver werden, damit die Wettbewerbsfähigkeit steigt und die Zuwächse der Wirtschaftsleistung die Rationalisierungseffekte durch verstärkte Nachfrage überkompensieren und somit auch neue Arbeitsplätze geschaffen werden.

In der Studie *Made in Germany,* die 2008 und 2009 vom Institut für Produktionsmanagement, Technologie und Werkzeugmaschinen (PTW) in Zusammenarbeit mit McKinsey durchgeführt worden ist,

Bild 26: Beschäftigungsprognosen für die Produktion in Deutschland in 2020 (MCKINSEY&COMPANY 2009)

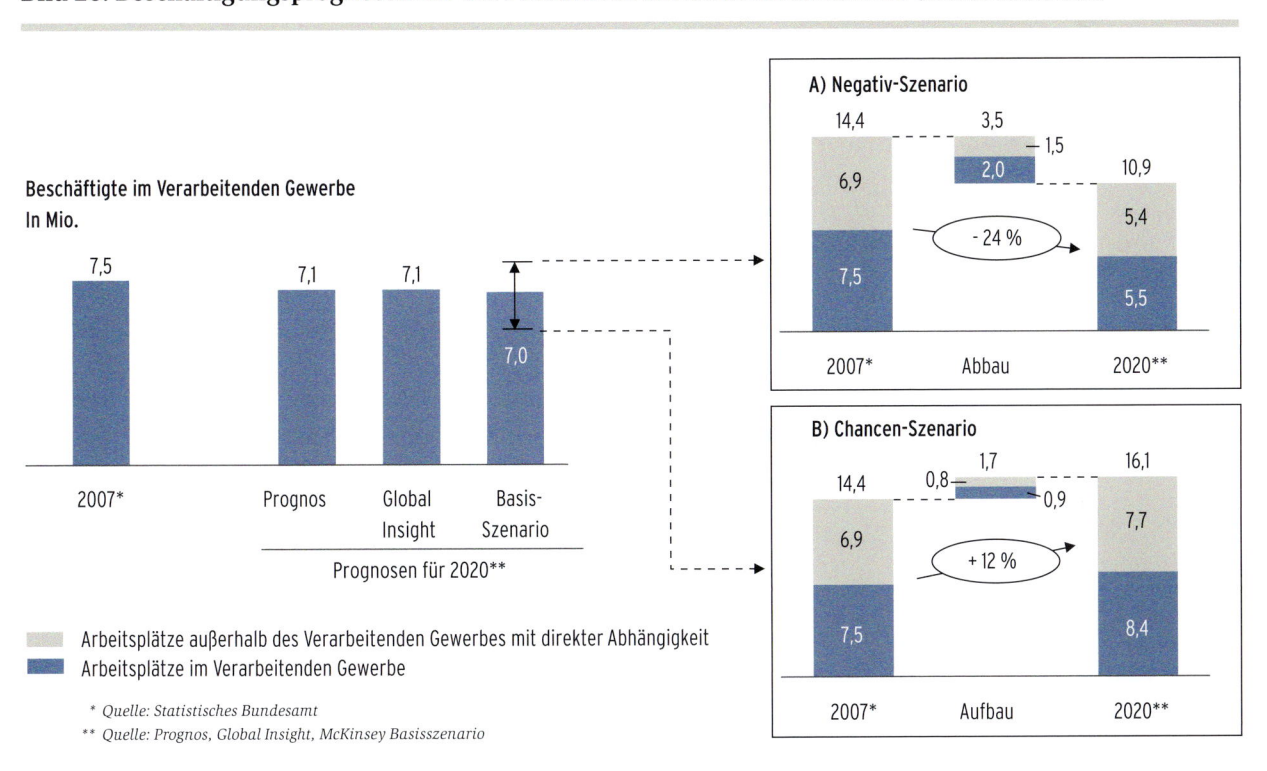

2.4 Produktion in Deutschland – quo vadis?

wurden die Auswirkungen einer Veränderung der Wettbewerbsfähigkeit auf die Arbeitsplätze im Verarbeitenden Gewerbe untersucht. Als Ergebnis wurden ein Basisszenario, ein Negativszenario und ein Chancenszenario entwickelt, die die Arbeitsplatzentwicklung der Produktion in Deutschland in Abhängigkeit von der globalen Wettbewerbssituation beschreiben.

In Bild 26 sind die die Beschäftigungsprognosen für 2020 im Verarbeitenden Gewerbe der drei Szenarien abgebildet. Das Basisszenario stellt den Status Quo und eine Fortschreibung der heutigen Trends dar. Die Ergebnisse liegen im Erwartungsraum anderer renommierter Studien.

Für die Negativszenarien wurde eine deutlich pessimistischere Entwicklung der Wettbewerbsfähigkeit für Produktion in Deutschland unterstellt, während für das Chancenszenario eine Intensivierung der Anstrengungen zur Steigerung der Wettbewerbsfähigkeit angenommen wird. Diese beiden Szenarien und deren Prämissen sind in den folgenden zwei Kapiteln ausführlich dargestellt.

2.4.1 Negativszenario 2020: Produktion kehrt Deutschland den Rücken

Während das Basisszenario von einer Beibehaltung der gegenwärtigen Rahmenbedingungen ausgeht, wird im Negativszenario eine Verschärfung der Wettbewerbssituation für die Produktion angenommen. In zahlreichen Experteninterviews wurden dazu mögliche Hemmnisse für die Entwicklung der Produktion in Deutschland hinsichtlich ihrer erwarteten Auswirkungen auf die Beschäftigung identifiziert.

Als Ergebnis der Analyse wird ein Beschäftigungsrückgang im Verarbeitenden Gewerbe von 2 Millionen Arbeitsplätzen erwartet. Weitere 1,5 Millionen Arbeitsplätze gehen im Dienstleistungssektor (z. B. Ingenieurdienstleistungen) auf Grund der direkten Abhängigkeit vom verarbeitenden Gewerbe verloren. Fast jeder vierte Arbeitsplatz mit Produktionsbezug wird demnach bis 2020 abgebaut werden. Diese Entwicklung wird vor allem von folgenden Megatrends dominiert (siehe Bild 27):

Bild 27: Negativszenario für die Produktion in Deutschland in 2020 *(McKinsey&Company 2009)*

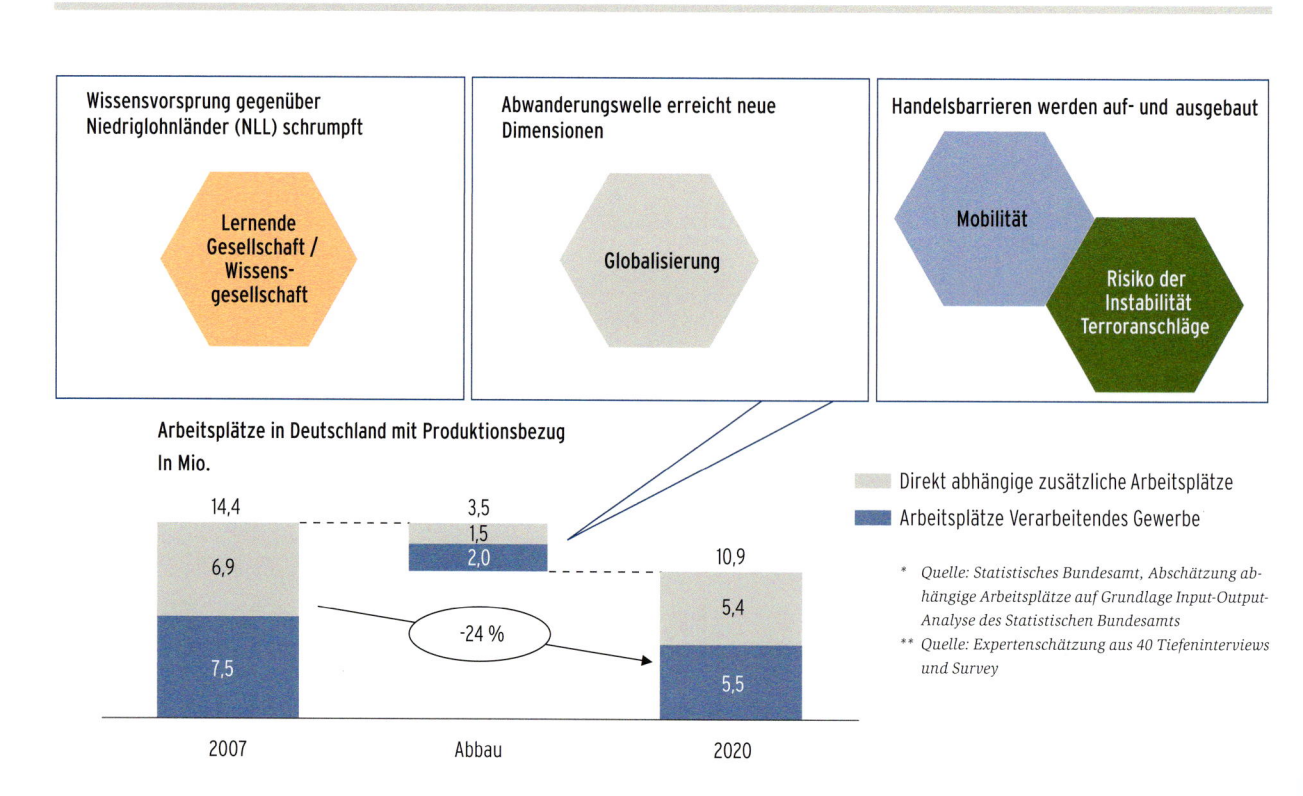

2.4.1 Negativszenario 2020: Produktion kehrt Deutschland den Rücken

Wer ist Hon Hai? (Harten 2009 in Focus Money, Foxconn 2010)

Mit der Wirtschaftskrise gehen auch die fetten Jahre der Unterhaltungselektronik zu Ende. Fernseher, DVD-Player und andere Produkte werden zu Ladenhütern. Und die großen Konzerne wie Sony, Panasonic, Philips und Samsung Electronics geben Verlustwarnungen.

Doch nicht alle in der Branche wollen bei der Krise mitmachen. Hon Hai Precision meldete gestiegene Ordereingänge und stellte im Mai 30 000 neue Mitarbeiter ein, um die Auftragslage bewältigen zu können. Die Frage ist nur: Wer ist Hon Hai, und woher kommen die vielen Aufträge in Zeiten der Krise?

Hon Hai ist der nach Umsatz weltgrößte Auftragsfertiger im Elektronikbereich. Auf dem internationalen Markt tritt der taiwanesische Konzern unter dem Namen der Tochter, Foxconn, auf.

Große Namen. Zum Kundenkreis von Hon Hai gehören Nokia, Dell und HP. Außerdem fertigen die Taiwaner für Apple Komponenten für das iPhone oder das MacBook und liefern Sony Teile für die Playstation zu. Außerdem gelten die Taiwaner als Haus-und-Hof-Lieferant für Intel, die den Großteil der Mainboards (zentrale Festplatte) für den Computerriesen fertigen.

Aber auch diesen Platzhirschen setzt die Krise zu. Als Sparmaßnahme lagern sie deshalb die Fertigung von immer mehr Komponenten an günstigere Auftragslieferanten aus. Und genau davon profitiert die Foxconn-Mutter. „Ein Großteil der Neuaufträge, die Hon Hai dieses Jahr bekam, sind Aufträge, die von anderen Zulieferern auf Hon Hai verlagert wurden", erklärt Michael Palma, Analyst beim Marktforschungsunternehmen IDC. Dazu kommt, dass Hon Hai Aufträge für viele neue Produkte ergattern konnte. Unter anderem liefert der Auftragsfertiger für das Amazon-Kindle, ein elektronisches Lesegerät, zu.

Bild 28: Umsatz Foxconn in Mrd. USD

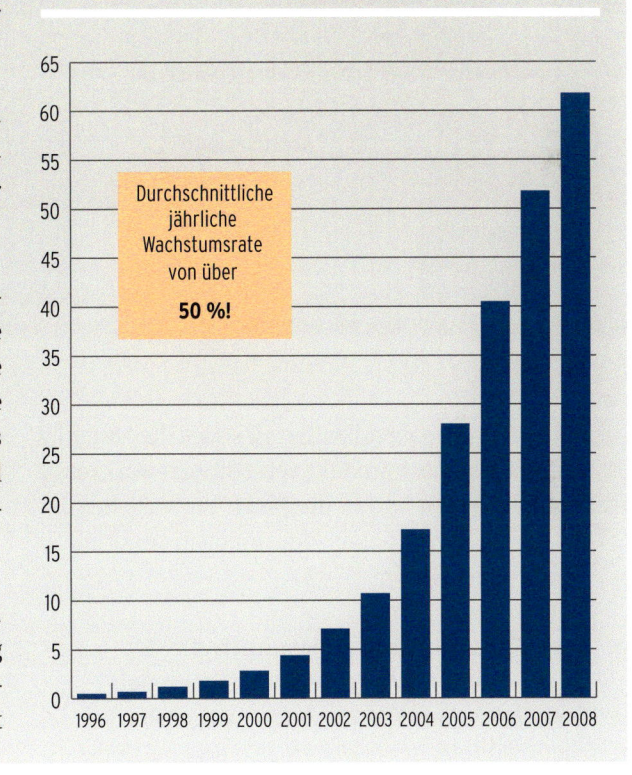

Durchschnittliche jährliche Wachstumsrate von über **50 %!**

- **Wissensgesellschaft:**
  Der Wissensvorsprung gegenüber Niedriglohnländern schrumpft
  Deutschland hat sich über Jahrzehnte eine Basis für einen wettbewerbsfähigen Produktionsstandort aufgebaut. Hervorragend qualifizierte Facharbeiter, bestens ausgebildete Ingenieure, aber auch das Zusammenspiel zwischen Maschinenbauern, Zulieferern und Serienproduzenten haben eine einzigartige Grundlage für eine exportorientierte Industrie geschaffen.

Technologischer Vorsprung sicherte Produkten aus Deutschland einen hohen Kundennutzen, der sich im Marktpreis durch eine höhere Zahlungsbereitschaft ausdrückt. Schrumpft dieser Vorteil durch schnell lernende Unternehmen in Niedriglohnländern, sinkt auch die Zahlungsbereitschaft der Kunden für Produkte und Know-how aus Deutschland. Die Wettbewerbsfähigkeit der hierzulande produzierten High-Tech-Produkte lässt nach. Massive Investitionen der Niedriglohnländer wie Indien und China in die technische Ausbildung (Hoch-

2.4 Produktion in Deutschland – quo vadis?

Bild 29: Positivszenario für die Produktion in Deutschland in 2020 *(In Anlehnung an: McKinsey&Company 2009)*

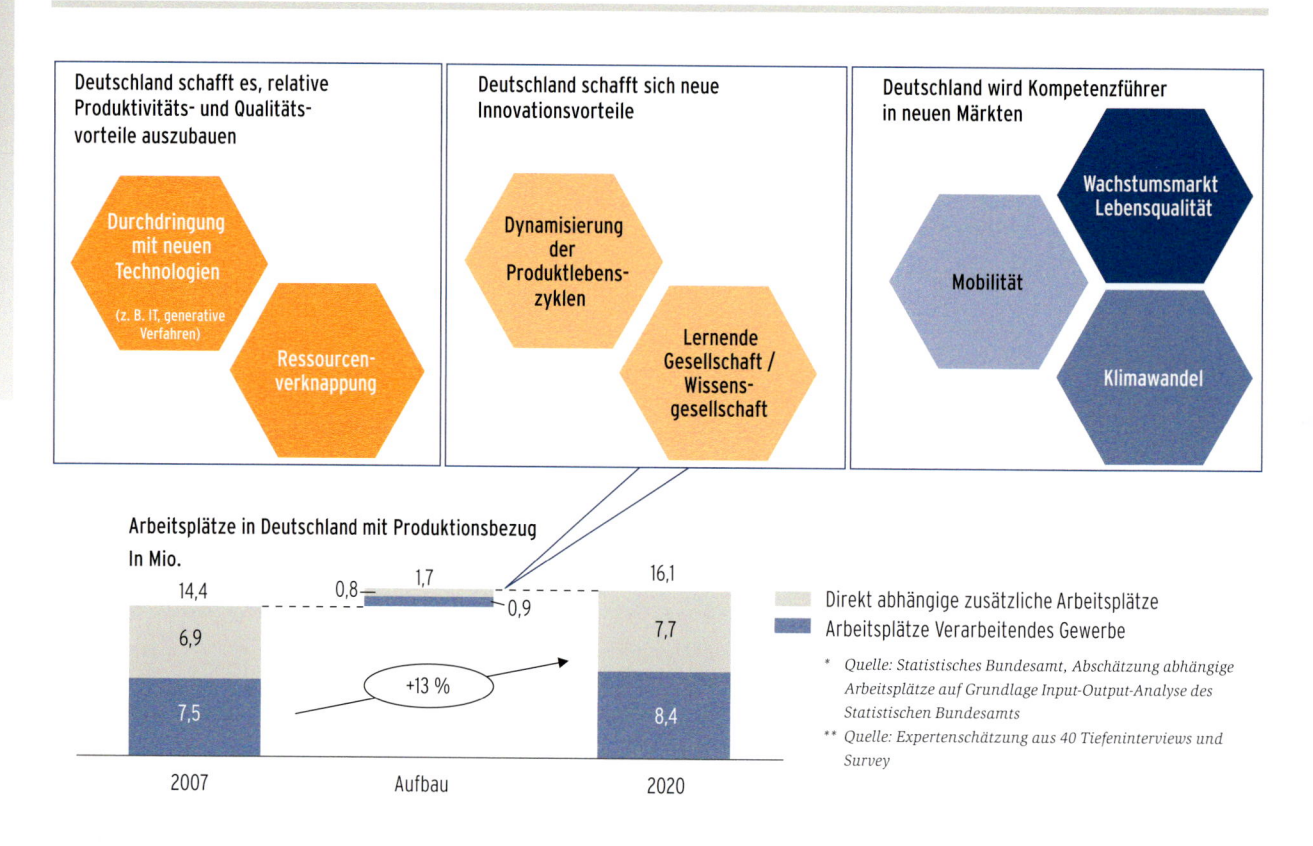

Deutschland schafft es, relative Produktivitäts- und Qualitätsvorteile auszubauen
- Durchdringung mit neuen Technologien (z. B. IT, generative Verfahren)
- Ressourcenverknappung

Deutschland schafft sich neue Innovationsvorteile
- Dynamisierung der Produktlebenszyklen
- Lernende Gesellschaft / Wissensgesellschaft

Deutschland wird Kompetenzführer in neuen Märkten
- Wachstumsmarkt Lebensqualität
- Mobilität
- Klimawandel

Arbeitsplätze in Deutschland mit Produktionsbezug
In Mio.

2007: 14,4 (7,5 + 6,9)
Aufbau: 0,8 / 1,7 / 0,9 / +13 %
2020: 16,1 (8,4 + 7,7)

- Direkt abhängige zusätzliche Arbeitsplätze
- Arbeitsplätze Verarbeitendes Gewerbe

* Quelle: Statistisches Bundesamt, Abschätzung abhängige Arbeitsplätze auf Grundlage Input-Output-Analyse des Statistischen Bundesamts
** Quelle: Expertenschätzung aus 40 Tiefeninterviews und Survey

schulen und duale Ausbildung) sowie die Nutzung der gleichen hochproduktiven Softwarewerkzeuge und Maschinen wie in den hoch entwickelten Industrieländern erhöhen den Innovationsdruck in Hochlohnländern.

- **Globalisierung: Abwanderungswelle der Produktion erreicht eine neue Dimension**
Getrieben durch die rasche Industrialisierung der Niedriglohnländer erweitert sich deren Fähigkeitsspektrum zur Produktion rasch. Märkte wachsen in den Schwellenländern schneller als in Deutschland oder Zentraleuropa. Diese Effekte ziehen immer größere Produktionsumfänge aus den Hochlohn- in die Niedriglohnländer und verstärken sich somit selbst. Diesem Trend wirkt zwar das steigende Lohngefüge entgegen. Es muss jedoch davon ausgegangen werden, dass der Lohn nicht so stark steigt wie die Qualifikation, die zudem zeitlich vorher erfolgt. Produktionsverlagerung wird im Negativszenario deshalb einen Bedeutungszuwachs erleben.

- **Mobilität, Risiko der Instabilität: Handelsbarrieren werden auf- und ausgebaut**
Als Exportwirtschaft ist Deutschland von der Möglichkeit abhängig, seine Waren weltweit zu vertreiben. Länderspezifische Einfuhrbeschränkungen und globale logistische Hürden schädigen exportabhängige Güter. Es besteht die Gefahr, dass diese Barrieren in den nächsten Jahren weiter an Bedeutung gewinnen. So werden von einigen Ländern, wie beispielsweise China, Importzölle erhoben oder Local-Content-Bestimmungen verschärft, um die Wertschöpfung im eigenen Land zu erhöhen.

2.4.2 Positivszenario 2020: Die Renaissance der Produktion

Das Positivszenario geht gegenüber dem Basisszenario von einer deutlich günstigeren Entwicklung der Wettbewerbssituation für die Produktion in Deutschland aus. In diesem Szenario wird ein Beschäftigungszuwachs im Verarbeitenden Gewerbe von 0,9 Millionen Arbeitsplätzen angenommen, der weitere 0,8 Millio-

2.4.2 Positivszenario 2020: Die Renaissance der Produktion

Sieben ausgewählte Zukunftsbranchen in Deutschland (HANDELSBLATT 2009)

Gesundheitswirtschaft	hochwertige Unternehmens- und Forschungs-/ Entwicklungs-Dienstleistungen	Logistik	Maschinenbau	Fahrzeugbau	Informations- und Kommunikationstechnologien	Mess-/ Steuer-/ Regeltechnik

Tuttlingen hat zwar nur 35.000 Einwohner, aber über 400 Unternehmen aus dieser zukunftsträchtigen Sparte. Die Gesundheitswirtschaft insgesamt hat hier in den Jahren 2000 bis 2008 um mehr als ein Viertel zugelegt. Deshalb belegt die Kreisstadt nahe Freiburg im Regionen-Ranking dieser Zukunftsbranche den zweiten Platz hinter Berlin.

Insgesamt 2.400 Firmen haben sich um das Donaustädtchen herum angesiedelt. Dieses Verhältnis deutet schon an, woran es in Tuttlingen besonders fehlt: an qualifiziertem Personal. Im nächsten Monat startet dort die erste Hochschule in Deutschland als Public Private Partnership. Mit Unterstützung vieler Betriebe vor Ort, besonders auch aus der Medizintechnik.

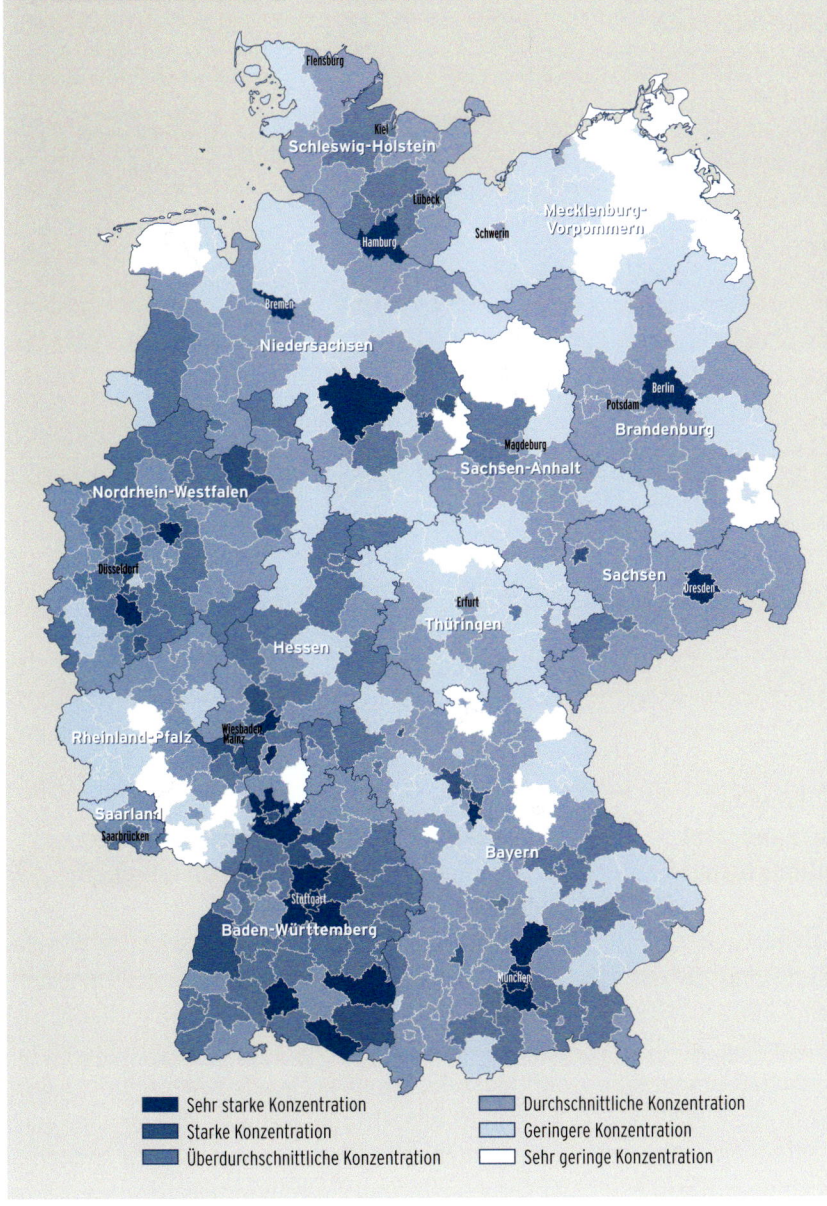

Begründet hat den Ruf von Tuttlingen als Medizintechnik-Zentrum aber die Aesculap AG. Beziehungsweise die von Gottfried Jetter 1867 gegründete Instrumentenwerkstatt, die 1899 in Aesculap umbenannt wurde. Seit 1998 gehört der weltweit größte Hersteller chirurgischer Instrumente, die Aesculap AG, zum Medizintechnik-Konzern B. Braun in Melsungen. Aesculap erzielte 2008 knapp 1,1 Mrd. Euro Umsatz und beschäftigt in Tuttlingen rund 2.800 Mitarbeiter.

Doch selbst wenn die Medizintechnik wegen ihrer Wachstumsperspektiven zu den Zukunftsbranchen auch in Deutschland gehört: Herausforderungen gibt es genug. So sieht eine aktuelle Studie des Verbandes der Elektrotechnik in den nächsten zehn Jahren vor allem bei der Innovationskraft deutliche Zugewinne für Asien.

- Sehr starke Konzentration
- Starke Konzentration
- Überdurchschnittliche Konzentration
- Durchschnittliche Konzentration
- Geringere Konzentration
- Sehr geringe Konzentration

2.4 Produktion in Deutschland – quo vadis?

Bild 30: Stärken Deutschlands im internationalen Vergleich *(WEF 2010 (rechts))*

Stärken der Industrie in Deutschland ...
■ (Noch) Innovationsführer in zahlreichen produktionsrelevanten Branchen/Technologien (Automotive, Windkraft, Medizintechnik)
■ Leitwerke für ein globales Produktionsnetzwerk häufig in Deutschland (Zentrum der Innovationen bei Produkt- und Produktionstechnologie)
■ Starke Produktionsausrüstungsindustrie (Führerschaft in Messtechnik, Werkzeugmaschinen, Bildverarbeitung, Automatisierung etc.)
■ International anerkannte Leitmessen zeigen Stärken Deutschlands (Metav, AMB, Automatica, ...)

■ Produktionstechnische Lehrstühle, fertigungstechnische Labors
  – Zielorientierte Weiterentwicklung, Technologien, Methoden
  – Abgänger mit Promotion = Führungspotenzial für Produktionsunternehmen
  – Vernetzung Grundlagenkenntnisse mit Anwendung
  – Exzellente Ingenieurs-Ausbildung an produktionstechnischen Lehrstühlen

■ Infrastruktur (Energiesysteme, Verkehrssysteme, Informationstechnologie)
■ Politische Stabilität
■ Duales System als herausragendes Basisqualifikationssystem für die Produktionstechnik

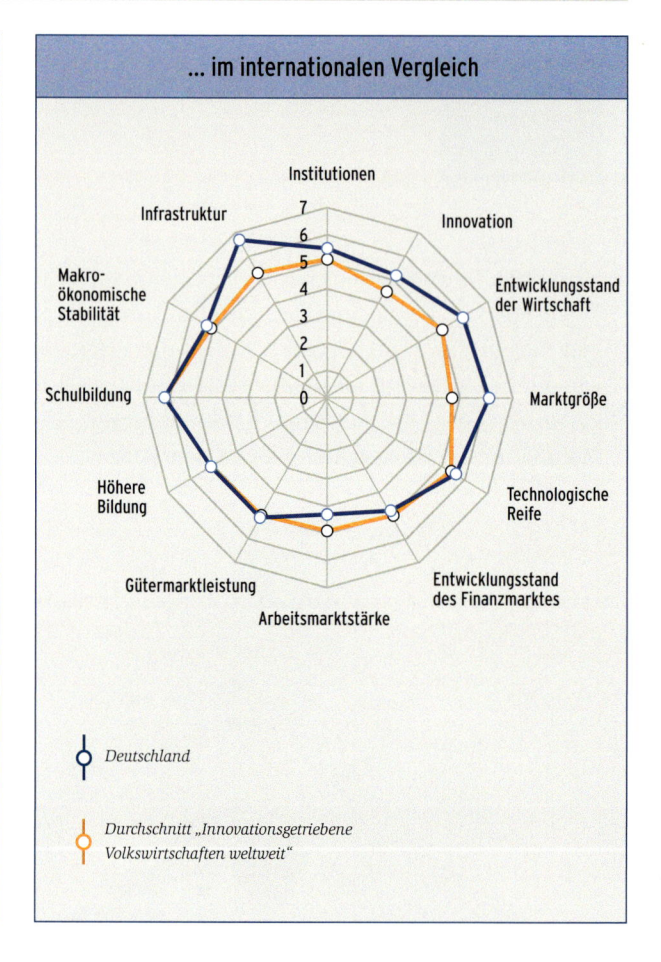

... im internationalen Vergleich (Radar-Diagramm mit Achsen: Institutionen, Innovation, Entwicklungsstand der Wirtschaft, Marktgröße, Technologische Reife, Entwicklungsstand des Finanzmarktes, Arbeitsmarktstärke, Gütermarktleistung, Höhere Bildung, Schulbildung, Makroökonomische Stabilität, Infrastruktur; Vergleich Deutschland vs. Durchschnitt „Innovationsgetriebene Volkswirtschaften weltweit")

nen Arbeitsplätze in direkt von der Produktion abhängigen Bereichen nach sich zieht. Dadurch wird eine Steigerung der Beschäftigtenzahlen in Bereichen mit Produktionsbezug um 13 % erreicht. Diese Entwicklungen wird weitgehend durch folgende sieben Megatrends ermöglicht (siehe Bild 29):

■ **Durchdringung mit neuen Technologien, Ressourcenverknappung: Deutschland baut relative Produktivitäts- und Qualitätsvorteile weiter aus**
Da die Entwicklung der Produktivität und Qualität in Niedriglohnländern hinter den derzeit hohen Erwartungen zurück bleibt, können sich deutsche Unternehmen ihren Vorsprung in der Produktivitäts- und Qualitätsführerschaft erhalten und ausbauen. Bei steigenden Ressourcenkosten ist Deutschland führend in der effizienten Nutzung knapper Materialien. Insbesondere flexible Lösungen zur *Low-cost-Automation* halten bei (inflationsbereinigt) stagnierenden Löhnen die Produktivität in Deutschland auf einem wettbewerbsfähigen Level. Rationalisierungseffekte bei der Beschäftigung werden so durch die gesteigerte Wettbewerbsfähigkeit und den Ausbau von Produktionskapazitäten überkompensiert.

■ **Wissensgesellschaft, Dynamisierung der Produktlebenszyklen: Deutschland schafft sich neue Innovationsvorteile**
Deutschlands wichtigste Ressource ist das Wissen, das in den Köpfen der Menschen, in den Unternehmen und in Forschungseinrichtungen vorhanden ist und generiert wird. Eine effizientere Nutzung dieses Wissens durch geeignete unternehmensübergreifende Wissensmanagementsysteme aber auch einen intensiven Transfer von Wissen zwischen Unternehmen und Forschungseinrichtungen kön-

nen Innovationsvorteile schaffen. Insbesondere durch eine starke Vernetzung verschiedener Fachdisziplinen wird die Produktion in Deutschland stets modernste, auf die Bedürfnisse der Menschen weltweit abgestimmte Produkte, anbieten können.

- **Lebensqualität, Klimawandel, Mobilität: Deutschland wird Kompetenzführer in neuen Märkten**
Deutschland konzentriert sich auf attraktive Wachstumsbranchen (z. B. E-Mobilität, Regenerative Energien, Medizintechnik) sowie etablierte Großbranchen und hält in diesen Branchen durch eine fokussierte Forschungs- und Entwicklungstätigkeit die Innovationsführerschaft. Dadurch kann Deutschland Standards für den Technologieeinsatz in der ganzen Welt setzen. Die Innovationsführerschaft befähigt Deutschland dazu, auch bei der Ausrüstung von Fabriken die weltweite Führungsposition zu erreichen.

2.4.3 Produktion in Deutschland am Scheideweg

Die Analyse zeigt deutlich: Der Gestaltungsspielraum für die Zukunft der Produktion ist groß. Können wir die Chancen aus den Herausforderungen der Zukunft nutzen, wird die Produktion auch in Zukunft in Deutschland beheimatet sein und es können zusätzliche Arbeitsplätze aufgebaut werden.

Erreichbar ist dies, wenn wir die Stärken der Produktion in Deutschland (siehe Bild 30) konsequent ausspielen und ausbauen. Innovationen insbesondere aus der Produktionsforschung spielen auf dem Weg für eine wettbewerbsfähige Produktion in Deutschland eine Schlüsselrolle.

2.5 Produktionsforschung macht aus Herausforderungen Chancen

Produktion in Deutschland wird nur eine Zukunft haben, wenn es uns gelingt schneller als andere Industrieländer produktionstechnische Innovationen zu entwickeln und zur Anwendungsreife zu bringen. Die Forschung wird auch in Zukunft ihren Beitrag leisten müssen, um Deutschlands führende Rolle in der Produktionstechnik zu sichern und weiter auszubauen.

Die Produktionsforschung unterstützt sowohl die Produktionsausrüster als auch die Anwender der Produk-

Bild 31: Die wissenschaftliche Gesellschaft für Produktionstechnik (WGP) ist das nationale Exzellenznetzwerk der Forschungsinstitute auf dem Gebiet der Produktion *(WGP 2010)*

Steckbrief WGP	Durch die Kooperation mit wissenschaftlichen Instituten, gesellschaftlichen und politischen Verbänden sowie der Industrie sollen folgende Ziele verwirklicht werden:
- Zusammenschluss führender deutscher Professoren der Produktionstechnik - rund 1.500 Wissenschaftler der Produktionstechnik involviert - Organ zur Vertretung der Belange von Forschung und Lehre auf dem Gebiet der Produktionstechnik im wissenschaftlichen, gesellschaftlichen und politischen Raum der Bundesrepublik Deutschland	- Innovation durch Forschung, Entwicklung und Wissenstransfer - Qualifizierung durch wissenschaftliche Ausbildung - Förderung des ingenieurwissenschaftlichen Nachwuchses - Kommunikation und Kooperation im wissenschaftlichen und industriellen Umfeld - Stärkung des öffentlichen Bewusstseins für Produktion und Produktionswissenschaft

2.5 Produktionsforschung macht aus Herausforderungen Chancen

tionstechnik darin, als Innovationsmotor kostengünstig innovative Produkte für die Märkte anzubieten. Produktionstechnik zieht sich durch den gesamten Innovationsprozess von der Prototypen- über die Serienfertigung bis hin zum Recycling der Produkte nach ihrer Nutzungsphase.

Deutsche Unternehmen sind bereits heute bei zahlreichen Produkten Weltmarktführer oder belegen eine führende Position. Der dynamische Wandel im globalen Umfeld stellt die deutsche Produktion allerdings vor immer neue und wachsende Herausforderungen. Die Produktion und damit auch die Produktionsforschung müssen sich diesen Einflüssen stellen.

Dieser Wandel birgt nicht nur Risiken, sondern auch große Chancen, die es zu nutzen gilt. So wird es gelingen, Deutschland als führenden Standort für innovative Produktionstechnik und darüber hinaus für Produktionssysteme von der Produktplanung und Entwicklung/Konstruktion über die Fertigungsplanung, die eigentliche Fertigung und Montage bis hin zu Vertrieb und Logistik zu festigen und weiter zu entwickeln. Voraussetzung ist eine auf ständige und tragfähige Innovationen ausgerichtete, zielorientierte Produktionsforschung.

Sie wird besonders erfolgreich sein, wenn sie die Aktivitäten in Industrie und Wissenschaft effizient vernetzt. In Deutschland bildet dafür eine exzellente F&E-Infrastruktur (Beispiel siehe Bild 31) für anwendungsnahe Forschung eine geeignete Grundlage. Dazu müssen zum einen Forschungsinstitute und Unternehmen untereinander kooperieren, und zum anderen eine Kooperation zwischen beiden Gruppen stattfinden. Produktionsforschung bietet die besten Voraussetzungen als zentrales Technologieintegrationsfeld für Schlüsseltechnologien mit hohem Wachstumspotenzial.

Wenn dieses Potenzial aktiviert wird, werden daraus starke (volks-)wirtschaftliche Effekte entstehen: Das hohe Innovations- und Wachstumspotenzial einer breiten Wertschöpfungsbasis der in besonderem Maße profitierenden Kernbranchen führen zu hoher Wertschöpfung und mehr Beschäftigung in Deutschland.

3 Ein Leitbild für die Produktion der Zukunft

3.1 Rückblick: Besinnung auf unsere Stärken

Ständig durchkämmen Management-„Gurus" die Welt auf der Jagd nach der nächsten Strategie für erfolgreiche Produktion. Vor 20 Jahren waren diese Erfolgsrezepte auf den japanischen Lean Gedanken fixiert, heute sind es oftmals schon strategische Ansätze aus China und Indien. Ganz unruhige Zeitgeister propagieren bereits das Saigon- oder Zulu-Management!

Diesen „Gurus" ist oftmals auf ihrer intellektuellen Weltreise entgangen, dass es gerade in Deutschland von sogenannten „Hidden Champions" nur so wimmelt. Mittelständische Unternehmen mit einem Schwerpunkt der Produktion in Deutschland bestimmen das globale Geschehen in erstaunlich vielen Nischen:

- Druckmaschinen
  (Heidelberger Druckmaschinen AG)
- Industrieketten (RUD Gruppe)
- Hochdruckreiniger
  (Alfred Kärcher GmbH & Co. KG)
- Motorsägen (STIHL Gruppe)
- Zerspanwerkzeuge (MAPAL Dr. Kress KG)
- etc.

Was hat all diese Unternehmen mit einer Produktion in Deutschland so erfolgreich gemacht? Die zahlreichen Fachgespräche zeigen, dass jedes Unternehmen letztendlich ein eigenes Erfolgsmodell entwickelte, das nicht auf andere Unternehmen übertragbar ist und trotzdem zeigen die diesem Bereich zugrunde liegenden Studien gemeinsame Strategieelemente (z.B. Fabrik des Jahres / GEO-Award siehe Bild 32):

- Scheinbar enge Nischen können global gesehen riesige Märkte umfassen.
- „Leidenschaftliche Begeisterung" für operative Exzellenz.

Diese Strategien sind nicht erst aufgrund von „Kaizen" oder der „Continious Improvement Bewegung" entstanden, sondern seit langem praktizierte Verbesserungsvorgehen in vielen mittelständischen Unternehmen.

3.2 Der Blick nach vorne

Was sind die Zielgrößen und Stellhebel für die Produktion der Zukunft? Diese Frage hat die diesem Werk

Bild 32: Erfolgsfaktoren für erfolgreiche Produktion von heute *(In Anlehnung an: JORDAN 2010)*

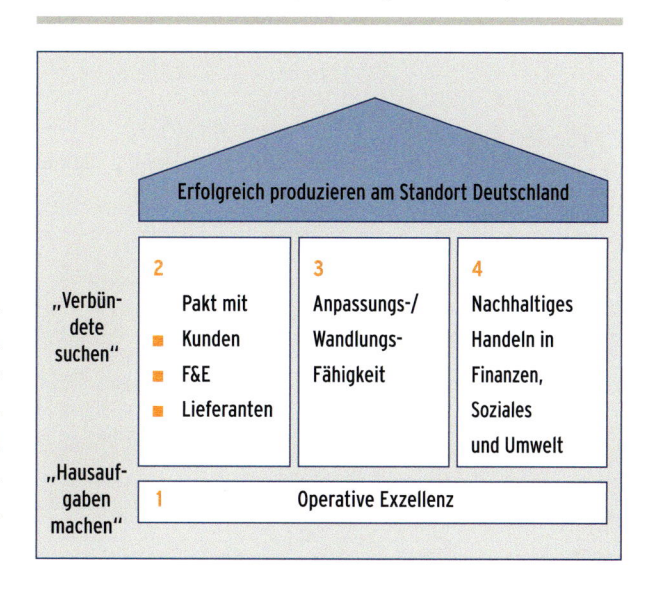

3.2 Der Blick nach vorne

zugrunde liegende Untersuchung mit über 100 Experten aus Wirtschaft und Wissenschaft diskutiert.

Aus der Vielzahl der Gespräche wurde klar:

Die Zielgrößen der Produktion werden sich in Zukunft nicht spektakulär ändern! Auch in der „Fabrik von morgen" werden
- Herstellkosten und
- Qualität

die entscheidenden Zielgrößen sein. Allerdings werden
- Geschwindigkeit (Innovationsgeschwindigkeit, Durchlaufzeiten, Serienhochlauf)
- Wandelbarkeit (Einführung neuer Produkt- und Produktionstechnologien, Veränderung Netzwerkkapazitäten, flexible Produktionssysteme mit „Null-Rüstzeit" für kundenindividuelle Fertigung)

zunehmend die Produktionsgestaltung bestimmen (siehe Bild 33).

Nachhaltig erfolgreiche Produktion am Standort Deutschland basiert auf klaren Vorstellungen und Zielsetzungen, wie die Produktion in Zukunft stattfinden soll. Diese vermitteln deutliche Anreize zum gemeinsamen Handeln aller Beteiligten. Gleichzeitig verdeutlichen sie den Handlungsbedarf für den Ausbau und die Unterstützung der Produktionstechnologien. Die Vorstellungen und Ziele werden durch das nachfolgende Leitbild (siehe Bild 34) zukünftiger Produktionsforschung in Deutschland beschrieben. Dieses Leitbild ist eine Orientierungshilfe für produzierende Unternehmen, wie mit Produktionsforschung auf zukünftige Bedürfnisse und Herausforderungen reagiert werden kann.

Das Leitbild wird in vier sogenannte Aktionsfelder unterteilt. Diese sollen insbesondere auch in den folgenden Kapiteln helfen, die Ziele, Strategien und konkreten Forschungsbedarfe für Produktion zu ordnen.

Die Grundlage für die Definition der Aktionsfelder ist die klassische Gliederung der funktionalen Unternehmensstruktur von produzierenden Unternehmen. In Bild 35 findet sich eine grobe Struktur der wichtigsten Funktionen produzierender Unternehmen und deren Zuordnung zu den Aktionsfeldern der Produktion.

Bild 33: Zukünftige Herausforderungen, Ziele und Hebel produzierender Unternehmen (ABELE ET AL. 2009A)

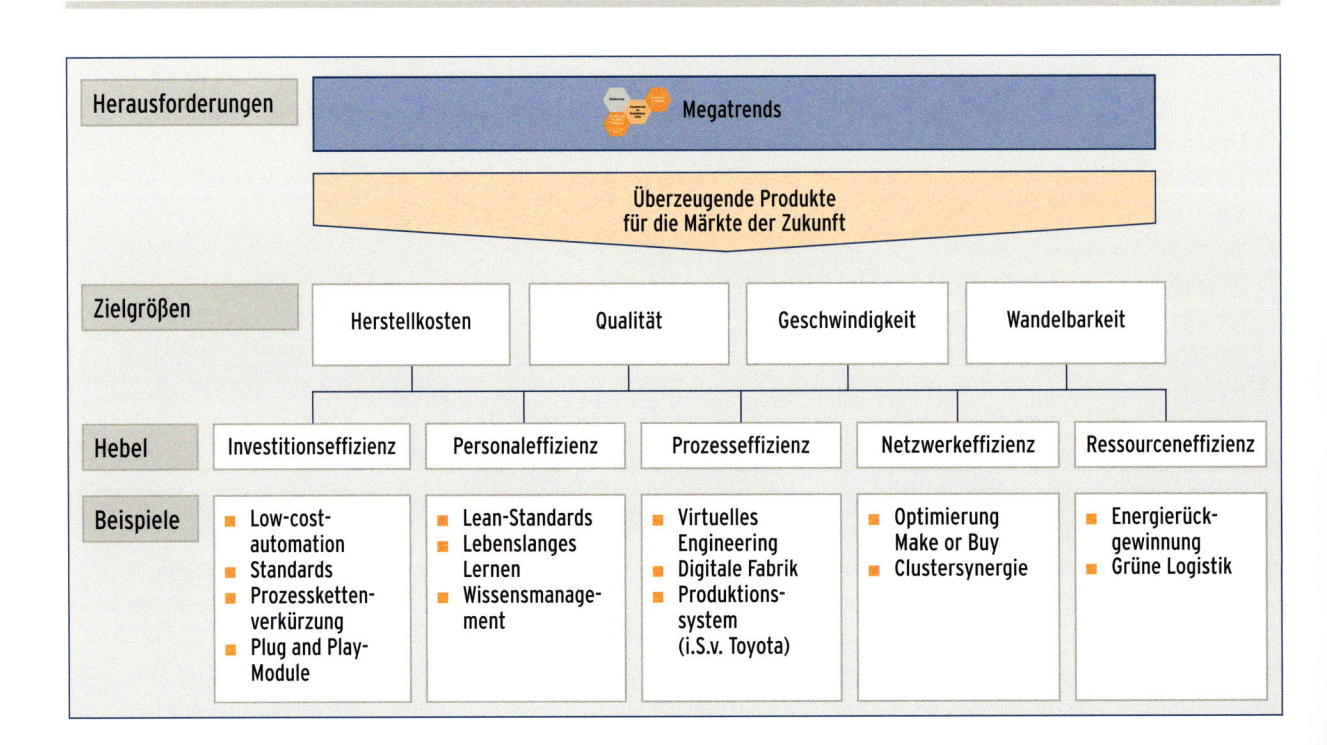

Herausforderungen	Megatrends				
	Überzeugende Produkte für die Märkte der Zukunft				
Zielgrößen	Herstellkosten	Qualität	Geschwindigkeit	Wandelbarkeit	
Hebel	Investitionseffizienz	Personaleffizienz	Prozesseffizienz	Netzwerkeffizienz	Ressourceneffizienz
Beispiele	■ Low-cost-automation ■ Standards ■ Prozesskettenverkürzung ■ Plug and Play-Module	■ Lean-Standards ■ Lebenslanges Lernen ■ Wissensmanagement	■ Virtuelles Engineering ■ Digitale Fabrik ■ Produktionssystem (i.S.v. Toyota)	■ Optimierung Make or Buy ■ Clustersynergie	■ Energierückgewinnung ■ Grüne Logistik

3.2 Der Blick nach vorne

Bild 34: Leitbild für die Produktion der Zukunft *(Bilder: BMW Group)*

- Neue Produkte für die Märkte der Zukunft
- Produktionstechnik und Ausrüstung
- Mensch und Wissen
- Organisation und Produktionsmanagement

Produktion schafft Arbeitsplätze und Wohlstand

Neue Produkte für die Märkte der Zukunft

Die Abteilungen Marketing, Produktplanung, Vertrieb und Service werden thematisch mit der Entwicklung und Konstruktion im Aktionsfeld *Neue Produkte für die Märkte der Zukunft* zusammengefasst. Dieses Feld stellt die Schnittstelle zwischen den Märkten mit den potenziellen Kunden und dem Unternehmen dar. Die Kommunikation geschieht dabei über das Marketing und den Vertrieb, welche die Märkte mit Produkten bedienen aber auch die Entwicklungen und Trends aufnehmen, um diese in die Produktentwicklung einfließen zu lassen.

Produktionsforschung in diesem Aktionsfeld betreibt Systementwicklung für Wachstumsmärkte und stellt sich den globalen Herausforderungen. Sie hat die Aufgabe, neue Produkte für neue Bedarfe aus den Megatrends zu entwickeln. Sie integriert Produkt-, Dienstleistungs- und Produktionssystementwicklung mit dem Ziel, innovative Produkte weltweit als Erster wirtschaftlich produzieren und vermarkten zu können.

Produktionstechnik und Ausrüstung

Alle Abteilungen und Funktionen, die zur Herstellung des eigentlichen Produkts beitragen, also beispielsweise die Teilefertigung mit anschließender Montage bis hin zu Transport und Inbetriebnahme, kommen im Aktionsfeld *Produktionstechnik und Ausrüstung* zum Tragen und stellen das originäre Feld der Produktionsforschung dar. Es zielt auf die technische Realisierung der Produktion ab. Die Prozesskette vom Eingangslager über die Fertigung bis zum Vertrieb mit allen wertschöpfenden Prozessen ist diesem Feld zugeordnet.

Produktionsforschung sucht, entwickelt und erprobt neue *Produktionsverfahren und -maschinen* für den Weltmarkt. Diese zeichnen sich durch niedrigen Energie- und Ressourcenverbrauch aus. Sie sind adaptiv, flexibel und höchst effizient. Damit sichern sie die wettbewerbsfähige Herstellung von Waren in Deutschland zur Befriedigung des eigenen Bedarfs und für den Export. Hochleistungsfabriken ermöglichen die konkurrenzfähige Fertigung auch von Low-Cost-Produkten für aufstrebende Schwellenmärkte.

Organisation und Produktionsmanagement

In den Bereich des Feldes *Organisation und Produktionsmanagement* fallen die Fertigungssteuerung, die Arbeitsvorbereitung, die Netzwerkbeziehung zu Zulieferern über den Einkauf sowie Teilbereiche der Qualitätssicherung. In diesen Abteilungen sind die produktionsrelevanten Planungs- und Steuerungsfunktionen des Unternehmens angesiedelt, welche die unternehmensinterne Planung der Produktionsanlagen, die Produktionsplanung und -steuerung in der Arbeits- und Fertigungsplanung aber auch die unternehmensexterne Planung der Wertschöpfungsstruktur und damit auch der Zusammenarbeit mit anderen Unternehmen übernehmen.

Produktionsforschung entwickelt Konzepte für wandlungsfähige Unternehmensstrukturen, nachhaltige Wertschöpfungsnetze und geschlossene Produktkreisläufe. Sie schafft die Voraussetzungen für eine Balance zwischen lokaler und globaler Wertschöpfung, indem sie globale Produktionsnetze effizient steuert.

Menschen und Wissen

Als übergreifender Themenkomplex wurde das Aktionsfeld *Mensch und Wissen* definiert, da alle Bereiche eines Unternehmens von seinen Mitarbeitern mit deren Wissen und Erfahrungen beeinflusst und gesteuert werden. Aus diesem Grund nimmt dieses Aktionsfeld in der funktionalen Betrachtung produzierender Unternehmen eine besondere Stellung ein. So stehen hinter allen Funktionen immer Menschen, Erfahrungen und Wissen, die gerade am Produktionsstandort Deutschland unter dem Eindruck des demografischen Wandels von entscheidender Wichtigkeit sind. Dementsprechend gilt es hierbei, Fragen zur Personalentwicklung und Weiterbildung, zum Wissens- und Erfahrungstransfer aber auch zum zukünftigen Wissensschutz zu klären.

Bild 35: Funktionale Unternehmensstruktur und Ableitung der Aktionsfelder der Produktionsforschung
(In Anlehnung an: GAUSEMEIER 2009)

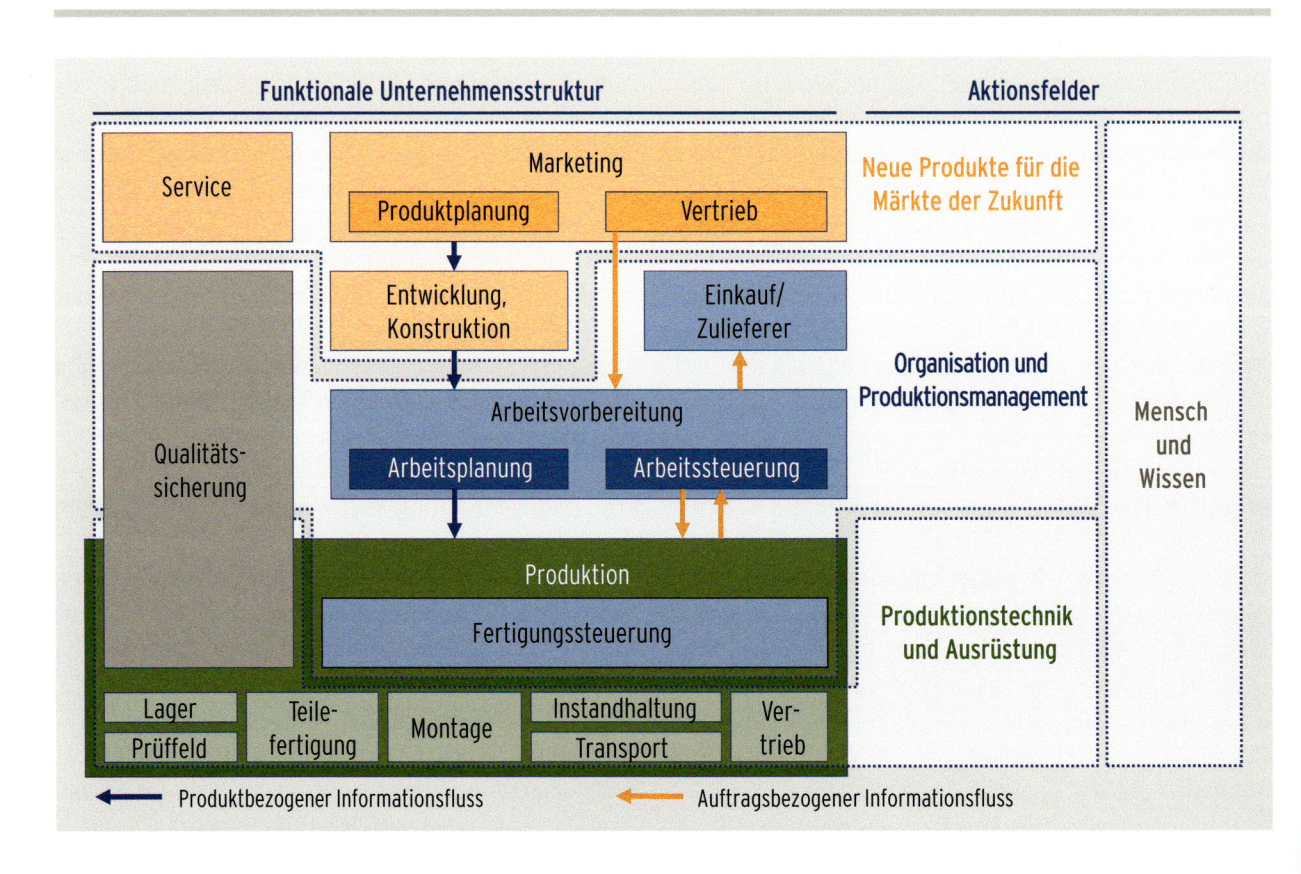

3.3 Paradigmenwandel

Das aufgezeigte Leitbild macht die Notwendigkeit zur kontinuierlichen Weiterentwicklung der Produktion deutlich. Die aufgezeigten Handlungsbedarfe in der Produktionsforschung münden in einen Wandel von Produktionsparadigmen, der in den kommenden Jahren stattfinden wird. Für jedes einzelne Aktionsfeld wurden maßgebliche Paradigmenwandel identifiziert, die eine Querschnittbetrachtung der Entwicklungstendenzen widerspiegeln. Bild 36 gibt einen Gesamtüberblick über diese Paradigmenwandel auf einer aggregierten Ebene. In den folgenden Kapiteln werden die Paradigmen auf detaillierte Entwicklungsrichtungen bis hin zu konkreten Forschungsbedarfen heruntergebrochen.

Bild 36: Paradigmenwandel in den Aktionsfeldern

Aktionsfeld	Paradigmenwandel
Neue Produkte für die Märkte der Zukunft	Von der Produktorientierung zur Nutzenführerschaft
Produktionstechnik und Ausrüstung	Von leistungsorientierten Einzelprozessen zu intelligenten Prozessketten
Organisation und Produktionsmanagement	Von der flexiblen Produktion zu einem wandlungsfähigen, dynamischen Unternehmen im Wertschöpfungsverbund
Mensch und Wissen	Vom spezialisierten Fachwissen zum vernetzten Wissenstransfer

4 Die Forschungsthemen zur Umsetzung des Leitbildes

Zur Umsetzung des vorgestellten Leitbildes wurde eine Vielzahl von Forschungsthemen identifiziert, deren Ergebnisse und Umsetzung im industriellen Alltag zur Erhaltung des Produktionsstandortes Deutschland führen wird. Diese große Anzahl an Themen wurde entsprechend ihrer Zugehörigkeit jeweils einem der vier definierten Aktionsfelder zugeordnet, die im Folgenden ausführlich erläutert werden. Zu Beginn werden die für das jeweilige Aktionsfeld relevanten Herausforderungen durch die Megatrends dargestellt, die unsere zukünftige Denk- und Handlungsweise im Aktionsfeld beeinflussen werden und einen entsprechenden Paradigmenwandel auslösen. Im Anschluss folgt die Darstellung der Themen. Zur strukturierten Erläuterung sind die vier Aktionsfelder jeweils in mehrere Forschungsfelder untergliedert, die wiederum die konkreten Forschungsbedarfe beinhalten.

4.1 Neue Produkte für die Märkte der Zukunft[1]

Im Zentrum dieses Aktionsfeldes stehen die Produkte und deren Entstehungsprozesse in den Unternehmen. Daneben spielen die zugehörigen Märkte und ein geeignetes Geschäftsmodell die entscheidende Rolle für den erfolgreichen Absatz der Erzeugnisse. Um auch zukünftig erfolgreich zu sein und Wachstum gewährleisten zu können, muss das Augenmerk der Unternehmen auf der Entwicklung und Produktion von innovativen Produkten für die sich ändernden Absatzmärkte der Zukunft liegen und sowohl die Kunden- als auch die Unternehmersicht befriedigen (Bild 37). Zukünftige Produkte werden mehr denn je durch Nachhaltigkeit und Ressourcenorientierung gekennzeichnet sein. Innovationsführer werden sich durch einen systematischen Innovationsprozess auszeichnen, der Kundenbedürfnisse und Märkte in den Mittelpunkt stellt. Sie werden Standards setzen (z. B. neuartige Schnittstellen bei Werkzeugmaschinen oder intelligente Lösungen für die Elektromobilität) und sich insbesondere durch die Nutzung der aktuellen Megatrends einen Wettbewerbsvorsprung erarbeiten.

Bild 37: Erfolgskriterien für neue Produkte und Dienstleistungen aus Sicht des Kunden und des Unternehmens *(SCHÄPPI ET AL. 2005)*

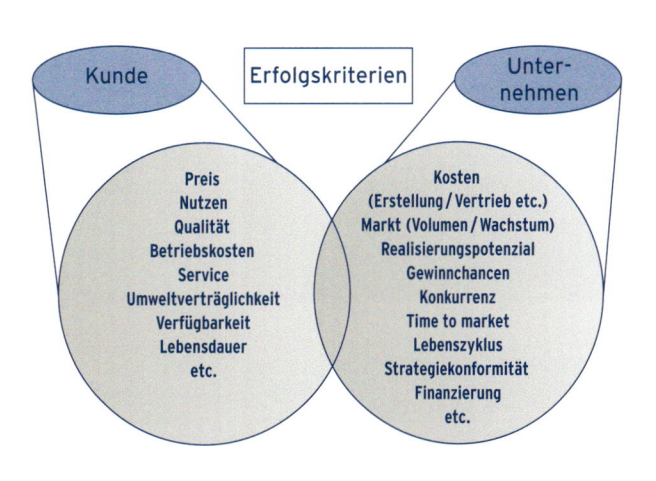

[1] *Dieses Kapitel und die darin identifizierten Forschungsbedarfe sind aus den Arbeitsgruppenberichten zum Forschungsprojekt „Produktionsforschung 2020" unter Mitwirkung der Professoren Albert Albers, Jan Aurich, Jürgen Gausemeier, Horst Meier, Peter Nyhuis und Günther Seliger entstanden.*

4.1 Neue Produkte für die Märkte der Zukunft

Im Folgenden werden zunächst die Megatrends mit besonderer Bedeutung für das Aktionsfeld beleuchtet.

4.1.1 Die wichtigsten Megatrends und ihre Herausforderungen

a) Globalisierung

Von besonderer Bedeutung für das Aktionsfeld *Neue Produkte für die Märkte der Zukunft* sind die Entwicklungen im Zuge der Globalisierung, welche die Politik, die Gesellschaft sowie die produzierenden Unternehmen direkt betreffen. So verlieren Staatsgrenzen zunehmend an Bedeutung und Märkte werden verstärkt international bedient. Für die Produktionsstrategie ergeben sich Chancen durch neue Absatzmärkte, einen weltweiten Beschaffungsmarkt (global sourcing), Finanzierungsmöglichkeiten durch internationale Kapitalgeber und eine Time-to-Market-Verkürzung durch die weltumspannend vernetzte Bearbeitung von Entwicklungsprojekten *(Produktentwicklung mit dem Lauf der Sonne)*. Eng verknüpft mit den Chancen sind die aufkommenden Herausforderungen einer global verflochtenen Produktion und der Gefahr der Abwanderung, die sich bei etlichen Produkten bereits heute stark bemerkbar macht (siehe Bild 38). Um neue Märkte bedienen zu können, ist es aber oftmals nötig, auch vor Ort zu produzieren. Dies hat zum einen zur Folge, dass Produktionskapazität und in der Konsequenz auch Entwicklungskapazität verlagert werden und zum anderen birgt es die Gefahr, dass mittelfristig Know-how abfließt.

Zudem müssen in Zukunft geeignete Geschäftsmodelle entwickelt werden, um Produkte erfolgreich sowohl auf „hungrigen" als auch auf „gesättigten" Märkten absetzen zu können. Dabei ist zu prüfen, welche Einflüsse kulturelle Faktoren auf die Geschäftsmodelle haben. Von besonders tragender Rolle ist dies beim Angebot von kultur- und landesspezifischen Produkten und Dienstleistungen. Es sind diejenigen Faktoren herauszufinden, welche die optimale, weltweite Abstimmung von Dienstleistungen auf den Kunden begünstigen. Die Fertigungstechnologie und der Materialeinsatz sind entsprechend auf die landesspezifischen Produkte anzupassen.

Um diesen Herausforderungen gerecht zu werden, muss vor allem in interkulturelle Zusammenarbeit investiert werden. Dabei sind die Erfahrungen, welche vor Ort bereits vorhanden sind, besonders wertvoll und helfen, auf neuen Absatzmärkten erfolgreich zu sein.

Bild 38: Verschiebung der Produktion von Solarzellen in Niedriglohnländer *(Bilder: PHOTON)*

Anteile der Weltproduktion Solarzellen nach Region, 2006-2009 *(PHOTON)*

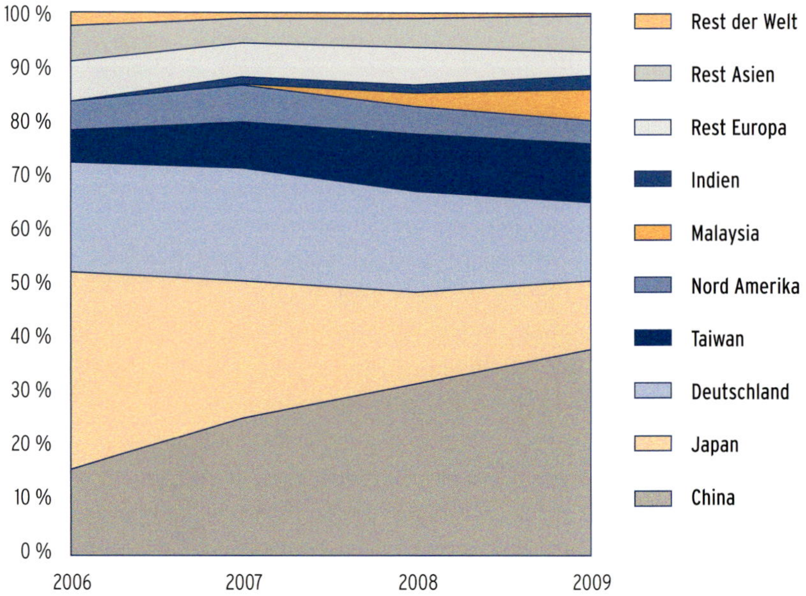

4.1.1 Die wichtigsten Megatrends und ihre Herausforderungen

b) Verkürzung und Dynamisierung der Produktlebenszyklen

Rascher technologischer Fortschritt sowie zunehmender Wettbewerbsdruck haben in der Vergangenheit zu einer Verkürzung der Produktlebenszyklen geführt. Zu der damit verbundenen, stetig kürzer werdenden Entwicklungszeit der Produkte und den sich überlappenden Entwicklungsprojekten kommt eine signifikante Individualisierung als weitere Herausforderung hinzu. Eine Folge der verkürzten Produktlebenszyklen ist eine kürzere Zeitspanne, in der das Produkt entwickelt wird und sich auch amortisiert haben muss. Dies hat erhebliche Auswirkungen auf viele Bereiche im Unternehmen. Bild 39 stellt eine beispielhafte Übersicht und mögliche Ansatzpunkt dar.

Ebenso wie technische Produkte unterliegen auch Dienstleistungen bestimmten Lebenszyklen. Hierbei rückt die besonders schnelle Nutzenvermittlung am Markt mit dem entsprechenden Anlaufmanagement von Dienstleistungen in den Fokus.

Die Verkürzung der Entwicklungszeiten und die Individualisierung von Produkten stellt aber nicht nur eine Erweiterung der Funktionen dar, sondern birgt auch die Möglichkeiten, Erzeugnisse ressourceneffizienter zu gestalten und herzustellen. Auf diese Weise können kürzere Produktlebenszyklen einen entscheidenden Beitrag zur beschleunigten Verbreitung ressourcenschonender Technologien leisten.

c) Ressourcenverknappung

Die Entwicklung und Stärkung von Methoden der Kreislauftechnik erhält hier einen besonderen Stellenwert, um eine Erhöhung der Nutzenproduktivität zu erlangen. Der Kunde muss in Zukunft mehr Nutzen bei weniger Ressourceneinsatz erhalten. Eine Möglichkeit – für die Produktentwicklung aber eine große Herausforderung – ist die maximale Ausnutzung des eingesetzten Materials (Eco-Design). Eine Übersicht zu wichtigen Herausforderungen und Ansatzpunkten findet sich in Bild 40.

Für die Entwicklung neuer Produkte müssen sich Gestaltungsrichtlinien hinsichtlich Ressourceneffizienz in der Produktentwicklung etablieren. Nur durch eine stärkere Integration der an der Entwicklung beteiligten Disziplinen und deren Kopplung kann die Entwicklung ressourcenschonender Produkte stattfinden. Die Thematik der Bewertung von lebenszyklusübergreifender Ressourceneffizienz ist aber derzeit noch eine besondere Problematik. Hier sind Methoden und Prozesse für eine effiziente Lebenszyklusbetrachtung hinsichtlich der eingesetzten Ressourcen zu entwickeln, zu validieren und einzusetzen.

Bild 39: Auswirkungen des Megatrends „Verkürzung und Dynamisierung der Produktlebenszyklen"

Auswirkungen, z. B. auf	Ansatzpunkte
Entwicklungsprozess: Zunahme der Entwicklungsprojekte	▪ Standardisierung des Entwicklungsprozesses, z. B. durch Entwicklungshandbuch, *best-in-class*-Abläufe
Wertschöpfungstiefe: Häufigere Anpassungen des Wertschöpfungsnetzwerkes	▪ Entwicklung wandlungsfähiger Zuliefernetzwerke ▪ Konzentration auf Kernkompetenzen
Variantenmanagement: Zunahme der Produktvarianten in Produktion und Vertrieb	▪ Entwicklung von Produktbaukästen und Plattformstrategien ▪ Kopplung Entwicklung und Vertrieb
Qualifikation: Ständiger Anpassungsbedarf der Mitarbeiterqualifikation	▪ Bewusstsein für Veränderung in der Belegschaft schaffen ▪ Antizipation des Technologiewandels

4.1 Neue Produkte für die Märkte der Zukunft

Bild 40: Herausforderungen durch zunehmende Ressourcenverknappung

Herausforderungen durch Ressourcenverknappung	Mögliche Ansatzpunkte zur Einsparung von	
	Energie	**Material**
Steigerung der Effizienz des Ressourceneinsatzes	Eco-Design Integrierter Energiewandler	Optimierung der Ausnutzung des Werkstoffs, z. B. durch NearNet-Shape-Konstruktionen, Gestaltungsrichtlinien
Rückführung von knappen Ressourcen über Kreislaufsysteme	Energierückführungssysteme (z. B. Energiespeicher für kinetische Energie oder Wärme)	Fraktionierbare Konstruktionen (z. B. Leichtes Demontieren von Produkten zur Rückgewinnung von wiederverwendbaren Teilen)
Substitutionen von knappen Ressourcen	Regenerative Energieformen (z. B. Sonne, Biomasse, Wasser) statt Öl und Gas	■ Einsatz von nachwachsenden Rohstoffen ■ Umgang mit Inhomogenitäten der Naturstoffe (4.2)

d) Mobilität

Die Produktion der Zukunft wird durch die wachsende Mobilität der Menschen in zweierlei Weise beeinflusst:

Erstens: Zukünftige Organisations- und damit auch die Mitarbeiterstrukturen werden verstärkt international geprägt sein. Es müssen dementsprechend geeignete Strukturen gestaltet werden, die es einer Organisation aus mobilen Mitarbeitern ermöglicht, effizient mit möglichst hoher Wertschöpfung arbeiten zu können. Die Mobilität kann die Bearbeitung von Aufgaben in Projekten mit gut zusammen wirkenden Teams fördern. Damit diese aber stets auf

Bild 41: Neue Produkte für neue Formen der Mobilität
(Bilder: SEGWAY®, DEUTSCHE BAHN AG, BMW GROUP, LUFTHANSA AG, BETTERPLACE INC.)

Herausforderung	Nahverkehr	Fernverkehr
Neue individuelle Mobilitätsträger in urbanen Räumen	 Segway®	 Deutsche Bahn Carsharing
Ressourcenschonende Massenmobilität	 BMW Megacity Vehicle	 Leichtbau im A380
Neue Geschäftsmodelle (Sharing)	 Deutsche Bahn Call-a-Bike	 Better Place Batteriewechselstation

dem gleichen Wissens- und Ausbildungsstand sind, müssen Möglichkeiten für eine global verfügbare Qualifikation der Mitarbeiter geschaffen werden. Ein möglicher Ansatz hierfür könnten sogenannte Remote-Coaching-Konzepte, wie beispielsweise E-Learning, darstellen. Darüber hinaus erfordert eine zunehmende Mobilität auch entsprechende Möglichkeiten zur Vernetzung der Prozesse der globalen Zusammenarbeit.

Zweitens: Zunehmende Mobilität, besonders auch in aufstrebenden Entwicklungsländern, stellen die Produktentwicklung der Zukunft vor neue Herausforderungen (siehe Bild 41). Es müssen neue Mobilitätskonzepte und Produkte zur Gewährleistung von Mobilität entwickelt werden, die auch den Forderungen anderer Megatrends, wie der Ressourcenverknappung, gerecht werden. Das Stichwort Ökoeffizienz beschreibt dabei nur einen Aspekt. Daneben stellt auch der Wechsel von der Technologie- zur Nutzenführerschaft eine Aufforderung für die Produktentwicklung dar. Es ist nicht mehr nur am technischen Produkt, welches Mobilität schafft, zu forschen und dessen Entwicklung voranzutreiben, sondern über völlig neue Mobilitäts-Dienstleistungen nachzudenken.

4.1.2 Paradigmenwandel im Aktionsfeld

Vincere scis, Hannibal, victoria uti nescis – Zu siegen verstehst du, Hannibal, den Sieg zu nutzen, verstehst du nicht. So kritisierte Hannibals General Maharbal seinen Feldherrn als dieser darauf verzichtete Rom anzugreifen.

Um Nutzen geht es ebenfalls im Wettbewerb auf den Märkten unserer Zeit! Heute verlangen Kunden von ihren Lieferanten individuellen Nutzen, der auf ihre Lebensgewohnheiten abgestimmt ist und nicht anonyme Massenprodukte. Wir kaufen uns keine Autos mehr, sondern Stunden, Tage oder Monate Mobilität bei einem Provider. Schließlich investieren Produktionsbetriebe nicht mehr in Maschinen sondern bezahlen für die auf den von ihnen genutzten Herstellermaschinen gefertigten Werkstücke.

Dafür sind geeignete Geschäftsmodelle (Product sharing-Modelle und Pay-on-Production-Modelle) erforderlich. In der Vergangenheit konzentrierten sich die Unternehmen häufig auf den Absatz von Sachprodukten, die mit Hilfe der unternehmensinternen Kernkompetenzen entwickelt und produziert wurden. Der steigende globale Wettbewerb einerseits und das veränderte Verbraucherverhalten andererseits forcieren den seit einigen Jahren vorherrschenden Trend hin zu Nutzenverkauf statt Produktverkauf.

Car2go Ulm *(Bild: DAIMLER AG)*

Frank Müller ist umgestiegen. Sein eigenes Auto bleibt wochentags in der Garage. Innerhalb von Ulm ist der 30-Jährige fast ausschließlich mit den weiß-blauen Mietfahrzeugen von Car2go unterwegs.

„Meistens fahre ich mit dem Car2go-Auto zur Arbeit", sagt der Ulmer Frank Müller, als er seinen rosafarbenen Führerschein gegen das Codier-Feld an der Frontscheibe drückt: „Das spart mir 25 Minuten Fußweg und ich bin flexibel für den Rest des Tages. Meistens nehme ich gleich noch meine Frau mit, die im gleichen Büropark arbeitet."

Ein kurzer Anruf beim Provider genügt und die Standorte der nächstliegenden Fahrzeuge werden durchgegeben. Sauber und ordentlich steht der mobile Nutzenspender am vorhergesagten Straßenrand. Die Identifizierungsprozedur geht einfach und nach wenigen Minuten geht die Fahrt los. Der große Vorteil: man fährt direkt zu seinem individuellen Ziel und stellt dort das Fahrzeug wieder ordnungsgemäß ab. Mehr ist nicht erforderlich.

4.1 Neue Produkte für die Märkte der Zukunft

Pay-on-Production (PoP)

„Ich kaufe keine Maschine und lease sie auch nicht" erklärt der Produktionsleiter Werner Müller seine Geschäftsstrategie. Er mietet lediglich Produktionszeit an den Maschinen seines Lieferanten. Der wird für jedes Kundenprodukt bezahlt, das auf seinen Maschinen in Top-Qualität gefertigt wurde. Fehlteile und Ausschuss aber auch Stillstands-Zeiten werden von Herrn Müller nicht bezahlt. Dafür steht der Betreiber gerade.

Bei Betreiber-Modellen kauft der Kunde weder eine Produktionsanlage noch least er sie, sondern bezieht aus einer zumeist vom Anlagenhersteller organisierten Produktion die benötigten Teile. Bei PoP ist die Idee ausgeweitet: Eine ganze Produktionslinie wird durch einen Betreiber gefahren. Dessen Kunde zahlt einen ausgemachten Preis nur für das fertige Produkt. PoP ist also ein Finanzierungsmodell, ein Nutzungszeitmodell, ein Instandhaltungsmodell und ein Beschäftigungsmodell. Der Betreiber ist daran interessiert, den Anlagennutzungsgrad so hoch wie möglich zu treiben und die Fixkosten auf möglichst viele Einheiten zu verteilen. Dagegen entstehen bei PoP dem Kunden im Wesentlichen nur variable Kosten. Es ergibt sich generell eine bedeutende Verlagerung des unternehmerischen Risikos weg vom Kunden hin zum Betreiber. Konkret hängt das Ausmaß der Risikoverlagerung von den jeweiligen Verträgen insbesondere den vereinbarten Abnahmeverpflichtungen und Preisstaffeln ab.

Der Vorteil dieses Modells kommt erst so richtig zur Geltung wenn verschiedene Fahrzeuge auf einer PoP-Linie gefertigt werden können, vielleicht sogar Fahrzeuge verschiedener OEM-Kunden.

Praxisbeispiel
KUKA Toledo Production Operation – Das Pay-on-Production-Konzept (PoP)

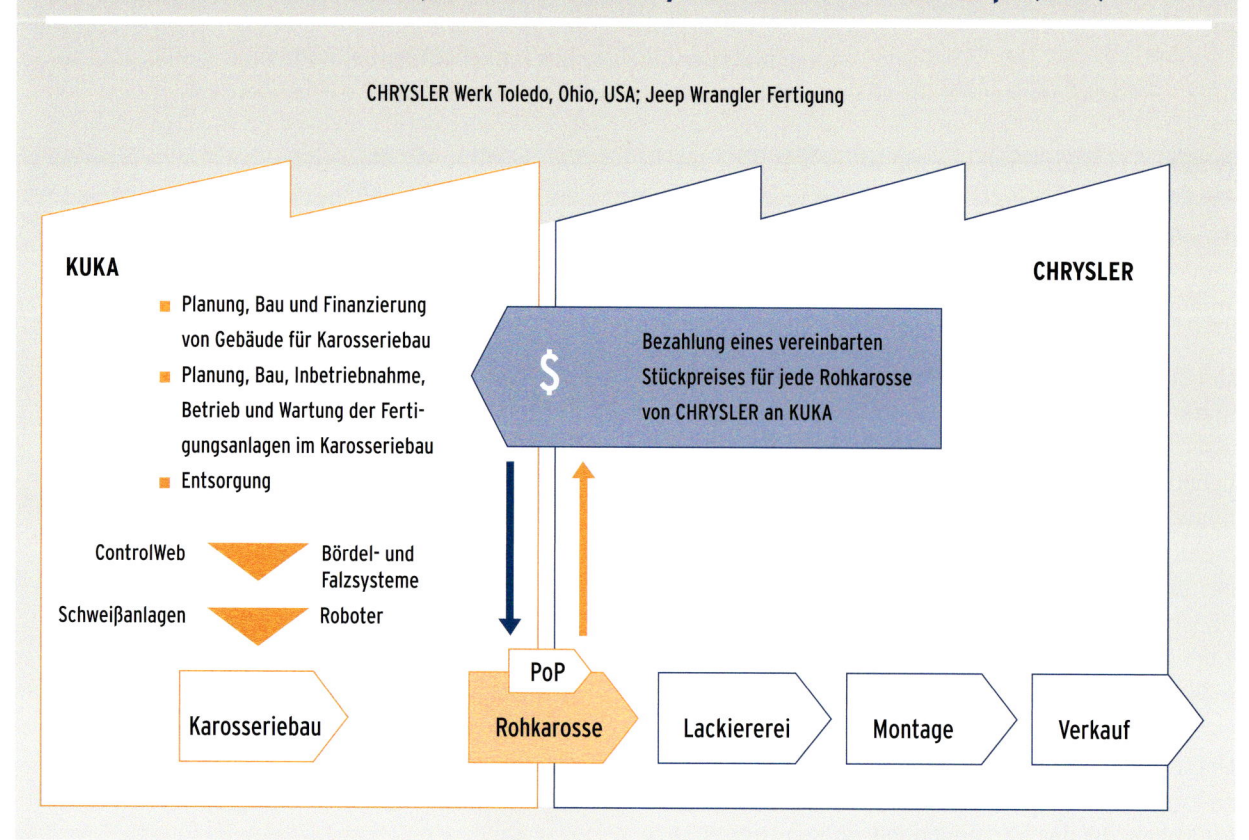

CHRYSLER Werk Toledo, Ohio, USA; Jeep Wrangler Fertigung

KUKA
- Planung, Bau und Finanzierung von Gebäude für Karosseriebau
- Planung, Bau, Inbetriebnahme, Betrieb und Wartung der Fertigungsanlagen im Karosseriebau
- Entsorgung

ControlWeb — Börde- und Falzsysteme
Schweißanlagen — Roboter

Karosseriebau → PoP Rohkarosse → Lackiererei → Montage → Verkauf

CHRYSLER
Bezahlung eines vereinbarten Stückpreises für jede Rohkarosse von CHRYSLER an KUKA

4.1.2 Paradigmenwandel im Aktionsfeld

Ein weiterer Trend geht hin zu immer kundenindividuelleren Lösungen. Der individuelle Nutzen steht im Vordergrund und wird durch die Kombination aus Mitwirkung des Kunden beim Produktentstehungsprozess, Nutzungsrechten des Kunden an bestimmten Produkten und maßgeschneiderten Dienstleistungen erzeugt. Dem gegenüber steht die sich immer weiter verschärfende Nachfrage nach Billigprodukten. Die hungrige Weltbevölkerung möchte am Wohlstand, der aus nützlichen Produkten kommt, teilhaben. So öffnet sich zunehmend die Schere zwischen kundenspezifischen Individuallösungen im Hochpreissegment und Billigprodukten auf dem Massenmarkt. Diese Schere wird allerdings in den verschiedenen Regionen des Globus unterschiedlich ausgeprägt sein. Jeder Markt verbraucht und erbringt seine eigenen individuellen Nutzenträger als Kombination von Produkten und Dienstleistungen. Dazu müssen auch „Nutzen-Entwickler" vor Ort sein und werden somit der Produktion in die Märkte folgen – Produktion folgt den Märkten und Produktentwicklung folgt Produktion.

Mobilität als einer der Megatrends auf dieser Erde muss neu gedacht werden. Wollten alle 5 Mrd. Menschen auf dieser Erde mit zwei bis drei Automobilen heutiger Prägung pro Familie mobil werden, so wären Flächen-, Ressourcen- und CO_2-Kapazität unseres Planeten längst überfordert. Hier brauchen wir andere Konzepte, die einerseits zu kleineren, leichteren Fahrzeugen führen und andererseits den Nutzungsgrad deutlich erhöhen. Extremer Leichtbau wird hier – ganz abgesehen von neuen Antriebskonzepten – gefordert. Aber auch Carsharing-Modelle sind nötig, um die Nutzungsgrade der Automobile zu erhöhen. Das führt wiederum zu einem Wandel in den Werkstoffen. Waren die ersten Automobile noch größtenteils aus Holz, so wird heute die selbsttragende Karosserie aus Stahlblech zunehmend von Kunststoff-Konstruktionen abgelöst.

Bild 42: Paradigmenwandel im Aktionsfeld „Neue Produkte für die Märkte der Zukunft"

Heute	Morgen
■ Verkauf von Produkten	■ Verkauf von Nutzen
■ Getrennte Betrachtung von Sach- und Dienstleistungen	■ Integration von Sach- und Dienstleistung
■ Fachdisziplinorientierte, parallelisierte Produktentstehungsprozesse	■ Globale, hoch vernetzte Nutzenentstehungsprozesse
■ Modellierung und Simulation von Einzelaspekten in der Produkt- und Produktionssystementwicklung	■ Kundenintegrierte, durchgängige Virtualisierung des Produktlebenszyklus

Von der Produktorientierung zur Nutzenführerschaft

4.1.3 Strukturierung des Aktionsfeldes „Neue Produkte für die Märkte der Zukunft"

Um die Forschungsbedarfe systematisch herausarbeiten zu können, ist zunächst eine Strukturierung des Aktionsfeldes notwendig:

Geschäftsmodelle

Um Produkte erfolgreich auf den sich wandelnden Absatzgebieten verkaufen zu können, ist eine genaue Kenntnis der verfügbaren Märkte nötig. Das Geschäftsmodell muss auf diese Märkte abgestimmt sein. Dazu müssen einerseits der Nutzen für den Kunden verdeutlicht sowie andererseits die größten Ertragsquellen identifiziert werden.

Strategische Produktplanung und Innovation

Die strategische Produktplanung hat zur Aufgabe, die ökonomische Grundlage für das Produkt zu schaffen. Hierfür müssen die Marktpotenziale systematisch identifiziert und die Produkte dementsprechend konzipiert werden. Auf Basis dieser Erkenntnisse sind neue Produkt- und Dienstleistungsinnovationen abzuleiten.

Nutzen statt Produktverkauf

In Bezug auf die Produktdefinition findet ein Umdenken in Form einer Transformation von der Technologie- zur Nutzenführerschaft statt und erfordert daher ein völlig neues Produktverständnis. Für den Erfolg dieser Produkte sind innovative Engineering-Methoden sowie das Erkennen und Ausschöpfen von Potenzialen zur Erreichung von mehr Nutzen mit geringerem Einsatz an Ressourcen nötig. Umsätze und die Kundenbindung können durch den Verkauf von an das Produkt gekoppelten Dienstleistungen gesteigert werden. Dienstleistungen bieten darüber hinaus das Potenzial der Differenzierung für Standardprodukte und damit auch Möglichkeiten für den Produktschutz (Produktpiraterie).

Integrierte Produkt- und Produktionssystementwicklung

Die integrierte Produktentwicklung verfolgt das vorrangige Ziel, neue technische Lösungen zu entwickeln, um die definierte Produktstrategie umzusetzen. Diese ist umfassend gestaltet und berücksichtigt alle Einflüsse, die auf die Entstehung des Produkts wirken. Die Wechselwirkungen zwischen Produkt und Produktionsprozess werden dabei zukünftig verstärkt berücksichtigt, indem alle an der Produktentstehung beteiligten zu einer ganzheitlichen Denkweise ausgebildet werden.

4.1.4 Geschäftsmodelle

Der erste Bereich des Aktionsfeldes *Neue Produkte für die Märkte der Zukunft* befasst sich mit den Geschäftsmodellen, welche in Zukunft den Absatz von Produkten auf den richtigen Märkten sicherstellen. Erfolgreiche Unternehmen benötigen Geschäftsmodelle, die auf zukünftige Produkte und Märkte abgestimmt sind. Geschäftsmodelle beschreiben, wie ein Unternehmen am Markt Werte schafft. Dabei können nach STÄHLER (2002) drei Hauptkomponenten eines Geschäftsmodells identifiziert werden: Es handelt sich um das *Nutzen-*, das *Ertrags-* und das *Wertschöpfungsmodell* (Bild 43). Diese werden in der Literatur teilweise um Innovationsmechanismen, welche auch als *Koordinations- bzw. Kommunikationsmechanismus* bezeichnet werden, ergänzt (STÄHLER 2002).

Im Nutzenmodell wird beschrieben, welchen Nutzen die Kunden oder andere Partner des Unternehmens aus der Kooperation mit diesem Unternehmen ziehen können. Dieser Teil eines Geschäftsmodells wird auch als Nutzenversprechen bezeichnet, welches das Unternehmen seinen Kunden bzw. Partnern stiftet.

Das Wertschöpfungsmodell thematisiert die Gestaltung und Architektur der Wertschöpfung und beantwortet somit die Frage, wie der Nutzen für die Kunden generiert wird. Es beinhaltet eine Beschreibung der

Produktentstehung als Wissensarbeit

Das für die Generierung von Innovationen benötigte Wissen findet sich heute meist personengebunden und somit dezentralisiert wieder. Zukünftig muss dieses Wissen über Prozesse, Abläufe, Methoden und Technologien gezielter nutzbar gemacht und ausgebaut werden.

Werkzeuge der Produktentstehung

Für die zukünftig noch stärkere Unterstützung der an der Produktentstehung beteiligten Akteure müssen die Entwicklungswerkzeuge neu- und weiterentwickelt werden. Hierfür werden sowohl die Virtualisierung der Produktentstehung als auch eine adäquate Methodenunterstützung weiter vorangetrieben.

Bild 43: Gliederung des Forschungsfeldes Geschäftsmodelle

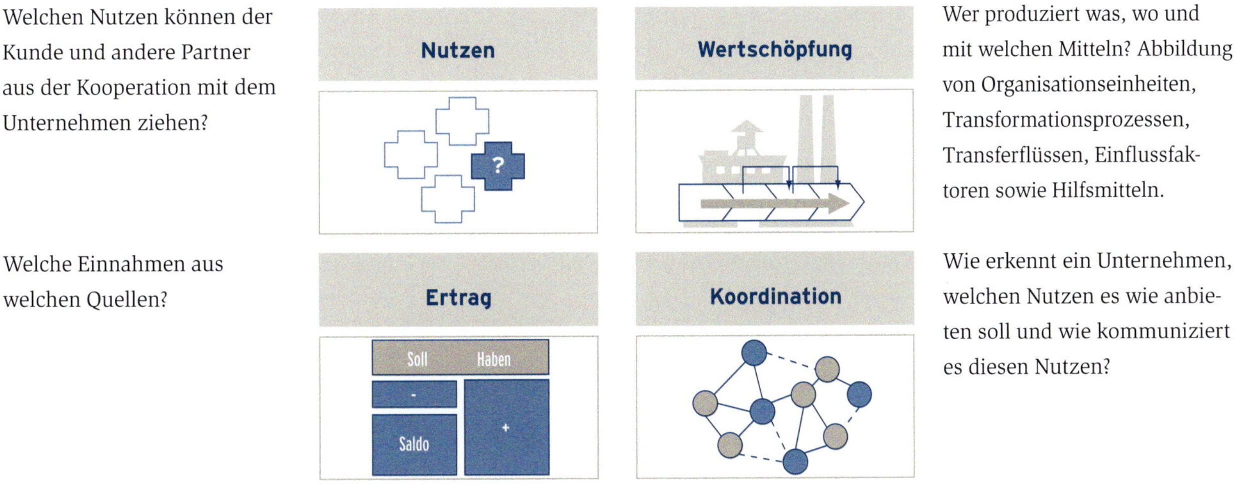

	Nutzen	Wertschöpfung	
Welchen Nutzen können der Kunde und andere Partner aus der Kooperation mit dem Unternehmen ziehen?			Wer produziert was, wo und mit welchen Mitteln? Abbildung von Organisationseinheiten, Transformationsprozessen, Transferflüssen, Einflussfaktoren sowie Hilfsmitteln.
Welche Einnahmen aus welchen Quellen?	Ertrag	Koordination	Wie erkennt ein Unternehmen, welchen Nutzen es wie anbieten soll und wie kommuniziert es diesen Nutzen?

4.1 Neue Produkte für die Märkte der Zukunft

verschiedenen Stufen der Wertschöpfung, der verschiedenen Handlungsträger sowie deren Rollen und Vernetzung in der Wertschöpfungskette.

Die Generierung der Einnahmen des Unternehmens und die Beschreibung der Einnahmequellen selbst sind Gegenstand des Ertragsmodells. Dabei entscheiden zukünftige Einnahmen auch über den Wert des Geschäftsmodells und damit über seine Nachhaltigkeit. Es beantwortet folglich die Frage, wodurch das Unternehmen Gewinne erzielt.

Der Koordinations- und Kommunikationsmechanismus beschreibt, wie Unternehmen auf Basis der Analyse verfügbarer Informationen bewusst Teile ihres Geschäftsmodells (Nutzen-, Wertschöpfungs- bzw. Ertragsmodell) verändern können, um auf diese Weise Wettbewerbsvorteile zu erlangen. Hierbei können die Auslöser für eine Veränderung des Geschäftsmodells sowohl außerhalb des Unternehmens liegen (z. B. neue Technologien, Markttrends, veränderte Kundenanforderungen etc.) als auch innerhalb des Unternehmens (z. B. veränderte Ressourcen, Strukturen, Strategien etc.).

Die Analyse der Herausforderungen durch die Megatrends ergibt eine Reihe von Forschungsbedarfen für die Zukunft des Produktionsstandortes Deutschland.

Bild 44: Forschungsbedarfe im Forschungsfeld Geschäftsmodelle

1 Entwicklungsprozesse für Geschäftsmodelle
- Systematische Entwicklung von Ableitung „historisch gewachsener" Geschäftsmodelle
- Analyse und Bewertung von Geschäftsmodellen
- Integrierte Gestaltung von Geschäftsmodell und Produktstrategie
- Geschäftsmodelle für „hungrige" und „gesättigte" Märkte

2 Geschäftsmodelle zur Integration von Produkt und Dienstleistungen
- Instrumente zur Erfassung des Kundennutzens, Visualisierung des Nutzens
- Ermittlung lösungsspezifischer Kundenbedürfnisse und länderspezifische Nutzenvermittlung
- Modularisierter Aufbau von Produkt-Service Systemen
- Instrumente zur Messung der Zahlungsbereitschaft der Kunden
- Lebenszykluskosten von Dienstleistungen und Produkt-Service-Systemen
- Erfassung und Verarbeitung von Lebenszyklusdaten zur Kostenermittlung
- Risksharing innerhalb des Produktlebenszyklus

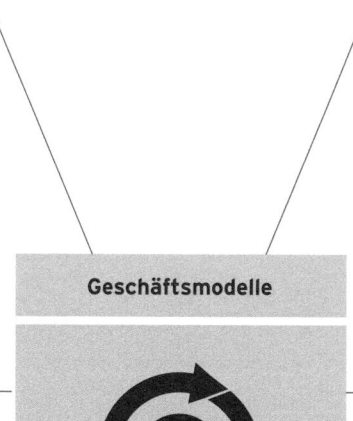

3 Robuste Geschäftsmodelle
- Regenerationsfähigkeit des Unternehmens („Winterschlaf")
- Integration von Unternehmensprozessen
- Variantenmanagement
- Netzwerkgestaltung vor dem Hintergrund der ressourcen- und energieeffizienten Realisierung
- Wandlungsfähige Geschäftsmodelle
- Entwicklung von Geschäftsmodellen für Kreislaufprozesse

4 Geschäftsmodelle für besseren Produktschutz
- Vermeidung struktureigener Produktpiraterie
- Know-how-Schutz im Unternehmernetzwerk

5 Management offener Innovationsprozesse*
- Open Innovation – Integration von Kunden und anderen Partnern in den Innovationsprozess von neuen Produkten und die Konfiguration von Dienstleistungen
- Lernförderliche Arbeitsumgebung im Servicebereich

* Im Folgenden nicht näher betrachtet

Diese betreffen die in Bild 43 beschriebenen Modelle des Forschungsfeldes und sind in Bild 44 dargestellt. Die wichtigsten Forschungsbedarfe werden im Folgenden genauer erläutert.

1 Entwicklungsprozesse für Geschäftsmodelle

Ein besonders relevanter Bedarf wird zukünftig die systematische (Weiter-)Entwicklung von Geschäftsmodellen sein. Die Grundidee ist dabei, die Geschäftsmodellentwicklung zu systematisieren und damit auch die methodische Unterstützung des Entwicklungsprozesses zu ermöglichen. Dies gestattet insbesondere auch KMU, die Mechanismen und die Art und Weise, wie das Unternehmen bzw. sein Unternehmensnetzwerk am Markt Werte schafft, transparent darzustellen, zu verstehen und zu gestalten. Hierdurch können die produzierenden Unternehmen im Hinblick auf die zahlreichen spezifischen Herausforderungen gezielt agieren und auf Veränderungen im Unternehmensumfeld reagieren. Die Unternehmen sollen durch die systematische, individuelle Entwicklung ihres Geschäftsmodells in der Lage sein, ihr Nutzenversprechen gegenüber dem Kunden einhalten zu können sowie die erforderliche Wertschöpfungsarchitektur zu erschaffen, um die Einnahmequellen im Unternehmen zurückverfolgen zu können. Des Weiteren werden neben Vorgehensweisen zur systematischen Gestaltung von Geschäftsmodellen auch Vorgehensweisen und Methoden zur Anpassung von Geschäftsmodellen benötigt. Ziel ist es, Informationen über Umweltbedingungen eines Unternehmens (z. B. Markttrends oder veränderte Kundenanforderungen) bzw. Informationen über die unternehmensspezifische Produktionsstrategie systematisch erfassen zu können und darauf aufbauend die Anpassung oder Neuentwicklung des Geschäftsmodells zu ermöglichen. Auf diese Weise können die sich ständig ändernden Rahmenbedingungen der Unternehmung mit der Produktionsstrategie koordiniert und im Geschäftsmodell abgebildet werden. Dies ermöglicht den Unternehmen auch in einem turbulenten Wettbewerbsumfeld die Sicherung der Wettbewerbsposition.

Zudem kann aufgrund der unterschiedlichen Lebensstandards, Umweltbedingungen und Kulturkreise innerhalb des Weltmarkts für ein Produkt das zugehörige Geschäftsmodell, das in Deutschland funktioniert, in einem anderen Markt ggf. völlig scheitern. Aus diesem Grund müssen Instrumente entwickelt werden, die, abgestimmt auf die Marktbedingungen, Geschäftsmodelle analysieren, bewerten und gestalten.

Darüber hinaus gewinnt die Wiederverwendung von Produkten aufgrund der fortschreitenden Verknappung von Ressourcen und des gestiegenen Umweltbewusstseins an Bedeutung. Dabei besteht ein Forschungsbedarf hinsichtlich der Entwicklung von innovativen Geschäftsmodellen für Kreislaufprozesse. Ein geeignetes existierendes Geschäftsmodell ist das sogenannte Betreibermodell. Hierbei überträgt der eigentliche Hersteller Teile oder die gesamte Produktion für einen limitierten Zeitraum auf einen Betreiber und tritt diesem Gegenüber selbst als Kunde auf. In diesem Zusammenhang sind geeignete Konzepte zu entwickeln, vor allem, wenn es unter dem Kreislaufaspekt um die Wieder- oder Weiterverwendung bestehender Anlagenkomponenten geht. Ein Ziel sollte dabei sein, die Kapitalbindung für den Hersteller zu reduzieren bzw. die Effizienz des eingesetzten Kapitals zu erhöhen.

2 Geschäftsmodelle zur Integration von Produkt und Dienstleistung

Im heutigen Wettbewerbsumfeld müssen produzierende Unternehmen sich vom konventionellen Produzenten technologisch hochwertiger Produkte lösen und sich hin zu einem innovativen Lösungsanbieter entwickeln. Aus Sicht des Nutzenmodells ist das Anbieten von Sach-Dienstleistungs-Kombinationen (auch hybride Leistungsbündel genannt) heute bereits zum Teil der wettbewerbsentscheidende Vorteil deutscher Unternehmen. Zur Verbesserung der Vermarktung hybrider Leistungsbündel besteht außerdem Bedarf zur Entwicklung von Vorgehensweisen zur Konfiguration von geeigneten Geschäftsmodellen (MEIER & LANZA 2009). Um Service und Dienstleistungen besser bewertbar zu machen, müssen z. B. Methoden zur Quantifizierung und Zuweisung von Kosten und Leistung entwickelt werden. Um das gesamte Geschäftsmodell auf diese strategische Neuerung vorzubereiten, bedarf es geeigneter Kennzahlensysteme, die eine Analyse, Beurteilung und Konfiguration der jeweils am besten geeigneten hybriden Leistungsbündel für Unternehmen ermöglichen.

4.1 Neue Produkte für die Märkte der Zukunft

Im Bereich des Wertschöpfungsmodells wird insbesondere die kundenindividuelle Kombination von Produkten und Dienstleistungen für die Unternehmen wichtiger. Dies setzt vollständig entwickelte Dienstleistungen sowie geeignete Strukturen von Produkten und Dienstleistungen voraus. Zudem müssen von den Unternehmen durch eine geeignete Gestaltung und Organisation der Dienstleistungen die Qualität sowie die Produktivität des Angebots sichergestellt werden. Hierzu bedarf es der Entwicklung entsprechender Konzepte zur Organisation von Dienstleistungen, bspw. in Form prozessorientierter Dienstleistungs-Produktionssysteme. Damit einhergehend ergibt sich weiterer Forschungsbedarf im Bereich des anforderungsgerechten Kompetenzaufbaus bei den Mitarbeitern, z. B. im Rahmen eines Ausbildungsgangs zur Dienstleistungsfachkraft. Weitere Forschungsthemen im Bereich der Integration von Produktion und Dienstleistungen ergeben sich im Hinblick auf die Gestaltung der Verträge zwischen Kunde und Produzent bzw. Dienstleister. Für eine weitere Professionalisierung der Dienstleistungserbringung sind Instrumente zur Messung und Verbesserung der Qualität und Produktivität von Dienstleistungen zu entwickeln. Die Vermarktbarkeit von hybriden Leistungsbündeln muss in die Entwicklung von Methoden zur Ermittlung ihrer Lebenszykluskosten einfließen. Ein Ansatzpunkt dazu ist beispielsweise die Erfassung von Daten aus dem Feldeinsatz des Produkt-Service-Systems.

Neben den hier genannten organisatorischen Handlungsbedarfen zur Anpassung der Geschäftsmodelle müssen auch produktspezifische und technologische Weiterentwicklungen stattfinden. Auf diese wird im Forschungsfeld Nutzenverkauf statt Produktverkauf näher eingegangen.

3 Robuste Geschäftsmodelle

Wie die Wirtschaftskrise im Jahr 2008 / 2009 gezeigt hat, können sogar etablierte Marktführer an den Rand einer oder sogar in die Insolvenz getrie-

---

Dienstleistungsbasierte Geschäftsmodelle für die Montage *(In Anlehnung an: SCHRÖTER & BIEGE 2009)*

Ziel: Reduzierung der Total Cost of Ownership für den Kunden

Wirtschaftliches Potenzial beim Kunden › Erschließung durch dienstleistungsbasiertes Geschäftsmodell › Verknüpfung von Produkt- und Dienstleistungsverkauf › Win-win-Situation

Anwendungsszenario:
Nutzenversprechen Ausgleich von Kapazitätsschwankungen
Ausgangssituation:

- Saisonale und mengenmäßige Auftragsschwankungen beim Kunden
- Keine optimierte Kapazitätsauslastung der Montageautomaten und -anlagen
- hohe Stückkosten der gefertigten Produkte

Fokus: Minimierung der Stillstands- und Betriebskosten von Montagesystemen

Vorgehen:

- Auslegung einer niedrigeren, stabilen Montagekapazität beim Kunden
  → höhere durchschnittliche Kapazitätsauslastung
- Bereitstellung und Vermietung mobiler Anlagen durch den Hersteller bei hoher Kapazitätsnachfrage
- Ausrüstung mit kundenspezifischen Prozessmodulen durch den Hersteller der Anlage

ben werden, wenn der gesamte Weltmarkt einbricht. Um zukünftig Unternehmen vor solchen Szenarien zu schützen, müssen Konzepte und Methoden entwickelt werden, die bei einem Auftragseinbruch das gesamte produzierende Unternehmen von den Fixkosten entlasten, um diese zeitlich begrenzte Phase erfolgreich zu überbrücken. Deshalb müssen alle nicht effizient nutzbaren Kapazitäten in neue Entwicklungsprojekte, Produktivitäts- und Qualifikationsprojekte gesteckt werden.

Vor dem Hintergrund von stetig kürzer werdenden Produktlebenszyklen müssen Unternehmen zudem ihre Geschäftsmodelle hinsichtlich der steigenden Anzahl von Produktvarianten anpassen. Daneben müssen ggf. zusätzlich aufkommende Unternehmensprozesse in das angepasste Geschäftsmodell integriert werden. Es besteht der Bedarf an Methoden und Vorgehensweisen, um aktiv und schnell auf äußere Einflüsse zu reagieren. Eine weitere Herausforderung besteht in der Netzwerkgestaltung von Unternehmen, wenn diese neuen Auflagen oder Selbstverpflichtungen bezüglich der Ressourcen- und Energieeffizienz unterlegen sind.

Hierzu gilt es, die optimalen Kooperationsformen zu identifizieren und im Geschäftsmodell zu verankern.

4 Geschäftsmodelle für besseren Produktschutz

Innovationsführer werden kopiert! Ein zentraler Handlungsbedarf besteht deshalb darin, zukünftig die Unternehmensstruktur auf die Thematik „Produktpiraterie" und „Know-how-Schutz" auszurichten. Aufgrund nicht ausreichender Beachtung dieser Gefährdung im eigenen Unternehmen wird die Nachahmung von Produkten, Ersatzteilen und Serviceleistungen vereinfacht (AURICH ET AL. 2008). Dies kann sich durch das Kopieren der Produkte oder Komponenten derselben äußern. Zum zweiten sind bestimmte Unternehmensprozesse häufig nicht optimiert, wie beispielsweise die Ersatzteilversorgungsprozesse, sodass über ein paralleles „Produktpiraten"-Vertriebssystem die Ersatzteile mit einer hohen Marge vertrieben werden.

Vor dem Hintergrund einer zunehmenden Digitalisierung der Unternehmens- und Produktdaten

Bild 45: Herausforderung Produktpiraterie und mögliche Abwehrmaßnahmen

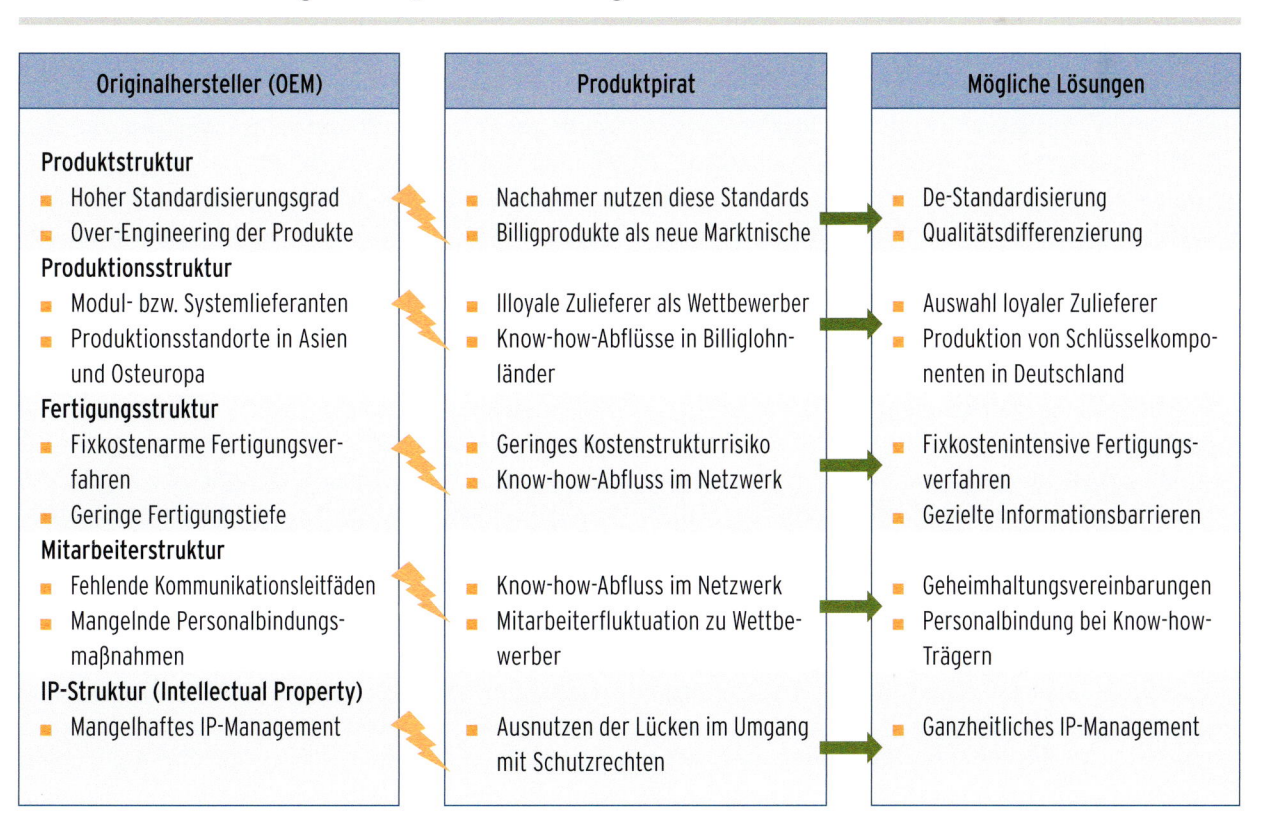

Originalhersteller (OEM)	Produktpirat	Mögliche Lösungen
Produktstruktur ■ Hoher Standardisierungsgrad ■ Over-Engineering der Produkte	■ Nachahmer nutzen diese Standards ■ Billigprodukte als neue Marktnische	■ De-Standardisierung ■ Qualitätsdifferenzierung
Produktionsstruktur ■ Modul- bzw. Systemlieferanten ■ Produktionsstandorte in Asien und Osteuropa	■ Illoyale Zulieferer als Wettbewerber ■ Know-how-Abflüsse in Billiglohnländer	■ Auswahl loyaler Zulieferer ■ Produktion von Schlüsselkomponenten in Deutschland
Fertigungsstruktur ■ Fixkostenarme Fertigungsverfahren ■ Geringe Fertigungstiefe	■ Geringes Kostenstrukturrisiko ■ Know-how-Abfluss im Netzwerk	■ Fixkostenintensive Fertigungsverfahren ■ Gezielte Informationsbarrieren
Mitarbeiterstruktur ■ Fehlende Kommunikationsleitfäden ■ Mangelnde Personalbindungsmaßnahmen	■ Know-how-Abfluss im Netzwerk ■ Mitarbeiterfluktuation zu Wettbewerber	■ Geheimhaltungsvereinbarungen ■ Personalbindung bei Know-how-Trägern
IP-Struktur (Intellectual Property) ■ Mangelhaftes IP-Management	■ Ausnutzen der Lücken im Umgang mit Schutzrechten	■ Ganzheitliches IP-Management

4.1 Neue Produkte für die Märkte der Zukunft

Beispiele moderner Produktpiraterie *(Bilder: PLAGIARIUS)*

- Original: Motorsäge „MS 380"
  ANDREAS STIHL AG & Co. KG, Waiblingen

- Plagiat:
  SWOOL Power Machinery Co. Ltd., Quzhou, Zhejiang, PR China

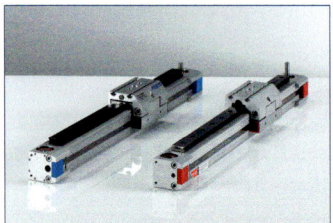

Elektrische Zahnriemenachse „DGE"
- Original: Festo AG & Co. KG, Esslingen

- Plagiat:
  Vertrieb: Render Location Module, Fongyuan City, Taiwan (R.O.C.)

(Digitale Fabrik und Produktdatenmanagement) ist das enthaltene Know-how bei der Weitergabe an Netzwerkpartner geeignet zu schützen. Hierfür sind entsprechende Strategien und gezielte Informationsbarrieren zu entwickeln.

Um die gesamte Unternehmensstruktur vor Produktpiraterie zu schützen werden Instrumente zur Analyse der Innovationsprozesse benötigt. Es sind insbesondere

- die Produktstruktur (De-Standardisierung, Funktionsintegration, Qualitätsdifferenzierung)
- die Produktionsstruktur (Auswahl loyaler Partner und Produktion von Schlüsselkomponenten in Deutschland)
- die Fertigungsstruktur (Vermeidung von Knowhow-Abflüssen innerhalb der verlängerten Werkbank)
- die Mitarbeiterstruktur (Personalbindung bei Know-how-Trägern) und
- die IP-Struktur (ganzheitliches IP-Management) zu betrachten.

Bild 45 gibt eine beispielhafte Übersicht von Angriffsmöglichkeiten durch Produktpiraten und stellt mögliche Lösungsansätze vor, um dies zu verhindern. Für eine systematische Umsetzung der Lösungsvorschläge sind Methoden zur Anpassung der Geschäftsmodelle zu entwickeln, um die größtmögliche Nachhaltigkeit bei geringen Zusatzkosten zu erreichen.

Der frühzeitige Schutz vor Produktpiraterie wird zukünftig nur durch ein Umdenken in allen Teilbereichen des Innovationsprozesses mit der entsprechenden Anpassung des Geschäftsmodells und der Betrachtung des Themas Produktpiraterie über den gesamten Lebenszyklus eines Produktes möglich sein.

4.1.5 Nutzenverkauf statt Produktverkauf

Den zweiten großen Bereich des Aktionsfeldes *Neue Produkte für die Märkte der Zukunft* stellt das Forschungsfeld *Nutzenverkauf statt Produktverkauf* dar. Hiermit ist ein Umdenken in Bezug auf die „Produkte" eines Unternehmens gefordert, denn in der Zukunft steht nicht mehr das physische Produkt sondern vor allem der Nutzen, den der Kunde erhält, im Mittelpunkt. Der Nutzen kann aus physischen Produkten, aus Dienstleistungen oder aus einer Kombination der beiden entstehen. Hierfür ist beispielsweise auch das Erkennen und Ausschöpfen eigener Nutzenpotenziale und Netzwerke nötig, um mehr Nutzen mit weniger Ressourcen zu erreichen. Die Orientierung am Nutzen von Produkten erfordert daher ein neues Verständnis, welches auch neue Engineering-Methoden und Vermarktungskonzepte hervorbringen wird. Die Kunden fordern nicht mehr nur das alleinige Produkt, sondern zunehmend Problemlösungen. Der Leistungsumfang eines Unternehmens bedarf demnach einer Erweiterung. Vor allem industrielle Dienstleistungen werden zunehmend in Kombination mit den Produkten verkauft. An dieser Stelle kann beispielsweise die kosten-

4.1.5 Nutzenverkauf statt Produktverkauf

pflichtige Verfügbarmachung der Fachkompetenz von Maschinenherstellern für Anwender über Teleservice genannt werden.

Das Forschungsfeld *Nutzen statt Produktverkauf* lässt eine Vielfalt an Forschungsbedarfen ableiten, die große Bereiche von Unternehmen betreffen. Diese sind in Bild 47 dargestellt.

Im Folgenden werden die priorisierten Forschungsbedarfe näher erläutert. Das Ziel besteht darin, den Entwicklungspfad vom Produzenten zum produzie-

---

Plagiate verursachen Milliardenschäden *(In Anlehnung an: IRMER 2009)*

Nach Schätzungen der OECD belaufen sich die weltweiten Schäden durch Produktpiraterie im Jahr 2007 auf 600 Mrd. Euro und somit ca. 9 Prozent des Welthandelsvolumens bei einem jährlichen Anstieg um ca. 15 Prozent. Die deutsche Industrie ist aufgrund ihrer Innovationsführerschaft in vielen Branchen von den Folgen des unerlaubten Nachahmens ganz besonders betroffen. Der VDMA schätzt allein für den Maschinen- und Anlagenbau einen jährlichen Umsatzverlust von 7 Mrd. Euro. Als Gegenmaßnahme investieren die Unternehmen ca. 5 Mrd. Euro in Markenschutz und Patenrechte, die ein gewisses Recht an der eigenen Idee schaffen, deren rechtliche Durchsetzung gegen Nachahmer in der Praxis aber zunehmend schwieriger wird.

Bild 46: Umsatzeinbußen und Zusatzkosten *(BLIND ET AL. 2009)*

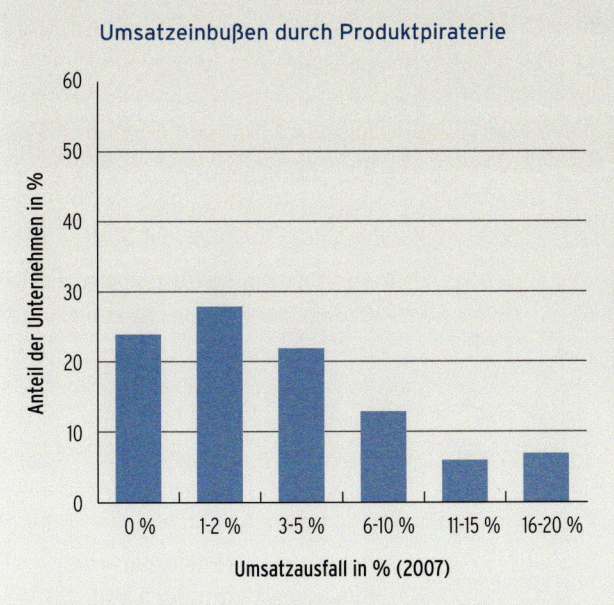

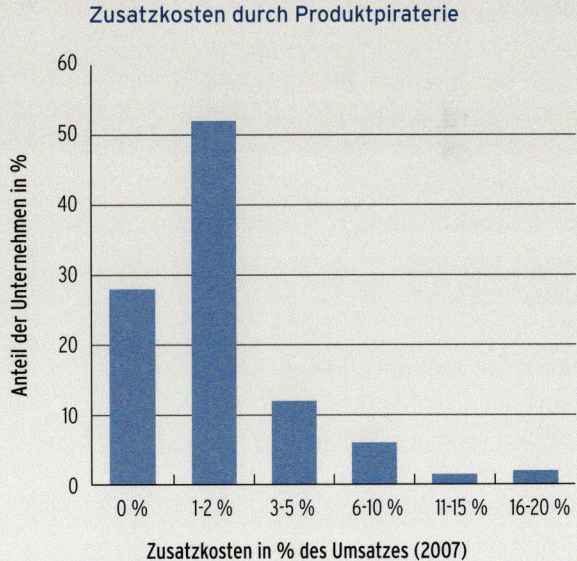

Eine im Auftrag des Bundesministeriums für Wirtschaft und Technologie von der TU Berlin durchgeführte Studie zur volkswirtschaftlichen Bedeutung geistigen Eigentums und dessen Schutz weist hohe Umsatzeinbußen und Zusatzkosten als Folge von Produktpiraterie aus (siehe Bild 46), von der deutschen Unternehmen betroffen sind. Die bedrohlichen Zahlen werfen schnell die Frage nach Möglichkeiten zum Schutz gegen Produktpiraterie auf. Ein konsequentes IP-Management (Intelectual Property), kurze Innovationszyklen, Produktkennzeichnungen sowie ein hoher Datenschutz für Produktdaten und Produktionssoftware werden von Experten als der richtige Weg empfohlen.

4.1 Neue Produkte für die Märkte der Zukunft

renden Dienstleister (Nutzenanbieter) zu beschreiben. Die Notwendigkeit für einen Paradigmenwandel begründet sich in der Arbeitsplatzrelevanz industrieller Dienstleistungen, der Verbesserung des Produktgeschäfts sowie in der Schaffung wissensintensiver Produkte und Marktleistungen zur Erhaltung der Wettbewerbsfähigkeit gegenüber Konkurrenten aus den Industrienationen aber auch aus Niedriglohnländern.

1 Innovationsmanagement für Dienstleistungen

Vor dem Hintergrund, dass Unternehmen in Zukunft verstärkt auch Dienstleistungen in ihrem Portfolio anbieten oder sogar zum produzierenden Dienstleister werden, muss eine erfolgreiche Markteinführung sichergestellt werden. Unter einem produzieren Dienstleister wird ein Unternehmen verstanden, dessen Dienstleistungsangebote das

Bild 47: Forschungsbedarf im Forschungsfeld Nutzen statt Produktverkauf

DIE FORSCHUNGSTHEMEN ZUR UMSETZUNG DES LEITBILDES

1 Innovationsmanagement für Dienstleistungen
- Adaption bekannter Methoden aus Produktbereich auf Dienstleistungen (DL) (Prognose- und Bewertungsmethoden)
- Transfer von Dienstleistungsentwicklungsprozessen in die Praxis (Prozessgestaltung)
- Entwicklung und Implementierung eines ganzheitlichen DL-Innovationsmanagement
- Szenariotechnik

2 Architektur hybrider Leistungsbündel für spezifische Kundenlösungen
- Modularisierung
- Schnittstellendefinition
- Konfiguration
- Standardisierung
- Upgradefähigkeit

3 Umsatzpotenzial erschließen durch einen aktiven Servicevertrieb
- Gestaltung von Dienstleistungsprodukten
- Vertriebsmethoden
- Vertriebskanäle
- Ganzheitlicher Vertriebsansatz durch Integration verschiedener Teilmodelle (z. B. Sensibilisierung für IT-Systeme, Gestaltung von DL-Produkten, Vertriebskanäle usw.)
- Durchgängigkeit der Maschinen- und Servicedaten vom Vertrieb/Konstruktion in den Service und zurück
- Kennzahlensysteme im Service

4 Integrierte Marketingkonzepte für einen erfolgreichen Technology-Push und Technology-Demand
- Länderspezifische Ausgestaltung
- Nutzenvermittlung hybrider Leistungsbündel
- Schnittmengenermittlung von Produktlebenszyklen (Anbieter- und Kundenprodukte)

5 Anlaufmanagement von Dienstleistungen hin zu hybriden Leistungsbündeln
- Optimierungskriterien
- Ressourcenplanung
- Ablaufgestaltung
- Digitale Dienstleistungen

6 Ausschöpfen von Nutzenpotenzialen
- Definition von Kenngrößen für den Produktnutzen
- Produktspezifischer Soll/Ist-Nutzenvergleich
- Entscheidung über erneute Nutzung, Aufarbeitung oder Recycling

7 Angepasste Technologien für die hungrigen Märkte der 5 Mrd.
- Entwicklung ressourcenschonender Produkte
- Spezifische Bedürfnisprofile
- Nutzengleiche, funktionsreduzierte Versionen etablierter Produkte

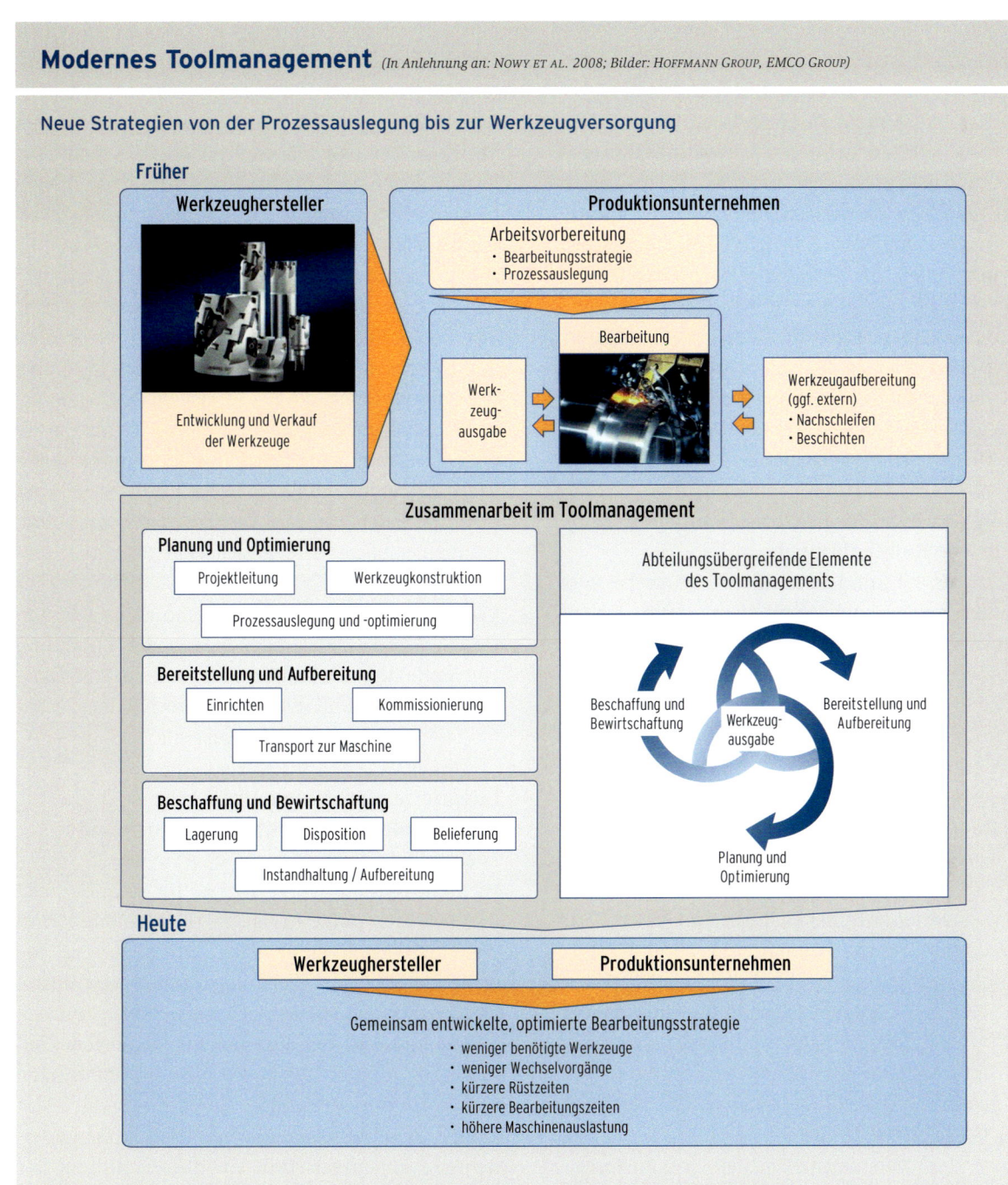

4.1.5 Nutzenverkauf statt Produktverkauf

Modernes Toolmanagement *(In Anlehnung an: Nowy et al. 2008; Bilder: Hoffmann Group, EMCO Group)*

Neue Strategien von der Prozessauslegung bis zur Werkzeugversorgung

Früher

- **Werkzeughersteller**: Entwicklung und Verkauf der Werkzeuge
- **Produktionsunternehmen**:
  - Arbeitsvorbereitung
    - Bearbeitungsstrategie
    - Prozessauslegung
  - Werkzeugausgabe → Bearbeitung → Werkzeugaufbereitung (ggf. extern)
    - Nachschleifen
    - Beschichten

Zusammenarbeit im Toolmanagement

- **Planung und Optimierung**
  - Projektleitung
  - Werkzeugkonstruktion
  - Prozessauslegung und -optimierung
- **Bereitstellung und Aufbereitung**
  - Einrichten
  - Kommissionierung
  - Transport zur Maschine
- **Beschaffung und Bewirtschaftung**
  - Lagerung
  - Disposition
  - Belieferung
  - Instandhaltung / Aufbereitung

Abteilungsübergreifende Elemente des Toolmanagements
- Beschaffung und Bewirtschaftung
- Werkzeugausgabe
- Bereitstellung und Aufbereitung
- Planung und Optimierung

Heute

Werkzeughersteller ⟷ Produktionsunternehmen

Gemeinsam entwickelte, optimierte Bearbeitungsstrategie
- weniger benötigte Werkzeuge
- weniger Wechselvorgänge
- kürzere Rüstzeiten
- kürzere Bearbeitungszeiten
- höhere Maschinenauslastung

In den letzen Jahren hat die Thematik Dienstleistung auch im Werkzeugmaschinenbereich an Bedeutung gewonnen. Neue Formen der Zusammenarbeit haben die Leistungsfähigkeit der Maschinenhersteller, der Werkzeughersteller und Industrieausrüster stark ansteigen lassen. Moderner Service reicht heute beispielsweise im Bereich der Zerspanungswerkzeuge von der verbrauchsgesteuerten Versorgung der Fabriken mit Komponenten über die Datenbereitstellung für die Digitale Fabrik bis zur Unterstützung der Prozessauslegung und der Werkzeugdokumentation. Werkzeugautomaten und die verbundenen Werkzeuglogistikdienstleistungen, die heute zum Standardangebot der Werkzeughersteller und -händler gehören, sind ein Beispiel hierfür. Diese Formen der Dienstleistungen erhöhen den Nutzen des gelieferten Produktes für den Anwender und bilden ein zunehmend wichtiges Element für Kundenbindung und als eigenständiges Dienstleistungsprodukt.

Produktportfolio dominieren und demnach mehr Umsatz mit Dienstleistungen als mit dem Verkauf der physikalischen Produkten des Unternehmens generiert wird. Um diesem Trend als Unternehmen folgen zu können, wird ein Innovationsmanagement für Dienstleistungen benötigt. Dieses muss darin bestehen, den Unternehmen einen Innovationsprozess mit den dazugehörigen Methoden und Konzepten zur Verfügung zu stellen, der es ihnen erlaubt, Dienstleistungsideen zu generieren, idealtypische Szenarien für die Marktentwicklung zu erstellen, Marktpotenziale abzuschätzen, verschiedene Ideen zu gewichten, zu bewerten und letztendlich einen Implementierungsprozess für neue Dienstleistungen zu etablieren.

2 Architektur hybrider Leistungsbündel für spezifische Kundenlösungen

Um flexibel auf kundenspezifische Wünsche und Anforderungen einzugehen, entwickeln Unternehmen ihre Produkte häufig nach dem sog. Baukastenprinzip. Durch einen modularen Aufbau kann die gestalterische Freiheit bei gleichzeitiger Schaffung von Rationalisierungs- und Kostenvorteilen erhöht werden. Zukünftig wird dem Kunden verstärkt eine Problemlösung anstelle eines reinen Produktes angeboten. Dazu muss das Baukastenprinzip auch auf den Dienstleistungsbereich übertragen werden. Hierfür müssen Module mit standardisierten Schnittstellen geschaffen werden. Im nächsten Schritt können Sach- und Dienstleistungsmodule dann zu hybriden Leistungsbündeln verknüpft werden. Die Schaffung einer modularen Architektur von Sach- und Dienstleistungen wird dem Anbieter ein wichtiges Instrument bieten, zeitnah und flexibel die jeweiligen Kundenbedürfnisse zu befriedigen.

Neben den leistungsbezogenen Herausforderungen müssen auch entsprechend nötige Anpassungen des Geschäftsmodells erfolgen. Die daraus resultierenden Handlungsbedarfe sind im Forschungsfeld *Geschäftsmodelle* näher dargestellt.

3 Umsatzpotenziale erschließen durch einen aktiven Servicevertrieb

Ein weiteres wichtiges Themenfeld stellt der Aufbau eines aktiven Servicevertriebs dar. In wirtschaftlich schwierigen Zeiten mit Auftragsrückgängen im Produktgeschäft können Dienstleistungen, wie beispielsweise die Wartung von Maschinen, einen erheblichen Beitrag zum Unternehmensumsatz leisten. Dementsprechend benötigen auch Dienstleistungen analog zu Produkten einen eigenständigen Vertrieb. Derzeitig übernimmt diese Aufgabe zu großen Teilen noch der Produktvertrieb, das Dienstleistungs-Know-how ist aber häufig an anderen Stellen lokalisiert, bspw. bei den Servicetechnikern. Es geht demnach um die Beantwortung der Frage, wie ein Servicevertrieb wirklich effizient gestaltet werden kann. Anschließend können Vertriebsmethoden entwickelt werden. Ebenso stellt sich die Frage, wie Informationen, die aus Serviceeinsätzen über einen Kunden gewonnen worden sind, für die Gestaltung kundenindividueller Dienstleistungsprodukte genutzt werden können. Haben sich Strukturen und Methoden für den Servicevertrieb im Unternehmen etabliert, kann im nächsten Schritt die Verschmelzung von Produkt- und Servicevertrieb zum Vertrieb von hybriden Leistungsbündeln erfolgen. Der Handlungsbedarf liegt hier in der Gestaltung von Methoden und Instrumenten um die Potenziale zu antizipieren und mit der entsprechenden Gestaltung der Vertriebswege zu reagieren.

4 Integrierte Marketingkonzepte für einen erfolgreichen Technology-Push und Technology-Demand

Mit dem Aufbau des Vertriebes für hybride Leistungsbündel müssen sich Unternehmen mit der Frage auseinandersetzen, wie neue bzw. bestehende hybride Leistungsbündel vermarktet werden können. In einem ersten Schritt müssen die Bedürfnisse der Kunden im jeweiligen Zielmarkt identifiziert werden. Dafür sind Methoden und Konzepte notwendig, die an die Bedürfnisse kleiner und mittelständischer Produktionsunternehmen angepasst sind. An die Ermittlung der Kundenbedürfnisse schließt sich die Nutzenvermittlung hybrider Leistungsbündel an. Dieser identifizierte Nutzen muss den Kunden über geeignete Kanäle transparent gemacht werden. Die Produktionsforschung muss sich zukünftig von der einseitigen Fokussierung auf die Produktion und Technologieentwicklung lösen und sich hin zu mehr interdisziplinären und systemischen Denken entwickeln. Integrierte Marketingkonzepte bieten die hervorragende Möglichkeit, Technologien in den Markt zu treiben, aber auch neue

Technologieideen anhand der ermittelten Kunden- und Marktbedürfnisse zu entwickeln.

5 **Anlaufmanagement von Dienstleistungen bis hin zu hybriden Leistungsbündeln**
Die Entwicklung und Markteinführung neuer Dienstleistungen erfordert, wie auch für neue Produkte, ein Anlaufmanagement. Mit zunehmenden Angeboten hybrider Leistungsbündel muss eine Synchronisation des Anlaufmanagements von Produkt und Dienstleistung und die entsprechende Optimierung im Hinblick auf das hybride Leistungsbündel geschehen. Ebenso spielen in diesem Zusammenhang Fragestellung zur Ressourcenplanung und Ablaufgestaltung in Bezug auf die Beteiligung am Prozess und die Gestaltung der Kommunikation im Netzwerk eine wichtige Rolle.

6 **Ausschöpfen von Nutzenpotenzialen in der Wiederverwendung**
Kontinuierliche Wertschöpfung ist, abgesehen von Prozessen und Produkten der Dienstleistung, auf die Versorgung mit Rohstoffen angewiesen. Die Nutzenproduktivität von Rohstoffen wird durch die Wiederverwendung von bereits genutzten Produkten oder durch erneute Materialverwertung erhöht. Die Substitution von Rohstoffen durch Sekundärrohstoffe für die Wertschöpfung führt zu mehreren Forschungsbedarfen. So kann die Zusammensetzung von Abfallströmen saisonal sowie regional schwanken und erschwert die Planung. Der Paradigmenwandel Nutzen- statt Produktverkauf bietet hier einen Lösungsansatz. Es kann davon ausgegangen werden, dass Menge, Zustand und Typ der gebrauchten Produkte hinreichend bekannt sind, um diese durch Anpassung für eine erneute Nutzung zu qualifizieren oder das Material zur Herstellung neuer Produkte zu nutzen. Daher müssen Kenngrößen definiert werden, welche in die Entscheidungen für oder gegen eine Wiederverwendung einfließen. Dies ist nur möglich, sofern ein produktspezifischer Soll-/Ist-Nutzenvergleich für Wiederverwendung zur Verfügung steht.

Auswirkungen von Sharing-Modellen auf die Produktentwicklung, Produktion und Maintenance am Beispiel Bike-Sharing (Bild: DEUTSCHE BAHN AG)

Produktentwicklung	Produktion	Wartung
▪ Robustheit (hohe Nutzungsdauer und Laufleistung) ▪ Einstellbarkeit des Fahrrades ▪ Identifikation, Diebstahlschutz, Robustheit gg. Vandalismus ▪ Entwicklung von Reservierungs- und Abrechnungssystemen	▪ Hoher Automatisierungsgrad ▪ Hohe Qualität (Produzentenhaftung) ▪ Standardisierung	▪ Flächendeckendes Wartungssystem ▪ Dokumentation ▪ Rückhol- und Reparaturservice

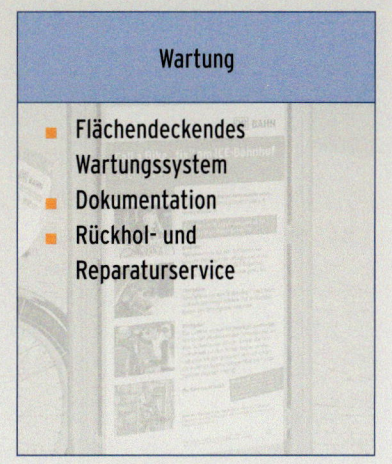

Die Entwicklung von Produkt-Dienstleistungskombinationen, wie beispielsweise Bike-Sharing-Modelle, stellt die Entwicklung und die Produktion vor neue Herausforderungen. Zusätzlich müssen zum Teil neue Aspekte für Betrieb und Wartung des Systems gesondert berücksichtigt werden. Nur wenn alle Gesichtspunkte berücksichtigt werden, ist der Erfolg möglich.

4.1 Neue Produkte für die Märkte der Zukunft

7 Angepasste Technologien für die hungrigen Märkte der 5 Milliarden

20 % der Weltbevölkerung verbrauchen 80 % der globalen Ressourcen. Dabei stellen Europa, Nordamerika, Japan und Südkorea die Staaten mit dem höchsten Verbrauch dar. Vor dem Hintergrund der stark wachsenden Wirtschaft und Bevölkerung in Ländern, wie Indien, China oder Brasilien ist ein Engpass der begrenzten Ressourcen vorprogrammiert. In einem Land wie China, das einen kontinuierlich zunehmenden Mittelstand von aktuell etwa 400 Mio. Menschen hat, wird eine immense Nachfrage nach Konsum- und Investitionsgütern einsetzten. Diese Märkte sind „hungrig" nach Produkten, nach Konsum und teilweise westlichem Lebensstandard. Eine einfache Übertragung westlicher Technik ist aber weder ökologisch sinnvoll noch mit den zur Verfügung stehenden Ressourcen realisierbar. Durch angepasste Produkte, die sich an den Bedürfnissen der jeweiligen Kunden orientieren und nicht durch ein möglichst hohes Maß an Funktionen zu überzeugen versuchen, stellen eine chancenreiche Alternative zu etablierten Produkten dar. Schätzungen zufolge stehen etwa 1 Mrd. Menschen weltweit kurz vor der Konsumschwelle, also an dem Punkt, an dem nicht nur Geld zum Überle-

---

Aufstieg der Schwellenländer *(In Anlehnung an: Jacobs 2010)*

Im Jahr 2050 werden unter den zwölf größten Wirtschaftsnationen der Welt nur noch fünf der heutigen Industrieländer sein, so Experten. An der Spitze steht dann China vor den USA und Indien.

Die größten Wirtschaftsnationen 2050 nach Bruttoinlandsprodukt in Billionen US-Dollar

(Quelle: Goldman Sachs)

China	48.0
USA	39.0
Indien	33.0
Brasilien	11.0
Mexiko	9.5
Russland	9.0
Indonesien	8.0
Japan	7.5
Deutschland	6.0
Großbritannien	5.5
Nigeria	5.0
Frankreich	5.0

Wenn die Frage nach Megatrends und Aufstieg der Schwellenländer auftaucht, fällt der Name China häufig als erster. China ist ein Land der Superlative: 1,3 Milliarden Einwohner, 750 Millionen Handynutzer, weltweit besitzt das Reich der Mitte die größte Brücke, das größte Riesenrad und den größten Staudamm. Zudem scheinen die Rohstoffvorkommen unerschöpflich. Das Land erlebt derzeit eine Urbanisierung in Höchstgeschwindigkeit. 600 Millionen Menschen leben und arbeiten zurzeit in den chinesischen Städten. Bis 2025 wird die städtische Bevölkerung um 350 Millionen Menschen zunehmen. Mehr als die heutige Einwohnerzahl der USA. Es entstehen neue Megacities, die neuen Wohnraum, Infrastruktur, Arbeitsplätze und hohen Lebensstandard bieten.

Während das BIP pro Kopf zwischen 2005 und 2025 in den BRIC-Ländern Brasilien, Russland, Indien und China um 43 Prozent zulegen soll, bringen es die derzeit führenden Industrienationen (G7) auf zwölf Prozent. Nach neusten Schätzungen wird China spätestens 2027 mit den USA als größte Wirtschaftsmacht gleichziehen. Indien dürfte bis dahin Staaten wie Frankreich, Italien und Deutschland überholt haben. Am Ende wird sich mit den USA nur noch eines der heutigen G7-Nationen unter den fünf größten Volkswirtschaften der Welt finden.

Die deutsche Produktionstechnik muss sich auf diese Veränderungen einstellen, indem sie die sich verändernden Märkte genau studiert, um angepasste Produkte mit den benötigten und gewünschten Produkteigenschaften zu entwickeln und produzieren. Nur somit lässt sich am Erfolg durch den Aufstieg dieser Länder teilhaben.

4.1.6 Strategische Produktplanung und Innovation

Bild 48: Die Aufholjagd der Schwellenländer *(Bilder: VOLKSWAGEN AKTIENGESELLSCHAFT)*

Von funktional und preisgünstig zu westlichem Standard mit Komfort und Leistung
Beispiel Anpassung der Produktpalette von VW in China

VW Santana 3000
- Niedriger Preis
- Einfache Bedienung
- Robustheit

Produktion seit über 30 Jahren – Ende 2012

VW Passat Lingyu
- Komfort
- Leistung
- Design

Zunehmende Geschwindigkeit der „Verwestlichung" der Produkte in Schwellenländern

Herausforderungen und Folgen für deutsche Unternehmen:
→ Entwicklungsgeschwindigkeit: Kürzere Innovationszyklen sichern Vorsprung
→ Einstieg über Produkte im unteren Marktsegment
→ Fertigungsstandorte in den neuen Märkten (CKD-Fertigung mit zunehmendem Wertschöpfungsanteil)
→ Aufbau Zulieferer am Standort
→ Produktionsausrüstung heute noch zum Großteil aus Deutschland, zunehmend jedoch auch local content

---

ben, sondern auch zum Leben zur Verfügung steht. Die deutsche Produktionsforschung muss die Herausforderung annehmen, technologisch einfach, aber trotzdem ressourceneffizient und nutzenorientiert produzieren zu können (vgl. Bild 48).

4.1.6 Strategische Produktplanung und Innovation

Das Ziel der strategischen Produktplanung ist die Schaffung der ökonomischen Grundlage für das Produkt. Der Aufgabenbereich charakterisiert den Ablauf vom Finden der zukünftigen Marktpotenziale bis zur Erfolg versprechenden Produktkonzeption. Er umfasst die Tätigkeitsbereiche *Potenzialfindung*, *Produktfindung* und *Produktkonzipierung*. Das Ziel der Potenzialfindung ist das Erkennen zukünftiger Erfolgspotenziale sowie die Ermittlung entsprechender Handlungsoptionen. Darauf basierend befasst sich die Produktfindung mit der Suche und Auswahl neuer Produkt- und Dienstleistungsideen zu deren Erschließung. Auf Grundlage einer Geschäftsstrategie erfolgt die Erarbeitung der Produktstrategie, welche die Gestaltung des Produktprogramms, die Variantenvielfalt sowie die eingesetzten Technologien definiert. Schließlich folgt ein klar definierter „Entwicklungsauftrag" für die Produktentwicklung, welcher eine genaue Formulierung der Aufgabenstellung inklusive aller Anforderungen in Bezug auf das zu entwickelnde Produkt enthält.

Produktinnovationen und ggf. hybride Leistungsbündel ergeben sich dann, wenn Marktbedarf auf technologische Möglichkeiten trifft und sich eine attraktive Rendite realisieren lässt. Daher kommt es insbesondere darauf an, den Market Pull wie auch den Technology Push zu antizipieren und daraus die Schlüsse für die Entwicklung von Produkt-, Technologie- und Geschäftsinnovationen zu ziehen (vgl. Bild 49). Zukünftige Markt- und Technologieentwicklungen sind in einer systematischen Potenzialfindung vorauszudenken und die sich daraus ergebenden Erfolgspotenziale und entsprechenden Handlungsoptionen für die Zukunft abzuleiten.

Basierend auf den erkannten Erfolgspotenzialen sind neue Produkt- und Dienstleistungsinnovationen zu suchen und auszuwählen. Auf Grund der sich abzeichnenden Verknappung von Rohstoffen und des Bewusstseinswandels in der Bevölkerung werden hierbei zukünftig insbesondere die Aspekte Ressourcenschonung und Nachhaltigkeit von Bedeutung sein. In der Geschäftsplanung kommt es darauf an, die Konsistenz von Produkt-, Technologie- und Produktionsstrategie auf der einen Seite und den künftigen Geschäftsmodellen und -zielen auf der anderen Seite herzustellen. Ferner sind die Auswirkungen von neuen Geschäftsmodellen wie Ultra-Low-Price-Strategien und „Systemkopfstrategien" auf die Produktentstehung zu berücksichtigen.

Von den in Bild 49 skizzierten Forschungsbedarfen werden im Folgenden die priorisierten Bedarfe näher beschrieben:

Produktentstehung – vorausschauend und systemorientiert

Die Phase von der Produkt- bzw. Geschäftsidee bis zum Serienanlauf umfasst die drei Aufgabenbereiche *strategische Produktplanung*, *Produktentwicklung* und *Produktionssystementwicklung*.

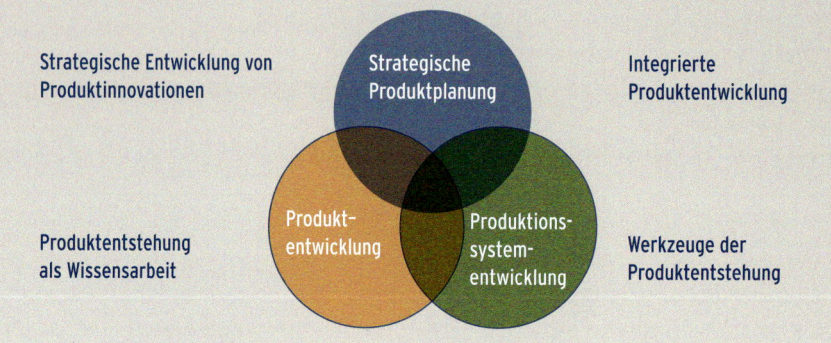

Das synergetische Zusammenwirken aller an der Produktentstehung beteiligten Fachdisziplinen bei der vorausschauenden und systemorientierten Entwicklung des Produkts wird in Zukunft im Fokus stehen. Ausgehend von der Identifikation zukünftiger Erfolgspotenziale werden systematisch Produkt- und Dienstleistungsinnovationen zu deren Erschließung erarbeitet. Der Prozess von der Produktidee bis zum Produktionsanlauf wird dabei aus einer systemischen Sichtweise heraus als Ganzes gesehen. Typisch für diese Sichtweise ist unter anderem, dass schon frühzeitig Produkt- und Produktionssystemkonzeption im Wechselspiel entwickelt werden.

Der erfolgreiche Absatz von Produkten wird zunehmend von der entsprechenden Kenntnis und Vorausschau von Märkten, Technologien und Geschäftsumfeldern abhängen. Innovationen werden nur durch einen Übergang von der derzeit fachdisziplinorientierten zur vorausschauenden und systemorientierten Produktentstehung möglich sein. Ein weiteres, stets an Bedeutung gewinnendes Merkmal ist der Umgang mit Wissen. Personenbezogenes Wissen zu erkennen und Wissensmanagement als sozioökonomische Herausforderung zu begreifen wird ein Erfolgsschlüssel der Zukunft sein. Mehr denn je wird die Leistungsfähigkeit der Produktentstehung durch die Möglichkeiten der Informations- und Kommunikationstechnik geprägt. Den Schwerpunkt bildet die konsequente Virtualisierung, d. h. die durchgängige Unterstützung des Produktentstehungsprozesses durch Einsatz virtueller Modelle in Planungs- und Simulationsumgebungen. Als besondere Herausforderung ergibt sich die Integration der vielfältigen Modelle. Getragen wird die Virtualisierung von einer durchgängigen Methoden- und Softwareunterstützung in der gesamten Produktentstehung.

4.1.6 Strategische Produktplanung und Innovation

1 Potenzialfindung

Wesentliche Gesichtspunkte im Rahmen der Planung und Entwicklung von Produkt- und Dienstleistungsinnovationen sind der systematische Blick nach vorn und die geeignete Abbildung der Zukunft. Dabei kommt es darauf an, Verbesserungspotenziale bestehender Lösungen und Vorgehensweisen zu erkennen, zukünftige Marktanforderungen aufzudecken und diese mit den technologischen Möglichkeiten abzustimmen. Hierfür gibt es unter anderem den Bedarf an Möglichkeiten, die Zukunft in qualitativer und quantitativer Art und Weise abzubilden und dabei die Aspekte wiederkehrender Merkmale sowie deren Auswirkungen auf die strategische Produktentwicklung zu berücksichtigen. Um die Potenziale frühzeitig zu erkennen, sind entsprechende Werkzeuge und Methoden zu entwickeln und insbesondere in die Unternehmensführungsprozesse zu integrieren.

2 Produktfindung und Technologieplanung

In Zeiten kürzerer Innovationszyklen und immer stärkerer technischer Spezialisierung wird insbesondere Technologiewissen zu einem entscheidenden Erfolgsfaktor. Dazu sind Methoden zur Findung von Produktideen, die auf neuen Technologien basieren und zur Planung des Technologieeinsatzes (z. B. mit Hilfe von Technologie-Roadmaps), vor allem unter der Annahme sich verändernder, aber zyklisch auftretender Merkmale, erforderlich. Hierfür müssen Methoden zur Bewertung von Technologien und Technologieketten entwickelt werden, um diese bereits in der Entwicklung der Produkte zu berücksichtigen. Damit soll einerseits ein Überblick über das benötigte Know-how sowie die Verbindung zwischen technologischen Möglichkeiten und marktkonformen Produktkonzeptionen geschaffen werden.

Bild 49: Forschungsfeld Strategische Entwicklung von Produktinnovationen

1 Potenzialfindung
- Systematische Marktanalyse
- Analyse des systemischen Verhaltens des Innovationsgeschehens
- Radikale/Disruptive Innovation
- Antizipation des Market Pull
- Identifikation und Spezifikation zukünftiger Marktanforderungen
- Berücksichtigung des Einflusses von neuen Geschäftsmodellen auf die Produktentstehung

2 Produktfindung und Technologieplanung
- Antizipation des Technology Push
- Technologiemonitoring/-scouting
- Strategiekonforme Produkt- und Technologieauswahl

3 Ressourcenschonende Produktentwicklung
- Gesamtenergetische Betrachtung in der Produktentwicklung
- Entwicklung zweck- und ressourcenoptimierter Produkte

4 Steigerung der Innovationsfähigkeit
- Bedarfsorientierte Zusammensetzung notwendiger Kompetenzen
- Verankerung von methodischen Grundsätzen zur organisatorischen Innovationsfähigkeit
- Methoden zur Bewertung der Innovationsfähigkeit
- Konzepte zur Adaption neuer Technologien in FuE-Netzwerken

5 Nachhaltigkeit und Kreislaufwirtschaft
- Antizipation des Produkt-Lebenszyklus
- Total Cost of Ownership Betrachtungen

4.1 Neue Produkte für die Märkte der Zukunft

„Neu"-Erfindung eines „alten" Produkts (Bild: Apple Inc.)

Antizipation von Kundenwünschen anhand eines erfolgreichen Produkts

Neue Funktionalitäten
- Intuitive Menüführung
- HD-Display
- 5-Mega-Pixel-Kamera
- Selbstkonfiguration durch Applications
- Navigation
- MP3-Player

Neue Potenziale durch neues Geschäftsmodell
- Intelligente Hardware als Basis für Softwareverkauf
- Verkauf von Applications neben reinem Handyverkauf
- Open-Source-Entwicklungsumgebung
- Verkauf direkt über den Hersteller

3 Ressourcenschonende Produktentwicklung

Ziel ist es, zukünftig derartige Produkte zu entwickeln, die ressourcenschonend hergestellt und betrieben werden können. Es sind Methoden zu entwickeln, die eine frühzeitige und einfache Abschätzung des zur Herstellung notwendigen Ressourceneinsatzes erlauben. Darüber hinaus müssen die Produkte optimal auf die Kundenbedürfnisse abgestimmt sein. Insbesondere ressourcenintensive Überdimensionierung ist zu vermeiden, was z. B. im Falle des Werkstoffeinsatzes durch die durchgängige Anwendung der Topologie-Optimierung im Rahmen einer entwicklungsbegleitenden Simulation möglich ist.

4 Steigerung der Innovationsfähigkeit

Die Steigerung der Innovationsfähigkeit von Unternehmen hat einen inhaltlichen – nämlich die Erzeugung der Innovation – und einen zeitlichen Aspekt, denn der Innovationserfolg steht in engem Zusammenhang mit der Geschwindigkeit und dem Ergebnis. Beide Aspekte können durch eine dynamische, bedarfsorientierte Zusammensetzung der jeweils für die anstehenden Aufgaben notwendigen Kompetenzen unterstützt werden. Für die Unternehmen bedeutet dies eine Verankerung der Innovationsfähigkeit in der Organisation, die in der Lage sein muss, bei sich ändernden Anforderungen an die Zusammensetzung von Kompetenzen – sowohl intern als auch extern – methodisch und zielorientiert zu reagieren. Typische Probleme hierbei sind zum Beispiel, dass Innovationen heute bei den Entwicklern liegen und weitere Kompetenzen zur Innovationsfähigkeit, die im Unternehmen oft vorhanden sind und in entsprechende Prozesse eingebunden werden müssen, kaum genutzt werden. Hierzu sind Grundsätze, Vorgehensweisen und unterstützende Methoden und Hilfsmittel zu entwickeln, aber auch Methoden zur Bewertung der Innovationsfähigkeit notwendig.

Diese Ansätze gelten für interne und externe Beteiligte und Organisationen. Innovationen werden heute oft in Netzwerken mit mehreren Beteiligten und Organisationen über Standorte hinweg erzeugt. Dies erfordert grundlegende Konzepte und Vorgehensweisen, wie Know-how über spezifische Technologien und Vorgehensweisen in diesen FuE-Netzwerken an die Beteiligten vermittelt wird.

5 Nachhaltigkeit und Kreislaufwirtschaft

Die Kreislaufwirtschaft bietet eine Kaskade an Möglichkeiten zur Verwertung von Produkten und

Reststoffen. So kann bzw. können das komplette Produkt oder einzelne Baugruppen wiederaufgearbeitet, weitergenutzt und weiterverkauft werden. Eine weitere Möglichkeit ist die sortenreine Trennung, um Wertstoffe zurückzugewinnen und in den Wertstoffkreislauf zurückzuführen. Produkte sind so zu planen und zu entwickeln, dass deren Nachhaltigkeit über den gesamten Produktlebenszyklus antizipiert und berücksichtigt wird. Hierfür sind Methoden zur Bewertung der Nachhaltigkeit von Produkten über deren gesamten Lebenszyklus notwendig, um diese im Entwicklungs- und Entstehungsprozess berücksichtigen zu können.

4.1.7 Integrierte Produkt- und Produktionssystementwicklung

Die *Integrierte Produkt- und Produktionssystementwicklung* (vgl. Bild 50) ist ein umfassender Ansatz, der alle Einflüsse auf die Entstehung eines Produktes berücksichtigt. Dies beinhaltet eine konsequente Betrachtung der gesamten, vernetzten Aktivitäten entlang des Produktlebenszyklus. Die Wechselwirkung zwischen Produkt und Produktionsprozess wird verstärkt berücksichtigt, indem alle an der Produktentstehung Beteiligten zu einer ganzheitlichen Denk- und Verhaltensweise ausgebildet und angehalten werden. Die Betrachtung der Wechselwirkungen zwischen der strategischen Planung, der Produktionssystementwicklung und der Produktentwicklung selbst ist zentraler Bestandteil des Ansatzes. Die Produktentwicklung ist somit keine Zusammenstellung separater Tätigkeiten einzelner Fachdisziplinen, sondern die gleichberechtigte, systemorientierte Integration von Methoden und Arbeitstechniken aus mehreren Fachdisziplinen. Die Produktionssystementwicklung ist selbst wieder als eigener Produktentstehungsprozess der Produktionsmittel und Ressourcen aufzufassen. Den Ausgangspunkt bildet der Entwurf des Produktionssystems. Dabei sind die vier Aspekte Arbeitsablaufplanung, Arbeitsmittelplanung, Arbeitsstättenplanung und Produktionslogistik integrativ zu betrachten. Wie in der Produktentwicklung spielt auch hier die Modellbildung und -analyse eine wichtige Rolle, was mit den Schlagworten *Virtuelle Produktion* bzw. *Digitale Fabrik* zum Ausdruck kommt. Produkt- und Produktionssystementwicklung sind parallel und eng aufeinander abgestimmt voranzutreiben, um sicherzugehen, dass auch alle Möglichkeiten der Gestaltung eines leistungsfähigen und kostengünstigen Erzeugnisses ausgeschöpft werden.

In diesem Bereich lässt sich eine Fülle von Forschungsbedarfen für zukünftige Entwicklungen identifizieren, welche in Bild 50 dargestellt sind:

Die wichtigsten Themen dieses Forschungsfeldes werden im Folgenden genauer erläutert:

1 **Integrierte Produkt- und Produktionssystementwicklung**
Da das Produktkonzept eines modernen technischen Systems signifikant durch die in Betracht gezogenen Fertigungstechnologien determiniert wird, sind die Wechselwirkungen zwischen beiden zu untersuchen und Methoden sowie Werkzeuge zu entwickeln, die eine Projektierung der Herstellung parallel zur Entwicklung des Produkts ermöglichen. Hierzu bestehen bereits Ansätze wie beispielsweise das *Simultaneous Engineering*. Es gilt demnach die noch bestehenden Defizite zu beheben, indem weiter an Methoden und Werkzeugen geforscht wird, die langfristig zu verbindlichen Konstruktionsrichtlinien führen. *Design for Production* und *Design for Assembly*, aber zukünftig auch *Design for Environment* sind Ansätze, die die integrierte Produkt- und Produktionssystementwicklung stärken können.

2 **Integrative Modelle und Beschreibungssprachen**
Zur Verbesserung der Kommunikation und Kooperation aller an der Produktentstehung beteiligten Akteure sind weitere domänenübergreifende Modelle und Beschreibungssprachen zu entwickeln, die alle für diese Akteure über den Produktlebenszyklus relevanten Informationen und deren Wechselwirkungen abbilden, dabei aber eine redundanzfreie, vernetzte Modellbildung gewährleisten. Die Zusammenhänge zwischen den beteiligten, für die Akteure wichtigen Produktmerkmale und -eigenschaften sind in einem gemeinsamen Modell des Systems explizit abzubilden, um ein gemeinsames Systemverständnis zu ermöglichen.

4.1 Neue Produkte für die Märkte der Zukunft

Bild 50: Forschungsfeld Integrierte Produkt- und Produktionssystementwicklung

1 **Integrierte Produkt- und Produktionssystementwicklung**
- Wechselwirkungen zwischen Produkt- und Produktionssystem
- Abstimmen von Produkt und Produktionssystem

2 **Integrative Modelle und Beschreibungssprachen**
- Domänenübergreifende Modelle zur Systembeschreibung
- Redundanzfrei vernetzte Modellbildung
- Durchgängige Modelle & Schnittstellen zwischen den Produktentwicklungsdisziplinen

3 **Durchgängige Methodenunterstützung**
- Einsatz und Weiterentwicklung des Systems Engineering
- Durchgängigkeit für „Allgemeine Technologie" schaffen
- Entwicklung von Schnittstellen

4 **Prozessbegleitende Produktvalidierung**
- Integration virtueller Methoden wie Rapid Prototyping, Digital Mock-up in den Entwicklungsprozess
- Entwicklung und Verbesserung von Schnittstellen

5 **Umgang mit Prozesskomplexität**
- Integration von Produkt- und Prozessmodellen
- Wechselwirkungen zwischen Disziplinen beherrschen aufzeigen und verbessern

6 **Interkulturelle Zusammenarbeit**
- Nutzung des Potenzials diversifizierter Teams zur Generierung von neuen Lösungen
- Überwindung kultureller Barrieren

7 **Gestaltung und Organisation der Arbeitsumgebung***
- Optimaler Wissensaustausch im Team
- Entwicklung kreativitätsfördernder Räumlichkeiten
- Schaffung kreativer Ergonomie

* Im Folgenden nicht näher betrachtet

---

3 **Durchgängige Methodenunterstützung**

Für die Integration der Arbeitsweisen der verschiedenen Fachdisziplinen bedarf es einer durchgängigen Kette ineinandergreifender Methoden über den gesamten Produktentstehungsprozess. Hierfür sind zum einen bestehende, bisher fachdisziplinorientierte Methoden weiterzuentwickeln, zum anderen sind neue Methoden notwendig, die sich speziell mit der Problematik des Zusammenwirkens der Fachdisziplinen beschäftigen. Ansätze wie *Systems Engineering* oder eine *allgemeine Technologie* sind heute bereits in Ansätzen vorhanden, reichen aber zukünftig nicht mehr aus, um die Komplexität moderner Produkte zu beherrschen.

4 **Prozessbegleitende Produktvalidierung**

Die Vorhersage von Systemeigenschaften, zum Beispiel mittels Berechnungsmodellen oder *Virtual Prototyping* hat längst an vielen Stellen Einzug in die Produktentstehung gehalten. Es ist bei der vorherrschenden Wettbewerbslage oft unabdingbar, an den Grenzen von Vorhersagemöglichkeiten zu arbeiten. Solchen Validierungsmethoden liegen immer Modelle zugrunde, die zu jedem Zeitpunkt der Produktentwicklung, der Absicherung der zuvor bestimmten, wie auch sich im Laufe der Entwicklung verändernden Ziele dienen. Diese Modelle, Methoden und Berechnungsverfahren sollten zentral und durchgängig entlang des gesamten Produktentstehungsprozesses koordi-

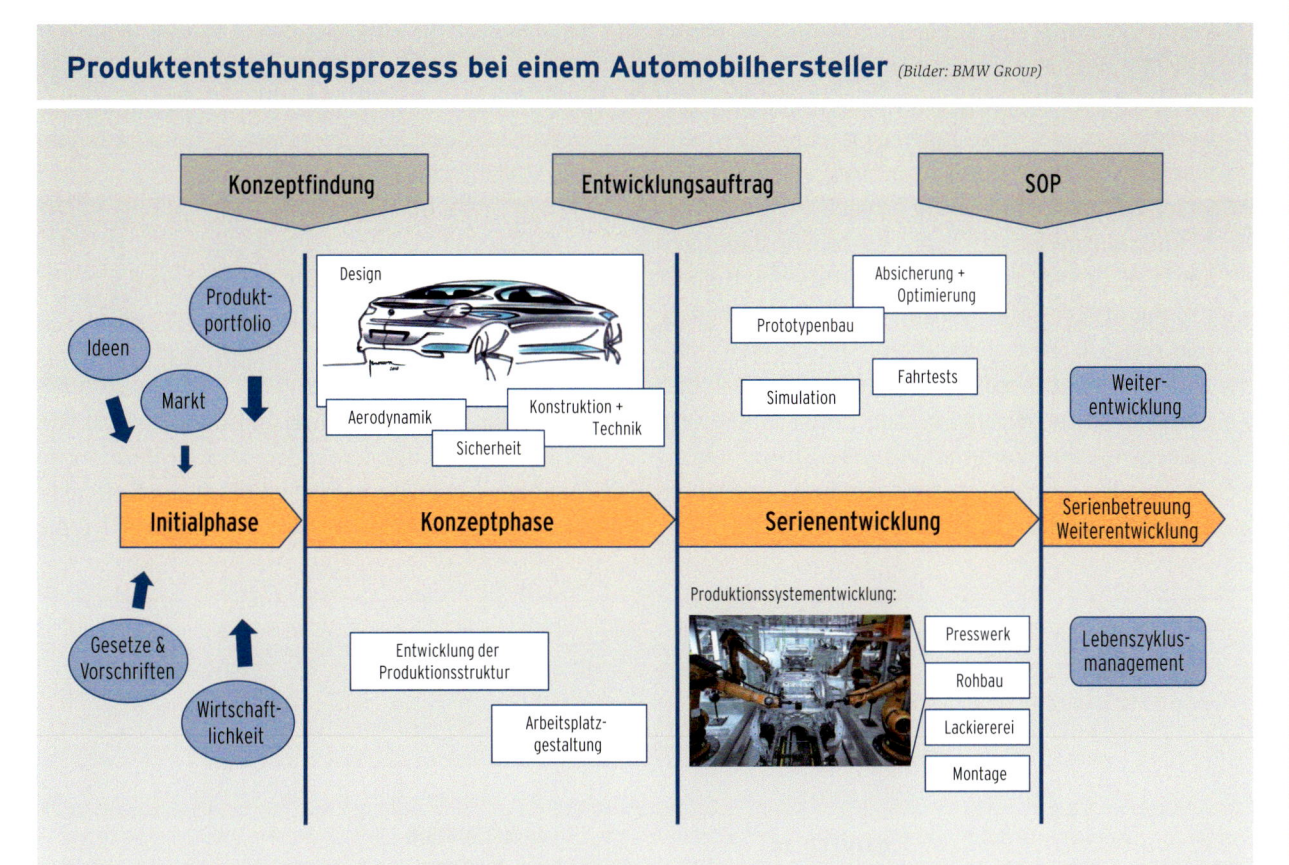

4.1.7 Integrierte Produkt- und Produktionssystementwicklung

Produktentstehungsprozess bei einem Automobilhersteller (Bilder: BMW GROUP)

Bei immer kürzer werdenden Produktentstehungszeiten sind die Entwickler der Automobilhersteller besonders gefragt. Um den Zeitpunkt des „Start of Production" (SOP) nicht zu gefährden, ist eine integrierte Entwicklung von Produkt und Produktionssystem unter Verwendung moderner Werkzeuge zur virtuellen Produktentstehung unumgänglich.

---

niert und systematisch in die Entwicklungsarbeit integriert werden. Besonderes Augenmerk muss dabei auf die Entwicklung und Verbesserung von Schnittstellen zwischen den Modellen und Methoden der unterschiedlichen Phasen gelegt werden, um eine Durchgängigkeit und die Effizienz des Einsatzes von Simulationsmethoden zu schaffen bzw. zu verbessern. Nur durch die Substitution realer Prototypen durch virtuelle Modelle kann die Entwicklungszeit verkürzt und somit die Wettbewerbsfähigkeit erhöht werden.

5 Umgang mit Prozesskomplexität

Die Beherrschung der Komplexität mechatronischer, multidisziplinärer Entwicklungsprozesse adressiert die Entwicklung von Methoden zur Steuerung und Abstimmung von Entwicklungstätigkeiten verschiedener Fachdisziplinen (z. B. Produktentwicklung und Produktionsplanung). Dies umfasst beispielsweise Verfahren und Werkzeuge für die Planung der Reihenfolge von Entwicklungstätigkeiten, die Steuerung des Austauschs von Informationen zwischen den Entwicklungstätigkeiten oder die Zuordnung einzusetzender Methoden und Werkzeuge zu diesen Tätigkeiten. Durch die Entwicklung und die aktive Einführung in Unternehmen durchgängiger digitaler Werkzeuge kann diese Komplexität verringert werden.

6 Interkulturelle Zusammenarbeit

Aufgrund global verteilter Produktionsstrukturen werden Unternehmen immer stärker gefordert, kulturübergreifende Zusammenarbeit und Integration zu beherrschen. So gilt es zukünftig verstärkt, kulturelle Barrieren zu überwinden, die internationale Zusammenarbeit zu fördern und somit die Nutzung des Potenzials diversifizierter Teams zur Generierung neuer Lösungen zu ermöglichen. Neben der Zusammenarbeit von Menschen aus unterschiedlichen Ländern gilt es auch Produkte und Produktionsmittel aus verschiedenen Regionen der Welt zu vereinen. Globale Unternehmen müssen mit den Produkten lokaler Zulieferer arbeiten und diese in ihr eigenes Produktionssystem integrieren. Ein wesentlicher Forschungsbedarf der nächsten Jahre besteht in der Entwicklung von Strategien, um eine interkulturelle Zusammenarbeit bis hin zu einer gemeinsamen Entwicklung und Produktion zu realisieren.

Ein Beispiel für eine gelungene Zusammenarbeit dieser Art stellt die Motorenfabrik MDC Power GmbH dar, einer gemeinsamen Gründung der Daimler AG und Mitsubishi Motors Corporation im Jahr 2003 (Bild 51).

4.1.8 Produktentstehung als Wissensarbeit

Produktentstehung als Wissensarbeit (vgl. Bild 52) adressiert das Wechselspiel von Externalisierung, Kombination, Internalisierung und Sozialisation von Wissen im Sinne der lernenden Organisation sowie den Schutz von Wissen mit dem Ziel, das im Unternehmen und global verfügbare Wissen effizienter für die

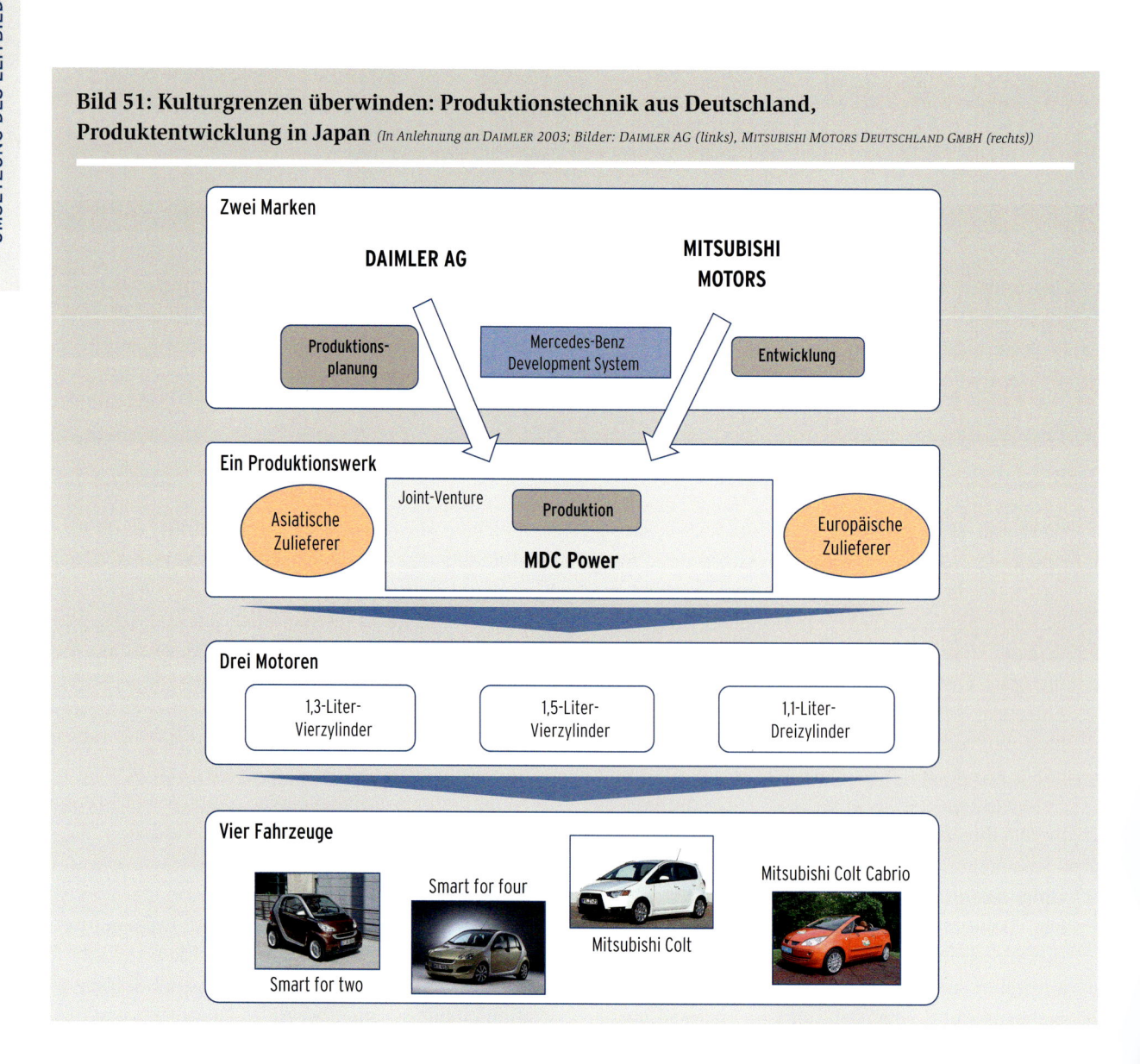

Bild 51: Kulturgrenzen überwinden: Produktionstechnik aus Deutschland, Produktentwicklung in Japan *(In Anlehnung an DAIMLER 2003; Bilder: DAIMLER AG (links), MITSUBISHI MOTORS DEUTSCHLAND GMBH (rechts))*

4.1.8 Produktentstehung als Wissensarbeit

Wertschöpfung zu nutzen. Speziell in der Produktentstehung findet sich das für die Generierung von Innovationen notwendige Wissen oftmals nur stark personengebunden und damit stark dezentralisiert wieder. Dieses Wissen über Prozesse, Abläufe, Methoden und Technologien bildet aber meist die Grundlage für die führende Wettbewerbsposition großer Unternehmen, aber vor allem auch von KMU, die es zu erhalten und auszubauen gilt.

Für das Forschungsfeld *Produktentstehung als Wissensarbeit* sind folgende priorisierte Themen von Bedeutung:

1. **Wissen schützen**
   Es gilt zum einen, Maßnahmen zu entwickeln, die es erlauben, das Produkt- und Technologiewissen eines Unternehmens vor Diebstahl oder Nachahmung zu schützen. Hierauf zielen vor allem die Bestrebungen nach verbessertem Plagiatschutz ab, die noch weiter geführt und intensiviert werden müssen. Zudem ist die Sicherheit der Wissensspeicher selbst sowie des Prozess- und Entwicklungswissens zu adressieren.
   Der Schutz von produkt- und technologiespezifischem Wissen muss auch organisatorisch durch geeignete Strategien und Geschäftsmodelle garantiert werden. Die entsprechenden Handlungsbedarfe sind im Forschungsfeld *Geschäftsmodelle* erläutert.

2. **Wissenstransfer**
   Der Wissenstransfer umfasst die beiden Dimensionen des Übertragens von Wissen auf andere Personen sowie auf andere Bereiche bzw. Problemstellungen. Beim Übertragen auf andere Personen geht es um die Anwendung des Wissens im selben Kontext der Produktentstehung. Hier sind unter anderem Techniken zum effektiven Umgang mit großen Informationsmengen oder zur Auswahl problemspezifischen Lösungswissens zu entwickeln. Beim Transfer auf andere oder verwandte Bereiche bzw. Problemstellungen sind beispielsweise Methoden zur Abstraktion von Wissen oder Techniken zur Mustererkennung von Bedeutung.

3. **Verteilte Wissensarbeit**
   Ziel der verteilten Wissensarbeit ist es, die Nutzung des im Unternehmen vorhandenen Wissens und der verfügbaren Informationen zu verbessern. Insbesondere müssen Methoden und Werkzeuge entwickelt werden, die es ermöglichen, für spezifische Fragestellungen die Wissens- und Informationsträger im Unternehmen zu identifizieren und

Bild 52: Forschungsfeld Produktentstehung als Wissensarbeit

1 Wissen schützen
- Schutz vor Produktpiraterie
- Bauteilinhärente Informationsspeicherung als Kopierschutz
- Destandardisierung als Plagiatschutz
- Sicherheit von Wissensspeichern

2 Wissenstransfer
- Abstraktion von Wissen
- Beschleunigung der Mustererkennung
- Domänenspezifische Bereitstellung von Wissen
- Umgang mit Wissensflut

3 Verteilte Wissensarbeit
- Redundanzfreie Verfügbarkeit von Wissen
- Mobiles vernetztes Arbeiten

4 Explizieren und Speichern von Wissen*
- Methoden zur Wissensmodellierung
- Wissen interdisziplinär erfassen
- Akquisition funktionsrelevanten Wissens
- Beschreibungs- und Modellierungsformen für Wissen
- Speicherung von Funktions-, konstruktions- und prozessrelevantem Wissen

* Im Folgenden nicht näher betrachtet

diese entweder flexibel an unterschiedlichen Orten einzusetzen oder deren Wissen an diesen Orten verfügbar zu machen.

4.1.9 Werkzeuge der Produktentstehung

Die Neu- und Weiterentwicklung von Entwicklungswerkzeugen zielt auf die Unterstützung der an der Produktentstehung beteiligten Akteure ab (vgl. Bild 53). Die beiden wesentlichen Dimensionen sind hierbei die Virtualisierung der Produktentstehung und die adäquate Methodenunterstützung. Beide sind für eine erfolgreiche Nutzung der entwickelten Werkzeuge in der Praxis verschiedenen Randbedingungen unterworfen. Die Anforderungen an die Werkzeuge ergeben sich beispielsweise aus dem Bedarf, mit der Komplexität und Struktur der Produktentstehung umzugehen (z. B. Lebenszyklusorientierung und Komplexität der Produkte). Zum anderen resultieren spezifische Anforderungen aus der Ausrichtung der Werkzeuge auf die Bedürfnisse der Anwender.

Im Kontext des Forschungsfeldes *Werkzeuge der Produktentstehung* sind folgende Themen von besonderer Relevanz:

1 Neu- und Weiterentwicklung von IT-Werkzeugen

Die sich abzeichnende Entwicklung der Informationstechnik wird künftig noch leistungsfähigere Verfahren des Virtual Prototyping, der Digitalen Fabrik und der Simulation für spezialisierte Anwendungsgebiete ermöglichen. Diese gilt es für den Ausbau spezialisierten Know-hows, die Beschleunigung der Entwicklung und die Steigerung der Qualität technischer Produkte zu nutzen. In diesem Kontext sind Product Lifecycle Management Systeme und Optimierungsverfahren zu betrachten und die Leistungsfähigkeit der hier eingesetzten IT-Werkzeuge zu steigern. Die bis dato entwickelten Methoden sind gleichzeitig an die leistungsfähigere IT- und Rechnertechnik anzupassen.

Insbesondere die Technologien der Informations-, Kommunikations- und Visualisierungstechnik, welche unter dem Begriff Virtual Engineering zusammengefasst werden und den Produktentstehungsprozess optimieren und beschleunigen werden in den Fokus künftiger Forschungsaktivitäten rücken. Das Virtual Engineering umfasst dabei nach WARSCHAT (2009) die drei Gestaltungselemente der konsequenten

- Digitalisierung neuer Prozesse unter Einsatz virtueller Prototypen,
- Integration von Informations- und Kommunikationstechnologie, Prozessen und Organisationsstrukturen, sowie
- Gestaltung kooperativer, verteilter IT- und Arbeitsumgebungen.

2 Kopplung von IT-Werkzeugen

Neben der Neu- und Weiterentwicklung bestehender Softwaretools wird für das Themenfeld der Produktentstehung die Kopplung der einzelnen Werkzeuge eine entscheidende Rolle spielen. So gibt es Werkzeuge zur Simulation und solche, die bei experimentellen Untersuchungen unterstützen sollen. Ein nächster Schritt erfordert die Kopplung der Simulation mit Versuchsergebnissen (Simulative Validierung). Des Weiteren sind die Simu-

---

Die neue Gefahr für den deutschen Maschinen- und Analgenbau (NOERR)

Erteile chin. Erfindungspatente 2002–2009

Im Jahr 2009 wurden in China erstmals mehr inländische Patente als aus dem Ausland angemeldet.

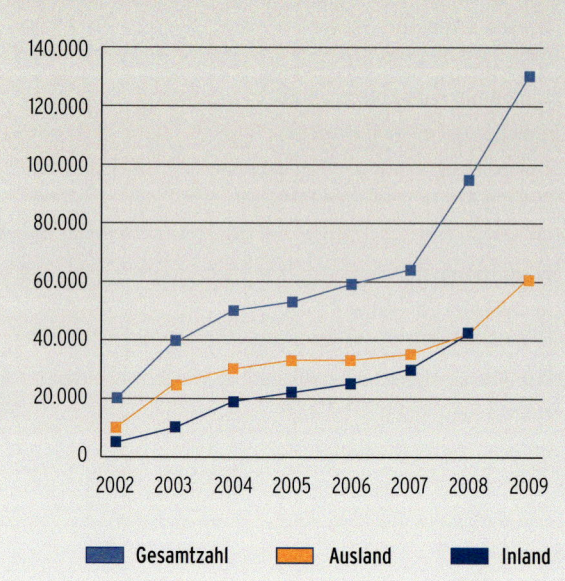

4.1.9 Werkzeuge der Produktentstehung | 4

Firmen forschen bei den Kunden *(In Anlehnung an: HENNES & SOMMER 2010)*

Seit Jahren bauen international agierende deutsche Unternehmen ihre Produktion in den globalen Wachstumsregionen aus. Dafür wurde intensiv in den Bau neuer Werke in Nord- und Südamerika, Osteuropa und Asien investiert und der Zugang zu neuen Absatzmärkten gesichert. Zudem konnten Kostenvorteile und günstige Wechselkurse ausgenutzt werden.

In einer nächsten Phase der Globalisierung werden die Unternehmen mutiger. Derzeit sind die Forschungszentren großer Unternehmen auf die Industrieländer konzentriert (siehe Grafik), doch nun bauen sie ihre Forschung und Entwicklung in der Ferne aus. Die Verlagerung von Entwicklungskapazitäten insbesondere nach Asien wird in Zukunft weiter zunehmen, umso näher an den Kundenbedürfnissen entwickeln zu können.

Diese Entwicklung läuft nach Aussage des Beratungsunternehmens BOOZ & COMPANY in drei Stufen ab.

Als erstes haben deutsche Unternehmen aus den hoch entwickelten Volkswirtschaften Teile der Produktionskapazitäten verlagert. Darauf folgten Produktentwicklungen speziell für den entsprechenden Absatzmarkt, z. B. China. In den nächsten Jahren wird nun auch die Grundlagenforschung zunehmend in die entfernten Forschungszentren abwandern.

Möglich wird dies durch die erheblich gestiegenen Bildungsstandards, was zur raschen und nachhaltigen Verbesserung der Qualifikation einheimischer Arbeitskräfte führt. Chinas Universitäten beispielsweise bilden pro Jahr 40.0000 Ingenieure aus – zehnmal mehr als deutsche Hochschulen. Die Gefahr besteht darin, dass weitere bisherige Kernkompetenzen ins Ausland abwandern. Besonders unter Druck stehen dann die vielen kleinen und hochspezialisierten Zulieferer. Verweigern diese den Trend, ihren wichtigsten Kunden zu folgen, werden sie langfristig von Zulieferern vor Ort abgelöst.

Global verteilt

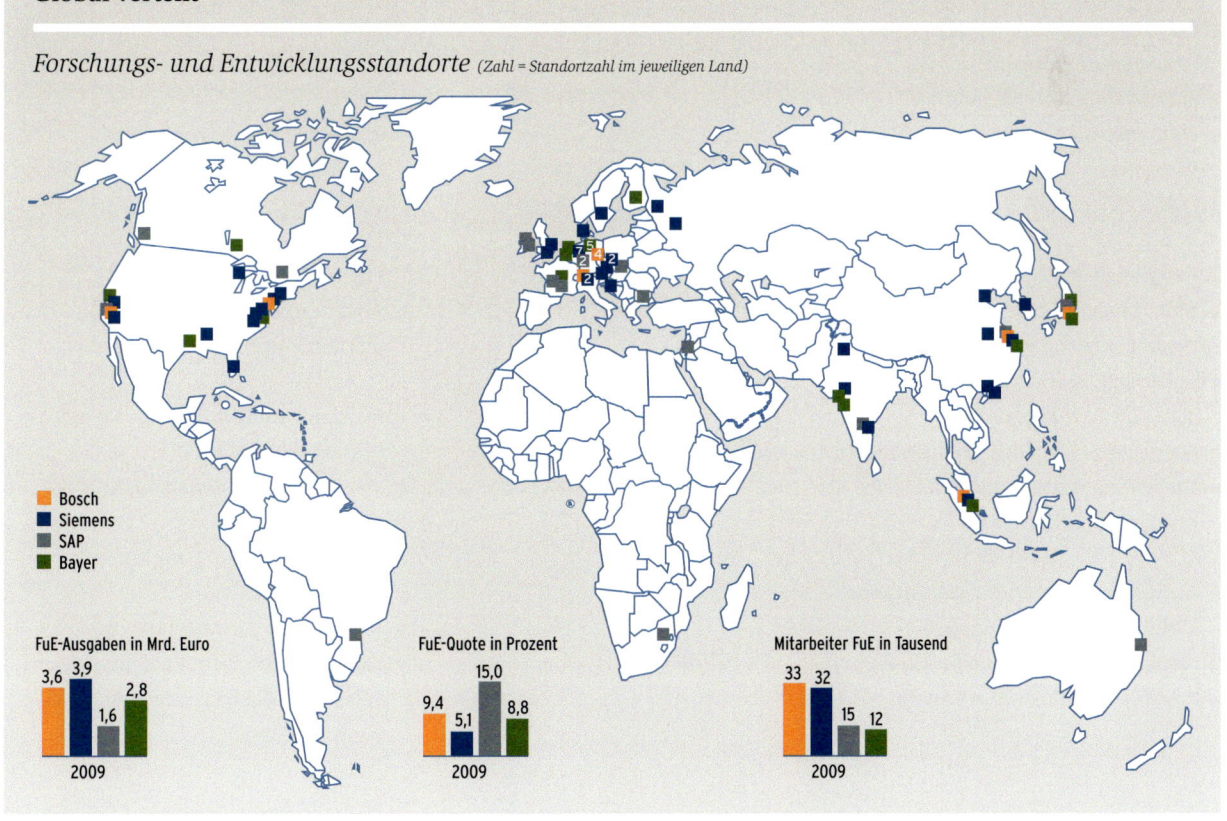

Forschungs- und Entwicklungsstandorte (Zahl = Standortzahl im jeweiligen Land)

- Bosch
- Siemens
- SAP
- Bayer

FuE-Ausgaben in Mrd. Euro: 3,6 | 3,9 | 1,6 | 2,8 (2009)

FuE-Quote in Prozent: 9,4 | 5,1 | 15,0 | 8,8 (2009)

Mitarbeiter FuE in Tausend: 33 | 32 | 15 | 12 (2009)

lationswerkzeuge verschiedener Fachdisziplinen zu integrieren bzw. zu koppeln, um durchgängige IT-Lösungen im Produktentstehungsprozess bereitzustellen. Ein Beispiel ist die Abbildung physikalischer Zusammenhänge im CAD-Prozess zur frühzeitigen Einbindung von Simulationen in die Gestaltungphase. Zusätzlich müssen Schnittstellen geschaffen werden, um die Informationen von CAD-Modellen effizienter in nachfolgenden Simulationsumgebungen nutzbar machen zu können, beispielsweise die automatische Ausleitung von Finite-Elemente-Modellen für strukturmechanische Untersuchungen.

An dieser Stelle sei auch auf die Forschungsbedarfe im Aktionsfeld *Produktionstechnik und Ausrüstung* hingewiesen. Für die Entwicklung spanender Bearbeitungstechnologien ist eine durchgängige Simulationskette vom CAD-Modell über CAM mit integrierter NC-Bahnplanung sowie der Berücksichtigung von gekoppelter Struktur- und Prozesssimulation langfristig unumgänglich.

3 Anwenderorientierte Gestaltung von Methoden und Werkzeugen

Die in der Entwicklung eingesetzten Methoden sind derart zu gestalten, dass sie der natürlichen Arbeits- und Denkweise der Entwickler entsprechen und diese unterstützen. Gleichzeitig sollten die Methoden bzw. Werkzeuge möglichst intuitiv gestaltet werden, sodass eine kurze Lernphase gewährleistet werden kann. Aspekte wie Akzeptanz und Effektivität von Entwicklungsmethoden, wie sie zum Beispiel in der empirischen Konstruktionsforschung adressiert werden, spielen hier eine wichtige Rolle und sind weiter zu erforschen. Entscheidend ist, dass diese Werkzeuge die Stärken des Menschen unterstützen und helfen, die Schwächen zu überwinden.

Bild 53: Forschungsfeld Werkzeuge der Produktentstehung

1 Neu- und Weiterentwicklung von IT-Werkzeugen
- Produktvalidierung durch virtuelle Prototypen und Versuch
- Spezifikation & Modellierung
- Produktkonfigurationssysteme für Variantenmanagement
- PDM-, PLM-, SKM- und PM-Systeme

2 Kopplung von IT-Werkzeugen
- Durchgängige Virtualisierung von Produkt- und Produktionssystem
- Abbildung physikalischer Zusammenhänge im CAD-Prozess
- Kopplung von Optimierungsmethoden
- Validierung von virtuellen und realen Prototypen (x in the loop)

3 Anwenderorientierte Gestaltung von Methoden und Werkzeugen
- Empirische Konstruktionsforschung
- Zugriff auf Methoden verbessern

4 Skalierbarkeit von Methoden und Werkzeugen
- Modularisierbarkeit von Methoden
- Methodenkopplung

5 Komplexitätsbeherrschung mechatronischer multidisziplinärer Produkte
- Funktionale Zusammenhänge explizieren
- Änderungen in Systemen disziplinübergreifend beherrschen

6 Effiziente Einführung von Methoden und Werkzeugen*
- Vereinfachung der Methoden für die Einführung
- Methodenanpassung für spezielle Anwendungsfälle
- Konzepte für Methodentraining
- Methoden zur Abstraktion und gleichzeitig hinreichend genauen Beschreibung der Physik

* Im Folgenden nicht näher betrachtet

4.1.9 Werkzeuge der Produktentstehung

4 Skalierbarkeit von Methoden und Werkzeugen

Bei der Entwicklung moderner technischer Systeme bereits eingesetzte aber auch neu zu entwickelnde Methoden sind so zu gestalten, dass ihre Anwendung in einem für die zu bearbeitende Entwicklungsaufgabe adäquaten Aufwand-Nutzen-Verhältnis steht. Die zur Methodenunterstützung eingesetzten Werkzeuge sind diesen Erfordernissen ebenfalls anzupassen. Ansätze, wie beispielsweise serviceorientierte Architekturen, charakterisieren diese Perspektive, bedürfen aber weiterer Forschung.

5 Komplexitätsbeherrschung mechatronischer, multidisziplinärer Produkte

Um die Komplexität multidisziplinärer Produkte zu beherrschen, sind Methoden für den Umgang und die Beherrschung der Komplexität der Produkte zu entwickeln. Die Komplexität wird z. B. bei der Entwicklung eines Kraftfahrzeugs oder Flugzeugs sichtbar, welches aus Tausenden von Einzelbauteilen aufgebaut ist. Die an der Entwicklung beteiligten Personen arbeiten heute aber meist fokussiert an ihrem Teilproblem, ohne Kenntnis ähnlicher Herausforderungen in anderen Teildisziplinen. Aus diesem Grund müssen Methoden entstehen, die die unvermeidbare Komplexität umfassend

---

Virtuelle Absicherung von Montageprozessen (Bild: AUDI AG)

Für ein produzierendes Unternehmen ist es wichtig, dass Produkt-, Prozess- und Betriebsmitteldaten optimal aufeinander abgestimmt sind. Diese Abstimmung soll möglichst früh im Produktentstehungsprozess durchgeführt werden. Gerade für große Unternehmen mit komplexen Produkten, wie z. B. in der Automobilindustrie, ergeben sich daraus enorme Herausforderungen.

Mit Hilfe von virtuellen Technologien wird aus diesem Grund bei Audi das Zusammenspiel der drei Faktoren Produkt, Prozess und Betriebsmittel frühzeitig untersucht und abgesichert. Dabei werden immersive* Projektionsmedien, wie z. B. eine CAVE (Projektionsmedium mit bis zu 6 Projektionsflächen), eingesetzt, sodass alle notwendigen Verantwortlichen gemeinsam ihre Bauteilumfänge untersuchen können. In diesen regelmäßigen Terminen werden Fahrzeuge kontinuierlich virtuell aufgebaut und analysiert. Bei Entdeckung von Potenzialen bezüglich Kollisionsfreiheit, Prozesssicherheit, Ergonomie oder Fertigungszeit, werden diese direkt über die SE-(Simultaneous-Engineering)-Teams in der technischen Entwicklung eingesteuert. Dieses Vorgehen führt zu einer Einsparung von Zeit und Kosten und garantiert später eine optimale Herstellbarkeit der Fahrzeuge in der Fertigung.

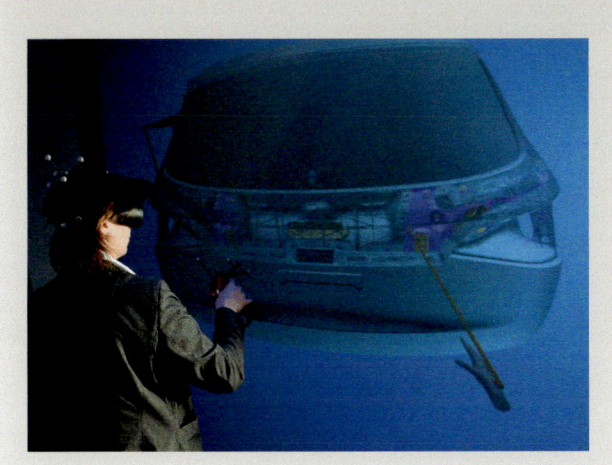

Virtual Reality-Simulation von Montageprozessen im Vorseriencenter der AUDI AG

---

* Immersion ist ein Bewusstseinszustand, bei dem der Betroffene auf Grund einer fesselnden und anspruchsvollen künstlichen Umgebung eine Verminderung der Wahrnehmung seiner eigenen Person erlebt. Damit beschreibt der Begriff „Immersion" – ähnlich der filmischen Immersion- im Kontext der virtuellen Realität das Eintauchen in eine künstliche Welt. Im Unterschied zu der passive, filmischen Immersion erreicht die Immersion in der Virtuellen Realität durch die Interaktion mit der virtuellen Umgebung eine wesentlich höhere Intensität.

(WIKIPEDIA)

beherrschbar machen. Demnach sind die Schnittstellen zum Anwender zu definieren und zu entwickeln. Beispielhafte Verfahren hierzu sind solche zur Strukturierung und Modularisierung. Die explizite Darstellung von nur für eine Fachdisziplin relevanten Produkteigenschaften und das Ausblenden aller anderen Fachdisziplinen ist ein Beispiel für eine Möglichkeit zum Umgang mit Komplexität.

4.1.10 Zusammenfassung

Das Aktionsfeld *Neue Produkte für die Märkte der Zukunft* beschreibt die wichtigsten Herausforderungen und Forschungsbedarfe der Zukunft im Hinblick auf die Entwicklung und Gestaltung von Produkten und den geeigneten Geschäftsmodellen. Das Feld ist dabei von einer Neuausrichtung des Produktverständnisses geprägt. In Zukunft werden nicht mehr alleine die reinen Sachleistungen für den Erfolg sorgen, sondern es geht vielmehr darum, dem Kunden durch das Angebot einer Kombination aus Sach- und Dienstleistung einen Nutzen anzubieten. Zudem muss sich der Produktentstehungsprozess von der bisherigen parallelen, fachdisziplinorientierten Arbeitsweise hin zu einer integrierten, disziplinübergreifenden und simultanen Vorgehensweise entwickeln, die den durchgängigen Einsatz von digitalen IT-Werkzeugen bestmöglich integriert. Nur durch die *Virtuelle Produktentstehung* können die Entwicklungszeiten verkürzt, auf individuelle Kundenwünsche eingegangen und dem zunehmenden Druck aus Niedriglohnländern standgehalten werden. Schließlich müssen hierfür geeignete Geschäftsmodelle entwickelt werden, damit die Unternehmen ihre Produkte erfolgreich auf den Märkten der Zukunft absetzen können.

4.2 Produktionstechnik und Ausrüstung[2]

Die Wettbewerbsfähigkeit eines Produktionsunternehmens wird auch in Zukunft entscheidend von der richtigen Auswahl bzw. Gestaltung der einzelnen Fertigungsverfahren und Werkzeugmaschinen sowie deren optimalen Verknüpfung zu einer Prozesskette abhängen. Automatisierungskomponenten und industrielle Informationstechnologien werden wichtige Querschnittbereiche sein, die sowohl die Leistungsfähigkeit der produzierenden Unternehmen erhöhen als auch eine Schlüsselrolle Deutschlands als Maschinen- und Anlagenlieferant sowie als Fabrikausrüster ermöglichen werden. Eine ressourceneffiziente Gestaltung der Fertigungsverfahren, Maschinen und Prozessketten kann zukünftig ein neues Marktdifferenzierungsmerkmal sein. Der industriellen Material- und Komponentenrückgewinnung wird darüber hinaus als zukunftsträchtiges Segment in diesem Aktionsfeld eine wesentliche Bedeutung zukommen.

Produktionstechnik bezeichnet sämtliche Fertigungsverfahren, Maschinen und Anlagen, die für die Bearbeitung von Werkstoffen und zur Herstellung von Erzeugnissen eingesetzt werden. Da die Vielzahl der oftmals auch produkt- und branchenspezifischen Technologien eine sehr hohe Bandbreite darstellt, wurde eine Konzentration auf die Fertigungstechnologien vorgenommen, die sowohl für Endprodukthersteller aber auch für die Ausrüstungsindustrie Innovationspotenziale darstellen und durch die zukünftigen Megatrends maßgeblich beeinflusst werden.

4.2.1 Die wichtigsten Megatrends und ihre Herausforderungen

a) Globalisierung

Die Globalisierung fordert von den Unternehmen in Zukunft den bestgeeignetsten „Global Footprint" zu definieren. Unter „Global Footprint Design" versteht man die Erarbeitung von Konzepten über die langfristig anzustrebende räumliche Verteilung von Produktionskapazitäten, -kompetenzen, -prozessen und -ressourcen unter Berücksichtigung strategischer und wirtschaftlicher Kriterien (Berger 2004). Dabei muss eine standortspe-

---

[2] Dieses Kapitel und die darin identifizierten Forschungsbedarfe sind aus den Arbeitsgruppenberichten zum Forschungsprojekt „Produktionsforschung 2020" unter Mitwirkung der Professoren Christian Brecher, Peter Groche, Hartmut Hoffmann, Horst Meier, Uwe Reisgen und Günther Seliger entstanden.

4.2.1 Die wichtigsten Megatrends und ihre Herausforderungen

Bild 54: Kostenstrukturvergleich von Werkzeugmaschinen (REINHART ET AL. 2006)

Kostenvergleich zwischen Produktionsnetzwerken für Bearbeitungszentren

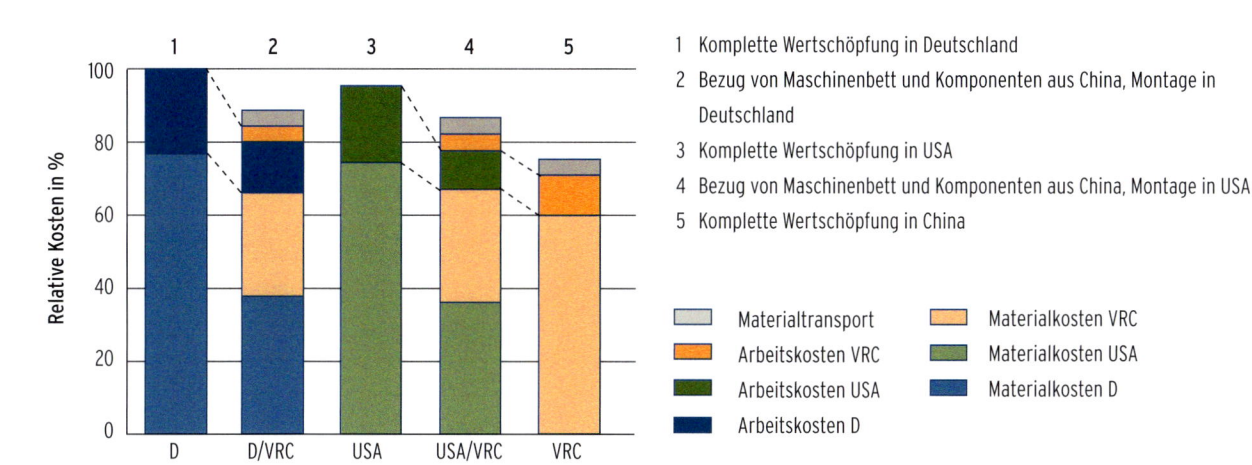

1 Komplette Wertschöpfung in Deutschland
2 Bezug von Maschinenbett und Komponenten aus China, Montage in Deutschland
3 Komplette Wertschöpfung in USA
4 Bezug von Maschinenbett und Komponenten aus China, Montage in USA
5 Komplette Wertschöpfung in China

- Materialtransport
- Arbeitskosten VRC
- Arbeitskosten USA
- Arbeitskosten D
- Materialkosten VRC
- Materialkosten USA
- Materialkosten D

zifische Anpassung der Produktionsausrüstung erfolgen. Ein ausschließlicher Rückzug deutscher Unternehmen auf *High-tech*-Maschinen und -Anlagen verspricht aufgrund der Fixkostenproblematik alleine keine attraktive Wettbewerbsposition zumal die technologische Aufholjagd der aufstrebenden Schwellenländer den Markt immer weiter einengt. Im *Low-tech*- und auch zunehmend im *Mid-tech*-Bereich forcieren die aufstrebenden Schwellenländer zunehmend den Wettbewerb durch einen Preiskampf (siehe Bild 54).

Produktionstechnik aus Deutschland steht einerseits vor der Herausforderung den Innovationsvorsprung im High-Tech-Bereich weiter auszubauen und andererseits international wettbewerbsfähige Produkte im *Mid-tech*-Bereich zu etablieren.

b) Dynamisierung der Produktlebenszyklen, Individualität der Märkte

Ein sich rasch veränderndes Käuferverhalten einerseits, sowie die rasante technologische Entwicklung

Bild 55: Beispielhafte Auswirkungen der Dynamisierung der Produktlebenszyklen auf die Produktionstechnik

Auswirkungen, z.B. auf	Ansatzpunkte
Produktionsanläufe: Zunahme der Anzahl der Produktionsanläufe	▪ Raschere Abnahmeverfahren und Inbetriebnahme von Produktionsmitteln
Investitionskosten: Erhöhung anteiliger Fixkosten durch kurze Produktionszyklen	▪ Entwicklung hochproduktiver Low-Invest-Produktionstechnik ▪ Produktionszyklusübergreifender Einsatz
Flexibilitätsanforderungen: Produktionsmittel werden mehrfach wiederverwendet	▪ Rekonfiguration von Produktionsmitteln ▪ Erweiterungsmodule für Produktionsmittel
Produktionshochlauf: Erhöhung der Geschwindigkeit der Hochläufe	▪ Erhöhung der Geschwindigkeit der Entwicklungs- und Anpassungsprozesse der Produktionsmittel seitens der Hersteller

4.2 Produktionstechnik und Ausrüstung

andererseits, werden die Innovationszyklen sowohl bei Endprodukten als auch bei Ausrüstungsindustrie weiter verkürzen. Die Herausforderung für jedes Unternehmen besteht demnach darin, die Produktion sowie die gesamte Wertschöpfungskette schnell und kostengünstig an diese neuen Anforderungen anzupassen. Daher sind anpassungsfähige Regionen spezifische Produkt- und Produktionskonzepte zu entwickeln. Eine rasche Anpassungsfähigkeit von Produktionsanlagen auf zum Zeitpunkt der Konzeption noch völlig unbekannte Herausforderungen (z. B. Wandlungsfähigkeit) wird neben Kosten, Qualität und Lieferzeit zukünftig ein zunehmendes Verkaufsargument sein. Bild 55 zeigt beispielhafte Auswirkungen dieses Trends auf die Produktionstechnik.

c) Durchdringung mit neuen Technologien

Die Vielzahl der Technologien, die oftmals die Grundlage für innovativen Maschinen- und Anlagenbaus darstellen, ist zu beherrschen und problemlösungsorientiert in einer Produktionsanlage zusammenzuführen. Die Produktionsforschung ist dabei der Integrator verschiedenster Schlüsseltechnologien, wie z. B. der Informations- und Kommunikationstechnologien, der optischen Technologien, der Werkstofftechnologien, der Biotechnologien, der Nanotechnologien und der Mikrosystemtechnik. Produktionstechnik nutzt den Fortschritt in einzelnen Schlüsseltechnologien und gibt Anstöße für deren spezifische Weiterentwicklung. Der daraus resultierende produktionstechnische Vorsprung kann zum Vorteil vieler Anwenderbranchen genutzt werden.

d) Klimawandel und Ressourcenverknappung

Der Industriestandort Deutschland kann selbst nur auf geringe eigene Rohstoffressourcen zurückgreifen. In wenigen Jahrzehnten werden sich Materialien, die z. B. heute die Grundlage von modernen Hochleistungsumform- oder Zerspanungswerkzeugen sind, verknappen bzw. kaum mehr verfügbar sein. Steigende Energiepreise und -bedarfe der Industrie führen zu einer Zunahme der Bedeutung des Kostenfaktors Energie (siehe Bild 56). Dies stellt die Produktionstechnik vor die Herausforderung einerseits material- und energieeffizientere Produktionsverfahren zu entwickeln, andererseits ergibt sich die Chance, eine

Bild 56: Energiekosten der Industrie von 1997–2008 (BMWI 2010)

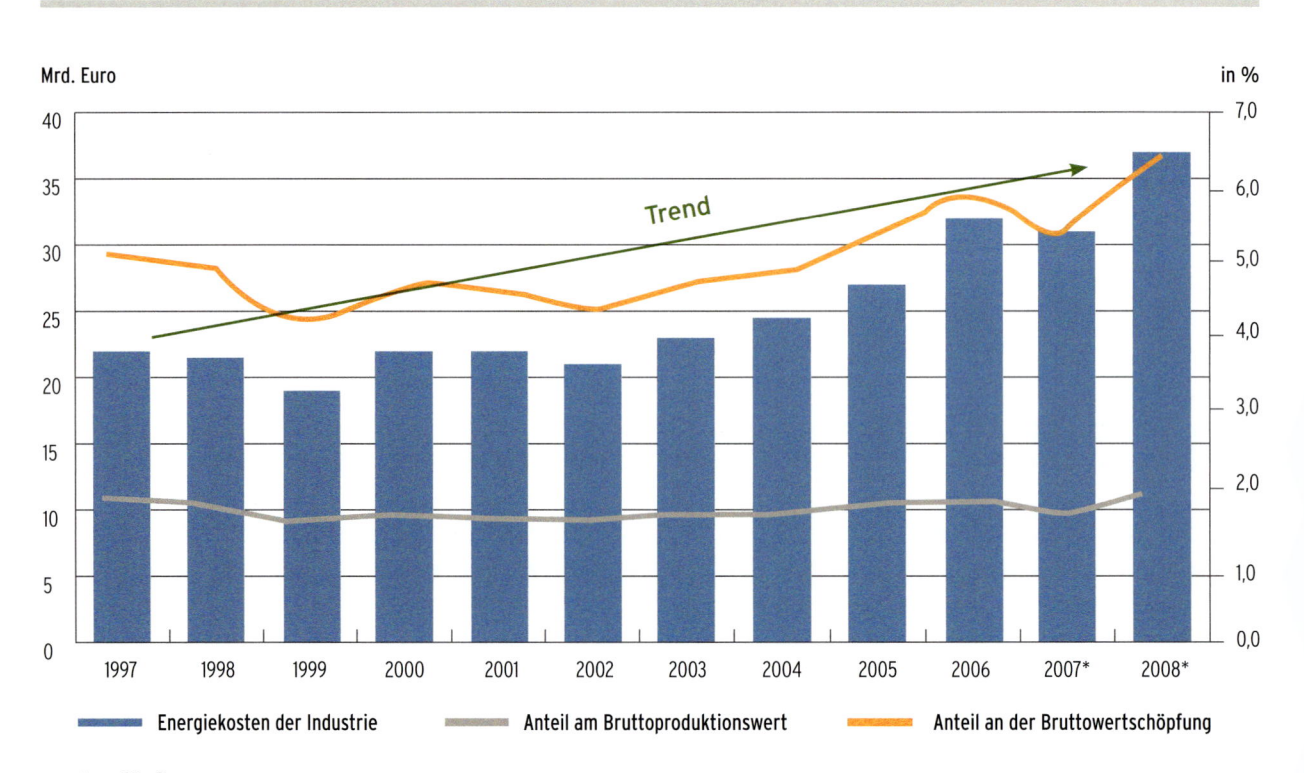

*vorläufig

4.2.2 Paradigmenwandel im Aktionsfeld

Bild 57: Wandel der Produktionsparadigmen im Aktionsfeld „Produktionstechnik und Ausrüstung"

Gestern	Morgen
■ Hochproduktive Betriebsmittel mit manueller Programmierung und Steuerung des Materialflusses	■ „Intelligente" Betriebsmittel mit der Fähigkeit zur Kognition, teilautonomen Selbststeuerung und Integration von Expertenwissen
■ Einsatz flexibler Produktionstechnik für einen Produktlebenszyklus	■ Einsatz wandlungsfähiger und rekonfigurierbarer Produktionstechnik
■ Fokussierung auf die Leistungsgröße Qualität und Kosten	■ Erweiterung des Zielkatalogs um Zeit, Wandlungsfähigkeit, Ressourcenorientierung und Nachhaltigkeit

Von leistungsorientierten Einzelprozessen zu intelligenten Prozessketten

nachhaltige Technologieführerschaft in einem weiten Bereich von energieeffizienten und ressourcenschonenden Produktionstechnologien zu etablieren.

4.2.2 Paradigmenwandel im Aktionsfeld

„Industrieroboter sind blind, taub und gefühllos" war die Erkenntnis eines frühen Roboterexperten, nachdem er sich intensiv mit der ersten und zweiten Generation dieser Maschinen beschäftigt hat. Heute gilt das nicht mehr, Industrieroboter verfügen über multimodale Sensoren, können zum Teil Dinge sehen, die selbst Menschen nicht wahrnehmen und besitzen Steuerungs- und Regler-Strukturen, die es ermöglichen, Aktionen in Abhängigkeit von den Sensorinformationen einzuleiten, auszuführen und zu kontrollieren. Das genügt aber noch nicht, um sich den Herausforderungen der genannten Megatrends zu stellen. Roboter und auch Produktionsmaschinen müssen zukünftig intelligent sein, Expertenwissen verfügbar haben und sich teilautonom selbst steuern können. Kurz: sie müssen kognitiv sein und sich Fähigkeiten, über die heute nur der Mensch verfügt, aneignen. Menschen nehmen ihre Umgebung wahr, verknüpfen diese Wahrnehmung (Perzeption) mit Erfahrung und Wissen zu Schlussfolgerungen (Kognition) und Vorhaben, und setzen diese Absichten schließlich um (Aktion). Perzeption, Kognition und Aktion sind die drei Schritte der intelligenten Vorgehensweise. Das müssen auch zukunftsweisende Maschinen beherrschen (siehe Bild 57).

Maschinen und Anlagen sind heute in der Lage, genau definierte Abläufe automatisiert zu reproduzieren. Je höher der Automatisierungsgrad desto umfangreicher sind Tätigkeiten für die Planung und Programmierung.

Mit der traditionellen Anlagentechnik kann die Forderung einer kostengünstigen und sich schnell auf neue Marktanforderungen anpassbaren Produktion nicht mehr gelöst werden. Vielmehr sind kognitive Systeme notwendig. Diese haben das Potenzial, dem Menschen Routine-Aufgaben abzunehmen und ihn für die Überwachung und Lösung komplexerer Aufgaben freizustellen. Der Mensch soll auch im Umgang mit kognitiven Systemen weiterhin eine Schlüsselrolle einnehmen, da er für Problemlösungsaufgaben auf der Grundlage der Anlagenselbstüberwachung unabdingbar ist. Kognitive Systeme können somit nicht als autarke Systeme in Ländern mit einem geringeren Ausbildungsstand eingesetzt werden. Sie können aber letztendlich produktionstechnische Vorteile bezüglich Qualität, Prozesskonstanz und Kosten, gerade an einem Standort wie Deutschland, ermöglichen.

Eine zunehmende Bedeutung kommt der Sicherstellung eines umfassenden Prozess-Know-hows für gesamte Prozessketten zu. Dieses kann bereits heute verstärkt durch numerische Modelle und deren Analyse erlangt werden. Ein Quantensprung gegenüber den heutigen Möglichkeiten der Simulationstechnik wird durch die Verbindung unterschiedlichster Simulationsmodelle über die traditionellen Fachdisziplinen hinweg möglich. Während heute Einzelphänomene getrennt voneinander betrachtet werden (z. B. Fertigungsprozess und Werkstoffverhalten) und hierdurch bereits ein beträchtlicher Verständnisgewinn erreicht werden konnte, ist die Verbindung von Material-, Physik- und Produktionstechnik-Simulationswerkzeugen (z. B. Material-, Prozess- und Struktursimulation) zu integrierten Modellen, welche die realen Wechselwirkungen abbilden können, als wichtiger Baustein der produktionstechnologischen Forschung in den kommenden Jahren anzusehen.

Automatisierung und Lean Production wird häufig im Wettbewerb gesehen. Es gibt Befürworter von schlanken Produktionsprozessen, die sich von der Automatisierung der Produktion abgewendet haben und möglichst einfache, manuelle und standardisierte Prozesse als „Credo" formulieren. Diese Lean-Methoden werden aber gerade an einem Hochkostenstandort nicht alleine die Überlebensfähigkeit im Wettbewerb ermöglichen. Hierzu ist ein Mix dieser Strategie mit der kostengünstigen, flexiblen Automatisierungstechnik notwendig.

Darüber hinaus werden tendenziell sinkende Losgrößen und kürzere Produktlebenszyklen die Bedeutung des Produktionsplanungsprozesses drastisch erhöhen. Auch die in der Produktion eingesetzte Technik muss diesen Anforderungen gerecht werden und den Unternehmen die Möglichkeit geben, sich schnell und einfach auf dynamische Marktbedingungen einstellen zu können. Im Vergleich zu der heute üblicherweise eingesetzten flexiblen, hochautomatisierten Produktionstechnik werden in der Zukunft verstärkt sog. wandlungsfähige, rekonfigurierbare Produktionssysteme Einsatz finden.

Ein weiterer Paradigmenwandel wird sich in Bezug auf die Maxime des Handelns jedes Produktionsunternehmens ergeben. Während in der Vergangenheit in erster Linie die Leistungsgrößen Qualität und Kosten im Mittelpunkt standen, wird sich der Zielkatalog zukünftig auf die Größen Ressourcenschonung, Wandlungsfähigkeit und Nachhaltigkeit ausweiten. Mit der zunehmenden Ressourcenverknappung bzw. der begleitenden Preisanstiege für nicht nachwachsende Rohstoffe rückt dieser Wertewandel in den Vordergrund. Gleichzeitig besteht die Herausforderung darin, geeignete Substitutionswerkstoffe für endliche Rohstoffe, z. B. für Werkzeugbeschichtungen, zu finden und für die moderne Produktionstechnik zu qualifizieren.

Ein weiterer Ansatz, der mit Ressourcenschonung eng einhergeht, bezieht sich auf die Wiederverwendung von Materialien und Komponenten, die bereits in Produkten und in der Produktion eingesetzt wurden. Bislang wird das Material nach der Produktnutzung überwiegend als Abfall entsorgt oder zur Energiegewinnung genutzt. Zwar existieren bereits erste Ansätze zur Wiederverwendung einzelner Komponenten, jedoch beziehen sich diese auf sehr spezialisierte Produkte oder definierte Werkstoffe. In der Zukunft müssen die Stoffkreisläufe geschlossen werden.

4.2.3 Strukturierung des Aktionsfeldes „Produktionstechnik und Ausrüstung"

Innovationen in der Produktionstechnik werden in Zukunft im Wesentlichen auf zwei Ebenen stattfinden:
- im Bereich der Fertigungsverfahren
- im Bereich der Maschinen- und Anlagentechnik

Beide Entwicklungsbereiche werden auch zukünftig eng miteinander verbunden sein, sodass im Folgenden jeweils Fertigungsverfahrensentwicklungen aber auch die Entwicklungen der Maschinentechnologie, in den in Bild 58 dargestellten Forschungsfeldern, gemeinsam vorgestellt wird.

Ergänzend hierzu werden im Innovationsgeschehen folgende Querschnittsforschungsfelder zukünftig von großer Bedeutung:

4.2.4 Urformtechnik

Bild 58: Strukturierung des Aktionsfeldes „Produktionstechnik und Ausrüstung"

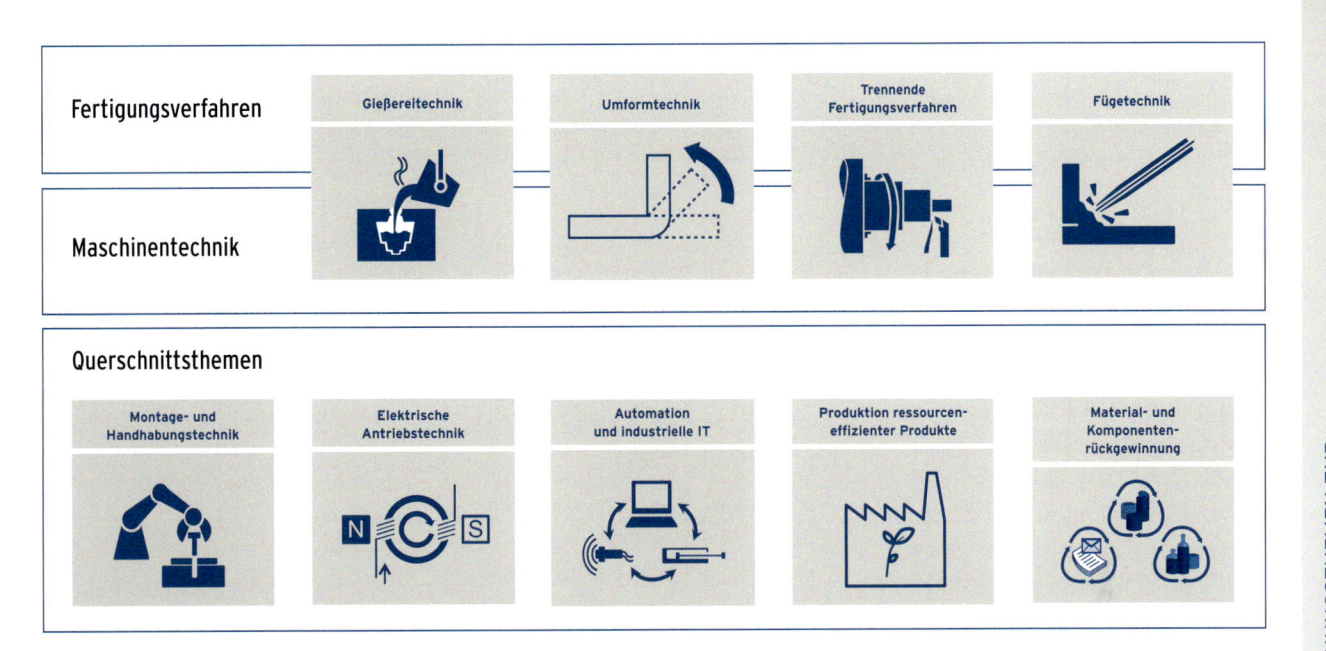

- Montage und Handhabungstechnik
- Elektrische Antriebstechnik
- Automation und industrielle IT
- Ressourceneffiziente Verfahren und Prozesse

Darüber hinaus beschäftigt sich ein weiterer übergeordneter Bereich "Umwelt und Ressourceneffizienz" intensiv mit der Material- und Komponentenrückgewinnung sowie mit ressourceneffizienten Verfahren und Maschinen.

4.2.4 Urformtechnik

Die Urformtechnik steht typischerweise am Beginn einer Prozesskette, sodass sich die fertigungstechnologische Kompetenzfrage und damit auch die Standortfrage für nachgelagerte Wertschöpfung bereits häufig bei der Urformtechnologie entscheidet. Hinsichtlich der Forschungsbedarfe im Bereich der Urformtechnik wird zwischen der Gießereitechnologie und der generativen Fertigungstechnologie unterschieden. Während die Gießereitechnologie ein etabliertes Fertigungsverfahren zur Herstellung von Bauteilen in großen Stückzahlen mit langer Tradition darstellt, beschreiben die generativen Technologien ein relativ neues Feld in der industriellen Produktionstechnik. Die Einsatzszenarien dieser Technologie liegen heute verstärkt im Kleinserien- (Rapid Manufacturing) und Prototypenbereich (Rapid Prototyping).

a) Gießereitechnik

In der Gießereitechnik rückt immer mehr der Nachhaltigkeitsgedanke in den Fokus der Unternehmen. Urformverfahren sind physikalisch bedingt durch einen hohen Energie- und Materialeinsatz (z. B. Gießwerkstoff aber auch Formsande) gekennzeichnet. Neben dem kontinuierlichen Bedarf an Produktivitätssteigerungen, um im globalen Wettbewerb bestehen zu können, bezieht sich ein maßgeblicher Anteil der im Folgenden beschriebenen Bedarfe auf die Schonung von Ressourcen. Mögliche potenzialträchtige Ansätze hierzu stellen die integrierte, durchgängige Simulation von Fertigungsprozess und Bauteil aber auch sog. „intelligente" Gießverfahren dar. Die Zielsetzung besteht in beiden Fällen darin, das Prozess-Know-how systematisch zu erhöhen bzw. eine kontinuierliche Überwachung und Anpassung des Gießprozesses durchzuführen. Damit lässt sich einerseits die Anzahl der real benötigten Prototypen auf ein Minimum reduzieren. Andererseits wird der Ausschuss deutlich reduziert, indem das Fertigungssystem Abweichungen vom Soll-Zustand automatisch

Bild 59: Forschungsbedarfe im Forschungsfeld Gießereitechnik

1 Simulation von Prozess und Bauteil
- Etablierung durchgängiger numerischer Prozessketten
- Befähigung zur virtuellen Prozessauslegung und -optimierung (Gefügestruktur, Festigkeit, Duktilität und Maßhaltigkeit)
- Erlangung von metallurgischem Fachwissen (Gasentstehung, Poren- und Lunkerbildung)

2 „Intelligente" Gießverfahren
- Optimierung der Maßhaltigkeit und des Gefüges durch messtechnische Überwachung (Condition Monitoring)
- Entwicklung wissensbasierter Systeme zur Erhöhung der Prozesssicherheit und Produktivität

3 Energieeffizienz und Emissionsreduktion
- Konzepte zur Nutzung von prozessbedingter Abwärme
- Vermeidung ökologisch bedenklicher Formsande und Gießereihilfsstoffe (Bindersubstitution)

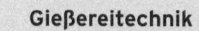

4 Erweiterung des Material- und Verfahrensspektrums*
- Erweiterung der Materialbandbreite
- Befähigung zur Multimaterialverarbeitung
- (Weiter-)Entwicklung neuer Gießverfahren (z. B. Counter Pressure Casting (CPC) – Gegendruck-Kokillenguss)

5 Leichtbaustrategien und Funktionsintegration
- Prozesssichere Verarbeitung von Leichtbauwerkstoffen (z. B. Aluminium, Magnesium)
- Erforschen von intelligenter Integration von hochbeanspruchten Aluminiumknoten in Verbundstrukturen durch kleben, Nieten oder Schweißen (Strukturguss)
- Wandstärkenreduktion
- Entwicklung von Druckguss-Leichtbau-Lösungen zur Realisierung hoher Festigkeiten und Bruchdehnungen
- Gießen von montierten Komponenten (Integralbauweise)
- Faser- bzw. Partikelverstärkung
- Geschäumte Leichtmetallstrukturen

* Im Folgenden nicht näher betrachtet

---

erfasst und darauf basierend geeignete Regelungsstrategien einleitet. Weitere Forschungsbedarfe ergeben sich in Bezug auf die Erweiterung des Material- und Verfahrensspektrums, beispielsweise zur prozesssicheren Realisierung von Multimaterialverbindungen mit adäquaten thermischen und mechanischen Eigenschaften. Eine Zusammenfassung der Forschungsbedarfe in der Gießereitechnologie ist in Bild 59 dargestellt.

Im Folgenden wird auf exemplarische Forschungsbedarfe mit hoher industrieller Relevanz detailliert eingegangen. Die Beschreibung orientiert sich in erster Linie an den Megatrends (z. B. Individualität der Märkte, Klimawandel und Ressourceneffizienz) und der gesellschaftlichen Relevanz für das Aktionsfeld „Produktionstechnologien".

1 Simulation von Prozess und Bauteil

Die fortschreitende Individualisierung der Märkte und Produkte führt zu immer aufwändigeren Gießverfahren (z. B. CPC – Counter Pressure Casting), die eine Vielzahl an physikalischen Effekten beinhalten und weitreichendes Prozess-Know-how zur Komplexitätsbeherrschung erfordern. Beispielsweise sind Kenntnisse in Bezug auf die Gasentstehung, die zu erwartenden Gefügeeigenschaften sowie die daraus resultierende Festigkeit bzw. Duktilität notwendig. Die Anstrengungen im Bereich der Forschung sollten dahin gerichtet werden, die Verfahren vollständig am Rechner zu erproben und Auswirkungen des Fertigungsprozesses auf die Bauteileigenschaften bei einer Variation der Prozessparameter mit einer hinreichenden Genauigkeit abbilden zu können. Durch eine entsprechende Vorgehensweise lässt sich auch im Serieneinsatz der Verfahren die Prozessstabilität systematisch erhöhen und die Anzahl der fehlerhaften Bauteile auf ein Minimum reduzieren. Im Bereich der numerischen Simulation, z. B. mit Hilfe der Finite-Elemente-Methode (FEM), sind daher zunächst möglichst genaue Beschreibungsformen für die einzelnen Disziplinen Prozess (z. B. Energieeinbringung, Gasentstehung), Werkstoff (Mikro- und Makrostruktur) und Bauteilstrukturverhalten (z. B. Festigkeit, Eigenspannungen) zu entwickeln und zu erproben. Darauf basierend ist eine Integration der einzelnen Lösungen zu einem durchgängigen Simulationssystem erforderlich, um den Einfluss von Parametervariationen in Abhängigkeit der einzelnen Disziplinen zu bewerten. Mit Hilfe von durchgängigen, prozesskettenübergreifenden Lösungen lässt sich ein nahezu lückenloses Prozess-Know-how (z. B. im Hinblick auf die Metallurgie) für neuartige Gießprozesse erlangen.

2 **„Intelligente" Gießverfahren**
Der Begriff „intelligente" Gießverfahren bezieht sich sowohl auf die Selbstkonfiguration von Gießverfahren für neue Bauteile als auch auf die Selbstoptimierung entsprechender Verfahren bei veränderten Fertigungsbedingungen. Ausgangsbasis einer jeden Anpassung stellt in diesem Zusammenhang die messtechnische Überwachung des Betriebszustands des jeweiligen Gießprozesses dar. Dazu sind speziell für die Gießtechnologie geeignete Sensoren zu entwickeln, die beispielsweise die Gasentstehung *„online"* während des Fertigungsprozesses detektieren (sog. Condition Monitoring). Um für die Selbstoptimierung eine Abweichung vom Soll-Zustand zu erfassen, ist das Thema Echtzeitfähigkeit, d. h. die Weitergabe der Sensordaten an zugehörige Regler ohne Verzögerung, von besonderer Relevanz. Eine „intelligente" Selbstoptimierung kann auf dieser Grundlage mit Hilfe von wissensbasierten Regelungsansätzen vorgenommen werden, die kontinuierlich den Ist-Zustand des Gießprozesses mit dem Soll-Zustand vergleichen. Das erforderliche maschinelle Wissen kann in diesem Zusammenhang in erster Linie durch sog. Data *Mining*-Strategien aus der Serienfertigung ähnlicher Bauteile erlangt werden. Gleichzeitig besteht eine weitere Möglichkeit darin, die Simulation (siehe oben) als Maßstab für den Soll-Zustand zu verwenden. Eine wesentliche Voraussetzung hierfür stellt die hinreichende Genauigkeit und Durchgängigkeit der Simulationsansätze dar. In Bezug auf die Selbstkonfiguration ist vor dem Hintergrund einer kurzen time-to-market anzustreben, dass das Fertigungssystem auf der Basis der Bauteilgeometrie und der geforderten Produktanforderungen (z. B. thermische und mechanische Eigenschaften) die notwendigen Prozessparameter selbstständig ermittelt und vorgibt. Dadurch kann die Zeit für Vorversuche bzw. für die Inbetriebnahme auf ein Minimum reduziert werden.

3 **Energieeffizienz und Emissionsreduktion**
Aufgrund des zu Beginn der Prozesskette erforderlichen Aufschmelzens und anschließenden Erstarrens der Formmasse im Werkzeug ist die heutige Gießereitechnik sehr energieintensiv. Ein wesentlicher Forschungsbedarf besteht demzufolge darin, die Abwärme (z. B. der Schmelztiegel, des Werkzeugs) zu speichern bzw. für Nachfolgeprozesse oder andere Fertigungsprozesse zu nutzen. Dadurch lässt sich der Wirkungsgrad der unterschiedlichen Gießtechnologien im Vergleich zu heute deutlich erhöhen. Im Bereich der Produktionsforschung sind daher geeignete Systeme zu entwickeln, welche die Energieeffizienz der bisherigen Technologien nachhaltig erhöhen. Darüber hinaus werden heute viele Sande und Gießereihilfsstoffe verwendet, die zu ökologisch bedenklichen Emissionen führen. Seit Inkrafttreten der sog. *REACH*-Chemikalienverordnung (EU-Verordnung vom 01.06.2007, *Registration, Evaluation, Authorisation and Restriction of Chemicals*) dürfen innerhalb des Geltungsbereiches nur noch chemische Stoffe in Verkehr gebracht werden, die vorher registriert worden sind. In Bezug auf die Gießereitechnologien besteht die Anforderung aufgrund der *REACH*-Verordnung darin, Formsande zu entwickeln, bei denen ökologisch bedenkliche chemische Binder durch anorganische Binder ersetzt werden.

"Radführende Bauteile hergestellt im CPC-Verfahren" (WÜRKER 2004 IN GIESSEREI-PRAXIS)

"Die Anwendung des Werkstoffes Aluminium bei der Herstellung von Fahrwerksteilen hat in den letzten Jahren mehr und mehr Verbreitung gefunden. Unter dem wachsenden Zwang der CO_2-Reduzierung und dem damit verbundenen Trend zur Gewichtsreduzierung der Fahrzeuge, finden sich Al-Anwendungen nicht mehr nur in Oberklassefahrzeugen.

Die KSM Castings Gruppe fertigt Al-Fahrwerksteile seit Jahren in den konventionellen Gießverfahren Druckguss, Kokillenguss und Sandguss mit hohem Automatisierungsgrad und auf höchstem Qualitätsniveau. Dennoch sind diese klassischen Fertigungstechnologien nicht in der Lage, die Nachteile des Werkstoffes für hochfeste Anwendungen zu überwinden.

Im Rahmen eines Benchmarks hat KSM Castings vor einigen Jahren daher diverse Fertigungsverfahren analysiert. Dabei wurden mehrere Werkzeuge für unterschiedliche Verfahren gebaut, Bauteile produziert und getestet. Das CPC-Verfahren – auch bekannt als Gegendruck-Kokillenguss – konnte sowohl bei den technischen wie auch den wirtschaftlichen Aspekten überzeugen.

Durch die Anwendung von CPC bei der Produktion von Fahrwerksteilen lassen sich deutlich verbesserte mechanische Eigenschaften realisieren. Die Verringerung der Gefüge-Defekte führt im Vergleich zu konventionellen Gießverfahren zu einem günstigeren Festigkeits-Dehnungs-Verhältnis. Dementsprechend können bei gleicher Bruchdehnung höhere Streckgrenzen und Zugfestigkeiten erzielt werden, welche bis dahin nur von Aluminiumknetlegierungen bekannt waren.

Zusätzlich bietet die Druckunterstützung aber auch die Möglichkeit, schwierig zu vergießende Aluminiumlegierungen prozesssicher zu verarbeiten. Die erhöhten mechanischen Eigenschaften lassen sich gut in Gewichtsreduzierungen umsetzen und helfen so, die ungefederten Massen im Fahrwerk zu reduzieren. Aufgrund dieser Tatsache ist das CPC-Verfahren prädestiniert für die Herstellung sicherheitsrelevanter Fahrwerkskomponenten im Automobilbau, insbesondere für radführende Teile wie Hinterachsradträger und Vorderachsschwenklager.

Im Vergleich zu konventionellen Gießverfahren und zum Schmieden stellt das CPC-Verfahren somit eine sehr kostengünstige Variante dar, welche die Eigenschaften des Werkstoffes Aluminium in der Verarbeitung optimal berücksichtigt.

Mittlerweile fertigt die KSM Castings Gruppe weltweit erfolgreich und prozesssicher mit CPC-Maschinen der 3. Generation Fahrwerksteile für die internationale Automobilindustrie."

Bild 60: Reinigung der CPC-Anlage

(Bild: KSM Castings Gruppe)

- wenig Turbulenzen bei der Ofenbefüllung
- hoher Automatisierungsgrad
- hohe Gussgefügequalität, insbesondere bei Aluminiumguss

4 Leichtbaustrategien und Funktionsintegration

Gießereitechnologien bieten ein umfassendes Potenzial zur Umsetzung von Leichtbaustrategien, sowohl hinsichtlich des Werkstoffs- als auch in Bezug auf den Strukturleichtbau. Bereits heute lassen sich innovative Lösungen zur Integration von druckgegossenen, hochbeanspruchten Aluminiumknoten in Verbundstrukturen durch Nieten, Kleben oder Schweißen realisieren. Die zukünftige Herausforderung besteht darin, die Bandbreite der verarbeitbaren Werkstoffe systematisch zu erhöhen und darauf basierend eine anforderungsgerechte, ressourcenschonende Multimaterialverarbeitung zu gewährleisten. Beispiele hierfür sind Bauteile mit verschleißfesten Oberflächen und leichten Innenstrukturen. Darüber hinaus sind Forschungsarbeiten erforderlich, um neuartige Gießverfahren zur Umsetzung von Leichtbaustrategien (z. B. Reduzierung der Wandstärken durch ein porenfreies Gefüge mit hoher Festigkeit und Duktilität) zu entwickeln und für den industriellen Einsatz zu qualifizieren. Ein Beispiel für die Verarbeitung von Aluminium stellt bereits heute das Gegendruck-Kokillenguss-Verfahren (CPC) dar. Um die Wirtschaftlichkeit derartiger Verfahren und die Anwendung weiter zu erhöhen, sind Ansätze in Richtung neuer verarbeitbarer Werkstoffe, Produktivitätssteigerung bzw. Kostensenkung erforderlich. Ein durchgängiger Einsatz von partikel- oder faserverstärkten Werkstoffen (z. B. Siliziumkarbidpartikel für Magnesiumlegierungen) verspricht in diesem Zusammenhang ein hohes Potenzial. Übergeordnet kommt einer umfassenden Integralbauweise, d. h. der gießtechnischen Umsetzung bislang aufwändig montierter Baugruppen, in Zukunft eine vorrangige Bedeutung zu.

b) Generative Fertigungsverfahren

Die Entwicklung in Richtung funktionaler, kundenindividueller Produkte wird zukünftig entscheidend von dem erreichbaren Fortschritt bei den generativen Verfahren beeinflusst werden. Um konventionelle, d. h. in der Regel abtragende Fertigungsverfahren in unterschiedlichen Branchen zu ergänzen bzw. zu ersetzen, sind einige grundlegende technologische und softwaretechnische Innovationen bei generativen Fertigungsverfahren erforderlich. Beispielsweise ist die Palette der verarbeitbaren Werkstoffe zu ergänzen oder die erreichbare Fertigungsgenauigkeit zu erhöhen. Eine übergeordnete Anforderung besteht in der Steigerung der Aufbaurate zur Verbesserung der Produktivität. Um die realisierbare Komplexität vollständig auszuschöpfen, sind auf der Softwareseite neuartige Design- und Konstruktionstools zu implementieren. Bei erfolgreicher Überwindung dieser Herausforderungen kann das Potenzial der generativen Fertigungsverfahren in nahezu allen industriellen Branchen (z. B. Werkzeug- und Formenbau, Medizintechnik, Luft- und Raumfahrttechnik) vollständig ausgeschöpft werden.

Die neuartigen Schichtbauverfahren auf Kunststoff- und Metallbasis mit den Bezeichnungen Selective Laser Sintering (SLS) bzw. Selective Laser Melting (SLM), die bereits heute wirtschaftlich für das Rapid Prototyping und das Rapid Manufacturing eingesetzt werden, liefern einen hohen Beitrag zur Flexibilisierung der Fertigungstechnik. Mit Hilfe der Verfahren lassen sich bereits heute komplexe funktionale Bauteile aus unterschiedlichen Kunststoffen (Polyamide, glasfaserverstärkte Kunststoffe) und Metalllegierungen (Aluminium, Titan, Stahllegierungen) in kurzer Zeit und ohne aufwändige CAD-CAM-Schnittstellen umsetzen. Typische Anwendungsbeispiele sind biokompatible Implantate für die Medizintechnik, Formeinsätze mit integrierten Kühlkanälen für den Werkzeug- und Formenbau sowie Komponenten für die Luft- und Raumfahrtindustrie. Die Generierung der Steuerungsdaten für die werkzeuglose Fertigung, d. h. die Ableitung werkstoffspezifischer Scanmuster für die Laserstrahlquelle, erfolgt direkt aus den 3D-CAD-Daten. Aufgrund dieser Vorteile gegenüber der konventionellen, spanenden Fertigung ist es nicht überraschend, dass die Anlagenhersteller dieser Systeme in den letzten Jahren ein hohes Marktwachstum verzeichnen konnten. Doch der Einsatz der Verfahren ist nicht nur mit Vorteilen verbunden. So fehlt aktuell noch das Prozesswissen, um eine durchgängige first-time-right-Fertigung von Bauteilen ohne Ausschuss und zusätzliche experimentelle Vorversuche zu realisieren. Um die Verfahren für größere Serien als bisher einzusetzen, sind maßgebliche Veränderungen hinsichtlich der Aufbaurate des Materials und der Bauteilqualität erforderlich. Zudem ist gegenwärtig das Bewusstsein der Konstrukteure und Anwender noch nicht ausreichend für einen durchgängigen Einsatz der Verfahren im industriellen Umfeld vorhanden.

4.2 Produktionstechnik und Ausrüstung

Bild 61: Forschungsbedarfe im Forschungsfeld Generative Fertigungstechnik

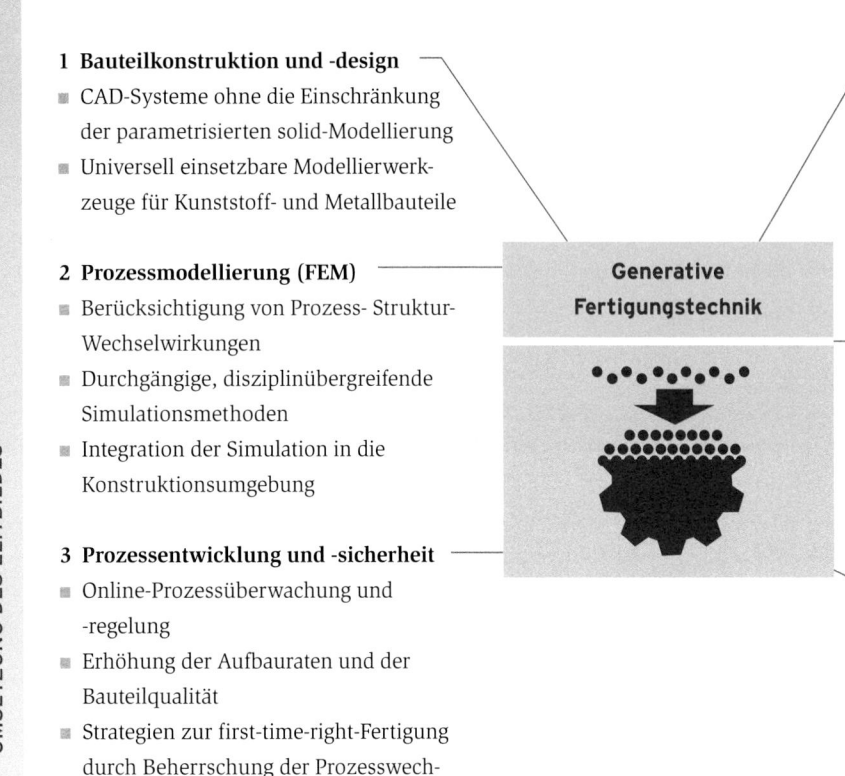

1 Bauteilkonstruktion und -design
- CAD-Systeme ohne die Einschränkung der parametrisierten solid-Modellierung
- Universell einsetzbare Modellierwerkzeuge für Kunststoff- und Metallbauteile

2 Prozessmodellierung (FEM)
- Berücksichtigung von Prozess- Struktur-Wechselwirkungen
- Durchgängige, disziplinübergreifende Simulationsmethoden
- Integration der Simulation in die Konstruktionsumgebung

3 Prozessentwicklung und -sicherheit
- Online-Prozessüberwachung und -regelung
- Erhöhung der Aufbauraten und der Bauteilqualität
- Strategien zur first-time-right-Fertigung durch Beherrschung der Prozesswechselwirkungen

4 Materialentwicklung
- Hybridwerkstoffe mit spezifischen (z. B. anisotropen) Eigenschaften
- Hochleistungswerkstoffe (Keramiken oder andere Hochtemperaturwerkstoffe, v. a. Kunststoffe)
- Leichtbaulegierungen

5 Qualitätssicherung
- Einheitliche Standards- und Normen
- Wissensbasierte Systeme (Verknüpfung des Erfahrungswissens mit Sensordaten)
- closed-loop-Regelung

6 Energie- und Ressourceneffizienz
- Technologiespezifische Topologieoptimierung
- Prozesskettenbewertung hinsichtlich Energie- und Ressourcen
- Vermeidung der mechanischen Nachbearbeitung
- Qualifizierung alternativer Energiequellen
- Reduzierung des mechanischen Nachbearbeitungsaufwands

Um weiteres Marktwachstum der generativen Fertigungstechnik zu gewährleisten, sind zahlreiche Aufgabenstellungen im Bereich der Forschung in enger Kooperation mit der Industrie zu lösen (siehe Bild 61).

1 Bauteilkonstruktion und -design

Sowohl die Modellierung von Bauteilen mit Hilfe von neuartigen Designmethoden als auch die simulationsgestützte Prozessmodellierung und -optimierung muss im Fokus zukünftiger Forschungsaktivitäten liegen. Beispielsweise sind digitale Werkzeuge für das Bauteildesign erforderlich, die außerhalb des industriellen Umfelds (z. B. beim Konsumenten) eingesetzt werden können und nicht auf einer parametrisierten *solid*-Modellierung basieren. Diese können von Anwendern im privaten Bereich eingesetzt werden, um Bauteile zu erzeugen und direkt auf eine Plattform zu laden, um individuelle Bauteile im Internet zu erwerben (z. B. auf Portalen für selbst-designte, kundenindividuelle Bauteile).

2 Prozessmodellierung (FEM)

Der Forschungsbedarf im Bereich der Prozessmodellierung auf Basis der Finite-Elemente-Methode konzentriert sich darauf, berechnungseffiziente und zugleich hinreichend genaue Lösungen für die komplexen und zugleich vielfältigen Prozess-Struktur-Wechselwirkungen zu entwickeln. Dadurch wird angestrebt, die Prozessparameter bereits im Vorfeld des Fertigungsprozesses zu identifizieren, ohne zeit- und kostenaufwändige experimentelle Versuchsreihen durchführen zu müssen. Die Simulation lässt sich dabei in Prozess-, Struktur- sowie Werkstoffsimulation einteilen. Einerseits sind diese Simulationsansätze unabhängig voneinander systematisch zu entwickeln, um beispielsweise die thermisch bedingten Verformungen und Eigenspannungen mit Hilfe einer Struktursimulation in Abhängigkeit von den realen Fertigungsbedingungen vorherzusagen. Andererseits sind die Simulationsansätze zu koppeln und zu durchgängigen Methoden zu verbinden, sodass der Einfluss mikrostruktureller Veränderungen oder der Schmelzbaddynamik auf der Bauteilebene berücksichtigt werden kann. Darüber hinaus sind spezifische Materialmodelle für unterschiedliche Kunststoffsysteme und Metalllegierungen zu entwickeln. Für die Ermittlung temperaturabhängiger Materialdaten sind neue Messverfahren mit Analysebedingungen entsprechend der Realität (z. B. Vorgabe hoher Temperaturgradienten) zu qualifizieren. Da das Prozessvolumen im Vergleich zu den finalen Bauteilabmessungen sehr klein ist, sind übergeordnet spezifische Ansätze für Schichtbauverfahren in der FEM zu konzipieren (z. B. spezielle Elementtypen, Lösungsalgorithmen).

3 Prozessentwicklung und -sicherheit

Mit Blick auf eine adäquate Prozesssicherheit sind Strategien zur *online*-Überwachung und -regelung der generativen Fertigung erforderlich. Die Herausforderung besteht zunächst darin, geeignete Sensorsysteme zur Erfassung der Prozess-Strukturwechselwirkungen bei hohen Ablenkgeschwindigkeiten zu identifizieren bzw. zu entwickeln. Im Anschluss daran sind die Messgrößen in Echtzeit mit der Analagensteuerung zu verknüpfen, um eine *closed-loop*-Regelung zu gewährleisten. Die Prozesssicherheit kann darüber hinaus durch den Einsatz wissensbasierter Systeme, die die hinterlegten Erfahrungen des Anlagenbedieners und die Sensordaten gegenüberstellen, erhöht werden. Entsprechende Maßnahmen fließen direkt in den Bauprozess ein und führen zu einer erhöhten Bauteilqualität. Um Bauteile bereits während der Konstruktionsphase fertigungsgerecht zu konzipieren, ist das Erfahrungswissen eines Prozessexperten aufzubereiten und in die Konstruktionsumgebung zu integrieren. Beispielsweise sind CAD-Systeme notwendig, die prozessspezifische Optimierungsroutinen, vergleichbar mit einer Topologieoptimierung, beinhalten und gezielt Veränderungen an den Bauteilen vornehmen. Dadurch kann einerseits gewährleistet werden, dass Bauteile fertigungsgerecht aufgebaut und andererseits die Potenziale der generativen Fertigungsverfahren gezielt genutzt werden können.

4 Materialentwicklung

Darüber hinaus ergeben sich Forschungsbedarfe im Bereich der Materialentwicklung und der Prozessüberwachung bzw. -regelung. Die zukünftig neuen Anwendungsfelder der generativen Technologien erfordern kontinuierlich neue Werkstoffe mit spezifischen Eigenschaften (z. B. Hochtemperaturbeständigkeit, Verschleißfestigkeit, funktionaler Leichtbau), die für die generative Fertigung zu qualifizieren sind. Weiterhin besteht Bedarf nach Werkstoffen, die in Abhängigkeit von der Energieeinkopplung und -verfestigung spezifische Eigenschaften (z. B. gradierte Werkstoffeigenschaften) annehmen. Eine entsprechende Technologie ist heute bereits für Kunststoffe verfügbar und zukünftig auf metallische Werkstoffe zu übertragen.

5 Qualitätssicherung

Zur Realisierung einer gleichbleibenden Bauteilqualität und Wiederholgenauigkeit sind Lösungen im Bereich der Qualitätssicherung sowie einheitliche Qualitätsstandards zu entwickeln. Gegenwärtig existieren noch keinerlei allgemeingültige Normen für Schichtbauverfahren, sodass einzelne Branchen (z. B. Luft- und Raumfahrt) eigene Qualitätsstandards vorgeben. Die Zielsetzung besteht darin, die Einsatzszenarien sowohl im industriellen Umfeld als auch beim Konsumenten zu erhöhen. Darüber hinaus können beispielsweise wissensbasierte Systeme genutzt werden, um ausgehend von einer echtzeitfähigen online-Prozessüberwachung die Prozesssicherheit systematisch zu erhöhen. Informations- und Kommunikationstechnologien sowie weitere Schlüsseltechnologien, die durch die Produktionsforschung integriert werden, stellen für diese Herausforderung eine bedeutende Prämisse dar.

6 Energie- und Ressourceneffizienz

Vor dem Hintergrund einer hohen Energie- und Ressourceneffizienz ist grundlegend eine firsttime-right-Fertigung anzustreben. Entsprechende Methoden zur Steigerung der Prozesssicherheit (numerische Prozessmodellierung, online-

4.2 Produktionstechnik und Ausrüstung

„Neues generatives Verfahren setzt sich durch bei der Fertigung von Komponenten für die Luftfahrt" (RAPIDX 2010)

Das Herstellen von Direktbauteilen mit Laser Cusing, einem generativen Metall-Laser-Schmelzverfahren, gewinnt zunehmend an Bedeutung und ist im Begriff, schnell zu einem wichtigen Bestandteil der Rapid-Manufacturing-Industrie zu werden. Die Vorteile, die diese Technologie bietet, machen sie für viele Produktionszweige interessant, nicht zuletzt für die Luft- und Raumfahrtindustrie. Gerade in diesem Sektor bietet die große Bandbreite verschiedener Materialien, die verarbeitet werden können, ein enormes Potenzial. Beim Herstellen kleiner und mittelgroßer Bauteile in diesem Bereich hat sich das Laser Cusing bewährt. Die Möglichkeiten, die dieses Verfahren der Luft- und Raumfahrtindustrie bietet, will man nun auch für die Fertigung größerer und komplexerer Bauteile nutzen.

Das fertige Bauteil veranschaulicht die derzeitigen Möglichkeiten der Technologie im Hinblick auf Größe (300 mm Durchmesser), Präzision und Oberflächengüte.

Bild 62: Generativ hergestellte Komponenten aus dem Luftfahrtbereich (links: Turbinenschaufel, rechts: Triebwerksgehäuseteil) (Bilder: RAPIDX 2010)

Prozessregelung, Einsatz wissensbasierter Systeme) liefern dazu einen wertvollen Beitrag. Zudem sind Lösungen zu erarbeiten, um den Nachbearbeitungsaufwand der Bauteile sukzessive zu reduzieren. Beispielsweise werden insbesondere bei metallischen Schichtbauverfahren heute noch Supportstrukturen (sog. *Supports*), die als Verbindung zwischen Bodenplatte und Bauteil dienen, eingesetzt. Insbesondere bei dünnwandigen Strukturen (z. B. bei Blechbiegebauteilen) werden Support benötigt, die das Volumen des Bauteils um ein Vielfaches übersteigen. Diese sind erforderlich, um ein unkontrolliertes Verformen der Bauteile während der Fertigung zu verhindern. Entsprechende Strukturen werden in einer zeit- und kostenaufwändigen mechanischen Nachbearbeitung vom Bauteil entfernt. Die Zielsetzung besteht zukünftig darin, den Anteil des Support auf ein Minimum zu reduzieren bzw. den Einsatz vollständig zu vermeiden. Weiterhin sind neben dem heute eingesetzten Laser alternative Energiequellen für die generative Fertigung zu qualifizieren, sodass kostengünstigere Anlagen am Markt angeboten werden können und zugleich die Energieeffizienz steigt.

4.2.5 Umformtechnik

Die im globalen Wettbewerb maßgebliche Innovationsgeschwindigkeit wird bei Produkten mit umformend hergestellten Komponenten (z. B. Karosserieteile, Fahrwerksteile) durch die zeitaufwändige Prozesskette „Werkzeugentwicklung – Musterteilherstellung – Produkt- und Prozessqualifizierung" entscheidend bestimmt. Die Herausforderung besteht aus diesem Grund darin, die Prozesskette sicher zu

4.2.5 Umformtechnik

Bild 63: Forschungsbedarfe im Forschungsfeld Umformtechnik

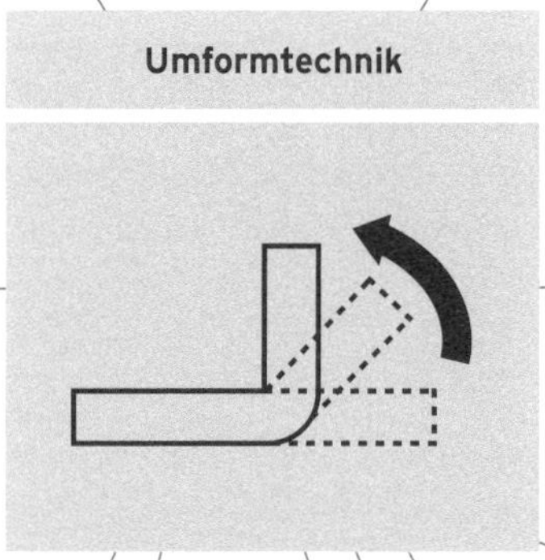

1 Simulation von Umformprozessen
- Erhöhung der Berechnungseffizienz
- Erhöhung der Genauigkeit
- Erweiterung des Ergebnisspektrums
- Kopplung von Prozess- und Produktnutzungssimulation
- Prozess-Nutzenkopplung in den Simulationsmodellen
- Erfassung tribologischer Zustände

2 Entwicklung von hybriden Fertigungsverfahren
- Verkürzung von Prozessketten für die wirtschaftliche Herstellung von kleinen Losgrößen
- Produktion von funktionsintegrierten, komplexen Bauteilen mit individuellen Eigenschaftsprofilen
- Steigerung der Bearbeitungsgenauigkeit
- Entwicklung neuer hybrider Prozesse

3 Weiterentwicklung der Servotechnik
- Befähigung von hybriden Prozessen und net-shape Umformung
- Prozessoptimierung durch Programmierung von mehrachsigen Bewegungsbahnen
- Integration zusätzlicher Achsen
- Steigerung des Bedienkomforts

4 Weiterentwicklung Near Net Shape
- Verbesserung der Zustandsüberwachung von Umformmaschinen
- Verbesserung der Prozessregelung

5 Charakterisierungsmethoden für individuelle Umformmaschinen
- Verkürzung der trial-and-error Phasen
- Entwicklung von Verfahren zur schnellen Vermessung des Maschinenverhaltens
- Direkte Kopplung der Simulation des Maschinenverhaltens mit der Umformsimulation

6 Verminderung der Stör- bzw. Ausfallanfälligkeit der Sensorik
- Entwicklung robuster Sensor- und Aktorsysteme

7 Innovative Transfersysteme*
- Optimierung des Schwingverhaltens und der Antriebstechnik
  - Steigerung der Dynamik und Genauigkeit

8 Diagnosesysteme
- Unterstützung von Einrichter und Bediener bei ihren Tätigkeiten

9 Aktive Umformwerkzeuge*
- Selbstständige Einrichtung von Werkzeugen mittels integrierter aktiver Komponenten

10 Selbstoptimierung der Umformprozesse
- Freie Wahl des Applikationsortes von Sensoren und Aktoren
- Reduktion von Kalibriervorgängen bei einem Werkzeugwechsel

* Im Folgenden nicht näher betrachtet

beherrschen, d. h. auch Wechselwirkungen zwischen den einzelnen Teilprozessen mit hoher Genauigkeit abbilden zu können. Als ebenfalls zeitkritisch und damit in hohem Maße wettbewerbsrelevant erweisen sich – aufgrund der in diesem Bereich typischen hohen Kapitalintensität – auch kurze und sichere Rüstvorgänge. Durch eine konsequente Weiterentwicklung der Rüstvorgänge selbst bzw. der dazu eingesetzten Methoden können in der Umformtechnik neue Anwendungsbereiche erschlossen werden. Des Weiteren entscheidet die Güte des eingerichteten Zustands von Prozess und Umformmaschine über die erreichbare

4.2 Produktionstechnik und Ausrüstung

Standmenge während des späteren Betriebs. Dafür sind vielfältige Forschungsaktivitäten notwendig, die in Bild 63 dargestellt sind.

Im Hinblick auf die Umformprozesse ergeben sich in erster Linie Forschungsbedarfe in den Bereichen Prozessweiterentwicklung (z. B. für das *net-shape*-Umformen, hybride Fertigungsverfahren), Simulation bzw. Selbstoptimierung von Umformprozessen. Bei der Maschinen- und Anlagentechnik liegt der Fokus hingegen auf der Sensorik und Aktorik, um beispielsweise die Ausfallanfälligkeit der Maschinen zu reduzieren. Ausgewählte Forschungsbedarfe werden im Folgenden detailliert dargestellt.

1 Simulation von Umformprozessen

Als Befähiger schneller Prozess(wieder)anläufe werden verbesserte Simulationen von Umformprozessen mit höherer Genauigkeit und Berechnungseffizienz angesehen. Neben höheren Rechnerleistungen sind vor allem Algorithmen mit höherer numerischer Effizienz gefragt. Effizienzsteigerungen können für überwiegend nichtlineare Berechnungen sowohl von numerisch stabileren Verfahren als auch von Algorithmen, die prozessspezifische Charakteristika (z. B. Stationarität oder Ähnlichkeit im Zeitbereich) ausnutzen, erwartet werden. Defizite heute angewandter Simulationsmethoden bestehen einerseits bezüglich der zutreffenden Vorhersage auftretender Prozesskräfte. Als eine Ursache dafür wird die ungenaue Kenntnis von Reibungskräften angesehen. Daneben ist die Abbildung durchgängiger Prozessketten noch in weiter Ferne. Erst durch diese sind wegweisende, potenzialträchtige Möglichkeiten zu innovativen Prozesskettenverkürzungen gegeben. Heutige Simulationsmodelle beruhen zudem nahezu ausschließlich auf der Annahme homogener Kontinua und werden zur Prognose des Stoffflusses und der Werkzeugbelastung genutzt. Erste in Grundlagenuntersuchungen anzutreffende Vorhersagen von Werkzeugbeanspruchungen mit thermomechanisch gekoppelten Modellen oder numerische Analysen von industrierelevanten wichtigen Oberflächenphänomenen, wie Verschleiß oder thermische Ermüdung, bedürfen ebenso einer Weiterführung wie Simulationsmodelle für Toleranzvorhersagen oder Bewertungen des Gefüges. Änderungen der Produkteigenschaften (z. B. der Werkstoff- oder Oberflächeneigenschaften) bleiben in heutigen Produktauslegungen nahezu vollständig unberücksichtigt. Notwendig sind neben einer standardisier-

Bild 64: Kopplung von Prozess- und Produktnutzungssimulation am Beispiel der Prozesskette Spaltprofilieren – Walzprofilieren *(Bild: PtU)*

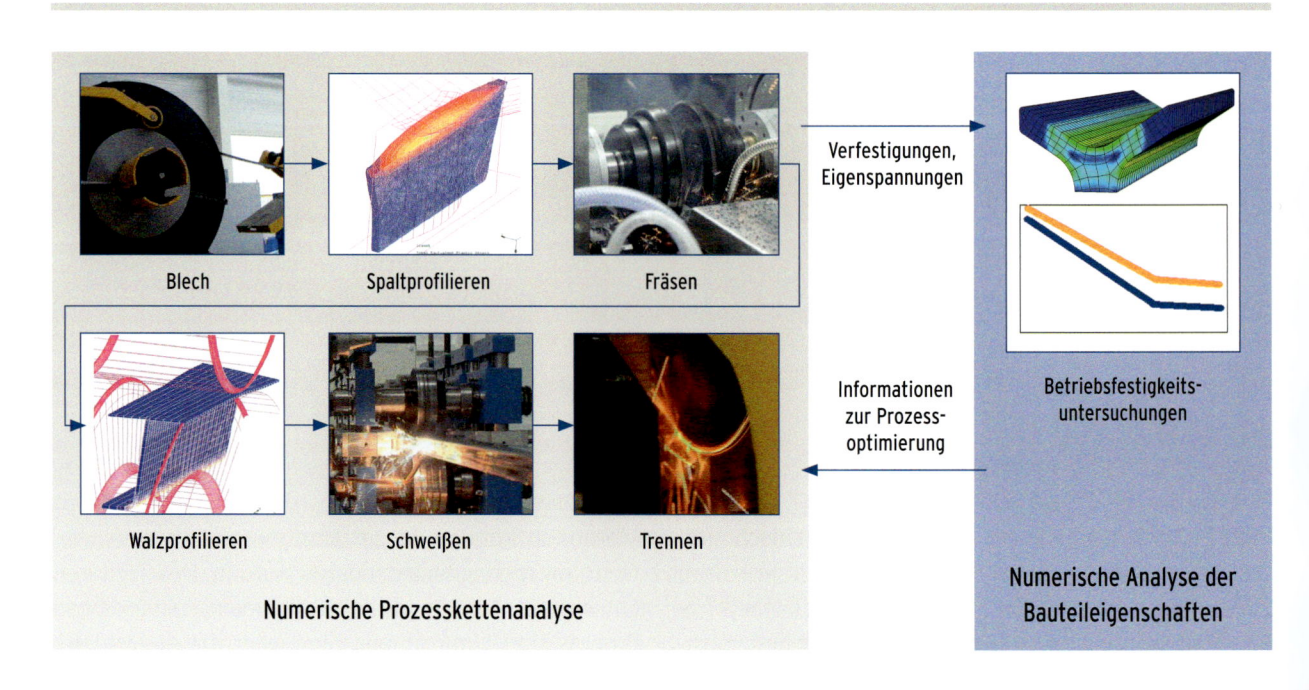

baren Schnittstellendefinition für die unterschiedlichen Spezialberechnungssysteme insbesondere bessere Vorhersagen des Werkstoffverhaltens bei Variation von Temperaturführung und Umformgeschwindigkeit. Bei aufwändiger zu simulierenden Umformprozessen, wie z. B. inkrementellen Verfahren, bei denen Mehrfachbelastungen an einer Stelle und somit auch eine Mehrfachumformung des Gefüges an dieser Stelle auftreten, sollten die Veränderungen im Gefüge zutreffend berücksichtigt werden können. Ein exemplarisches Beispiel für die Kopplung von Prozess- und Produktnutzungssimulation am Beispiel der Prozesskette Spaltprofilieren ist in nachfolgendem Bild 64 dargestellt.

Die Beschreibung der tribologischen Verhältnisse in Umformprozessen und vor allem deren Optimierung sind ebenfalls noch zu wenig fortgeschritten. Die angenommenen Reibersatzmodelle werden als zu starr und realitätsfern bezeichnet und bieten nicht die geforderte Abbildungsgenauigkeit. Hier werden Modelle gefordert, mit denen der Anwender schnell und zutreffend die Veränderung der Reibbedingungen bei Veränderung des Schmierzustands ermitteln kann.

2 Entwicklung von hybriden Fertigungsverfahren
Aufgrund von steigenden Anforderungen an die Bearbeitungsgeschwindigkeit und -genauigkeit reichen einzelne Fertigungsprozessschritte oftmals nicht mehr aus. In hybriden Fertigungsverfahren werden daher mehrere Verfahren kombiniert. Durch eine geschickte Kombination können Prozessketten verkürzt, kleine Losgrößen wirtschaftlich hergestellt und Flexibilitätssteigerungen durch geometrisch einfache Werkzeuge erreicht werden. Daneben ist mithilfe solcher Verfahrenskombinationen auch die Produktion von Bauteilen mit gezielt lokal eingestellten Eigenschaften und kompliziert geformten Bauteilen mit individuell gestalteten Eigenschaftsprofilen möglich. Heute sind erste hybride Fertigungsverfahren in der Entwicklung. Als Herausforderungen erweisen sich die Bearbeitungszeiten und die erreichbaren Genauigkeiten. Eine Ausweitung der Verfahrensklassen sowie eine Entwicklungsmethodik für diese neue Klasse von Prozessen versprechen interessante Perspektiven. Ein Beispiel für eine mögliche Verfahrenskombination, bestehend aus Streckziehen und inkrementeller Blechumformung ist in nachfolgendem Bild 65 gezeigt.

3 Weiterentwicklung der Servotechnik
Die Servotechnik hat in den letzten Jahren zunehmend Einzug in Umformmaschinen gefunden. Neben Transfersystemen gilt die Aufmerksamkeit heute zunehmend den Hauptantrieben. Servoantriebe versprechen Vorteile hinsichtlich Produktivität und Qualität (GROCHE ET AL. 2010). Sie gelten als die Befähiger für die oben angesprochenen Herausforderungen hybrider Prozesse und der net-shape-Umformung. Net-shaping bedeutet in diesem Zusammenhang, dass das Bauteil mit Hilfe des eigentlichen Fertigungsprozesses bereits endformnah vorliegt, wodurch keine weiteren

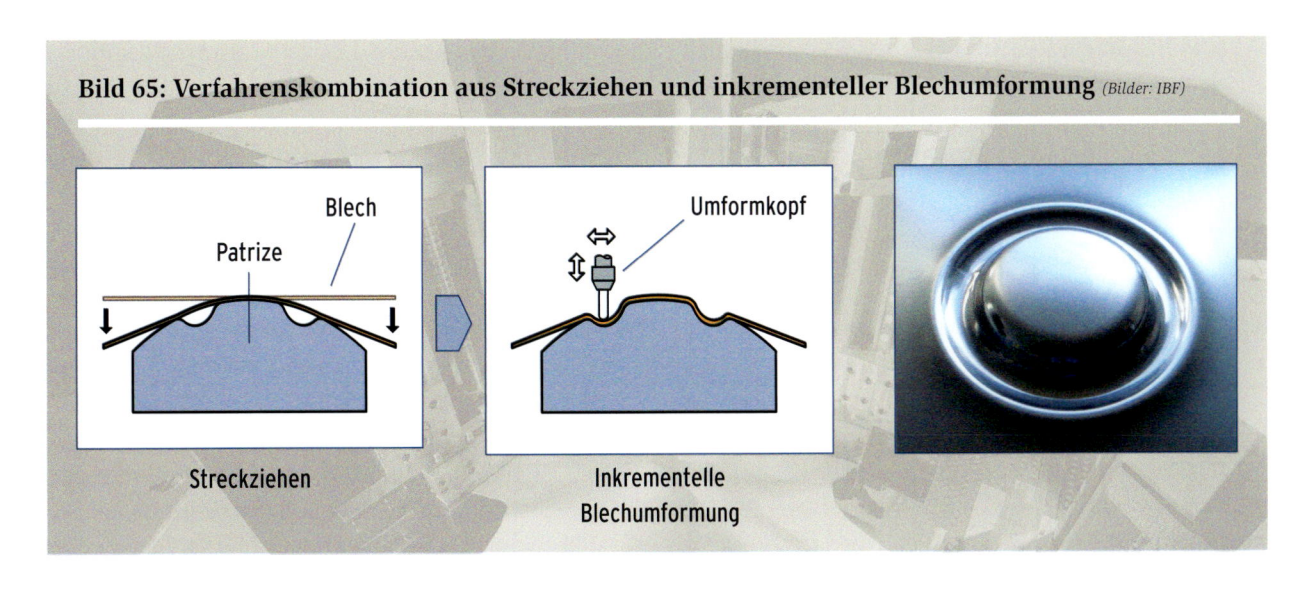

Bild 65: Verfahrenskombination aus Streckziehen und inkrementeller Blechumformung (Bilder: IBF)

Bearbeitungsschritte (z. B. für das Bauteilfinish) erforderlich werden. Die bereits vorhandenen Freiheiten in der Programmierung von mehrachsigen Bewegungsbahnen eröffnen ein weites Feld der Prozessoptimierung, das erst ansatzweise bekannt sein dürfte. Weiterer Handlungsbedarf wird bei der Integration zusätzlicher Achsen sowie bei der Steigerung der Bedienbarkeit gesehen.

4 Weiterentwicklung Near-Net-Shape

Wenngleich die Umformprozesse selbst hinsichtlich des Ressourceneinsatzes sehr vorteilhaft sind, überzeugen die Eigenschaften der Produkte aufgrund größerer Abweichungen der Maßhaltigkeit von der Soll-Geometrie nicht immer. Dies gilt insbesondere dann, wenn – wie in Getrieben oder elektrischen Antrieben – die Genauigkeit der Bauteile unmittelbar deren Lebensdauer und Wirkungsgrad bestimmt. Hier werden von der Weiterführung des near-net-shape-Gedankens zur net-shape-Umformung maßgebliche Beiträge erwartet. Ansätze dazu basieren einerseits auf verbesserter Zustandsüberwachung und andererseits auf geregelten Prozessen. Insbesondere bei kontinuierlichen Prozessen, wie dem Walzen oder Profilieren, liegen bereits erfolgversprechende Konzepte vor. Bei diskontinuierlichen, instationären Prozessen besteht erheblicher Handlungsbedarf.

5 Charakterisierungsmethoden für individuelle Umformmaschinen

Jede Umformmaschine hat ein individuelles statisches bzw. dynamisches Lastverhalten, was den Transfer von Umformprozessen von einer Presse auf eine andere erheblich erschwert. Zur Berücksichtigung des Maschinenverhaltens während der Prozessplanung werden heute im industriellen Alltag allenfalls Ersatzmodelle angewendet, in denen der spezifische Maschineneinfluss weitgehend unberücksichtigt bleibt. Dabei sind Größen wie die Stößelkippung, der Stößelversatz oder die Auffederung des Gestells allesamt für die Charakterisierung der individuellen Umformmaschine notwendige Größen, deren zuverlässige Vorhersage für die Prozessauslegung und für die Konstruktion des Werkzeugs von großem Nutzen ist. Mit dem Wissen um den Maschineneinfluss können die trial-and-error-Phasen stark verkürzt werden, da der Aufwand für das Einfahren eines neuen Werkzeugs einschließlich der Nacharbeit zur Anpassung des Werkzeugs erheblich reduziert werden kann. Dafür allerdings fehlen Verfahren, die eine schnelle Vermessung aller für eine Simulation des Maschinenverhaltens relevanten Maschinengrößen während des Prozesses zuverlässig und schnell ermöglichen. Durch die direkte Kopplung der Simulation des Maschinenverhaltens mit der Umformsimulation wird dem Anwender eine höhere Transparenz und Verständnistiefe für die Interaktion zwischen Maschinen- bzw. Werkzeugverhalten und dem Umformprozess ermöglicht, die schließlich Korrekturmaßnahmen bezüglich der Prozess- und Werkzeugauslegung bedeutend erleichtert.

6 Verminderung der Stör- bzw. Ausfallanfälligkeit der Sensorik

Produktivitätsverluste sind heute zu einem Großteil durch störanfällige Sensoren und Aktoren an Umformmaschinen gegeben. Die auf dem Markt erhältlichen Systeme erfüllen die Ansprüche an die Robustheit bei impulsartigen Anregungen heute teilweise nur sehr eingeschränkt. Zur Erhöhung der Produktivität sind deshalb robuste Sensor- und Aktorsysteme zu entwickeln. Hier werden Verbesserungen im Verhalten bei wechselnden Umgebungsbedingungen, wie sie in Betrieben der Umformtechnik vorliegen, als dringend notwendig angesehen.

7 Diagnosesysteme

Ein nicht unerheblicher Anteil der Werkzeuge in den Industriebetrieben versagt bereits bei den ersten Hüben, da die dabei aufgetretenen Störungen in der Regel vom Bediener nicht wahrgenommen werden. Die Qualität des Rüstvorgangs beeinflusst auch die Bauteileigenschaften erheblich. Selbst wenn das Werkzeug schon einmal auf der gleichen Maschine im Einsatz war, unterscheiden sich in der Regel die Bauteile aus unterschiedlichen Losen voneinander. Um einem frühzeitigen Werkzeugversagen entgegenwirken zu können, müssen Mittel und Wege gefunden werden, um die Prozessanläufe schneller und sicherer zu machen.

Interaktive Diagnosesysteme, die Einrichter und Bediener gleichermaßen bei ihren Tätigkeiten unterstützen, indem sie die Beteiligten über die Konsequenzen ihrer Maßnahmen informieren, versprechen eine neue Qualität der Fehlerdetektion und -behebung. Oft sind die Konsequenzen einer

4.2.5 Umformtechnik

„Erweiterte Prozess-Simulation unterstützt Inbetriebnahme eines Ziehwerkzeuges" (Penter et al. 2007 in MaschinenMarkt Ausgabe 38/2007, Seite 30–33)

In einem von der Europäischen Forschungsgesellschaft für Blechverarbeitung e.V. (EFB) geförderten Forschungsprojekt wurde am Institut für Formgebende Fertigungstechnik der TU Dresden ein neuartiges Zieh- und Nachformwerkzeug mit integrierten piezoelektrischen Aktivelementen zur Regelung des Werkstoffflusses entwickelt und das Anwendungspotenzial untersucht.

Das Tiefziehwerkzeug besteht wie üblich aus Ziehring, Stempel und Blechhalter. Neu ist die Segmentierung des Ziehrings, der aus einem Grundkörper mit eingefrästen Taschen, in welche bewegliche Druckplatten eingelassen sind, besteht. Die Druckplatten werden unter kritischen Blechteilbereichen, hier in den Eckbereichen und an der langen Seite, positioniert. Mit Hilfe von Piezostapelaktoren können die Druckplatten zur lokalen Beeinflussung des Blechhaltedrucks vertikal verstellt werden. Der Aufwand bei der Werkzeuginbetriebnahme besteht nun darin, die zeitliche und örtliche Verteilung des Blechhaltedrucks einzustellen. Im herkömmlichen Einarbeitungsprozess der Werkzeuge erfolgt dies iterativ im Probierbetrieb durch Anpassung der Werkzeugkontaktgeometrie.

Im piezoaktorischen Werkzeug werden die Drücke über Aktoren eingestellt. Aufgrund der hochdynamischen und steifen Eigenschaften der Piezoaktoren ist eine Regelung des Tiefziehvorgangs über den gesamten Arbeitsbereich der Presse gut möglich. Damit kann schnell auf Chargenschwankungen der Blechwerkstoffe reagiert werden.

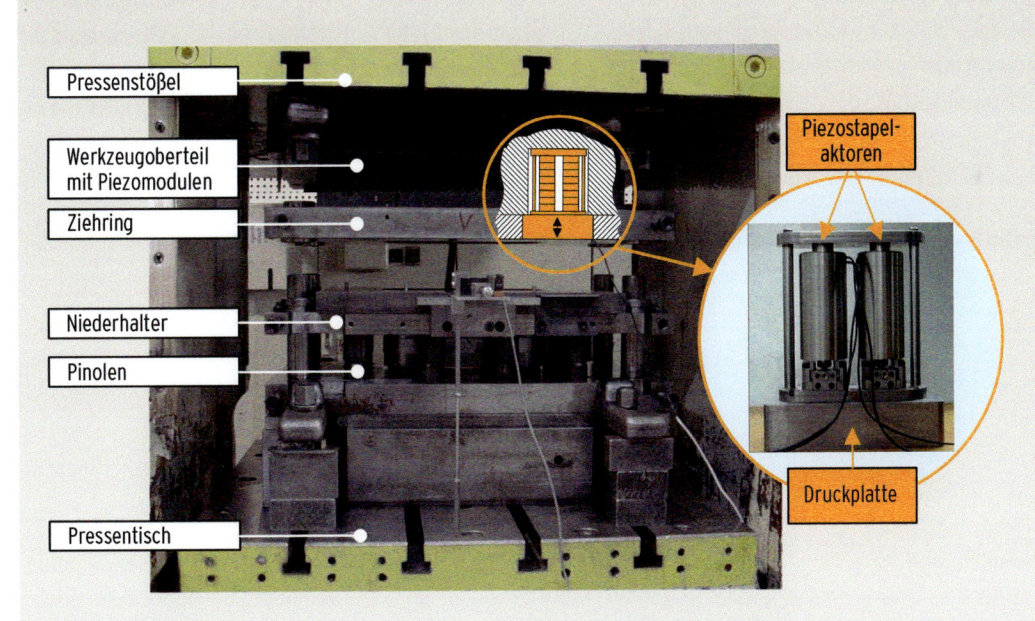

Bild 66: Das piezoaktorische Ziehwerkzeug als symmetrisches Rechteckwannen-Werkzeug (Bild: Penter et al. 2007)

Handlung für den Bediener einer Umformanlage nicht unmittelbar sichtbar. Wenn beispielsweise ein Werkzeug über das Anziehen von Schrauben fixiert wird und der Einrichter das Drehmoment so wählt, dass sich hierdurch eine unbeabsichtigte Verschiebung des Werkzeugs ergibt, so entsteht parallel dazu eine Verschiebung des Oberwerkzeugs zum Unterwerkzeug. Daraus resultierende Qualitätseinbußen lassen sich nicht unmittelbar auf die Ursache zurückführen, was den Handlungsbedarf nach Diagnosesystemen unmittelbar verdeutlicht.

8 Selbstoptimierung der Umformprozesse

Die Nutzung aktiver, mechatronischer Komponenten in Werkzeugen und Maschinen sollte zukünftig auch die Selbstoptimierung von Prozessen ermöglichen. Aus dem industriellen Umfeld existieren in diesem Zusammenhang zahlreiche Anforderungen. So bestehen Bedarfe bei der automatischen Stößelverstellung bei Hubzahländerungen oder der selbständigen Bestimmung optimaler Hubzahlen. Darüber hinaus wird eine weitgehend automatisierte Substitution anlagenspezifischer Größen durch prozess- oder produktspezifische Größen angeregt. Für eine erfolgreiche Umsetzung bestehen demzufolge grundlegende Handlungsbedarfe hinsichtlich einer freieren Wahl des Applikationsortes für Sensoren und Aktoren, deren Integration in kompakte Werkzeuge, deren Robustheit sowie der Reduktion von notwendigen Kalibriervorgängen bei einem Werkzeugwechsel.

4.2.6 Trennende Fertigungstechnik

Trennende Fertigungsverfahren werden in die Hauptgruppen Zerteilen, Spanen und Abtragen eingeteilt kommen heute überwiegend für das industrielle Schneiden, Stanzen, Fräsen, Drehen, Schleifen und Erodieren zum Einsatz. Im Folgenden wird ein Überblick über die Forschungsbedarfe im Bereich der trennenden Fertigungsverfahren (siehe Bild 67) und der spanenden Werkzeugmaschinen (siehe Bild 71) gegeben.

a) Trennende Fertigungsverfahren

1 Neue Werkstoffe

Treiber der spanenden Fertigung waren und bleiben neue Werkstoffentwicklungen, die die Fertigungstechnik stets aufs Neue herausfordern. Für diese sind neue Werkzeuge und Prozesse zu entwickeln. Als Beispiele hierfür seien genannt:

- Gusswerkstoffe, wie Eisenguss, Vermikularguss (GGV), Austempered Ductile Iron (ADI)
- Titan und andere Hochleistungswerkstoffe: Die wirtschaftliche Zerspanung ist hier eine Schlüsseltechnologie für die Herstellung von Luftfahrtkomponenten aber auch Anlagen im Bereich der Energieerzeugung
- Partikelverstärkte Werkstoffe, wie Eisenwerkstoffe, insbesondere aber auch Leichtmetalllegierungen und faserverstärkte Kunststoffe, Hochleistungskeramiken, optische Materialien
- Werkstoffverbünde, wie z. B. Metall-Kunststoffverbünde

Bild 67: Forschungsbedarfe im Forschungsfeld Trennende Fertigungsverfahren

1 Neue Werkstoffe
- Produkteigenschaften gezielt und fertigungsbedingt beeinflussen
- Qualifikation von neuartigen Werkstoffe bzw. von Werkstoffverbünden

2 Steigerung der Ressourcen- und Energieeffizienz
- Prozesskettenverkürzung, durchgängige Prozessketten
- Fertigung von Produkten mit lokal unterschiedlichen Funktionalitäten

3 Leistungsgesteigerte Zerspanungswerkzeuge
- Neue Werkstoffentwicklungen
- Intelligente Werkzeuge
- Beschichtungstechnik

4 Geschlossene Simulationskette
- Gekoppelte Simulation von Prozess und Produkteigenschaften
- Durchgängige Datentechnik und NC-Modellentwicklung

5 Modellgestützte Prozessüberwachung
- Inline und In-Prozessüberwachung zur Steigerung der Prozessrobustheit

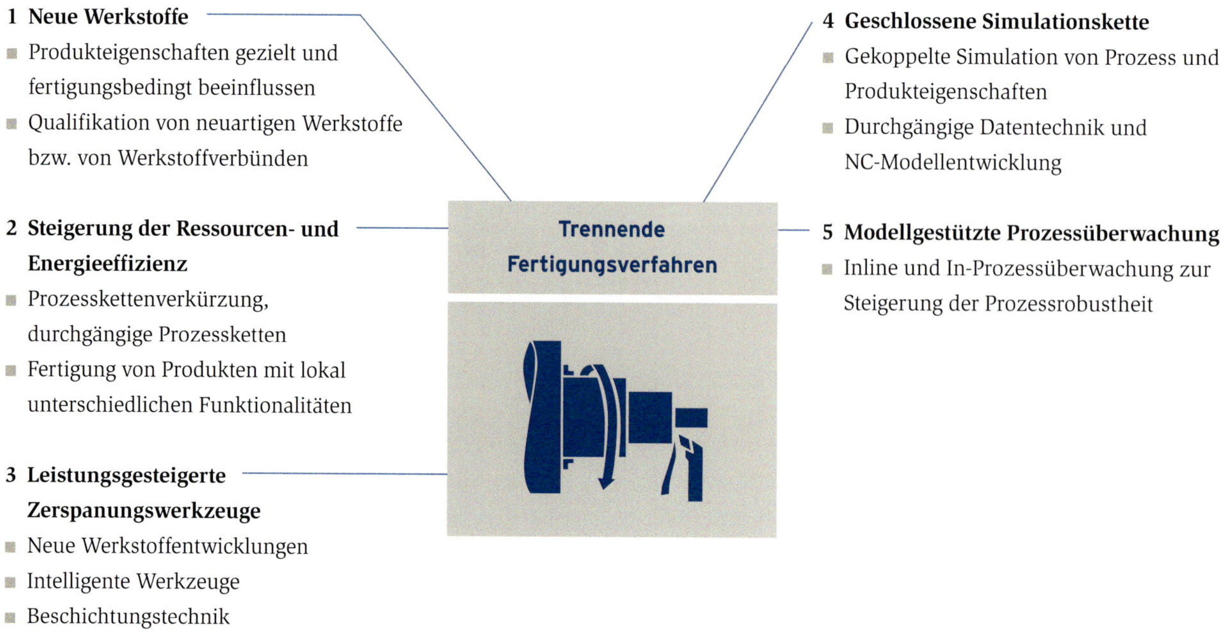

4.2.6 Trennende Fertigungstechnik

2 Steigerung der Ressourcen- und Energieeffizienz

Energie- und Ressourceneffizienz bestimmt zunehmend die Auswahl und Gestaltung der spanenden Fertigungsverfahren. Heute bleiben Potenziale zur Steigerung der Ressourceneffizienz, z. B. durch Verfahrenskombinationen, oftmals noch ungenutzt. Um hier Verbesserungen zu erreichen, muss untersucht werden, welche Technologien und Prozesse effizient miteinander zu kombinieren sind (Komplettbearbeitung). Eine der größeren Herausforderungen ist es daher, einzelne Fertigungsschritte nicht mehr separat zu betrachten und energetisch zu optimieren, sondern vor- und nachgelagerte Prozesse sowie die Produkt-Nutzungsphase zu berücksichtigen. Durch die heute noch meist falsch gesteckten oder interpretierten Bilanzgrenzen rücken der Prozesskettengedanke und die Einbeziehung des Produktlebenszyklus mehr in Vordergrund. Eine Optimierung der gesamten Verfahrenskette muss in Zukunft also parallel aus ökologischer (Energieeinsatz, Materialeinsatz), ökonomischer (Fläche, Betreuungsaufwand, Ressourcenverbrauch) sowie aus Qualitätssicht (funktionale Tolerierung, Berücksichtigung der Fertigungshistorie bei dem folgenden Prozessschritt) betrachtet werden.

3 Leistungsgesteigerte Zerspanungswerkzeuge

Der Kern des Technologiefortschritts im Bereich der Zerspanungstechnik liegt in der Gestaltung von leistungsfähigen Zerspanungswerkzeugen. Neue Werkstoffentwicklungen werden zukünftig maßgebliche Produktivitätsfortschritte erlauben. Einen besonderen Mehrwert im Hinblick auf die Hochleistungszerspanung und die Realisierung neuartiger Bauteileigenschaften versprechen insbesondere:

- Pulvermetallurgische Schnellarbeitstähle
- Nanoskalige Werkstoffe und ultrafeinstkörnige Hartmetalle
- Whiskerverstärkte Keramiken
- Gradientenwerkstoffe zur gezielten Einstellung mechanischer Eigenschaften
- Schichtsysteme für optimale Randzonen- und Substrateigenschaften

Die Herausforderung für die Zerspanungswerkzeuge der Zukunft besteht in den nächsten Jahren

---

Bild 68: Funktionale Oberflächenstrukturierung von PKD (Polykristalliner Diamant)-Schneidplatten
(Bild: PTW)

Optimierung des konvektiven Wärmetransports von der Spanfläche durch funktionale Oberflächenstruktur der Schneidplatte am Beispiel PKD

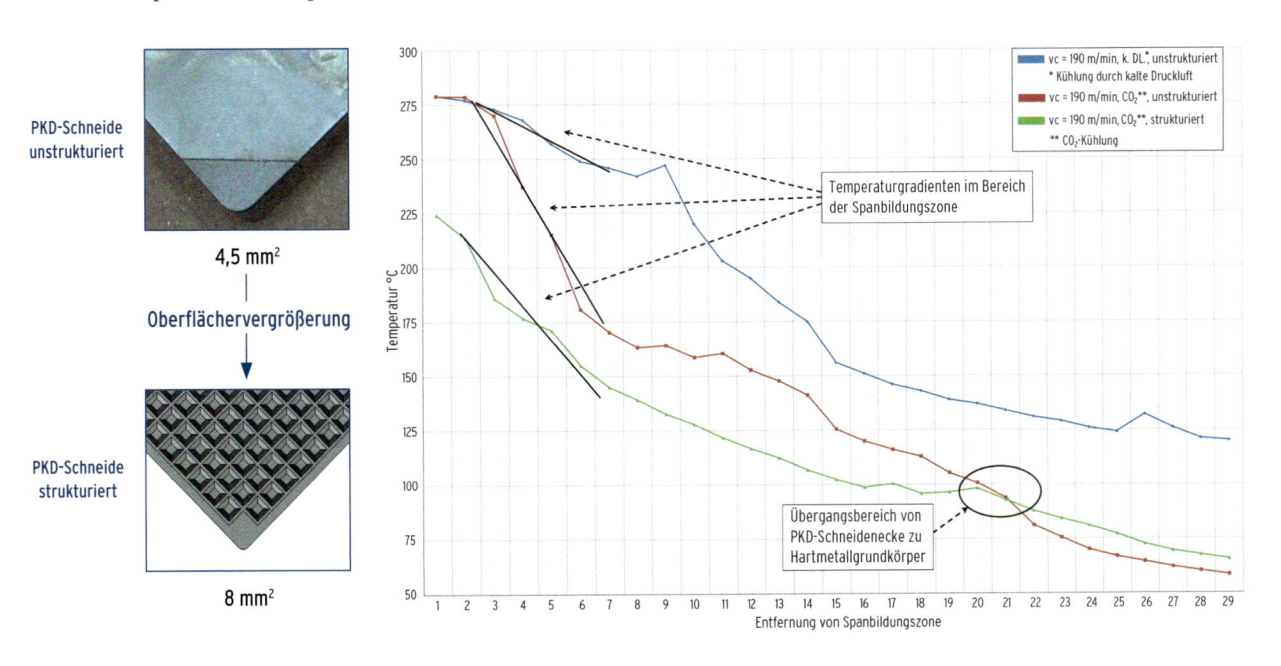

darin, die Innovationen im Bereich der Werkstoffe aus der Grundlagenforschung in die industrielle Anwendung zu transferieren.

Intelligente Zerspanwerkzeuge, d. h. modulare Werkzeugsysteme mit integrierter Sensor- bzw. Aktortechnik werden zukünftig die Verfügbarkeit der Anlage erhöhen und die Prozesskonstanz sowie die erreichbare Qualität verbessern. Die Integration dieser mechatronischen Komponenten, z. B. zur Korrektur von Verschleiß oder Temperatureinflüssen und deren Anbindung an die Maschinensteuerung, wird eine weitere Herausforderung darstellen. Die Beschichtungstechnik wird auch in Zukunft ein wichtiger Innovationstreiber bei Werkzeugen sein. Beispielsweise sind schichtintegrierte Sensoren für eine online-Verschleißmessung und eine anschließende Einleitung von Gegenmaßnahmen denkbar. Ebenso wird es notwendig sein, systematisch Standards für anwendungsbezogene Schichtqualifizierungen zu entwickeln. Die Realisierung von sog. „funktionalisierten Oberflächen" ermöglicht in Zukunft die Integration optischer (z. B. Reflexionsgrad), akustischer, thermischer (Bsp. siehe Bild 68) oder elektrotechnischer (z. B. Übergangswiderstand) Effekte in die spanend hergestellte Oberfläche. Die zerspanende Fertigungstechnologie wird u. a. durch die enormen Möglichkeiten der Mikrobearbeitung, sowohl im Werkzeug- und Formenbau aber auch in der Serienteilherstellung, der Befähiger für Innovationen im Bereich zukünftiger optischer und elektronischer Produktion sein. So entstehen Hochleistungsprodukte, die durch ihre Einzigartigkeit am Markt für ein nachhaltiges Wachstum sorgen.

4 Geschlossene Simulationskette

Eine große Herausforderung ist in Zukunft das Schließen der Simulationskette, d. h. die Realisierung einer durchgängigen, integrierten Simulation, in der spanenden Fertigung. Dieser kommt durch eine anwendergerechte Kopplung von Maschinen- und Prozessdynamik eine immer größere Bedeutung zu, da damit bereits in der Fertigungsplanungsphase Qualität und Bearbeitungszeiten vorhergesagt und entsprechend optimiert werden können.

Bild 69: Durchgängiges CAx-Framework zur effizienteren und qualitätssteigernden NC-Programmierung unter Einbezug von Modellierungs-, Simulations- und Realprozessdaten *(Bild: WZL)*

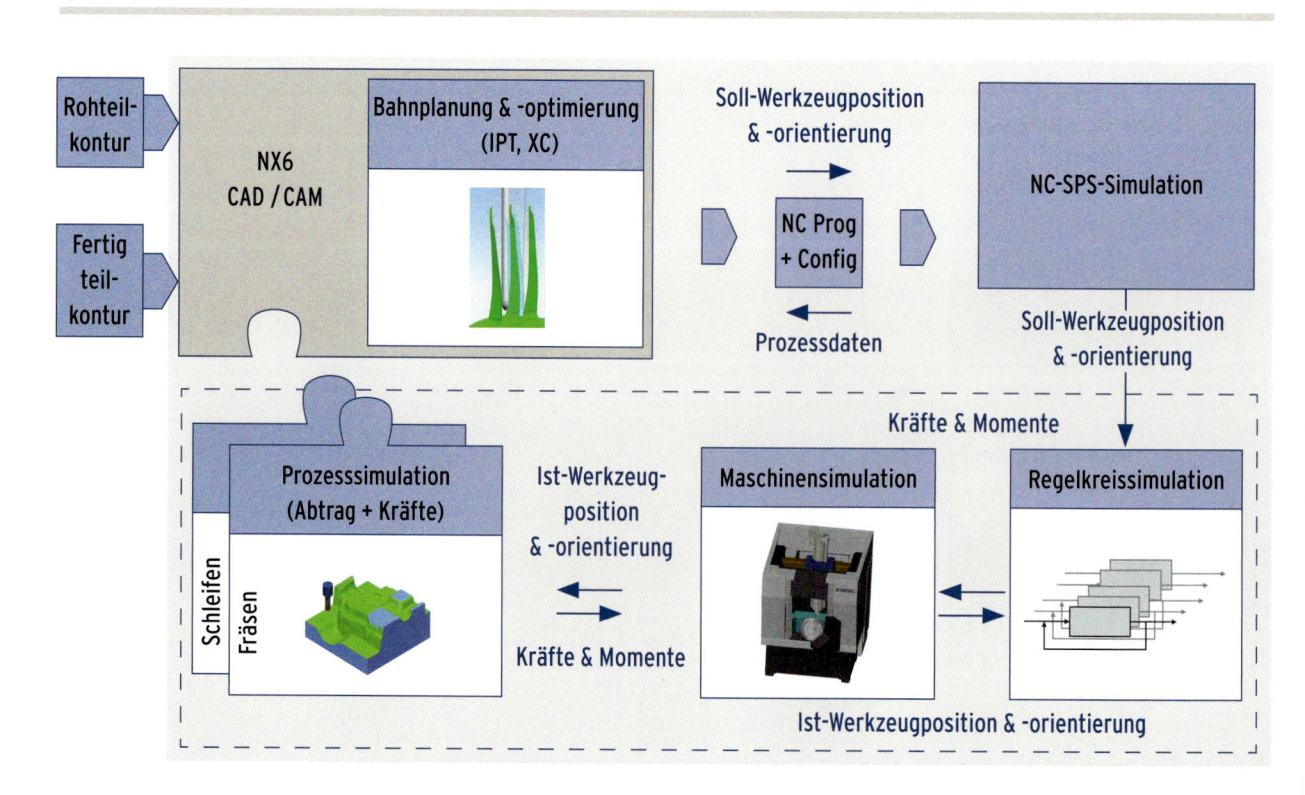

Um diese Zielsetzung zu erreichen, muss die Simulation den gesamten Prozess einbeziehen, da jeder der folgenden Schritte einen erheblichen Einfluss auf das Bearbeitungsergebnis hat.

Langfristig wird es das Ziel der Anwendersimulationen sein, nicht nur die Kollisionsfreiheit der Werkstückprogramme, sondern auch die erreichbare Fertigungsgenauigkeit und Fertigungsqualität bei wirtschaftlichen Prozessparametern zu verifizieren. Bild 69 zeigt die zukünftig wichtiger werdenden Zusammenhänge zwischen der Modellierung und Simulation von Prozessen und Maschinen sowie der Erstellung, Modifikation und Optimierung von NC-Programmen. Ein optimales NC-Programm entsteht durch Optimierungsschleifen unter Einbezug von Modellen, Simulationen und Bewertungen des Realprozesses auf Basis eines CAx-Frameworks. Diese neue Form der NC-Programmierung schafft zukünftig transparentere Abläufe, effizientere Techniken und schneller bessere Bauteile. Am Ende dieser Entwicklungen soll weit über die heutigen Simulationsziele (z. B. Planung von Werkzeugen und Spannmitteln, Verifikation des Materialabtrags und kollisionsfreie NC-Programme) hinaus die sich begrenzend auf die Fertigungsqualität auswirkende und bisher unzureichend betrachtete Interaktionen mit Maschine und Prozess abgebildet werden. Dadurch kann ein wesentlicher Beitrag in Richtung der selbstoptimierenden Produktion geleistet werden.

5 **Modellgestützte Prozessüberwachung**

Selbstoptimierung heißt über die Simulation hinaus, integrierfähige Gesamtsysteme zur Einrichtung, Überwachung und Regelung von Fertigungsprozessen zu schaffen. Primäre Arbeitspunkte hierzu sind:

- Die Entwicklung allgemeingültiger, reduzierter Modelle zur Beschreibung unterschiedlicher Fertigungstechnologien, um eine Anwendbarkeit auf jeden Produktionsprozess zu gewährleisten. Darüber hinaus muss eine Transparenz zum nachvollziehbaren Verständnis der Abläufe innerhalb der Überwachungs- und Regelungssysteme für den Anwender geschaffen werden.

Bild 70: Herausforderungen und Lösungswege für die Prozessüberwachung auf dem Weg zur selbstoptimierenden Produktion *(Bild: WZL)*

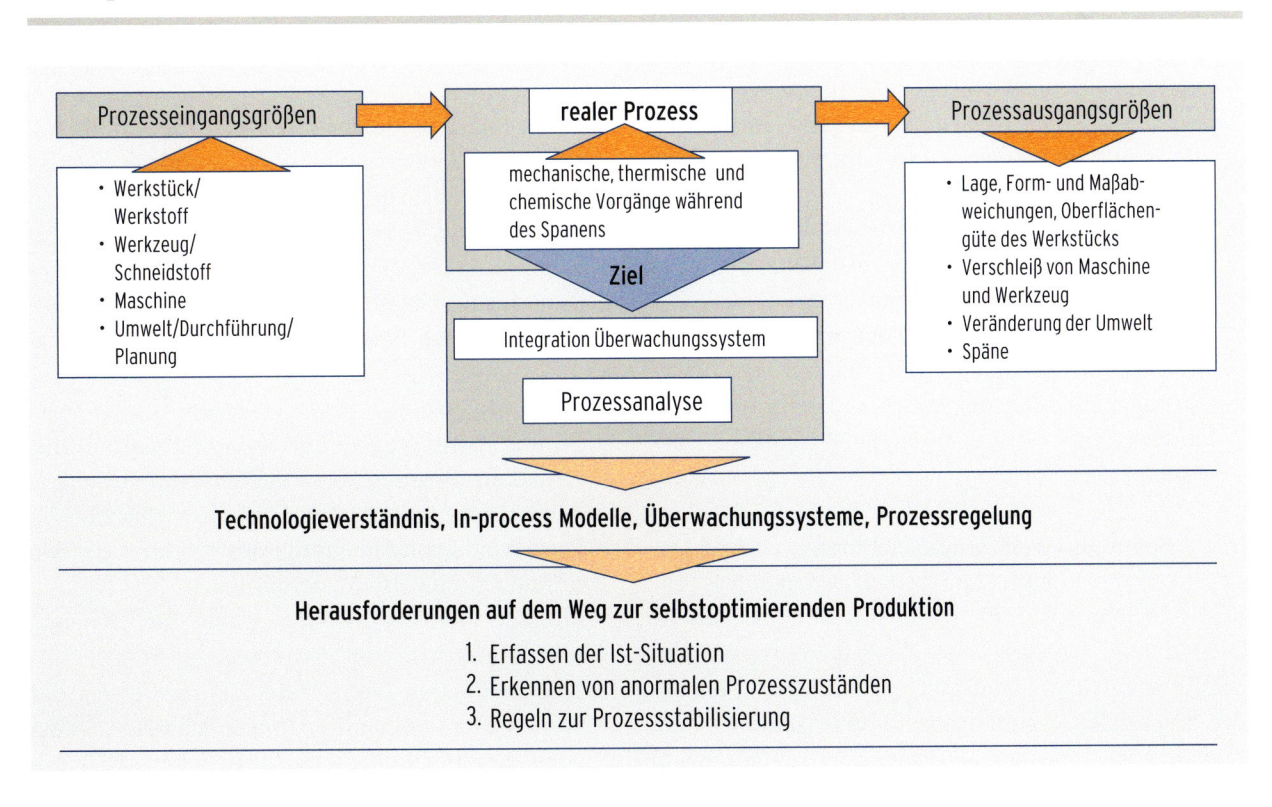

4.2 Produktionstechnik und Ausrüstung

Bild 71: Forschungsbedarfe im Forschungsfeld Spanende Werkzeugmaschinen

1 Funktionsintegration und Komplettbearbeitung
- Einsatz von unterschiedlichen Fertigungsverfahren in einer Maschine

2 Funktionserweiterung durch Integration mechatronischer Systeme
- Eindämmung der hohen Störanfälligkeit der Systeme
- Verkürzung der Entwicklungszeit
- Steigerung der Zuverlässigkeit

3 Zuverlässigkeit durch Zustands- und Prozessüberwachung
- Ableitung von Standartlösungen für die Industrie
- Standardisierte Integration der Maschinensteuerung in BDE/MDE-Systeme
- Erforschung und Berechnung von Grenzwerten und Indikatoren zur Ermittlung von Ausfällen

4 Ganzheitliche Simulation und Optimierung
- Verknüpfung von Prozess- und Maschinen-Simulation
- Integration der Prozess-Maschinen-Simulation in übergeordnete Simulationen
- Standardisierung der Datenweitergabe und einheitliche Datenhaltung zwischen verschiedenen Simulationsumgebungen

5 Material- und energieeffiziente Maschinenkonstruktion
- Erhöhung der Steifigkeit durch aktive Systeme
- Reduzierung der Maschinenmasse zur Material- und Energieeinsparung

- Die detaillierte Aufschlüsselung aller Maschinen-, Produkt-, Prozess- und Sensordaten zur Realisierung einer Überwachungs- und aktiven Regelungsstrategie für unterschiedliche Fertigungsprozesse. Auf dieser Basis werden Algorithmen entwickelt, die einen selbstoptimierenden Produktionsablauf ermöglichen.
- Die Detektion von Messunsicherheiten, um die Stabilität entworfener Systeme beurteilen und eine Qualitätsüberwachung entwickeln zu können.

In Bild 70 sind in diesem Zusammenhang nochmals zusammenfassend die primären Herausforderungen und Lösungswege in Bezug auf eine durchgängige, selbstoptimierende Produktion dargestellt.

b) Spanende Werkzeugmaschinen

Aufgrund der Zukunftsfähigkeit der spanenden Fertigungstechnologien für den Produktionsstandort Deutschland, beispielsweise als Fabrikausrüster für aufstrebende Schwellenländer, soll auf diesen Bereich der trennenden Technologien in den nachfolgenden Ausführungen nochmals detaillierter eingegangen werden. Bild 71 zeigt einleitend die zentralen Forschungsbedarfe am Beispiel der spanenden Werkzeugmaschinen auf.

In Deutschland produzierende Unternehmen als Anwender von Werkzeugmaschinen benötigen auch in Zukunft zur Wahrung ihrer Wettbewerbsfähigkeit hochproduktive Anlagen bei geringen Investitions- und Betriebskosten. Dazu ist insbesondere ein hohes Maß an Technologie-Know-how, sowohl für die Entwicklung als auch für den Betrieb von Werkzeugmaschinen, notwendig.

1 Funktionsintegration und Komplettbearbeitung

Funktionsintegration bzw. der Einsatz unterschiedlicher Fertigungsverfahren in einer Maschine in Form von hybriden Fertigungsverfahren werden technologische Herausforderungen für die zukünftige Wettbewerbsfähigkeit der Werkzeugmaschinenindustrie sein. Grundlegende Forschungsansätze müssen dieses Potenzial im Bereich der Werkzeugmaschinenindustrie erschließen. Mögliche Kombinationsmöglichkeiten mit Laserunterstützung und deren Anwendungsfelder sind in Bild 72 dargestellt.

2 Funktionserweiterung durch Integration mechatronischer Systeme

Beispiele an funktionsfähigen Prototypen, die im Forschungsumfeld bereits in Werkzeugmaschinen eingesetzt und erprobt werden, sind über Pilotprojekte zur industriellen Reife zu bringen. Um dies zu ermöglichen, muss die häufig hohe Störungsanfälligkeit der Systeme gegenüber dem heutigen Stand eingedämmt werden.

Eine weitere Herausforderung besteht darin, durch eine systematische Vorgehensweise zum Entwurf robuster mechatronischer Systeme die Entwicklungszeit zu verkürzen und dadurch die Zuverlässigkeit solcher Systeme zu garantieren.

3 Zuverlässigkeit durch Zustands- und Prozessüberwachung

Um einen breitenwirksamen Einsatz von Systemen zur Zustands- und Prozessüberwachung zu erreichen, sind aus bereits vorhandenen Sonderlösungen industrielle Standardlösungen abzuleiten. Darüber hinaus besteht eine weitere Herausforderung darin, die Integration in die Maschinensteuerung und die Einbindung in die BDE/MDE-Systeme zu standardisieren.

Grenzwerte und Indikatoren für die Erkennung von Werkzeugbrüchen, ungünstigen Prozessbedingungen und bevorstehenden Ausfällen von Komponenten sind bislang unzureichend erprobt. Die Erforschung und Berechnung von Grenzwerten für verschiedene Anwendungsgebiete sind weiter voranzutreiben. Zusätzlich sind die erzielten Ergebnisse in das industrielle Umfeld zu übertragen. Bisher ist die Übertragbarkeit von Erkenntnissen auf verschiedene Maschinentypen nicht gewährleistet.

4 Ganzheitliche Simulation und Optimierung

Analog zu den übergeordneten Forschungsbedarfen im Bereich der trennenden Technologien besteht die zukünftige Anforderung für spanende Verfahren darin, die Prozess- und Maschinensimulationen mit verschieden Zielrichtungen (Dynamik, Thermik) zu verknüpfen, um eine ganzheitliche Lösung zu erreichen. Dadurch soll eine optimale Prozesskette bezüglich Kosten und Qualität gewährleistet werden.

Bild 72: Kombinationsbeispiele mit Laserunterstützung *(Bild: WZL)*

- **Laserbearbeitungsverfahren als zusätzliches Werkzeug automatisiert in Bearbeitungszentren zur Verfügung stellen:**
  - Drahtbasiertes Auftragsschweißen
  - Laserhärten
  - Laserstrukturieren
  - Laserentgraten

- **Neue Strategien für die laserunterstützte Zerspanung**
  - Fräsbearbeitung von hochsporöden Hochleistungskeramiken

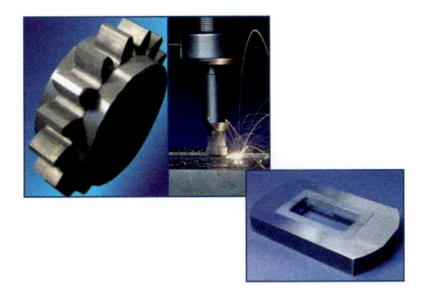

- **Laserunterstütztes Thermoplast-Tapelegen**
  - Automatisierte Produktion von Leichtkomponenten aus Faserverbundkunststoff (FVK)
  - Verarbeitung von vorimprägnierten faserverstärkten thermoplastischen Kunststoff-Tapes
  - Überlagerung der Wirkmechanismen:
    - Laserinduziertes Anschmelzen der Polymer-Matrix
    - Kraftgeregelter Tape-Konsolodierprozess

4.2 Produktionstechnik und Ausrüstung

Die Verkettung von Simulationen nacheinander durchgeführter Fertigungsprozesse muss möglich werden, beispielsweise durch geeignete Schnittstellen zwischen den einzelnen Disziplinen. Eine einheitliche Datenhaltung und standardisierte Datenweitergabe zwischen verschiedenen Simulationsumgebungen und Simulationsebenen dient unter diesem Aspekt der Vermeidung von Datenbrüchen. Eine Integration der Prozess-Maschinen-Simulationen in eine übergeordnete Simulation auf Produktionszellen- und auf Produktionslinien-Ebene ist zu realisieren. Entsprechende Ansätze werden unter dem Begriff der sogenannten mehrskaligen Simulation zusammengefasst.

Übergeordnet ist eine verstärkte Gemeinschaftsforschung notwendig, um den bestehenden Stand nutzen und Standards definieren zu können.

5 Material- und Energieeffiziente Maschinenkonstruktion

Die Forderung nach hoher Maschinensteifigkeit zur Gewährleistung der Bearbeitungsqualität führt in heutigen konstruktiven Lösungen zu einer Erhöhung der Maschinenmasse. Diese erfordert wiederum größer dimensionierte Antriebe zur Gewährleistung der hohen Achsbeschleunigungen und -geschwindigkeiten. Eine Erhöhung der Steifigkeit durch aktive Systeme kann diesen Zielkonflikt zu-

---

„Zellulare metallische Werkstoffe: vielseitig einsetzbar für Leichtbau im Werkzeugmaschinenbau" (IFAM 2011)

Zellulare metallische Werkstoffe sind eine neue Gruppe von multifunktionalen Leichtbauwerkstoffen, die sich durch ein sehr geringes spezifischen Gewicht (< 1g/cm³) auszeichnen. Außerdem können durch einstellbare Porengröße und Porosität weitere anwendungsorientierte Eigenschaften gezielt eingestellt werden.

Zellulare metallische Werkstoffe für Leichtbauanwendungen wie offen- und geschlossenporige Metallschäume, Hohlkugelstrukturen und Sandwich-Verbundkonstruktionen haben deshalb ein breites Anwendungspotenzial: Im Fahrzeugbau zeigen sie sowohl als Crashabsorber zur Aufnahme von Verformungsenergie als auch für die Schallabsorption eine exzellente Performance. Weitere potenzielle Anwendungen sind z.B., auf Grund der geringen Wärmeleitfähigkeit, thermische Isolierungen und Flammensperren im Bauwesen ebenso wie im Anlagenbau.

Da zellulare metallische Werkstoffe eine geringe Dichte und ein gutes Masse-Steifigkeits-Verhältnis besitzen und viel Energie absorbieren können, eignen sie sich besonders für leichtgewichtig ausgelegte bewegte Baugruppen wie Maschinenschlitten. Auch rotierende Teile wie Walzen für die Druck- und Papierindustrie können im Inneren aus zellularen metallischen Werkstoffen bestehen. In Werkzeugmaschinen senken sie das Gewicht und erhöhen die Dämpfung. Sie finden aber auch als leichte, steife Plattformen für Messtische oder als tragende Maschinenelemente für Gestellbauteile Anwendung.

Bild 73: Zellulare metallische Werkstoffe eignen sich hervorragend für Leichtbauanwendungen (Bild: IFAM 2011)

Bild 74: Forschungsbedarfe im Forschungsfeld Fügetechnik

1 Flexible, robuste und hochproduktive Fügeprozesse
- Flexible Anpassung von Fügeprozessen an variable Randbedingungen
- Reduzierung der Freiheitsgrade bei er Integration von Fügeprozessen in die Fertigungskette

2 Innovative Werkstoffe und Ressourceneffizienz
- Fügetechnologien für zukünftige Werkstoffinnovationen
- Entwicklung von Fügetechniken für Mischbauweisen und Leichtbaukonzepten

3 Interaktion von Mensch / Maschine / Prozess
- Entwicklung von assistierenden Maschinen und Systemen

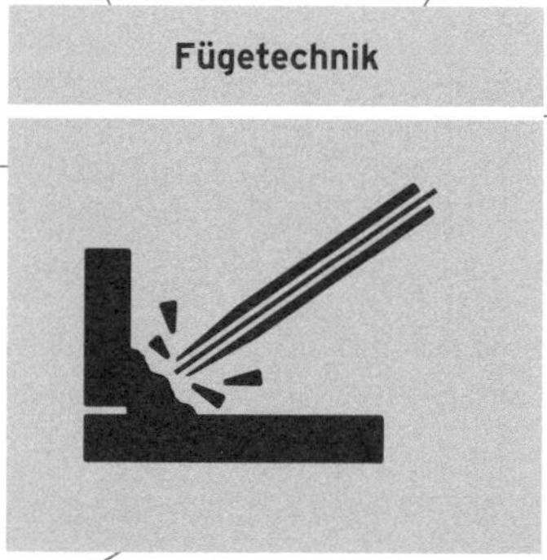

4 Simulation von Fügeprozessen in der Prozesskette
- Verkettung existierender Simulationsmodelle und Programme für füge-, fertigungs- und werkstofftechnische Fragestellungen

5 Emissionsminimierung / Arbeitsschutz
- Erarbeitung emissionsreduzierender Maßnahmen
- Verbesserung der Methoden zur Gesundheitsüberwachung

künftig lösen und gleichzeitig Material- und Energieeinsparungen ermöglichen.

4.2.7 Fügetechnik

Die Fügetechnik nimmt eine Schlüsselrolle bei der Beherrschung der zunehmenden Komplexität im Produktionsprozess ein. Eine konsequent weiterentwickelte Fügetechnik ermöglicht die Nutzung neuartiger Werkstoffe und Konstruktionskonzepte. Insbesondere die Kombination verschiedener Materialen (z. B. Kunststoffe und Metall) zu einem funktionsoptimierten Gesamtsystem ist eine Herausforderung. Der Forschungsbedarf ist zusammenfassend in Bild 74 aufgezeigt.

1 Flexible, robuste und hochproduktive Fügeprozesse

Die zukünftigen Anforderungen an innovative Fügeprozesse sind:
- Flexibilität: Bearbeitungsmöglichkeit für unterschiedliche Formen der Bauteile und unterschiedliche Materialien
- Robustheit: Geringe Anforderungen an Nahtvorbereitung und Sauberkeit, hohe Genauigkeit und Reproduzierbarkeit, geringer Einfluss auf den Grundwerkstoff, einfache Spanntechnik
- Produktivität: Geringe Halte- und Härtezeiten, hohe Fügegeschwindigkeit

Es besteht ein maßgeblicher Bedarf, die Flexibilität von Hochleistungsprozessen, wie z. B. des Remote-Laserstrahlschweißens (siehe auch Bild 75), zu erhöhen. Der Fügeprozess muss auf die Prozesskette ausgerichtet werden und nicht umgekehrt. Dabei ist besonderes Augenmerk auf die Robustheit der Prozesse zu legen, da die Erfahrungen in der Fügetechnik gezeigt haben, dass insbesondere Hochleistungsprozesse gegenüber konventionellen Fertigungsverfahren eine höhere Fehleranfälligkeit haben.

2 Innovative Werkstoffe und Ressourceneffizienz
Die Entwicklung und der Einsatz neuartiger Werkstoffe kann nur zum Erfolg führen, wenn geeignete fügetechnische Konzepte erarbeitet werden, um die entwickelten Werkstoffe in konkrete Konstruktio-

4.2 Produktionstechnik und Ausrüstung

Bild 75: Beispiele für innovative Hochleistungsfügeverfahren *(Bilder: TRUMPF (links), iwb (rechts))*

Remote Laserstrahl Schweißen (RLS)

Laserstrahl-Schweißen aus der Entfernung mittels einer beweglichen Optik, die eine variable Fokussierung des Strahls ermöglicht

- Keine Beschädigung der Optik durch Spritzer
- Keine Handhabungstechnik, keine Krafteinwirkung
- Gute Zugänglichkeit am Bauteil

Rührreibschweißen / Friction Stir Welding (FSW)

Die durch Reibung zwischen Werkzeug und Werkstück entstehende Wärme plastifiziert das Material, der eintauchende Stift des Werkzeugs verrührt es gleichmäßig

- Kein Zusatzwerkstoff
- Geringe Sicherheitsanforderungen
- Gut automatisierbar
- Geringer Wärmeeintrag

---

nen überführen zu können. Den Innovationen im Bereich der Werkstoffentwicklung folgt daher naturgemäß die Entwicklung geeigneter Fügetechniken für diese Werkstoffe. Aus industrieller Sicht besteht hier dringender Entwicklungsbedarf von Fügetechniken für aktuelle Werkstoffinnovationen, wie bspw. morphologisch komplexe Stähle, nanomodifizierte Materialien, neuartige Verbundmaterialien oder funktionalisierte Oberflächen. Intelligenter Werkstoffeinsatz ist der Schlüssel für ressourceneffiziente Bauweisen. Neben dem Einsatz neuartiger Werkstoffe steht die Fügetechnik hier im Zentrum von Mischbauweisen und Leichtbaukonzepten aber auch von effizienzsteigernden Maßnahmen, wie z. B. der Verarbeitung von hochwarmfesten Metallen für moderne Dampfkraftwerke.

3 Interaktion von Mensch / Maschine / Prozess

Fügende Fertigungsprozesse bestimmen in entscheidendem Maße die Qualität eines Produkts. Da aber i.d.R. die Qualität der Fügeverbindung in der Produktion nicht ohne weiteres ersichtlich ist, muss auf die Robustheit der Prozesse und die damit ermöglichte Prozesssicherheit großen Wert gelegt werden. Falls eine Automatisierung aus wirtschaftlichen Gründen nicht realisierbar ist, müssen manuelle Arbeitsplätze durch Assistenzsysteme unterstützt werden. So wird es in Zukunft möglich sein, die Position einer manuell geführten Schweißzange über ein Trackingsystem zu orten und damit zu kontrollieren.

Insbesondere vor dem Hintergrund des demografischen Wandels in Deutschland besteht ein erheblicher Bedarf nach assistierenden Maschinen und Systemen, die auch leistungsgewandelte Mitarbeiter befähigen, optimale Prozessergebnisse zu liefern, welche hohe Qualität mit hoher Produktivität vereinen (siehe auch 4.4.5).

4 Simulation von Fügeprozessen in der Prozesskette

Vordringlicher industrieller Bedarf bei der Simulation von Fügeprozessen besteht in der Verkettung der existierenden Simulationsmodelle und -programme für füge-, fertigungs- und werkstofftechnische Fragestellungen. Hierfür sind durchgängige Schnittstellen zwischen den in Hochschule und Industrie entwickelten Softwaretools zu schaffen. Modularisierbare Systeme, die anwender- bzw. produktgruppenspezifisch zugeschnitten werden können, werden kurzfristig die industrielle Anwendbarkeit und die Akzeptanz von Simulationswerkzeugen erhöhen. Neben der Verkettung der vorhandenen Modelle und Programme sind die physikalisch-mathematischen Prozessmodelle weiterzuentwickeln, um den Anforderungen an höhere Simulationsgenauigkeiten, an kürzere Berechnungszeiten und an geänderte Randbedingungen, wie z. B. neue Fügeverfahren oder Werkstoffe, zu genügen.

5 **Emissionsminimierung/Arbeitsschutz**
Grundlage für einen verbesserten Arbeitsschutz/Umweltschutz stellt die Vermeidung bzw. Minimierung der Emissionen und die Substitution gefährlicher Stoffe im Fügeprozess dar. Die in diesem Zusammenhang verschärfte Gesetzgebung hat zur Folge, dass insbesondere emissionserzeugende thermische Fügeprozesse aus dem nationalen Produktionsumfeld verlagert werden. Daher ist die Erarbeitung emissionsreduzierender Maßnahmen ebenso wichtig wie die Erarbeitung verbesserter Methoden zur Gesundheitsüberwachung auf Basis von *Emissions-, Bio-* und *Effektmonitoring.*

4.2.8 Montage-, Handhabungstechnik und Robotik

Die besondere Bedeutung der Montage-, Handhabungstechnik und Robotik für die Produktionstechnik wird anhand von wenigen Kennzahlen deutlich.

Wie in MÜLLER & BRECHER 2009 ermittelt wurde und in Bild 76 zu sehen ist, werden in der Einzel- und Serienmontage Wertschöpfungsanteile bis zu 70 % der Gesamtwertschöpfung erreicht (MÄRZ & LANGSDORFF 2001). Dabei beträgt der Zeitanteil der einzelnen Montageschritte 15 bis 70 % der Gesamtbearbeitungszeit und stellt somit einen Schwerpunkt in der Produktion dar (LOTTER 2006). Demgegenüber stehen ein Anteil der Montage je nach Produkt von 28 bis 44 % an den Produktionskosten und bis zu 40 % an der Produktionsfläche (MÜLLER & BRECHER 2009).

Deutschland ist im Bereich der engineeringintensiven Automatisierungslösungen hervorragend positioniert und verfügt zugleich über einen sehr hohen Exportanteil. Der heimische Standort hat weitreichende Kompetenzen im Systemgeschäft, dagegen kommen Standardbausteine, wie einfache Pick- und Place-Geräte oder Montageroboter oftmals von ausländischen Produzenten. Der Zukunftsmarkt der Automatisierungstechnik liegt weniger bei der Großserienfertigung (vgl. Bild 77), sondern bei der Mittel- und Kleinserienfertigung. Hierbei werden zukünftig deutlich weniger Standardlösungen gefragt sein, sondern kundenspezifische Problemlösungen, sodass sich hier Chancen für Engineering-starke Unternehmen und Länder ergeben werden.

Gegenwärtig ist ein Trend erkennbar, dass sich Anbieter von Montage- und Handhabungstechnik neuen Branchen, wie der Energie- und Medizintechnik

Bild 76: Bedeutung der Montage anhand ausgewählter Kennzahlen *(MÜLLER & BRECHER 2009; Bild: BMW AG)*

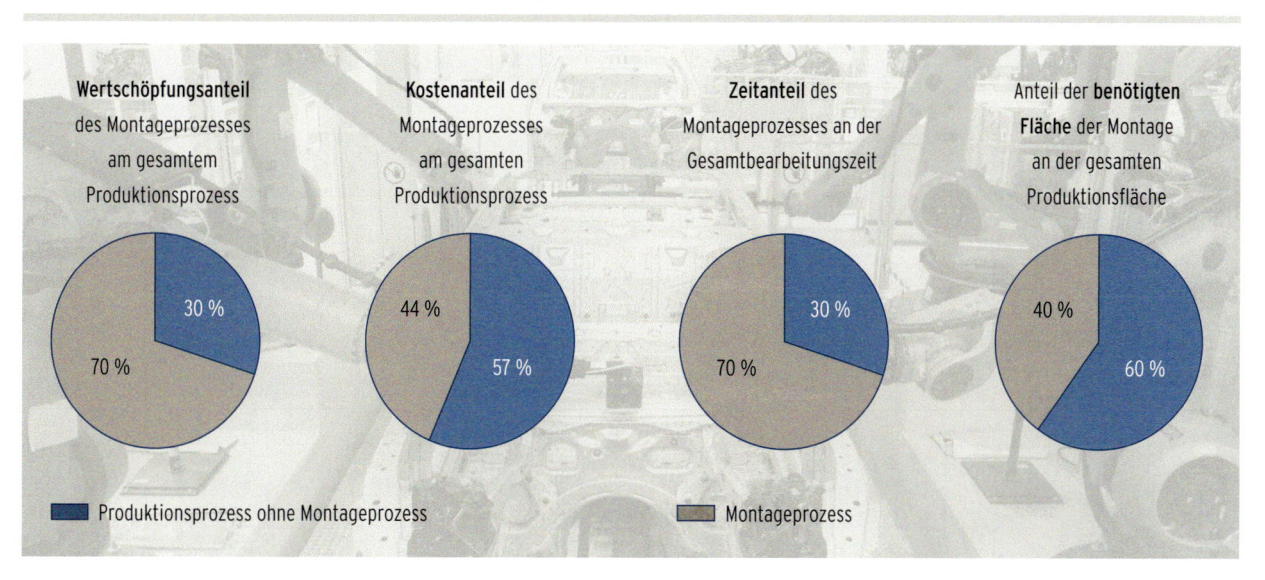

Wertschöpfungsanteil des Montageprozesses am gesamten Produktionsprozess	Kostenanteil des Montageprozesses am gesamten Produktionsprozess	Zeitanteil des Montageprozesses an der Gesamtbearbeitungszeit	Anteil der **benötigten Fläche** der Montage an der gesamten Produktionsfläche
30 % / 70 %	44 % / 57 %	30 % / 70 %	40 % / 60 %

■ Produktionsprozess ohne Montageprozess   ■ Montageprozess

4.2 Produktionstechnik und Ausrüstung

oder auch der Konsumgüterindustrie zuwenden, während in der Vergangenheit überwiegend die Automotive-Branche im Mittelpunkte stand. Diese neuen Zielbranchen sind vergleichsweise durch mittelständische Unternehmensstrukturen, schnell wechselnde Produktspektren, kleine Losgrößen und eine geringe Automatisierung geprägt.

Ausgangspunkt für die Entwicklung der Forschungsansätze der Montage- und Handhabungstechnik sind zwei zentrale Fragestellungen. Einerseits ist zu klären, wie Deutschland eine wirtschaftliche Alternative zur kostenintensiven manuellen Produktion bei kleinen und mittleren Seriengrößen realisieren und in die Praxis umsetzen kann. Andererseits stellt sich die Frage,

Bild 77: Zukünftige Herausforderung für die Montage- und Handhabungstechnik
(Bilder von links nach rechts: Lasco Umformtechnik GmbH; BMW AG, Reis GmbH & Co KG Maschinenfabrik; The Linde Group)

	Großserie	Mittelserie	Kleinserie	Einzelfertigung
Typologie	z. B. Schrauben (Normprodukte) 	z. B. PKW-Getriebe 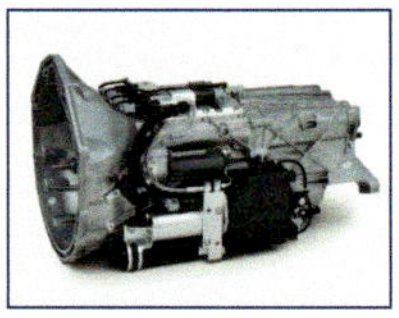	z. B. Messgeräte, Roboter 	z. B. Großanlage 
Kennzeichen	• Höchste Produktivität • Kurztaktprozesse • Vollautomation	• Variantenflexibilität • Kostengünstige Prozesse • Teilautomation	• Qualtitätssicherung bei großem Variantenmix • Hohe Flexibilität • Vorwiegend manuell	• Programmvielfalt • Kaum Standardisierung • Höchste Flexibilität • Manuell
Robotereinsatz heute (% aller Unternehmen)	52 %*	26 %*	22 %*	14 %*
Robotereinsatz 2020	→	↗	↗	→
Taktzeitreduzierung				
Kostenreduzierung				
Reduzierung des Programmieraufwands				
Erhöhung der Flexibilität (z. B. Varianten)				
Integration BDE / ERP				

nach Armbruster et al. 2006

4.2.8 Montage-, Handhabungstechnik und Robotik

Bild 78: Forschungsbedarfe im Forschungsfeld Montage-, Handhabungstechnik und Robotik

1 Sicherheitskonzepte für die Mensch-Maschinenkooperation
- Entwicklung sicherheitszertifizierter Sensoren, Steuerungen und Softwarelösungen
- Ergonomische Arbeitsplatzgestaltung

2 Neue Greifkonzepte
- Entwicklung von Systemen für formlabile Bauteile, Mikrobauteile und sensible Oberflächen
- Entwicklung maßtoleranter und sensibel ausgleichender Greiftechnik
- Implementierung erforderlicher Kompensationsalgorithmen
- Realisierung des „Griff in die Kiste"

3 Kognition in der Planung und Programmierung von automatisierten Systemen
- Aufbau, Verwaltung und Weitervermittlung von Wissen
- Betrieb von teilautonomen Systemen oder Produktionsassistenten
- Wandelbare Automatisierung durch intuitive Programmierverfahren und sicherheitszertifizierte Sensorapplikationen

4 Einsatz von Robotersystemen in der Produktionslogistik
- Steigerung der Prozessverfügbarkeit und -qualität durch lernfähige Robotersysteme
- Konzeption lernfähiger Robotersysteme, die selbstständig Lösungen erarbeiten

5 Entwicklung wirtschaftlicher Montagesysteme für den Klein- und Mittelserienbereich*
- Entwicklung modularer, mobiler, kooperierender oder transportabler Systeme (Plug and Produce)
- Vereinfachung von Programmierung, Umrüstung und Wartung
- Entwicklung von Low-Cost-Montagesystemen
- Entwicklung von Systemkonfiguratoren und intuitiven Planungsinstrumenten

* Im Folgenden nicht näher betrachtet

wie die politischen Rahmenbedingungen gestaltet und welche technischen Fortschritte erreicht werden müssen, um die Attraktivität und Wirtschaftlichkeit der Produktion von Volumenartikeln – auch aus dem Low- und Mid-tech Bereich – in einem Hochlohnland zukünftig möglich zu machen und attraktiv zu gestalten. Aus dieser Ausgangssituation leiten sich die aktuellen Forschungsbedarfe ab, die zunächst zusammenfassend in Bild 78 dargestellt sind und im Folgenden detailliert werden.

1 Sicherheitskonzepte für die Mensch-Maschinenkooperation

Für die Realisierung von Sicherheitskonzepten für die Mensch-Maschinenkooperation ist die Entwicklung zertifizierter Sensoren, Steuerungen und Softwarelösungen notwendig. Diese ermöglichen neue Sicherheitskonzepte, welche Schutzzonen flexibel, z. B. in Abhängigkeit einer Roboterposition und -geschwindigkeit festlegen. Somit können die Einrichtung von Materialschleusen vereinfacht und die erreichbaren Taktzeiten der Anlagen erhöht werden.

2 Neue Greifkonzepte

Besondere Anforderungen stellen die Handhabung und Montage formveränderlicher oder geometrisch variierender Produkte, wie sie z. B. in der Luftfahrtindustrie zum Einsatz kommen (Faser-Kunststoff-Verbundwerkstoffe – CFK), dar. Hierzu ist die Entwicklung einer maßtoleranten und sensibel ausgleichenden Greiftechnik ebenso notwen-

4.2 Produktionstechnik und Ausrüstung

Bild 79: Kognition in der Planung und Programmierung von automatisierten Systemen am Beispiel einer flexiblen Montagezelle *(Bild: WZL)*

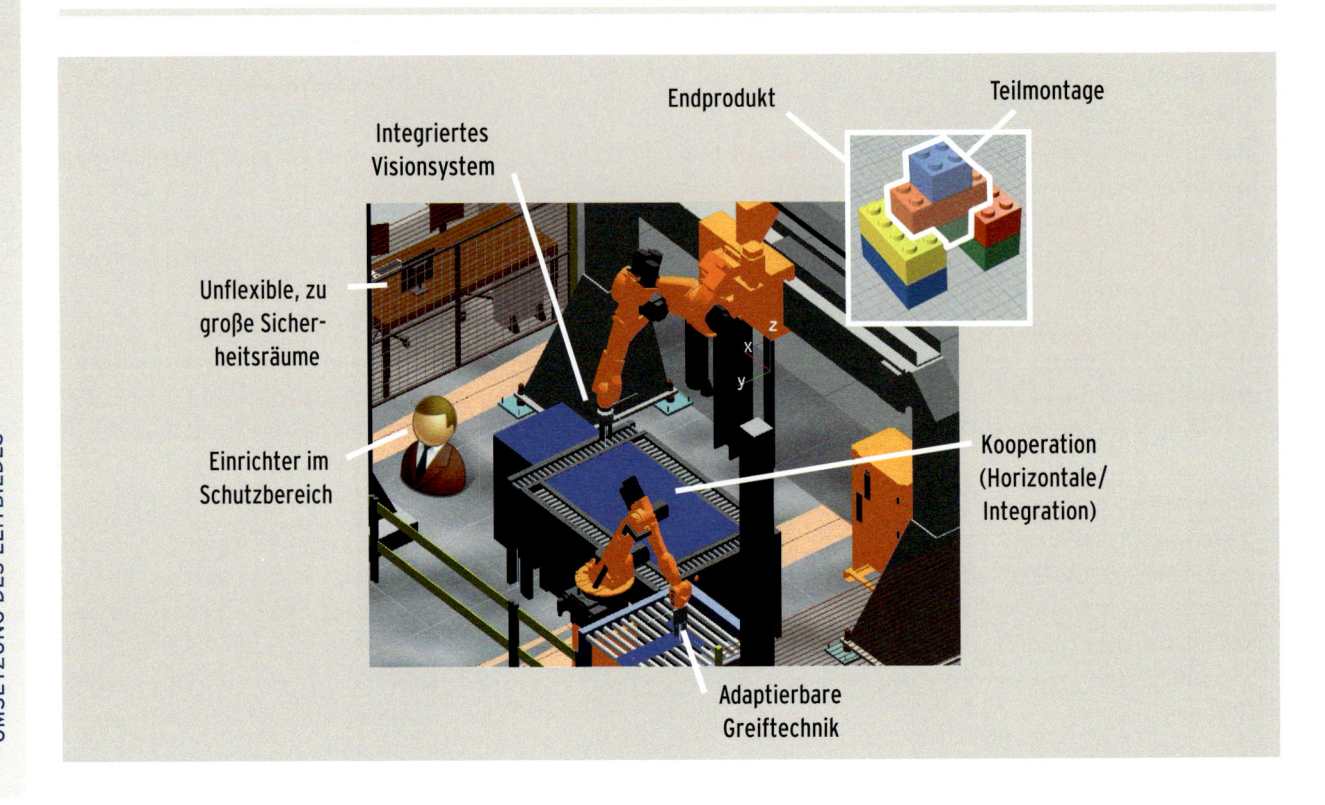

- Integriertes Visionsystem
- Unflexible, zu große Sicherheitsräume
- Einrichter im Schutzbereich
- Endprodukt
- Teilmontage
- Kooperation (Horizontale/Integration)
- Adaptierbare Greiftechnik

dig wie die Möglichkeit, die entsprechenden Kompensationsalgorithmen zu implementieren.

Darüber hinaus stellen Bauteile mit empfindlichen Oberflächen Anforderungen an berührungslose Greifkonzepte. Im Zuge der Miniaturisierung von Bauteilen insbesondere in der Elektronikindustrie müssen neue Greifsysteme entwickelt werden, die eine Mikromontage prozesssicher und mit höchsten Genauigkeiten ermöglichen.

3 Kognition in der Planung und Programmierung von automatisierten Systemen

Das verfügbare Wissen und die Erfahrung im Bereich der Montage und Handhabungstechnik nimmt aufgrund der Vielzahl der involvierten Fertigungsverfahren, der zahlreichen neu entwickelten Automatisierungsbausteine aber auch aufgrund des rasanten Fortschritts im Bereich der Mechatronik derzeit exponentiell zu. Dieses Wissen muss auch im Bereich der Montage- und Handhabungstechnik effizient aufgebaut, verwaltet und weitervermittelt werden. Es stellt sich die Frage, mit welchen Methoden Informationen und Wissen erhalten, weitergegeben und auch auf andere Wissensgebiete transferiert werden können.

Erster Ansatzpunkt hierzu kann die Abbildung automatisierungstechnischer Aufgabenstellungen auf eine grundlegende, von der realen Anlage abstrahierte Ebene, und die Nutzung von Methoden aus den Kognitionswissenschaften sein. Ziel der Kognition ist es hierbei, teilautonome und darauf aufbauend optimierende Systeme oder Produktionsassistenten zu betreiben, die sich hinsichtlich unterschiedlicher Kriterien optimale Abläufe selbständig erarbeiten. Ein exemplarisches Beispiel zeigt die Montagezelle aus Bild 79, bei der die Aufgabe die selbstständige und zeitoptimierte Montage der gezeigten Bausteingruppen ist, welche aus einem Rohteillager aus Einzelbausteinen aufgebaut werden. Durch die eingesetzte Greifmechanik und die Bausteingruppe bestehen nicht-triviale Einschränkungen bzgl. möglicher Aufbaureihenfolgen. Es sind Methoden und Vorgehensweisen zu analysieren, die es dem System erlauben entsprechende Montageanforderungen in optimierter Zeit, mit optimiertem Kostenumfang und mit spezifisch

4.2.8 Montage-, Handhabungstechnik und Robotik

angepasster Automatisierungsstruktur selbständig planen und erfüllen zu können.

Intuitive Programmierverfahren sowie fortgeschrittene innovative und sicherheitszertifizierte Sensorapplikationen ermöglichen eine flexible und wandelbare Automatisierung, die implizit Produkt-, Aufgaben- und Anforderungswechsel unterstützt. Der Forschungsbedarf für die Produktionstechnik besteht darin, entsprechende Programmierverfahren zu entwickeln und für die industrielle Anwendung zu qualifizieren. Exemplarische Beispiele sind neuartige Inbetriebnahmemethoden für Industrieroboter oder Benutzer-spezifische Eingabeschnittstellen von Maschinen und Anlagen.

4 Einsatz von Robotersystemen in der Produktionslogistik

Vor dem Hintergrund kürzerer Durchlaufzeiten und höherer Umschlaghäufigkeiten bekommen Robotersysteme neue Marktpotenziale im Bereich der Produktionslogistik aber auch der Einkaufs- und Distributionslogistik. Entscheidend wird dabei sein, dass wir die Möglichkeiten der Robotertechnologie mit der IT-Technologie geschickt verknüpfen.

Eines der Schwerpunktthemen im Bereich Automatisierungslösungen durch Robotereinsatz stellt die Entwicklung kooperativer Roboter dar (RUSIN 2007). Hierbei wird eine neue Klasse von Handhabungssystemen entworfen, welche die Kombination von manueller und robotischer Arbeit beinhalten. Mittels gezielter Interaktion erledigen dabei der Werker und der Industrie-Roboter Tätigkeiten gemeinsam, wobei sich die Präzision von Robotern mit der Intelligenz des Menschen verbindet. In Erweiterung dieses Gedankens steht der Einsatz lernfähiger Robotersysteme, die z. T. selbstständig Lösungen erarbeiten.

Bild 80: Ebenen der Industrial-IT und Automatisierung (GEVATTER & GRÜNHAUPT 2006)

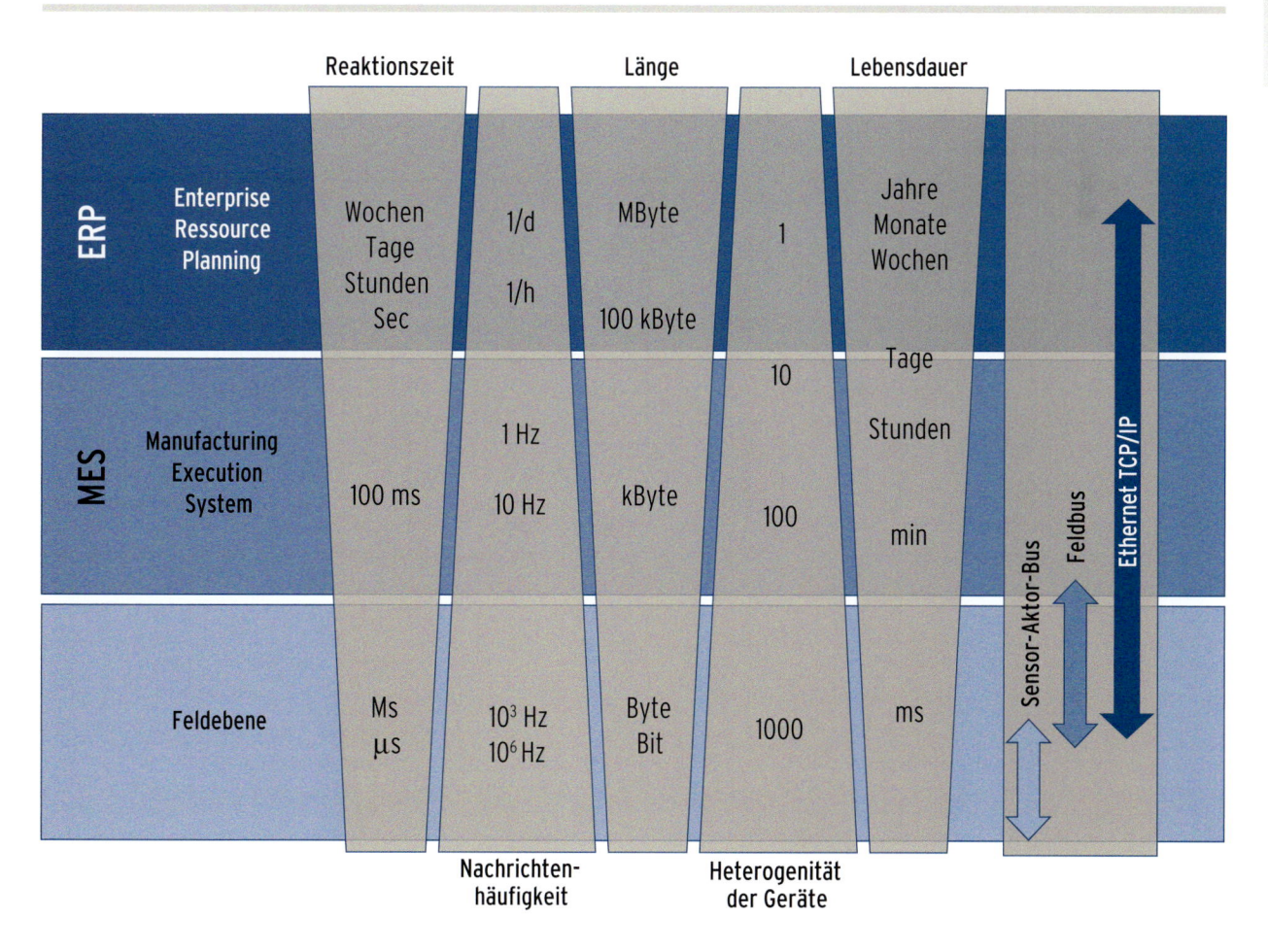

4.2 Produktionstechnik und Ausrüstung

Nach wie vor wird in der Automatisierungstechnik ein hohes Rationalisierungspotenzial für Logistikprozesse gesehen. Mittels geeigneter Automatisierungslösungen können zumeist Prozessverfügbarkeit und -qualität gesteigert werden. Interessanterweise zeigt sich dabei ein verstärkter Automatisierungstrend bei eher kleineren Unternehmen, die einen geringen Grad an logistischem Outsourcing haben und somit noch besonders viel Logistikleistung selbst erstellen (JUNG 2009).

4.2.9 Automation und industrielle IT

Der Faktor Information spielt in der modernen Produktionstechnik eine zentrale Rolle. Produzierende Unternehmen haben sich in den letzten Jahren intensiv mit der Einführung industrieller IT-Systeme im Bereich Produktentwicklung, Fertigungsplanung, Fertigungssteuerung, Qualitätswesen und Logistik befasst. Die gegenwärtige IT-Landschaft in produzierenden Unternehmen, die auch unter dem Begriff *Industrial IT* bekannt ist, umfasst inzwischen ein weites Funktionsspektrum heterogener Hard- und Software-

Bild 81: Forschungsbedarfe im Forschungsfeld Automation und industrielle IT

1 IT-Vernetzung & Kommunikation
- Steigerung der Kommunikationsgeschwindigkeit
- Weiterentwicklung der drahtlosen industriellen Kommunikation und RFID
- Weiterentwicklung der eingebetteten Systeme
- Entwicklung von Systemen zur Geräte-Selbstindentifikation

2 Integration Sensor- und Aktortechnik
- Entwicklung von Datenprotokollen für zunehmende Informationsdichte
- Entwicklung von selbstkonfigurierenden Aktoren und Sensoren
- Entwicklung von selbstüberwachenden Aktoren und Sensoren

3 Mensch-Maschine-Schnittstellen
- Entwicklung intuitiver und konfigurierbarer Benutzeroberflächen
- Weiterentwicklung der Fernsteuerung von Maschinen und Anlagen
- Entwicklung intuitiver Bedienerführung

4 IT-Werkzeuge für Produkt- & Produktionssystementwicklung
- Integration / Kopplung der Engineering-Werkzeuge
- Entwicklung umfangreicher mechatronischer Baukastenmodelle
- Weiterentwicklung ganzheitlicher Simulationssysteme / Virtuelle Fabrik
- Unterstützung der Rekonfigurierbarkeit von Produktionssystemen

5 Integrierte IT-Systeme für Produktionssteuerung und den Betrieb der Produktionssysteme
- Ansätze zur besseren Integration der IT-Systeme (Steuerungen / MES / ERP)
- Effiziente Logistik, Track-und-Trace
- Ansätze zur Planung und Selbstoptimierung
- Zustandsorientierte Instandhaltung

6 Basissoftware- und Modellierungstechnologien*
- Modellierungstechnologien
- Anwendungsintegration / Interoperabilität
- Simulationssysteme
- Sicherheitslösungen

* *Im Folgenden nicht näher betrachtet*

systeme. Die derzeitigen, umfangreichen Aktivitäten im Forschungsfeld Automation und industrielle Informationstechnik lassen sich vor diesem Hintergrund nach den relevanten Phasen im Lebenszyklus der Produkte, nach den Funktionen des IT- bzw. Automatisierungssystems sowie nach der Ebenenstruktur in der Automatisierungstechnik und der Produktionssysteme gliedern. Bild 80 zeigt eine Einteilung der IT-Infrastruktur einschließlich verschiedener Automatisierungskonzepte in Abhängigkeit von den Phasen im Lebenszyklus, der Funktionen eines IT- bzw. Automatisierungssystems sowie der Unternehmensebene. Mit zunehmender Aggregation in der Automatisierungspyramide nimmt sowohl die Datenmenge als auch die Zykluszeit der Informationsverarbeitung deutlich zu. Gleichzeitig nimmt die Ereignishäufigkeit kontinuierlich ab. Während beispielsweise auf Sensor-/Aktorebene produktionsrelevante Signale binnen weniger Millisekunden notwendig sind, betragen die Zykluszeiten auf Planungsebene oftmals mehrere Tage (Bild 80).

In der heutigen Planung und Steuerung der Produkte, der Fertigungsprozesse und der Produktionssysteme verbirgt sich ein erhebliches Rationalisierungspotenzial. Im Wettbewerb stehen unternehmensspezifische oder auch abteilungsspezifische Insellösungen mit unternehmensübergreifenden Standardlösungen. In beiden Fällen wird es in Zukunft darum gehen, unternehmensspezifische Prozesse abteilungsübergreifend und mit einem einheitlichen Datenmanagement und standardisierten Schnittstellen abzubilden. Produzierende Unternehmen stehen vor dem Dilemma zwischen der erforderlichen Reduzierung der Anzahl der Datenmanagementsysteme einerseits und der Zunahme eingesetzter IT-Werkzeuge andererseits.

Im Planungsbereich werden zunehmend Hoffnungen bezüglich Beschleunigung des Innovationsprozesses der digitalen Fabrik gestellt. Vorreiter in diesem Bereich ist die Automobilbrache (z. B. im Karosserierohbau), die verfügbaren Systeme müssen aber auf die klassische Arbeitsweise im Maschinen- und Anlagenbau übertragen werden. Die virtuelle Inbetriebnahme und die simulationsgestützte Testphase der Produkte und Produktionssysteme wird zwar durch Simulationswerkzeuge unterstützt. Aus Sicht der Anwender rechtfertigt der Aufwand aber noch selten den Nutzen dieser IT-Systeme.

Die Produktionsplanung zeichnet sich heutzutage noch durch eine relativ lose Kopplung mit den IT-Systemen im Entwicklungsbereich aus. Der Einsatz der in den Entwicklungsdokumenten verfügbaren Informationen wird heute für die Technologieplanung oder NC-Planung oder die Simulation von Fertigungsprozessen nur in Ausnahmefällen genutzt. Ansätze zur Integration der IT-Systeme im Engineering (z. B. des Product Data Management (PDM) bzw. des Product Lifecycle Management (PLM)) und im operativen Betrieb (z. B. des Enterprise Resource Planning (ERP) oder Manufacturing Execution Systems (MES)) wurden bisher lediglich vorgeschlagen. Architekturen heutiger Steuerungssysteme sind sehr stark durch die Denkweise bzw. Ebenenstruktur der Automatisierungspyramide geprägt. Auf unterschiedlichen Ebenen der Automatisierungspyramide liegen unterschiedliche Anwendungsebenen vor, die derzeit getrennt nach motion control/CNC-Steuerung (MC), Robot Control (RC) und Programable Logic Control (PLC) programmiert werden. Hemmnisse, die einer effizienteren und durchgängigen Nutzung von Engineeringdaten entgegenstehen sind die unterschiedlichen Programmiersysteme und fehlende Durchgängigkeit zwischen den Ebenen. Obwohl Dokumente heute in digitaler Form ausgetauscht werden, fehlt eine durchgängige Verkettung von abhängigen Informationen, was zu langwierigen Iterationsschleifen und Fehlern aufgrund von Inkonsistenzen führt (VOGEL-HEUSER 2009).

Bild 81 gibt zunächst eine Übersicht über die aktuellen Forschungsthemen im Forschungsbereich Automation und industrielle IT, bevor auf einzelne Forschungsbedarfe für die Produktion näher eingegangen wird.

Insbesondere die Schaffung der Voraussetzungen für eine branchen- und unternehmensübergreifende Einführung neuer IT-Standards und -Technologien birgt in sich erhebliche wirtschaftliche Potenziale und sichert die Innovationsführerschaft am Standort.

Wichtig für die Produktionstechnik ist die Schaffung einer durchgängig integrationsfähigen IT-Landschaft in der Produktionstechnik. Die Integrationsfähigkeit auf allen Ebenen der Automatisierungspyramide und über alle Phasen des Lebenszyklus von Produktionssystemen hinweg stellt die wesentliche Voraussetzung zur informationstechnischen Unterstützung und Optimierung der Automatisierungs- und Produktionsprozesse dar.

1 IT-Vernetzung und Kommunikation

Der aktuelle Trend zur Vernetzung wird sowohl durch die Verbreitung der drahtlosen Kommunikationstechnologien als auch die Geschwindigkeit der drahtlosen Datenübertragung im Produktionsumfeld verstärkt werden. Bei steigender Anzahl miteinander drahtlos kommunizierender Geräte rücken die Fragen der Selbsterkennung und der Selbstidentifikation der Automatisierungsgeräte, der Miniaturisierung, der Kostenreduzierung hinsichtlich der Auslegung, der Störanfälligkeit der Kommunikationsnetze aber auch der Sicherheit der Datenübertragung in den Vordergrund. Da die strengen Echtzeitanforderungen auch durch das Industrial Ethernet (und TCP/IP-basierten Kommunikationsprotokolle) gewährleistet werden, ist zu erwarten, dass auch kleinere Automatisierungsgeräte und -komponenten bald über das Ethernet miteinander kommunizieren werden. Die weltweiten Kommunikations- (Internet) und unternehmensinternen Informationsnetze wachsen damit immer enger zusammen. Die optimale Gestaltung der Vernetzung und insbesondere die Leistungssteigerung ist dabei gerade im Produktionsumfeld mit seinen Restriktionen, wie metallischem Umfeld etc., eine Herausforderung für Forschung und Anwendung.

2 Integration Sensor- und Aktortechnik

Kurzfristig sind die Fragestellungen einer nahtlosen Integration der Sensoren und Aktoren in Automatisierungssysteme zu lösen. Da Sensoren und Aktoren immer intelligenter werden, müssen die eingesetzten Protokolle den Austausch erweiterter Informationen unterstützen. Erste solche Ansätze sind bereits mit dem Protokoll IO-Link verfügbar. Die Integration in die Anwendung unter Berücksichtigung der neuen Maschinenrichtlinie und deren Sicherheitsanforderungen müssen ebenfalls kurzfristig mit Forschungseinrichtungen erarbeitet werden.

Darüber hinaus wird Autonomie und Selbstkonfigurierung auch für die Sensor- und Aktortechnik zunehmend wichtiger. Eine vollständige Autonomie der Sensoren kann, z. B. durch die drahtlose Datenübertragung und die Energiegewinnung (energy harvesting) aus dem laufenden Prozess bzw. der Umgebung erreicht werden. Installiert in einem Produktionssystem sollen sich solche Sensoren möglichst selbständig in ggf. heterogenen Sensor-Netzwerken organisieren. In derartigen Netzwerken soll eine Selbsterkennung der installierten Sensoren, eine Aufgabenverteilung zwischen unterschiedlichen ggf. redundanten Sensoren und eine flexible intelligente Selbstüberwachung möglich sein. Der Konfigurationsaufwand für die Einbindung der Sensoren soll damit minimiert werden.

3 Mensch-Maschine-Schnittstellen

Geeignete Mensch-Maschine-Schnittstellen sollen die Flexibilität und die Rekonfigurierbarkeit der Anlagen unterstützen. Eine Erstellung branchen- und anlagenangepasster Visualisierungen, z. B. zur Prozess- und Anlagenzustandsüberwachung, soll zukünftig mit minimalem Aufwand möglich sein. Die Handhabung komplexer Industriegeräte soll durch eine intelligente fehlertolerante Bedienerführung unterstützt werden.

Die ergonomischen multimodalen Mensch-Maschine-Schnittstellen werden einen bidirektionalen Informationsaustausch mit dem Menschen unterstützen und ihm dabei möglichst situationsangepasste Informationen bereitstellen. Auch die Interaktion des Menschen mit „intelligenten" Handhabungssystemen und Robotern, die nicht mehr auf eine Aufgabe starr programmiert werden, sondern über eine gewisse Anpassungsfähigkeit und Flexibilität verfügen, wird eine Unterstützung durch geeignete Mensch-Maschine-Schnittstellen erfordern. In diesem Zusammenhang werden die Sicherheitsaspekte an Bedeutung gewinnen, da höhere Flexibilität der Produktionssysteme auch höheres Risiko in sich birgt.

4 IT-Werkzeuge für die Produkt- und Produktionssystementwicklung

Die Integration und Kopplung der Engineeringwerkzeuge wird die Herausforderung der nächsten Jahre sein. Die Grundlage für diesen Integrations- und Kopplungsprozess wird zukünftig das Product Lifecycle Management darstellen. Mit den verfügbaren digitalen Werkzeugen sowie dem Einsatz organisatorischer Methoden, wie z. B. Simultaneous Engineering (SE) und Concurrent Engineering (CE), kann der sequenzielle Ansatz schrittweise in

4.2.9 Automation und industrielle IT

eine parallele Produkt- und Produktionssystementwicklung überführt werden.

Die herkömmlichen starren Grenzen zwischen den Phasen Entwicklung, Inbetriebnahme und Betrieb von Produktionssystemen werden durch die Entkopplung der Lebenszyklen von Produkten und Produktionssystemen aufweichen. Die Verlagerung der Intelligenz in den operativen Betrieb und Ansätze zur Selbstoptimierung verstärken diesen Trend. Dies wird die Veränderung der herkömmlichen Entwicklungsansätze nach sich ziehen, die heute sehr stark disziplinspezifisch ausgerichtet sind. Eine ganzheitliche Betrachtung der unterschiedlichen Aspekte und Domänen im Engineering erfordert wiederum die Entwicklung deutlich präziserer und umfangreicherer mechatronischer Modelle gegenüber den heute vorhandenen. Mit Hilfe solcher zu entwickelnden Modelle wird es gleichzeitig möglich, nahezu alle Aspekte der Produktionssysteme zu frühen Phasen ihrer Entstehung virtuell zu testen. Folglich werden der reale Betrieb und die Simulation nach und nach verschmelzen, sodass die Verwendung derselben Modelle und Softwarekomponenten in der Simulation und im realen Betrieb ermöglicht wird.

Die Entwicklung der digitalen Fabrik wird als Basistechnologie für die Produktion der Zukunft gesehen und soll helfen, den realen Produktionsprozess abzusichern, Zeit bei der Inbetriebnahme zu sparen und Alternativen zu bewerten. Dazu müssen die Integration von Physik-, Geometrie- und Kinematikmodellen in die digitale Fabrik ermöglicht werden, um reales Anlagenverhaltens simulieren zu können. Dies wird auch die Beurteilung der Güte der Produktionsprozesse und der Werkstückbearbeitung ermöglichen. Dabei sind Vorgehen zur Beschleunigung der Simulation physikalischer Effekte zu entwickeln, um die Leistungsfähigkeit der digitalen Fabrik nutzen zu können. Im Bereich der produktionsnahen IT-Systeme sind folgende Trends derzeit erkennbar:

- Volle Kopplung aller Planungstools an die digitale Fabrik.
- Permanente Nutzung bei Werksneuplanung, Umplanungen und der Fertigungssteuerung.
- Simulation als Frontend im Sinne einer mitlaufenden Realzeit-Simulation zur schnellen Reaktion auf unvorhergesehene Ereignisse.

Bild 82: Integration von Insellösungen der Produktion durch MES-Systeme (KLETTI 2007)

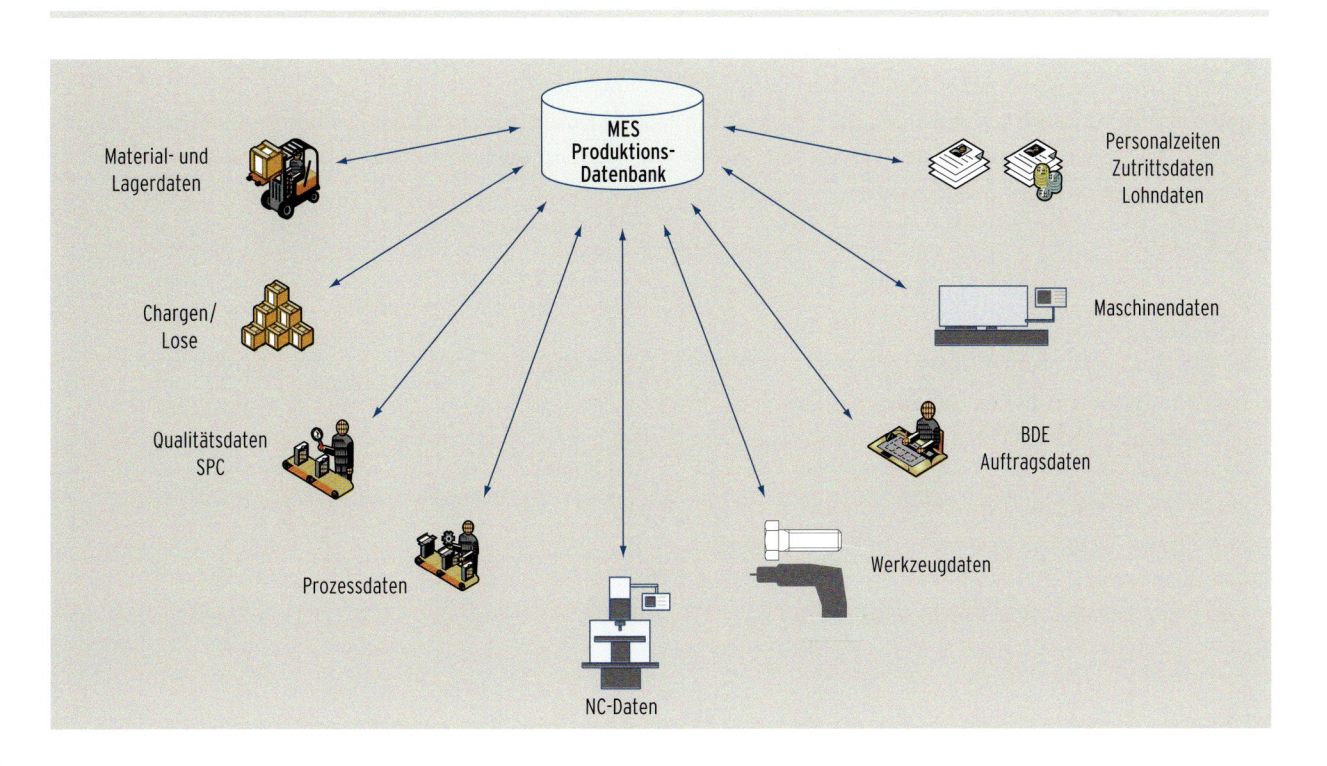

- Vertikale Integration mit der Fertigungsebene unter Nutzung von Standard Plug-and-work-Mechanismen.
- Horizontale Integration durch serviceorientierten Aufbau und durchgängiges Datenmanagement.
- Skalierbarkeit bis hin zu Unterstützung einer dezentralen, selbstorganisierten Produktion.
- „Human-centered" durch aufgaben- und rollenspezifische Versorgung der Anwender mit Informationen.

5 Integrierte IT-Systeme für die Produktionssteuerung und Betrieb der Produktionssysteme

Mit den Technologien OPC, d. h. OLE (Object Linking Embedded) für Process Control, UA (Unified Architecture), automatische Geräteidentifikation und Geräteerkennung usw. sind bereits vereinzelt Ansätze geschaffen worden, die die Integration der Automatisierungsgeräte, Steuerungs- und IT-Systeme grundsätzlich ermöglichen. Durch fehlende technische Standards haben sie sich jedoch noch nicht durchgängig verbreitet. Auf den übergeordneten Ebenen der Produktionssteuerung stellen die Manufacturing Execution Systems (MES) das hauptsächliche Bindeglied der IT-Integration dar (Bild 82). Die Steuerung der Maschinen, Anlagen und Einrichtungen wird derzeit jedoch häufig als losgelöste Aufgabe betrachtet. Die IT-Systeme, die die Lücke zwischen der Unternehmensleitebene und den Wertschöpfungsprozessen schließen sollen, sind heutzutage sehr heterogen und meistens auf bestimmte Branchen eng zugeschnitten. Branchenübergreifende, allgemeingültigere Lösungen sind daher notwendig.

4.2.10 Elektrische Antriebstechnik

Die elektrische Antriebstechnik bestimmt entscheidend die Leistungsfähigkeit moderner Werkzeugma-

Bild 83: Verteilung der Energie in einer Maschine sowie zukünftige Ansätze für die Produktionsforschung im Bereich der elektrischen Antriebstechnik *(WZL)*

Energieeffizienz
- Optimale/skalierbare Auslegung und Integration gesamter mechatronischer Systeme
  - Optimierung der Lebenszykluskosten
  - Nutzung der Simulation und effizienter Modellbildung
  - Durchgängige *Engineeringt-Tools*
- Verstärkte Nutzung geregelter Antriebe anstatt ungeregelter mit niedrigen Wirkungsgraden
- Leichtbau, Reduzierung bewegter Massen
- Verlustarme Halbleiterbauelemente

Antriebsbasierte Diagnose
- Antrieb als Fenster zum Prozess
- Erweiterung der Antriebs- und Steuerungstechnik um Diagnosefunktionen und Schnittstellen für externe Sensoren
- Steigerung von Verfügbarkeit und Zuverlässigkeit
- Nutzung von Zusatzinformationen in der Prozessplanung und -optimierung
- Anbindung an Prozess- und Maschinenmodelle

Automatisierung & Neue Anwendungen
- Integrierte Sicherheitstechnik
- Optimierung der Inbetriebnahme
- Verbesserung der kommunikationstechnischen Integration; Ausbau von Schnittstellen
- Dynamik- und Leistungssteigerung (z. B. zur Hochgeschwindigkeitsbearbeitung)

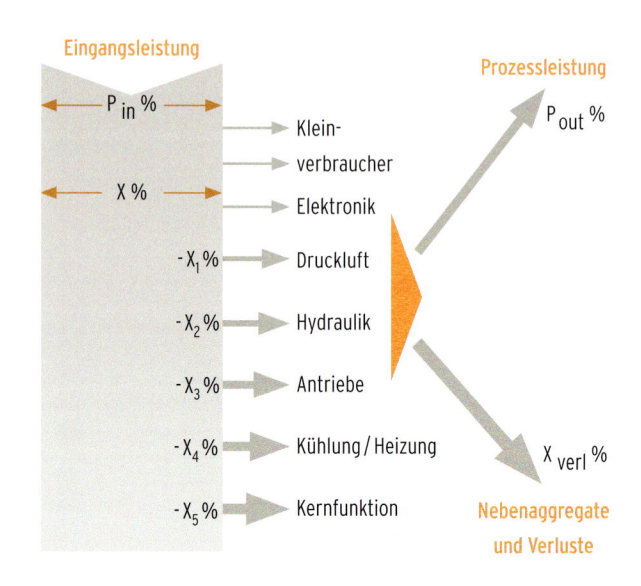

Eingangsleistung P_{in} %, X %
- Kleinverbraucher
- Elektronik
- $-X_1$ % Druckluft
- $-X_2$ % Hydraulik
- $-X_3$ % Antriebe
- $-X_4$ % Kühlung / Heizung
- $-X_5$ % Kernfunktion

Prozessleistung P_{out} %

X_{verl} % Nebenaggregate und Verluste

4.2.10 Elektrische Antriebstechnik

Bild 84: Forschungsbedarfe im Forschungsfeld Elektrische Antriebstechnik

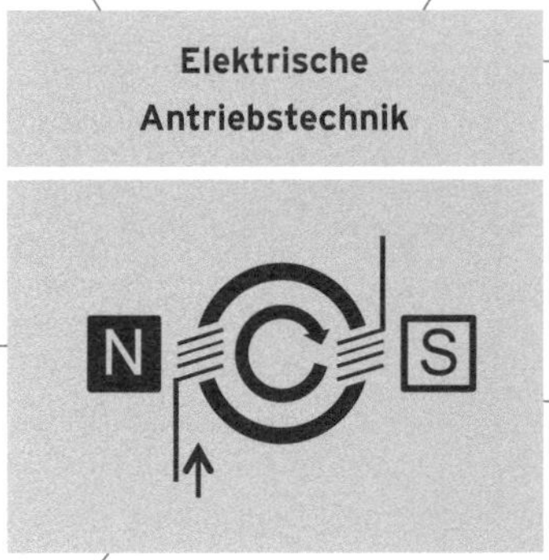

1 Lebenszykluskostenoptimierung und Energieeffizienz
- Simulationstechnische Analyse des mechatronischen Systems hinsichtlich Eigenfrequenz der Maschine, Prozesskräften und Schwachstellen
- Durchgängige Dateiformate und Schnittstellen für verschiedene Engineering-Werkzeuge und Mechatronik-Komponenten

2 Alternative Energiequellen für elektrische Antriebe
- Sicherstellung der Energieversorgung von Maschinen und Anlagen
- Erforschung von autarken Antriebssystemen, die sich aus alternativen Energiequellen speisen

3 Steigerung der Antriebsleistung
- Steigerung der maximalen Drehzahl und des maximalen Drehmoments
- Diagnosefunktionen zur Vermeidung kostenintensiver Ausfälle

4 Antriebsbasierte Diagnose
- Bessere Übertragbarkeit und Robustheit
- Geringerer Parametrisierungsaufwand
- Entwicklung von Schnittstellen zur vereinfachten Integration externer Sensorik

5 Prozesssicherheit durch Entwicklung von Aktor-Sensormodulen
- Bidirektionale Aktor-Sensormodule
- Entwicklung gekapselter Komplettsysteme

6 Plug-and-Play Integration von „intelligenten Antriebssystemen"
- Einfache mechanische, elektrische und steuerungstechnische Integration von Antrieben in Maschinensysteme
- Verringerung des Installationsaufwands
- Minimierung der Verkabelung
- Integrierte Sicherheits- und Überwachungstechnik

schinen und Produktionssysteme. Antriebstechnische Innovationen werden zukünftig die Hauptzeiten und damit die Produktivität und die Kosten, aber auch die erreichbare Qualität und Prozesssicherheit, entscheidend beeinflussen. Energieeffizienz als Wettbewerbsvorteil deutscher Werkzeugmaschinen erfordert einen ganz besonderen Fokus bei der Weiterentwicklung der Antriebe. In diesem Bereich besteht daher zukünftig ein hohes Potenzial für den Produktionsstandort Deutschland.

Moderne Standardantriebe und Umrichter sind mit Wirkungsgraden von über 95 % im Hinblick auf die Energieeffizienz bereits weitgehend optimierte Systeme, sodass hier ein guter Stand der Technik erreicht wurde. Entscheidend für die Produktlebenszykluskosten ist jedoch die Integration und bedarfsgerechte Auslegung der Antriebstechnik in der industriellen Anwendung. Hierbei werden für technische Zusatzaggregate, wie Lüfter, Klimaanlagen, Pumpen, o. ä. häufig preisgünstige ungeregelte Antriebssysteme im Dauerlauf bei maximaler Leistung eingesetzt. Die Überschussleistung wird dabei über Drosseln, Ventilklappen o. ä. abgeführt und ist direkt als Verlustleistung zu werten. Ein Beispiel hierfür sind z. B. noch in der Industrie genutzte ungeregelte Spaltmotoren mit einer Zweipunktregelung, die äußerst kostengünstig und einfach in der Herstellung sind, jedoch einen geringen Wirkungsgrad aufweisen. Demgegenüber stehen als Alternative bürstenlose EC-Motoren, welche sich mittels stufenloser Regelung optimal an den aktuellen Lastzustand anpassen können und einen deutlich geringeren Verschleiß aufweisen. Dabei kann der Wirkungsgrad für die jeweilige Anwendung im Extremfall von 20 % auf etwa 85 % gesteigert werden, sodass über die Lebenszeit gerechnet – trotz der beim bürstenlosen EC-Motor notwendigen zusätzlichen elektronischen Komponenten und Sensoren – dieser die wirtschaftlichere Alternative darstellt.

4.2 Produktionstechnik und Ausrüstung

Bild 83 veranschaulicht beispielhaft, wie sich der Energieverbrauch einer Maschine auf die eigentliche Prozessleistung sowie die Nebenaggregate aufteilt. Dabei wird ein großer Anteil der Eingangsleistung für den Betrieb von Nebenaggregaten, wie z. B. Kühlung, Drucklufterzeugung, Hydraulik usw. benötigt. Mit einer Optimierung der Systemintegration der Komponenten und der lastabhängigen Regelung kann zukünftig der elektrische Energieverbrauch deutlich gesenkt werden.

Antriebe sind technologische Kerne von Maschinen und bestimmen maßgeblich wichtige Eckdaten, wie z. B. die Leistungsfähigkeit, den Wirkungsgrad und die Effektivität. Aus dieser Konstellation heraus ergeben sich folgende Visionen und zugehörige Herausforderungen für die Produktionsforschung:

- Das breite Spektrum energieeffizienter und leistungsfähiger Produkte wird ergänzt durch ein umfangreiches Dienstleistungsangebot. Antriebe werden optimal integriert und auf verschiedene Zielkriterien, wie z. B. Energieeffizienz, Ressourcenverbrauch und Lebenszykluskosten, ausgelegt. Dies wird unterstützt von durchgängigen Modellen, Schnittstellen und Engineering-Werkzeugen in der mechatronischen Entwicklung und der Nutzung der Simulation in der Auslegung.
- Der elektrische Antrieb als zentraler Energiewandler ist durch eine kontinuierliche und robuste Auswertung der antriebsbasierten Daten das Fenster zum Prozess und zum Maschinenzustand. Die verbesserte Integration dieser Funktionen im Bereich des Engineering führt zum breiten Einsatz bei Anwendern und Maschinenherstellern, da mit geringem Aufwand wichtige Informationen über die Anlage gewonnen werden können. Sowohl die Verfügbarkeiten als auch die Zuverlässigkeit können dadurch maximiert werden und garantieren eine optimierte Einsatzplanung von Anlagen. Die Fertigungsprozesse werden dadurch adaptiv, d. h. durch eine intelligente Reaktion bzw. Regelung, an das Optimum geführt.
- Die Steigerung der Leistungsfähigkeit der elektrischen Antriebe erschließt neue Anwendungen, die bisher mechanisch, pneumatisch oder hydraulisch umgesetzt wurden.

Auf Basis dieser Visionen ergeben sich zahlreiche Forschungsbedarfe für die Elektrische Antriebstechnik, die zunächst zusammenfassend in Bild 84 dargestellt sind und analog zu den anderen Forschungsfeldern im Anschluss näher detailliert werden.

1 Lebenszykluskostenoptimierung und Energieeffizienz

Ungeregelte Antriebe werden im Normalfall kontinuierlich mit maximaler Leistung betrieben. Durch Berechnungsmodelle zum Nachweis der Lebenszykluskosten muss insbesondere den Anwendern verdeutlicht werden, dass geregelte Antriebssysteme mit ihren höheren Anschaffungspreisen gegenüber ungeregelten Antrieben deutliche ökonomische Vorteile besitzen. Zusätzlich sollten für Hersteller von Antriebstechnik neben der Auswahl des Antriebs auch neue Lösungen für die mechatronische Auslegung des Gesamtsystems des Kunden entwickelt und erforscht werden. Ein solcher Mechatronik-Support zielt auf die bessere Abstimmung von Antrieb und Mechanik sowie auf die Vermeidung von überdimensionierten, ineffizienten und teuren Systemen (Entwicklung Kommunikationsschnittstelle Mechanik/Elektrik). Zudem kann das gesamte mechatronische System auf Eigenfrequenzen der Maschine, Prozesskräfte und Schwachstellen simulationstechnisch analysiert werden und auch auf verschiedene Zielkriterien wie Lebensdauer, Geräuschpegel, Reduzierung bewegter Massen etc. optimiert werden. Hierzu sind durchgängige Datenformate und Schnittstellen für die verschiedenen Mechatronik-Komponenten und zwischen den heute überwiegend heterogenen Engineering-Werkzeugen notwendig.

2 Alternative Energiequellen für elektrische Antriebe

Ein weiteres bedeutendes Thema wird zudem die Sicherstellung der Energieversorgung von Maschinen und Anlagen sein. Hierzu sind autarke Antriebssysteme, die sich aus alternativen Energiequellen speisen, in enger Kooperation zwischen Industrie und Wissenschaft zu entwickeln. Ein besonders hohes Potenzial beschreibt in diesem Zusammenhang die Nutzung von Prozessabwärme bzw. die effiziente Speicherung der Energie. Darüber hinaus sind Lösungen erforderlich, um lokal in der Maschine Energie zu gewinnen *(energy harvesting)* oder diese durch regenerative Energieerzeuger zur Verfügung zu stellen.

"Simulation in der Produktentwicklung zur Beurteilung von alternativen Komponenten" (ABELE & EISELE 2010)

Bei der Entwicklung und Auslegung einer Werkzeugmaschine existieren häufig alternative Komponenten für die gleiche Funktion. Ein Beispiel sind drehzahlgeregelte Antriebe anstatt Standardantriebe. Drehzahlgeregelte Antriebe sind energieeffizienter aber meist teurer. Die Wirtschaftlichkeit dieser Lösung hängt dadurch stark vom Benutzer und dem Einsatz der Maschine ab. Dieses Nutzungsprofil fließt bisher nicht in die Entwicklung von Maschinen ein. Das führt dazu, dass in der Regel die günstigeren, aber auch energieintensiveren Komponenten an Werkzeugmaschinen eingesetzt werden. Um den späteren Energieverbrauch bereits in den frühen Phasen der Maschinenentwicklung berücksichtigen, und somit die Maschinen über den gesamten Lebenszyklus hinweg optimieren zu können ist die Simulation des Energieverbrauch ein geeigneter Ansatz. Durch sie kann der Einfluss verschiedener Komponenten anhand eines Nutzungsprofils durchgespielt und die beste Komponenten ausgewählt werden.

Am Beispiel einer EMAG VL7 wurde der Bearbeitungszyklus eines Versuchswerkstücks als Nutzungsprofil ermittelt. Durch anschließende Simulation konnten hier die Einsparmöglichkeiten gezeigt werden welche bei Verwendung einer Kreiselpumpe eines anderen Herstellers und den Einsatz eines Asynchronmotors mit der Effizienzklasse eff1 erreicht werden können (Bild 85).

Bild 85: Vergleich von alternativen Komponenten (ABELE & EISELE 2010)

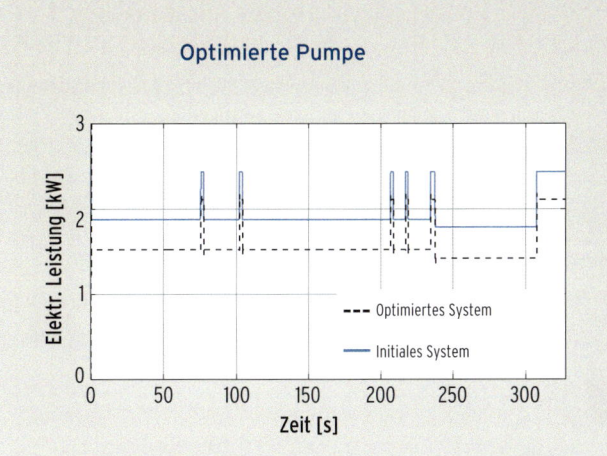

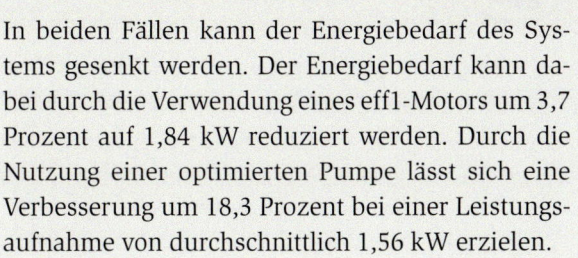

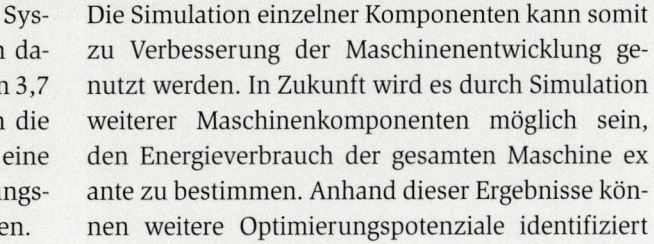

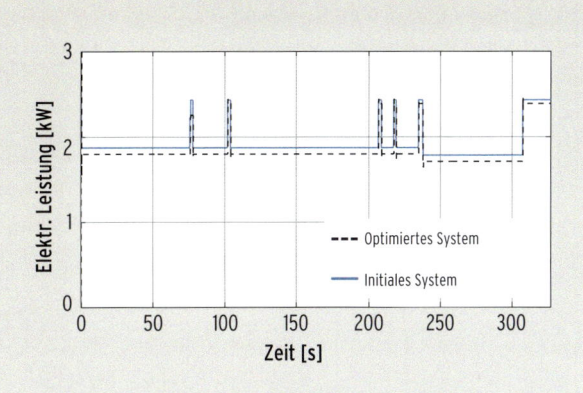

In beiden Fällen kann der Energiebedarf des Systems gesenkt werden. Der Energiebedarf kann dabei durch die Verwendung eines eff1-Motors um 3,7 Prozent auf 1,84 kW reduziert werden. Durch die Nutzung einer optimierten Pumpe lässt sich eine Verbesserung um 18,3 Prozent bei einer Leistungsaufnahme von durchschnittlich 1,56 kW erzielen.

Die Simulation einzelner Komponenten kann somit zu Verbesserung der Maschinenentwicklung genutzt werden. In Zukunft wird es durch Simulation weiterer Maschinenkomponenten möglich sein, den Energieverbrauch der gesamten Maschine ex ante zu bestimmen. Anhand dieser Ergebnisse können weitere Optimierungspotenziale identifiziert und untersucht werden.

Längerfristig liegt auf dem Gebiet des elektrischen Antriebs ein großes Potenzial in der Anwendung der Supraleitung für Hochlastantriebe, z. B. in Umformmaschinen. Leichtbau wird heute aus Kostengründen häufig nur durch Topologieoptimierung umgesetzt. Die Integration innovativer

Leichtbaukomponenten, z. B. aus Faserkunststoffverbunden oder Mischbauweisen, steht aus Kostengründen erst am Anfang. Grundlegend ist das Thema Leichtbau aufgrund von Dynamikvorteilen in enger Kombination mit der Energieeffizienz zu sehen.

3 Steigerung der Antriebsleistung
Hauptantriebe sowie Nebenantriebe definieren gerade im Bereich der Werkzeugmaschinen den Technologievorsprung. Für Höchstleistungsanwendungen von Antrieben werden die Leistungsgrenzen, d. h. die maximale Drehzahl, das maximale Drehmoment und die Zwischenkreisspannung weiterhin gesteigert werden müssen. Große Herausforderung bei Höchstleistungsanwendungen (z. B. Hauptspindel Werkzeugmaschine) ist die rechtzeitige Diagnose, welche bedingt durch die sehr hohe Dynamik und sich somit schnell fortbildende Schäden, kontinuierlich durchgeführt und in kürzester Zeit zum korrekten Ergebnis kommen muss. Nur hierdurch ist die Vermeidung von kostenintensiven Ausfällen, Folgeschäden und Komplettausfällen möglich.

4 Antriebsbasierte Diagnose
Als weiterer Forschungsschwerpunkt müssen in die Antriebssysteme integrierte Zusatzfunktionen, wie die antriebsbasierte Prozess- und Maschinendiagnose, verstärkt implementiert werden. Insgesamt zeichnen sich solche Diagnosesysteme heute noch durch mangelnde Übertragbarkeit, Robustheit und hohen Parametrierungsaufwand aus, sodass diese bei vielen Anwendern nicht praxistaug-

Bild 86: Forschungsbedarf im Forschungsfeld Industrielle Material- und Komponentenrückgewinnung

1 Werkstoffverwertung und Komponentenverwendung
- Recyclingtechnologien und -anlagen
- Charakterisierung von recycelten Werkstoffeigenschaften
- Aufarbeitung/Re-manufacturing

2 Produktion mit Sekundärrohstoffen
- Anpassung der Produktionstechnologien und Betriebsmittel
- Angepasste Produktionsplanung und -steuerung

3 Flexible Aufarbeitungstechnologien*
- Vergleich mit flexiblen Produktionsprozessen
- Technologien zur industriellen Material- und Komponentenrückgewinnung

4 Wandlungsfähigkeit*
- Kapazitätsprognosen und -planung der Verwertungsprozesse
- Anpassung der Verwertungswege ausgehend von Marktveränderungen

5 Erfassung von Abfallströmen*
- Automatisierte Erfassung
- Verbesserte Detektion der Bestandteile
- Sensorische Rohstofferfassung

6 Werkstoffsubstitution*
- Substitution von endlichen Rohstoffen durch nachwachsende Rohstoffe
- Entwicklung von Materialalternativen
- Angepasste Produktentwicklung und Herstellprozesse

7 Verfügbarkeit von Sekundärrohstoffen*
- Standardisierung von Kreislaufprozessen
- Klassifizierung durch Qualitätsstufen
- Rücklaufprognosen

8 Nachhaltige Wertschöpfungsnetze*
- Konfiguration der Gestaltungselemente Produkt, Prozess, Organisation und Betriebsmittel zu Modulen
- Kombination der Module zu Wertschöpfungsnetzen

* Im Folgenden nicht näher betrachtet

lich sind und somit nicht zum Einsatz kommen. Zudem fehlen Schnittstellen zur einfachen Integration externer Sensorik, sodass antriebsbasierte Signale korreliert und gemeinsam mit diesen ausgewertet werden können. Damit lassen sich Anwendungen mit höchsten Ansprüchen, z. B. an die Diagnosegenauigkeit, effizient umsetzen.

5 Prozesssicherheit durch Entwicklung von integrierten Aktor-Sensormodulen

Eine Schlüsseltechnologie stellt hierbei in Zukunft die Sensortechnik dar, weil Einzelkomponenten durch Sensorik intelligent gestaltet und neue Funktionen realisiert werden können. Vielversprechend sind bidirektionale Aktor-Sensor-Module, bei denen der Aktor direkt auch als Sensor genutzt werden kann. Beispiele sind heutige Standardantriebe mit Ausgabe der Prozessgrößen, piezoelektrische Elemente oder auch spezielle Anwendungen aus der Magnetlagertechnik, wie z. B. schnelldrehende Spindeln von Werkzeugmaschinen. Wichtig ist hierbei die Entwicklung gekapselter Komplettsysteme, da durch einen minimierten Schnittstellenaufwand Systeme für Kunden attraktiver und einfacher nutzbar sind.

6 Plug-and-Play-Integration von „intelligenten" Antriebssystemen

Die einfache mechanische, elektrische und steuerungstechnische Integration von Antrieben in das Maschinensystem ist die zukünftige Basis eines wettbewerbsfähigen und leistungsstarken Maschinenbaus. Im Vordergrund stehen die Verringerung von Installationsaufwänden, wie z. B. die Minimierung der Verkabelung oder schaltschranklose Antriebskonfigurationen, sowie die integrierte Sicherheits- und Überwachungstechnik. Bei letzterer sind die Bereitstellung einer sicheren Kommunikation und Sensorik sowie die Berücksichtigung von Betriebsarten und -zuständen zu nennen.

4.2.11 Industrielle Material- und Komponentenrückgewinnung

Mit dem Klimawandel und der Rohstoffverknappung ist über die ressourceneffizienten Verfahren und Maschinen hinaus anzustreben, den Rohstoffverbrauch über alle Phasen des Produktlebenszyklus hinweg zu reduzieren. Diese Herausforderung impliziert, dass seltene, nicht nachwachsende Rohstoffe zukünftig nicht mehr deponiert werden. Zugleich besteht die Herausforderung darin, diese im Kreislauf zu führen ("Von der Quellen-Senken-Wirtschaft zur Kreislaufwirtschaft") und nicht mehr nachwachsende Rohstoffe zu verbrauchen als regeneriert werden können. Forschungsbedarfe, die sich dadurch ergeben, sind in Bild 86 aufgelistet und werden im Folgenden näher beschrieben.

1 Werkstoffverwertung und Komponentenverwendung

Der Recyclinggrad für die meisten technischen Werkstoffe ist heute sehr unterschiedlich entwickelt. Während bei Kupfer häufig ein Wiederverwertungsgrad von ca. 70 % erreicht wird, ist dieser bei anderen Wertstoffen wesentlich geringer. Um die Materialreinheit von Sekundärrohstoffen zu

Bild 87: Sortiertechnik zur Trennung von Kunststoffen und Glas *(Bilder: Der Grüne Punkt – Duales System Deutschland GmbH)*

4.2 Produktionstechnik und Ausrüstung

steigern, sind vor allem Prozesse und Betriebsmittel für metallurgische Prozesse sowie eine nachhaltige Materialtrennung weit über die heute verfügbare Leistungsfähigkeit hinaus zu verbessern. Diese Trennungstechnologien sind die nächsten Jahre weiterzuentwickeln.

2. **Produktion mit Sekundärrohstoffen**
Wenn diese Rohstoffe als Sekundärrohstoffe zurück in die Herstellung neuer Produkte fließen sollen, müssen mehrere Herausforderungen angegangen werden:

- Die Sekundärrohstoffe zeichnen sich in der Regel durch eine Verschlechterung der Materialeigenschaften aus. Anwendungsgebiete für diese minderwertigen Materialien müssen aufgezeigt werden oder es müssen Technologien und Mischungsrezepturen entwickelt werden, um die Qualität der Ursprungsmaterialien erreichen zu können.

- Die Zusammensetzung von Abfallströmen ist nur begrenzt vorhersehbar und kann saisonal und regional schwanken. Dadurch ergibt sich weiterer Forschungsbedarf, in erster Linie auch auf dem Gebiet der Produktionsplanung und -steuerung. Produktionsprozesse müssen flexibel auf die unregelmäßige Versorgung mit Sekundärrohstoffen reagieren und mögliche Schwankungen im Reinheitsgrad durch organisatorische oder technische Maßnahmen kompensieren.

4.2.12 Ressourceneffiziente Verfahren und Maschinen

Ressourceneffizienz wird bei der Auslegung von Maschinen oder Produktionsprozessen ein zunehmender Wettbewerbsgesichtspunkt werden. Wer letztendlich einen Prozess mit weniger Materialeinsatz oder weniger Hilfs- und Betriebsstoffen beherrscht, wird aus ökologischen aber vor allem ökonomischen Gründen seine Chancen auf dem Weltmarkt verbessern. Darüber hinaus lassen sich zukünftig Wettbewerbsvorteile erzielen, indem ressourceneffiziente Produkte produziert und weltweit vertrieben werden. Nicht zuletzt fordert die bloße Notwendigkeit eines Umdenkens im Umgang mit den Ressourcen der Erde (siehe auch Bild 88) ein verstärktes Engagement in der Produktionstechnik. Der Forschungsbedarf bei ressourceneffizienten Verfahren wird daher in zwei Felder unterteilt:

- **Produktion ressourceneffizienter Produkte**
Hier steht die Frage im Vordergrund: „Wie sollen zukünftige Produkte und die Fertigungsverfahren aussehen, um nachhaltige ressourceneffiziente Produkte zu gestalten?" Die Forschungsergebnisse

Bild 88: Ökologischer Fußabdruck heute und in Zukunft *(In Anlehnung an: WWF 2008)*

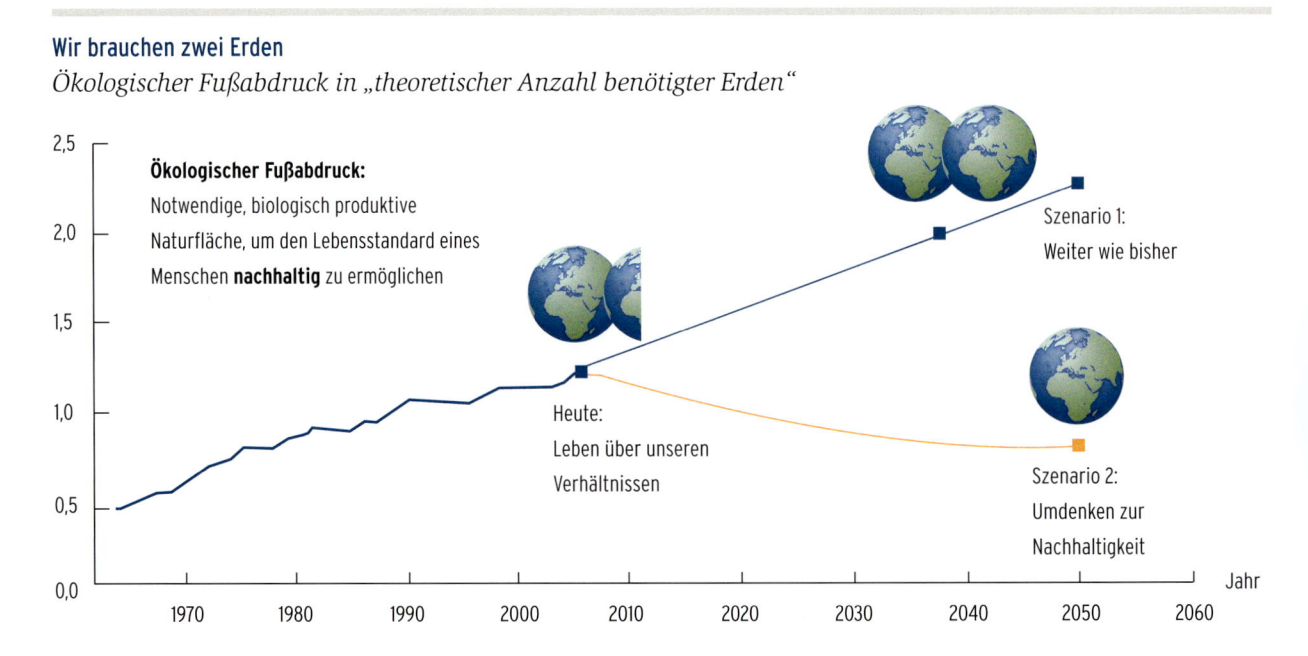

Wir brauchen zwei Erden
Ökologischer Fußabdruck in „theoretischer Anzahl benötigter Erden"

Ökologischer Fußabdruck:
Notwendige, biologisch produktive Naturfläche, um den Lebensstandard eines Menschen **nachhaltig** zu ermöglichen

Heute: Leben über unseren Verhältnissen

Szenario 1: Weiter wie bisher

Szenario 2: Umdenken zur Nachhaltigkeit

4.2.12 Ressourceneffiziente Verfahren und Maschinen

Bild 89: Forschungsbedarfe im Forschungsfeld Produktion ressourceneffizienter Produkte

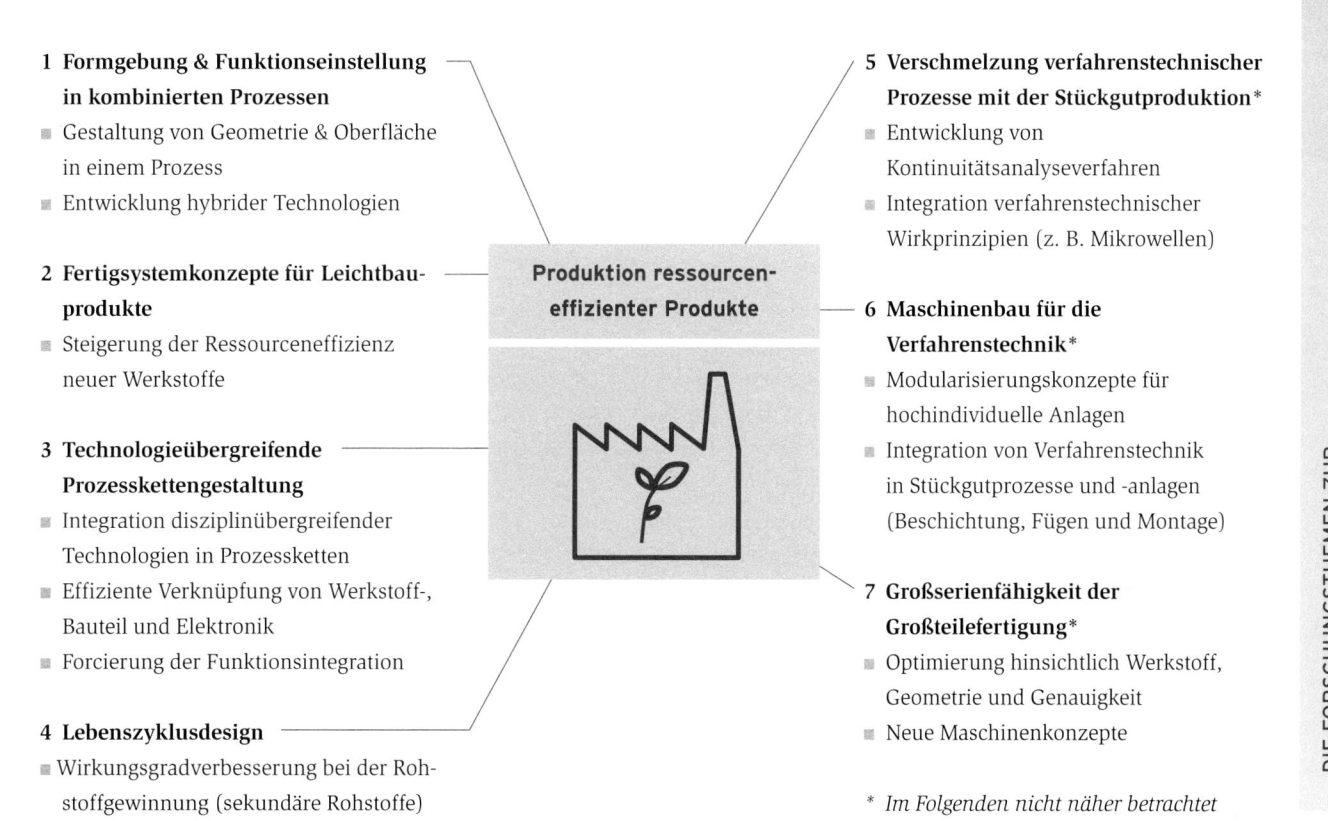

1 Formgebung & Funktionseinstellung in kombinierten Prozessen
- Gestaltung von Geometrie & Oberfläche in einem Prozess
- Entwicklung hybrider Technologien

2 Fertigsystemkonzepte für Leichtbauprodukte
- Steigerung der Ressourceneffizienz neuer Werkstoffe

3 Technologieübergreifende Prozesskettengestaltung
- Integration disziplinübergreifender Technologien in Prozessketten
- Effiziente Verknüpfung von Werkstoff-, Bauteil und Elektronik
- Forcierung der Funktionsintegration

4 Lebenszyklusdesign
- Wirkungsgradverbesserung bei der Rohstoffgewinnung (sekundäre Rohstoffe)
- Verbesserung der Recyclingfähigkeit
- Potenzialausschöpfung von Hardware-Upgrades (Retrofit)

5 Verschmelzung verfahrenstechnischer Prozesse mit der Stückgutproduktion*
- Entwicklung von Kontinuitätsanalyseverfahren
- Integration verfahrenstechnischer Wirkprinzipien (z. B. Mikrowellen)

6 Maschinenbau für die Verfahrenstechnik*
- Modularisierungskonzepte für hochindividuelle Anlagen
- Integration von Verfahrenstechnik in Stückgutprozesse und -anlagen (Beschichtung, Fügen und Montage)

7 Großserienfähigkeit der Großteilefertigung*
- Optimierung hinsichtlich Werkstoff, Geometrie und Genauigkeit
- Neue Maschinenkonzepte

* Im Folgenden nicht näher betrachtet

---

richten sich damit vorwiegend an die Produktentwicklung und den Fertigungsplaner eines Unternehmens sowie die Maschinen- und Anlagenhersteller (siehe Bild 89).

- **Steigerung des ökologischen Produktionswirkungsgrads**
  Hier steht die Frage im Vordergrund: „Wie können die konzipierten Produkte möglichst ressourcenschonend hergestellt werden?" Diese Forschungsvorhaben sollen vorwiegend auf die operative Seite, also den Betriebsleiter oder Fertigungsleiter und dessen Zielsetzung einwirken (siehe Bild 92).

a) Produktion ressourceneffizienter Produkte
1 Formgebung und Funktionseinstellung in kombinierten Prozessen

Spezifische Oberflächeneigenschaften verbessern z. B. das tribologische Verhalten oder die Reaktivität der Oberfläche. Durch gezielte Anpassung von Oberflächen kann die Ressourceneffizienz gesteigert werden. Heute werden die Oberflächeneigenschaften werden häufig getrennt von der Geometrieeinstellung des Bauteils durchgeführt. Exemplarische Beispiele hierfür sind CVD-Beschichtungen unter Verwendung des Prinzips der chemischen Gasphasenabscheidung zur Erhöhung der Verschleißbeständigkeit oder die Kathodische Tauchlackierung (KTL) für den Korrosionsschutz. Die Herausforderung für die Produktionsforschung besteht darin, Prozesse in einem Schritt oder zumindest in einem Produktionssystem zu kombinieren, um Ressourceneinsparungen in Bezug auf Energie sowie Stoffe (z. B. seltene Beschichtungswerkstoffe) und dadurch einen erheblichen Produktivitätsfortschritt zu erreichen. Das Thema Funktionseinstellung geht weit über den Anspruch einer Komplettbearbeitung hinaus. Gemeint sind insbesondere Technologiekombinationen oder hybride Prozesse, die gleichzeitig Geometrie- und Bauteileigenschaften einstellen. Beispiele für derartige Bauteileigenschaften sind Oberflächenstrukturen, Oberflächenhärten oder Oberflächenenergien, die einen definierten thermischen, mechanischen oder chemischen Zustand hervorrufen.

2 Fertigsystemkonzepte für Leichtbauprodukte

Innovative Fertigungskonzepte und -prozesse können dazu beitragen, durch die Ausweitung von Leichtbau bei Fahrzeugen, Flugzeugen, aber auch Containern, den Nutzen der Mobilität mit weniger Ressourcen zu realisieren. Ansatzpunkte für Leichtbau werden derzeit in zahlreichen Forschungsvorhaben erarbeitet. Aus produktionstechnologischer Sicht ergeben sich beispielhaft für die Herstellung ressourcenschonender Leichtbauwerkstoffe folgende Fragestellungen:

- Wie können Metallschäume ökonomisch und ökologisch sinnvoll und technisch sicher hergestellt und verarbeitet werden (generative Verfahren, gasinjektionsgestützte Gießverfahren)?
- Wie kann die Prozesskette für Faserverbundbauteile (Faserroving, Gewebeherstellung, Harzinjektion, Pressen und Aushärten sowie Nachbearbeitung) gestaltet werden, dass neue Anwendungsbereiche erschlossen werden (siehe Bild 90)?

3 Technologieübergreifende Prozesskettengestaltung

Von wesentlicher Bedeutung für die Beherrschung der wirtschaftlichen und zugleich ökologischen Fertigung multifunktionaler, ressourceneffizienter Produkte wird die domänenübergreifende Prozesskettengestaltung sein. Damit ist sowohl eine Beherrschung einzelner Fertigungsprozessschritte als auch deren effiziente Verknüpfung zu ganzheitlichen Prozessketten gemeint. Gleichzeitig sind sowohl mechatronische als auch chemo-mechatronische und bio-mechatronische Technologien in Produkte zu integrieren, um die ökologische Verträglichkeit zu steigern. Der Bezug zur Ressourceneffizienz wird dabei vor allem aus der Produkteigenschaft „Ressourceneffizienz im Betrieb" deutlich, die beispielsweise bei Produkten aus dem Bereich der Energieerzeugung, der Energiewandlung und der Energiespeicherung von wesentlicher Bedeutung ist und sowohl auf die Einsparung von Energie als auch von Stoffen abzielt. Während mechatronische Systeme (z. B. Einspritzsysteme von PKW, CD-Player) und chemo-mechatronische Systeme (z. B. Lithium-Ionen-Akkus) in erster Linie auf die Reduzierung des Energieverbrauchs im Vergleich zu rein mechanischen Systemen ausgerichtet sind, zielen bio-mechatronische Systeme (z. B. Biokompatible Verpackungen) sowohl auf die Einsparung von Energie als auch von Ressourcen ab.

Bild 90: Beispielhafte Prozesskette für CFK-Bauteile und Ansätze zur Automatisierung *(iwb)*

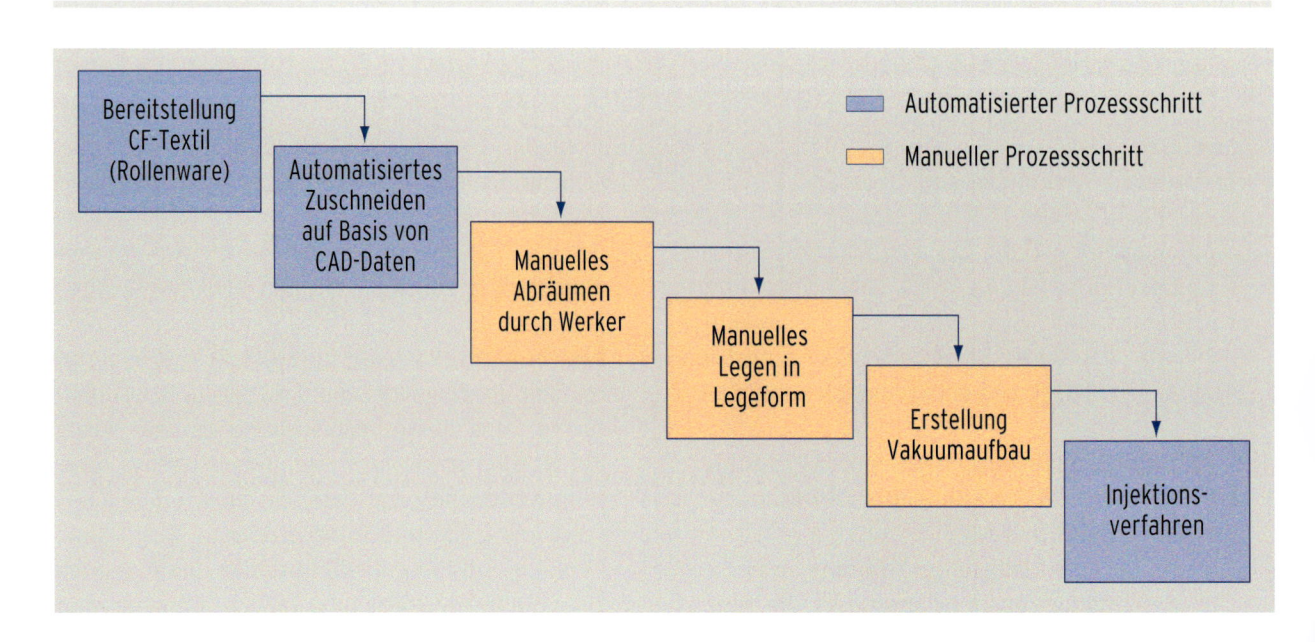

Grundlegende Verbesserungen sind dort vor allem durch Technologieintegration (z. B. Mechatronik, Bio-Mechatronik) zu erreichen, die wiederum aber nicht zwangsläufig zu einer Steigerung des Energieverbrauches während der Produktion führen sollte. Daher sind neben dem eigentlichen Produkt Anstrengungen in Richtung angepasster, ökologisch verträglicher Prozessketten erforderlich.

4 Lebenszyklusdesign

Die getrennte Abfolge von Produkt- und Fertigungsentwicklung verhindert häufig eine optimale Gestaltung des gesamten Produktlebenszyklus. Bisher wird diese zwar mit der Methode der Ökobilanz ermittelt, allerdings ist der Gesamtressourcenverbrauch noch kein Optimierungskriterium in der Produktgestaltung. Ein integrales Lebenszyklusdesign soll zukünftig frühzeitig den tatsächlichen ökologischen Auswirkungen eines Produkts, d. h. dessen Auswirkungen auf die Umwelt ermitteln, sowie Schwerpunkte des Ressourcenverbrauches darstellen und damit den konkreten Entwicklungsbedarf aufzeigen. Gleichzeitig sollen kritische Ressourcen (wie z. B. Hartmetalle, Zink) hinsichtlich ihrer Verfügbarkeit geprüft und Substitutionsmöglichkeiten untersucht werden. Entwicklungsbedarf besteht insbesondere in einer durchgängigen Ermittlung von energetischen Kennwerten, die mit Beginn der Werkstofferzeugung bis hin zum Recycling den Energieverbrauch im Lebenszyklus beschreiben. Ein weiterer Handlungsbedarf besteht in der Entwicklung von Softwarewerkzeugen, die dem Konstrukteur helfen, die Ökobilanz der geplanten Werkstoffe bereits bei der Produktentwicklung zu berücksichtigen. Gleichzeitig sind geeignete Bearbeitungsverfahren für neuartige, nachwachsende Rohstoffe zu qualifizieren.

b) Steigerung des ökologischen Produktionswirkungsgrades

In Bezug auf die Steigerung des ökologischen Produktionswirkungsgrads wurden bislang nur Forschungsprojekte durchgeführt, die sich in erster Linie mit der Quantifizierung der Energieverbräuche von industriellen Produktionsanlagen beschäftigen. Beispiele sind die Studie „Ravel", das BMBF-Forschungsprojekt „Ressourcenverwendung und Energieeffizienz spanender und umformender Werkzeugmaschinen" am PTW Darmstadt (KUHRKE 2007) sowie das BMBF-Forschungsprojekt „Untersuchung zur Energieeffizienz in der Produktion" durch die Fraunhofer-Gesellschaft (NEUGEBAUER ET AL. 2008). Wesentliches Ergebnis dieser Untersuchungen ist eine Übersicht zu möglichen Energietreibern. Auf dieser Grundlage wurden bereits erste Forschungsvorhaben mit der Zielsetzung initiiert, systematische Lösungen zur Reduzierung des Energieverbrauchs zu entwickeln. Bild 91 zeigt zusammengefasst die Ergebnisse dieser Untersuchungen für die Vorgabe möglicher Entwicklungsrichtungen am Beispiel der spanenden Werkzeugmaschinen.

Bild 91: Untersuchungsergebnisse zur Energiebilanz von Werkzeugmaschinen *(KUHRKE 2007; RAVEL 1993, Bild: PTW)*

- Absaugung
- Spindel
- Vorschubantriebe
- KSS-Pumpen 
- Beleuchtung
- Sperrluft
- Kühlung
- Hydraulik
- Steuerung
- Spänefürderer
- elektr. u. pneumat. Spanner

- 78 % der Gesamtleistung Grundlast der Maschine

- 22 % des Leistungsverbrauchs Abgriff durch spanende Bearbeitung

- zeitliche Maschinenauslastung
  u. U. 38 % in Großserien bzw.
  15 % in Kleinserien

22 % Bearbeitung | 78 % Grundlast

4.2 Produktionstechnik und Ausrüstung

Um nachhaltige Lösungen zur Steigerung des ökologischen Produktionswirkungsgrads zu realisieren, ist ein übergreifender Ansatz in der realen, komplexen Produktion notwendig. Eine ressourceneffiziente Produktion muss zukünftig sowohl den Materialverbrauch als auch den Energieverbrauch berücksichtigen.

Dieses Beispiel zeigt eindrucksvoll, dass eine isolierte Betrachtung in Bezug auf die Energie- oder die Ressourceneffizienz nur bedingt zielführend ist. Bisher wurden solche mehrdimensionalen Optimierungsansätze in der Forschung noch kaum betrachtet. Der Optimierungsraum wird aufgrund der Entwicklung neuartiger Beschichtungsverfahren für Werkzeuge aber auch neuer Werkstoffe für Schneidwerkzeuge, die zu weiteren Erhöhungen der Schnittgeschwindigkeiten führen, in den nächsten Jahren noch wesentlich größer werden.

Dazu sind Einzelaspekte, wie die Vermeidung von Materialmehrverbrauch, energetische Verluste in Produktionsanlagen oder die spezifische Gestaltung von Technologien und Abläufen in einer ganzheitlichen Bewertung zusammenzuführen. Daraus ergeben sich zahlreiche Forschungsbedarfe, die zunächst in Bild 92 dargestellt sind und im Folgenden näher beschrieben werden.

1 Effiziente Prozessketten

Ressourceneffiziente Prozessketten verlangen im Grunde eine übergreifende Betrachtung und Optimierung (siehe oben). Da eine Neugestaltung der gesamten Kette meist jedoch nur bei vollständig neuen Werkseinrichtungen möglich ist und in der Regel nur einzelne Prozessschritte modernisiert werden, wird in den nächsten Jahren auch ein Fokus auf die Betrachtung der Einzelprozesse gelegt werden müssen. Effiziente Einzelprozesse sind dadurch definiert, dass sie einen minimalen Energieinput bei maximaler Änderung des Zielparameters am Produkt haben. Optimal für eine ressourceneffiziente mechanische Bearbeitung ist beispielsweise die Gestaltung einer adiabaten Wirkzone zwischen Werkzeug und Bauteil. Erreicht werden kann dies durch Hochgeschwindigkeitsprozesse, die gleichzeitig auch die Bearbeitung von hochfesten und spröden (sog. Verbund-Materialien) ermöglichen. Das Potenzial wird bisher nur ansatzweise genutzt. Exemplarische Beispiele sind die HSC-Bearbeitung oder das Impulsschneiden. In der Gestaltung der Prozessbedingungen und der Werkzeuge sowie in der Entwicklung optimierter Werkzeugwerkstoffe liegen darüber hinaus große Chancen.

Bild 92: Forschungsbedarfe im Forschungsfeld Steigerung des ökologischen Produktionswirkungsgrades

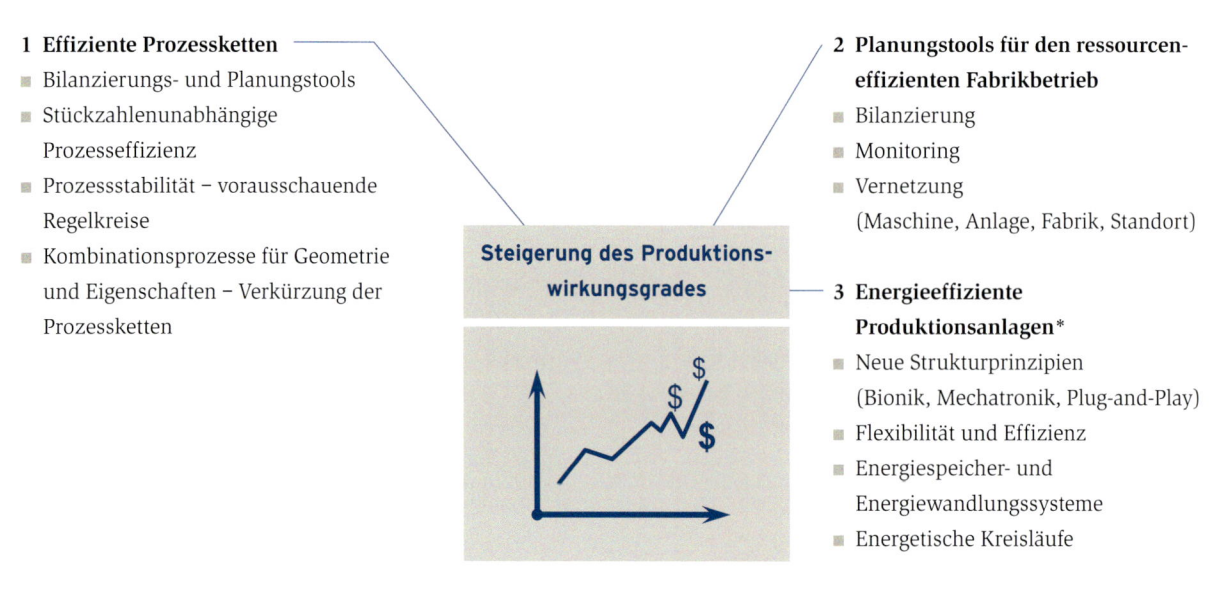

1 Effiziente Prozessketten
- Bilanzierungs- und Planungstools
- Stückzahlenunabhängige Prozesseffizienz
- Prozessstabilität – vorausschauende Regelkreise
- Kombinationsprozesse für Geometrie und Eigenschaften – Verkürzung der Prozessketten

2 Planungstools für den ressourceneffizienten Fabrikbetrieb
- Bilanzierung
- Monitoring
- Vernetzung (Maschine, Anlage, Fabrik, Standort)

3 Energieeffiziente Produktionsanlagen*
- Neue Strukturprinzipien (Bionik, Mechatronik, Plug-and-Play)
- Flexibilität und Effizienz
- Energiespeicher- und Energiewandlungssysteme
- Energetische Kreisläufe

Steigerung des Produktionswirkungsgrades

* Im Folgenden nicht näher betrachtet

4.2.12 Ressourceneffiziente Verfahren und Maschinen

Im Sinne einer ganzheitlichen Betrachtung von Ressourcen- und Energieeinsparungen versprechen unter Anderem sog. hybride Fertigungsprozesse ein hohes Potenzial. Der Begriff "hybrid" charakterisiert dabei Prozesse, deren Wirkzone durch mindestens zwei Energiequellen beeinflusst wird. Beispiele sind die Laser- oder Ultraschallunterstützte Zerspanung. Durch den Einsatz der zweiten Energiequelle wird der Arbeitspunkt des Hauptprozesses energieoptimal verschoben. Derartige Prozesse ermöglichen neue ressourceneffiziente Prozessfenster und Produkteigenschaften, insbesondere bei schwer bearbeitbaren Hochleistungswerkstoffen, wie z. B. der Zerspanung bleifreier Legierungen.

2 Planungstools für einen energieeffizienten Fabrikbetrieb

Ziel einer modernen, nachhaltigen Produktion sollte die energieautarke Fabrik sein. Dieses provokante Ziel kann durch die konsequente Umsetzung einer 4-Stufen-Strategie zur Realität werden:

1. Zunächst ist eine Null-Fehler-Produktion im energetisch optimalen Arbeitspunkt anzustreben. Dadurch kann der Bedarf an notwendiger Energie und eingesetztem Material minimiert werden.

„Lernfabrik für Energieproduktivität (LEP)" *(iwb)*

In Deutschlands erster Lernfabrik für Energieproduktivität (LEP) haben Industrieunternehmen ab sofort die Möglichkeit, zu lernen, wie sie ihre Energiekosten um bis zu 30 Prozent senken und so ihren CO_2-Ausstoß deutlich reduzieren können. Diverse Studien gehen von Einsparpotenzialen von bis zu 10 Mrd. Euro in Produktionsunternehmen in Deutschland bis zum Jahr 2020 aus – ohne den Abbau von Arbeitsplätzen. Vielen Unternehmern ist klar, dass sie beim Thema Energiekosten noch Handlungsbedarf haben. Doch es fehlen ihnen oft konkretes Wissen und Methoden, um den Energieverbrauch substanziell und nachhaltig zu senken. Die Lernfabrik zeigt auf knapp 200 Quadratmetern anhand eines komplett nachgestellten Produktionsprozesses, wie sich Energieverschwendung nicht nur erkennen, sondern auch vermeiden und beseitigen lässt. Konkret gefertigt wird in der Lernfabrik eine Zahnrad-Wellen-Kombination, die in verschiedenen Getriebearten zum Einsatz kommt. Alle für eine Produktion typischen energieintensiven Prozessschritte wie Zerspanen, Montieren, Wärmebehandlung oder Roboterhandhabung sind vertreten, ebenso ein eigenes Druckluft- und Dampfnetzwerk. LEP Trainingsteilnehmer analysieren die einzelnen Produktionsschritte auf mögliche Formen der Energieverschwendung. Danach entwickeln sie einen optimierten Prozess, bei dem der Energieverbrauch für die Zahnradproduktion deutlich geringer ist, und setzen ihn direkt in der Lernfabrik um. Die Anlagen der LEP sind so gestaltet, dass das theoretisch vermittelte Optimierungsvorgehen in die Praxis übertragen werden kann. Daher sind die Anlagen wandlungsfähig gestaltet und können räumlich umgeordnet werden. Zudem sind sie untereinander vernetzt, damit sich die Energieverbräuche auf Anlagen- und Prozessebene messen lassen.

Die Lernfabrik stellt eine Initiative zur Stärkung nachhaltiger Lösungen am Produktionsstandort Deutschland dar. Ziel ist die Verbreitung von Knowhow und Technologie, mit deren Hilfe sich Kosten senken und Schadstoffe verringern lassen, ohne Kompromisse bei Performance und Produktivität.

Bild 93: Lernfabrik für Energieproduktivität am iwb.
(Bild: iwb & KUBINSKA & HOFMANN)

2. Weiterhin sind energetische Kreisläufe zu implementieren, um eine durchgängige Rückführung von Prozessenergien zu realisieren. Von herausragender Bedeutung sind unter diesem Aspekt effizient arbeitende Energiewandlungssysteme.
3. Übergeordnet ist in erster Linie eine bis ins Detail abgestimmte Interaktion von Produktion und Produktionsinfrastruktur notwendig. Vielversprechende Ansätze hierzu stellen z. B. gemeinsame Heiz-/Kühlsysteme dar. Zugleich ist die Infrastruktur als Energiespeicher zu nutzen. Einen Schwerpunkt beschreibt dabei die Interaktion der Versorgungsmedien, insbesondere der Brauchwasserversorgung.
4. Schließlich ist die autarke Versorgung des (Rest) Bedarfes durch regenerative Energiequellen sicherzustellen. Diese Strategie erfordert durchgängige Planungswerkzeuge, die eine Visualisierung und Vernetzung der Energie innerhalb der Fabrikplanung ermöglichen.

Auf Basis dieser Überlegungen wird ersichtlich, dass die zukünftige Realisierung ressourceneffizienter Verfahren und Maschinen eine ganzheitliche Aufgabe darstellt, die ausschließlich in enger Kooperation zwischen Wissenschaft und Forschung bewältigt werden kann. Produktionstechnische Forschungsbedarfe beziehen sich sowohl auf die Produktion ressourceneffizienter Produkte als auch auf die Steigerung des ökologischen Produktionswirkungsgrades.

4.2.13 Zusammenfassung

Die industrielle Produktionstechnik stellt das zentrale, wertschöpfende Element zur Realisierung von Produkten für den gesellschaftlichen Bedarf dar. Die dazu erforderlichen Prozess und Anlagen werden einerseits direkt am Standort Deutschland eingesetzt, um in erster Linie mid-tech- und high-tech-Produkte herzustellen. Darüber hinaus exportiert Deutschland die Maschinen- und Anlagentechnik weltweit. Einer ökonomischen Produktionstechnik mit hoher Produktivität, Zeit-, Kosten- und Qualitätsorientierung wird daher auch zukünftig eine tragende Rolle zukommen. Die Forschungsbedarfe im Aktionsfeld *Produktionstechnik und Ausrüstung* orientieren sich an den Megatrends Globalisierung, Dynamisierung der Produktlebenszyklen, Durchdringung mit neuen Technologien sowie Klimawandel und Ressourcenverknappung. Während die letzten Jahre insbesondere auf eine maximale Ausbringung pro Zeiteinheit bzw. minimale Hauptzeit Wert gelegt wurde, wird zukünftig die Flexibilität, Wandelbarkeit und somit die produktgenerationenübergreifende Nutzungsmöglichkeit im Fokus stehen. Neben lernfähigen Betriebsmitteln mit kognitiven Eigenschaften werden wandlungsfähige und rekonfigurierbare Produktionsausrüstungen die Zukunft beherrschen. Darüber hinaus wird der durchgängigen Simulation von Produkteigenschaften und Produktionsprozess ein höherer Stellenwert beigemessen als heute. Die Megatrends Klimawandel und Ressourcenverknappung führen dazu, dass der Zielkatalog ausgehend von Qualität, Zeit und Kosten um die Ressourcenorientierung bzw. Nachhaltigkeit erweitert wird. Vor diesem Hintergrund werden verstärkt Systeme zur Material- und Komponentenrückgewinnung in den Fokus rücken.

4.3 Organisation und Produktionsmanagement[3]

Das Aktionsfeld *Organisation und Produktionsmanagement* zielt auf die zukunftsweisende Gestaltung und Organisation der Unternehmen ab. Basierend auf den eigenen Produkten und den identifizierten Absatzmärkten müssen eine geeignete strukturierte Organisation und ein gezieltes Management der Produktion definiert werden, um effizient produzieren zu können. Hierfür werden in diesem Aktionsfeld die zukünftigen Herausforderungen für die Unternehmensführung und die Gestaltung neuer Formen der Unternehmensorganisation beleuchtet. Darüber hinaus spielen alle Maßnahmen zur Erhöhung der Leistungsfähigkeit

---

[3] Dieses Kapitel und die darin identifizierten Forschungsbedarfe sind aus den Arbeitsgruppenberichten zum Forschungsprojekt „Produktionsforschung 2020" unter Mitwirkung der Professoren Jan Aurich, Hartmut Hirsch-Kreinsen, Horst Meier, Reimund Neugebauer, Peter Nyhuis, Bernd Scholz-Reiter, Günther Seliger, Dieter Spath und Joachim Warschat entstanden.

vor diesem Hintergrund eine entscheidende Rolle. Wichtige Gesichtspunkte dieses Aktionsfeldes stellen aber auch die Dienstleistung und die Integration von Dienstleistungsabläufen in die Unternehmensstruktur dar. Abgeschlossen wird das Feld mit der Betrachtung zukünftiger Herausforderungen im Bereich Logistik sowie der Weiterentwicklung digitaler Systeme für die Koordination und Abwicklung der betrieblichen Leistungserbringung.

Der folgende Abschnitt beleuchtet zunächst die zukünftigen Herausforderungen dieses Aktionsfeldes, die sich auf Grund der Megatrends ergeben.

4.3.1 Die wichtigsten Megatrends und ihre Herausforderungen

a) Globalisierung

Die Bedienung von Absatzmärkten in fernen Ländern aber auch die weltweite Beschaffung von Rohstoffen, Vorprodukten und der Zugang zu günstigen Faktorkosten führen zu neuen Standorten, die in Produktions- und Unternehmensnetzwerken miteinander verbunden sind. Grundlegende Fragestellungen, die sich bei der Bildung solcher Netzwerke ergeben, sind in Bild 94 dargestellt. Dies erfordert besondere Managementansätze, die auch sprachlichen und kulturellen Unterschieden gerecht werden. Besonders für KMU ist die Gestaltung und Koordination internationaler Beziehungen häufig schwierig. Modernste Informations- und Kommunikationstechnik vereinfacht die globale Vernetzung der Akteure zwar wesentlich, Probleme bereitet jedoch zunehmend die Sicherheit von Daten, die über diese Systeme ausgetauscht werden.

Nicht nur der Betrieb von internationalen Unternehmensnetzwerken, sondern auch deren Aufbau ist für die Akteure eine beachtliche Herausforderung. Eine geeignete Verteilung von Kompetenzen innerhalb des Netzwerks muss bereits frühzeitig berücksichtigt werden, um die durch die Netzwerkbildung erwarteten Potenziale tatsächlich ausschöpfen zu können.

Das Angebot von produktbegleitenden Dienstleistungen (z. B. Instandhaltung) gestaltet sich bei einer über die ganze Erde verteilten Kundschaft als besonders schwierig. Es werden Konzepte benötigt, die deutschen Unternehmen weltweit eine schnelle und qualitativ hochwertige Dienstleistungserbringung ermöglichen.

b) Durchdringung mit neuen Technologien

I&K-Entwicklungen schaffen zahlreiche neue Möglichkeiten für die Organisation und das Management von Produktionsaufgaben. So lassen sich z. B. durch vernetzte IT-gestützte Planungssysteme immer detailliertere Planungen effizient durchführen. Die drahtlose Kommunikation, die in unserem Alltagsleben bereits eine wesentliche Rolle spielt, bietet nicht nur die Möglichkeit, einen flexiblen Datenaustausch zwischen Personen oder Unternehmen zu realisieren, sondern erlaubt auch die Kommunikation mit bewegten Objekten (z. B. Produkten) in einer Produktionsumgebung. Die Herausforderung für produzierende Unternehmen

Bild 94: Beispielhafte zentrale Fragestellungen für die Unternehmensorganisation im Zeitalter der Globalisierung

Analysephase
- Welche **Absatzmärkte** wachsen, stagnieren, schrumpfen?
- Wo sind weltweit günstige **Standortfaktoren** (Lohn, Steuern, Qualifikation, Logistikanbindung)?
- Welche **Währungsrisiken** bestehen?

Planungsphase
- Welcher **Global Footprint** ist sinnvoll?
  - Wie viele Werke und wo?
  - Welche Funktionen (z. B. Produktion, Entwicklung, Vertrieb) in welchem Werk?
  - Welches Produkt in welchem Werk?

Umsetzungsphase
- Werksschließung
- Anlagenbeschaffung
- Personal, Organisationsstruktur
- Produktionssystem, Kennzahlen, operatives Führungssystem

besteht darin, mit dem Innovationstempo dieser neuen Technologien Schritt zu halten und daraus neue Anwendungen für die Produktion abzuleiten.

Erfolgreiche Produktion der Zukunft wird sich auf die intelligente Kombination von menschlichen Fähigkeiten mit automatischen Systemen stützen. Dieser Ansatz wirft Herausforderungen im Bereich der Arbeitsteilung zwischen Mensch und Maschine, der Arbeitssicherheit sowie in der organisatorischen Gestaltung entsprechender Systeme auf.

Die Generierung großer Datenmengen durch Informationssysteme bringt die Notwendigkeit zur effizienten Datenorganisation mit sich. Die Bereitstellung und Aufbereitung der vom Menschen für bestimmte Aufgaben benötigten Daten ist dabei ein zentraler Aspekt.

c) Dynamisierung der Produktlebenszyklen

Die Beherrschung steigender Variantenzahlen in der Produktion erfordert ausgeklügelte Organisationssysteme, die effiziente Abläufe ermöglichen. Kürzer werdende und überlappende Produktlebenszyklen führen beispielsweise zum Bedarf nach neuen organisatorischen Konzepten für das Management von Produktan- und -ausläufen.

Gleichzeitig kann mit sich stetig verkürzenden Innovationszyklen nur schrittgehalten werden, wenn eine bessere Integration der Produktentwicklung und der Produktionsplanung sowie eine höhere Durchgängigkeit von Planungsdaten durch CAx-Technologien und Werkzeugen der Digitalen Fabrik geschaffen werden. Durchgängige Datenstrukturen stellen zudem eine Voraussetzung zur Beherrschung der Variantenvielfalt sowie des Änderungsmanagements dar.

Um den Herausforderungen durch kürzere Produktlebenszyklen und häufigen Änderungen der Produktionsstruktur entgegenzutreten ist Wandlungsfähigkeit eine entscheidende Voraussetzung. Bisher existieren lediglich einzelne Ansätze für die wandlungsfähige Gestaltung von Teilbereichen der Produktion, der Organisation oder der Logistik. Zukünftig werden hier durchgängige Konzepte für die gesamte Fabrik benötigt, um Innovationen schnell umsetzen zu können.

Kürzer werdende Produktlebenszyklen werden auch neue Herausforderungen für die Betriebsmittelhersteller darstellen. Die Beschaffung von Montageanlagen oder geometriegebundenen Sonderwerkzeugen ist bereits heute der Engpass im Innovationsablauf. Dies wird sich weiter verschärfen, weshalb in Zukunft noch mehr auf Standardisierung, auf die Verknüpfung der Terminpläne für die Produktentwicklung und die Produktionsmittel bzw. ganz allgemein auf die Synchronisierung der Lebenszyklen von Produkt und Produktionseinrichtungen zu achten ist. Dies bedeutet auch neue Herausforderungen sowohl für die Aufbau- als auch für die Ablauforganisation.

d) Ressourcenverknappung

Um einen sparsameren Einsatz von Rohstoffen und fossilen Energieträgern sowie eine Verringerung der Umweltbelastung zu erzielen, ist nicht nur ein ressourcenbewusstes Verhalten des Menschen notwendig, sondern es werden auch ressourceneffiziente Technologien und neue Organisations- und Managementprinzipien benötigt. Die Bewertbarkeit von Nachhaltigkeit ist nur ein Aspekt hiervon.

Das Recycling von Abfällen und Produkten bzw. Produktionsmitteln, die ihr Lebensende erreicht haben, ist weiterhin eine essentielle Notwendigkeit für die dauerhafte Aufrechterhaltung der Produktion, da diverse nicht nachwachsende Rohstoffe nur noch für eine absehbare Zeit zur Verfügung stehen werden. Dafür werden einerseits entsprechende Verfahren benötigt. Daneben müssen aber auch die Abfallströme durch eine globale Abfalllogistik an den Ort ihrer Aufbereitung und Wiederverwertung zurückgeführt werden. Nur so kann sich die heutige Quellen-Senken-Wirtschaft zu einer globalen Kreislaufwirtschaft entwickeln.

4.3.2 Paradigmenwandel im Aktionsfeld

„Wir sind wirtschaftlich sehr gesund und haben jedes Jahr hohe Umsatzzuwächse", sagt Andreas Wagner, einer der drei Geschäftsführer der Wagner & Co. Solartechnik GmbH aus Coelbe bei Marburg (SCHULZE 2010). Das mittelständische Unternehmen lebt mit seinen Produkten – Solarpaneelen und Holzpelletheizungen – jeden Tag Nachhaltigkeit. Das Ideal einer nachhaltigen Unternehmensführung ist für viele Firmen noch ein weit entferntes Ziel. Wagner weiß jedoch, dass nachhaltige Unternehmensführung und wirtschaftlicher Erfolg sich nicht ausschließen.

Hohe Produktqualität ist eine der Voraussetzungen für Nachhaltigkeit. Hinzu kommt der sparsame Umgang mit Energie im Unternehmen. Auch das war bei der Wagner Solartechnik immer ein Thema. Zum Beispiel durch die überdurchschnittliche Dämmung bei seinen Industriegebäuden. Oder dadurch, dass eine moderne Hackschnitzelanlage, die mit Verpackungsholz aus der Produktion befeuert wird, die Heizenergie für das Produktionsgebäude liefert und eine Solaranlage Duschen und Sanitärräume mit warmem Wasser versorgt. Schließlich setzt Wagner auch bei der sozialen Nachhaltigkeit Maßstäbe. Viele der Angestellten sind zugleich Teilhaber des Unternehmens. Die erwirtschafteten Erträge kommen ihnen anteilmäßig zugute. Das führt zu einer hohen Identifikation der Mitarbeiter mit ihrem Unternehmen.

Maßnahmen zur Steigerung der Nachhaltigkeit sind jedoch mit Hilfe von monetären Größen im Vorhinein nur schwer zu erfassen. Entsprechend werden Hilfsmittel benötigt, die die Entscheidungsträger bei der Erarbeitung und Bewertung ökonomisch, ökologisch und sozial nachhaltiger Lösungen unterstützt.

Die hohe Komplexität von Produkten sowie die fachliche Spezialisierung der Unternehmen führen dazu, dass heute zahlreiche überregionale Wertschöpfungsketten für Produkte existieren. In den vergangenen Jahren wurden vielfältige Anstrengungen unternommen, um die Tätigkeiten entlang dieser Wertschöpfungsketten aufeinander abzustimmen, effizient auszurichten und möglichst flexibel zu gestalten. Es wird jedoch deutlich, dass sich diese globalen Wertschöpfungsketten schwieriger ganzheitlich optimieren lassen. Auch beeinflusst die Optimierung einer Kette unter Umständen andere, mit ihr verflochtene Ketten.

Ein Trend, der schon seit Jahren zu beobachten ist, sich jedoch aufgrund der globalen Entwicklung auf immer mehr Betrachtungsbereiche ausdehnt, ist der Wandel von einer Quellen-Senken-Wirtschaft zur Kreislaufwirtschaft. Früher schien die Verfügbarkeit von Rohstoffen als nahezu unendlich, verbrauchte Produkte wurden als Müll entsorgt. Heute wird immer

Bild 95: Paradigmenwandel im Aktionsfeld „Organisation und Produktionsmanagement"

Gestern	Morgen
■ Kurz- und mittelfristiges Handeln nach rein ökonomischen Gesichtspunkten	■ Langfristige Orientierung an ökonomischer, ökologischer und sozialer Nachhaltigkeit
■ Betriebspunktoptimierte unternehmensinterne Wertschöpfungsketten	■ Wandlungsfähige und flexible unternehmensübergreifende Wertschöpfungsnetzwerke
■ Problemspezifische IT-Insellösungen	■ Durchgängiges Produktions- und Supply-Chain-Management
■ Quellen-Senken-Wirtschaft	■ Kreislaufwirtschaft
■ Funktionsoptimierung	■ Prozessorientierung

Von der flexiblen Produktion zu einem wandlungsfähigen, dynamischen Unternehmen im Wertschöpfungsverbund

deutlicher, dass die Verfügbarkeit von Rohstoffen immer knapper wird und einige seltene Metalle schon bald nicht mehr in ausreichender Menge zur Verfügung stehen werden. Nicht zuletzt zwingt die dadurch hervorgerufene Verteuerung der Rohstoffe Unternehmen dazu, mehr und mehr über die Recyclingfähigkeit von Rohstoffen nachzudenken. Es gilt, Kreisläufe zu entwerfen, aufzubauen und auch miteinander zu vernetzen.

Um auf unvorhergesehene Änderungen in den Wertschöpfungsnetzen (z. B. eine Unternehmensinsolvenz) reagieren zu können, reicht Flexibilität allein nicht mehr aus. Die Netze müssen daher zunehmend wandlungsfähig gestaltet werden. Die im Rahmen von Organisation und Produktionsmanagement eingesetzten IT-Lösungen spiegeln weitestgehend eine Funktionsorientierung im Unternehmen wieder. Überwiegend handelt es sich um problemspezifische Insellösungen die sich kaum oder nur teilweise zu Gesamtlösungen zusammenführen lassen. Der Trend zur Integration dieser Einzellösungen zu übergreifenden IT-Systemen für das Produktions- und Supply-Chain-Management ist jedoch deutlich.

4.3.3 Strukturierung des Aktionsfeldes „Organisation und Produktionsmanagement"

Eine effiziente Produktion setzt eine strukturierte Organisation und ein gezieltes Management der Produktionsfaktoren voraus. Dies findet auf unterschiedlichen Detaillierungsebenen statt, weshalb das Aktionsfeld *Organisation und Produktionsmanagement* in die folgenden Forschungsfelder gegliedert ist:

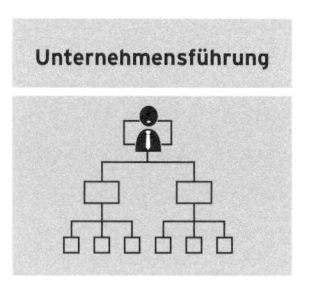

Unternehmensführung

Als zentrale und übergeordnete Steuerungsinstanz hat die Unternehmensführung Gestaltungs- und Richtlinienkompetenzen, die sich auf die Effizienz des gesamten Unternehmens und teilweise sogar weiterer Partner auswirken. Im Folgenden werden besonders Aspekte der Unternehmensorganisation und unternehmensübergreifenden Vernetzung sowie nachhaltiger Unternehmensführung betrachtet.

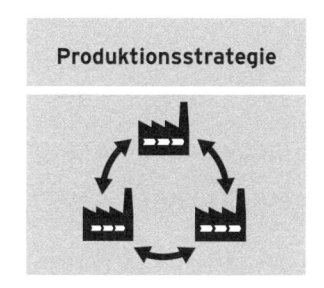

Produktionsstrategie

Das Forschungsfeld Produktionsstrategie umfasst alle Maßnahmen, die die Leistungsfähigkeit der Produktion erhöhen und die Geschäfts- und Unternehmensstrategie unterstützen. Diese Maßnahmen beziehen sich sowohl auf die Produktionsstruktur als auch auf die Produktionsprozesse.

Dienstleistung

Dienstleistungen spielen neben der Erzeugung physischer Produkte eine zunehmende Rolle in produzierenden Unternehmen. Neben der Organisation der Dienstleistungserbringung wird dabei auch die Industrialisierung von Dienstleistungen mit dem Ziel betrachtet, u. a. Skaleneffekte zu realisieren. Schließlich gilt es, Produkte und Dienstleistungen zu einem schlüssigen und maßgeschneiderten Paket zu kombinieren.

Logistik

Das Forschungsfeld Logistik umfasst Aufgaben bzgl. der Planung, Abstimmung und Abwicklung von Material- und Informationsflüssen entlang der Wertschöpfungskette, die sowohl unternehmensintern als auch unternehmensübergreifend anfallen.

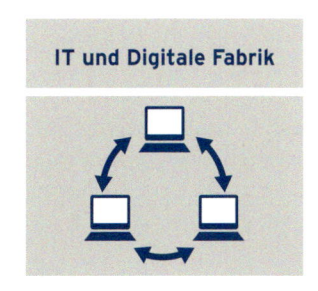

IT und Digitale Fabrik

Informationstechnik (IT) ist die Grundlage von Informations- und Steuerungssystemen, die zur Abwicklung und Koordination der betrieblichen Leistungserstellung dienen. Die Digitale Fabrik beschreibt Computerwerkzeuge, die zur modellgestützten Planung, Steuerung und Simulation des Fabrikgeschehens eingesetzt werden.

4.3.4 Unternehmensführung

Als zentrale Steuerungsinstanz hat die Unternehmensführung in hohem Maße Einfluss auf die Effizienz von Wertschöpfungsprozessen. Die Steigerung von Wettbewerbsfähigkeit und Flexibilität sowie die bedarfsorientierte Erweiterung von Unternehmensressourcen sind wesentliche Aspekte, die mit einer zielgerichteten *Organisation und Vernetzung von Unternehmen* erreicht werden sollen. Sowohl inner- als auch überbetriebliche Kooperationen müssen dabei wandlungsfähig gestaltet sein, damit sie an geänderte Randbedingungen des dynamischen Unternehmensumfelds angepasst werden können.

Nachhaltigkeit wird zukünftig ein entscheidendes Kriterium für unternehmerisches Handeln sein. Der Megatrend der Ressourcenverknappung führt uns dies zunehmend vor Augen. Nachhaltigkeitskonzepte erfordern eine ganzheitliche Sichtweise. Nicht zuletzt deshalb sind die Aspekte im Bereich der Unternehmensführung anzusiedeln. Potenziale zu nachhaltigem Handeln finden sich zudem in sämtlichen Unternehmensbereichen gleichermaßen und können nur gehoben werden, wenn nachhaltiges Denken und Handeln auf breiter Basis im Unternehmen angelegt und als Kultur von der Unternehmensführung vorgelebt wird.

a) Unternehmensorganisation und -vernetzung

Die Koordination von Netzwerken wird durch eine Reihe von strukturellen Problemen von Kooperationsbeziehungen beeinflusst (SYDOW 1999). Wichtige Aspekte sind die Gestaltung von Verantwortlichkeit und Flexibilität, sowie die Anschlussfähigkeit der Netzwerkpartner (VDI 2003). Aus einer umfangreichen Analyse des Stands der Forschung und Anwendung anhand von Projekten der jüngeren Vergangenheit wurden im Bereich Unternehmensorganisation und -vernetzung vier im Bild 96 dargestellten Forschungsbedarfe identifiziert.

1 Systematische Organisationsgestaltung

Bei der Gestaltung der Organisation von Unternehmen werden heutzutage häufig Mischformen zwischen klassischen funktionsorientierten Organisationsprinzipien und dem Prinzip der Projektorganisation zugrunde gelegt. Die Anforderungen, die aus diesen Prinzipien an die Organisationsgestaltung abgeleitet werden, sind jedoch teilweise

4.3 Organisation und Produktionsmanagement

Bild 96: Forschungsbedarfe im Bereich der Unternehmensorganisation und Vernetzung

1 Systematische Organisationsgestaltung
- Effiziente Organisationsprinzipien für KMU
- Konzepte zur kurzfristigen bedarfsorientierten, Kompetenzeinbindung
- Gestaltung von globalen Organisations- und Mitarbeiterstrukturen

2 Wandlungsfähige Organisationsstrukturen
- Bestimmung des geeigneten Autonomiegrads dezentraler Einheiten
- Strategiekonzepte zur betrieblichen Umsetzung von Wandel
- Erhöhung der Wandlungsfähigkeit in Netzwerken durch Synchronisierung
- Flexibilisierung der Kapazitäten für Extremsituationen (z. B. Wirtschaftskrisen)

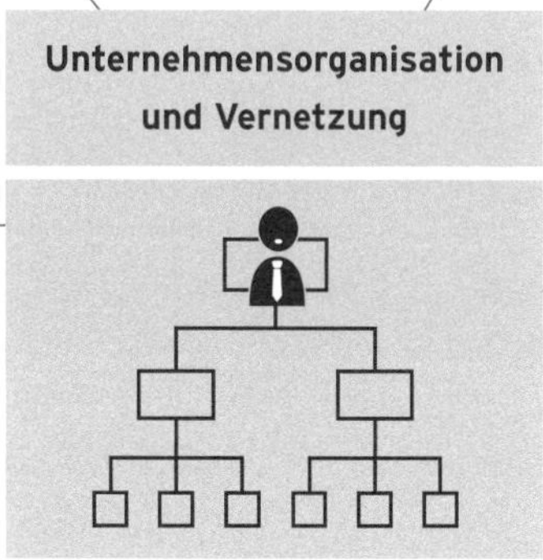

Unternehmensorganisation und Vernetzung

3 Unternehmensübergreifende Kooperationsgestaltung
- Vorgehen für die Anbahnung und Gestaltung von Kooperationen
- Gestaltungsprinzipien für projektbezogene Kooperationen entlang der Wertschöpfungskette
- Standortplanungsverfahren für Wertschöpfungscluster

4 Kooperationsmanagement in Unternehmensnetzwerken
- Möglichkeiten zur internationalen Kooperationskoordination für KMU
- Systematische Kompetenzentwicklung für Schnittstellenakteure
- Verbesserung der Lieferanten-Leistungsbewertung
- Vereinheitlichung von Zertifizierungsstandards
- Ganzheitliche Bewertungsansätze für eine gerechtfertigte Verteilung von Kooperationserträgen (Cost-Benefit-Sharing)

DIE FORSCHUNGSTHEMEN ZUR UMSETZUNG DES LEITBILDES

---

gegensätzlich (z. B. hinsichtlich der Gestaltung von Weisungsbefugnissen oder Kapazitätseinteilungen) und bereiten daher besonders KMU Schwierigkeiten bei der Umsetzung. Erforderlich sind daher Unterstützungs- und Bewertungsinstrumente, die den Anforderungen einer Mischung von Projekt- und Funktionsorganisation in KMU gerecht werden und sowohl Mitarbeiter als auch Führungskraft im Tagesgeschäft unterstützen. Insbesondere ist die kurzfristige Einbindung benötigter Kompetenzen in Projekte ein wichtiger Aspekt. Neben der Entwicklung ressourcenorientierter Hilfsmittel müssen ebenso die notwendigen formalen und informellen Randbedingen in Organisationsgrundsätzen abgebildet werden, sodass tatsächlich eine zwar temporäre aber bedarfsorientierte und schnell realisierbare Integration von Kompetenzen erreicht wird. Dafür sind neue Unterstützungsinstrumente zu entwickeln, die berechtigte Interessen von Mitarbeitern und Führungskräften darstellen und Entscheidungen bei konkurrierenden Zielen unterstützen. Die Ausweitung dieser Vorgehensweisen und Instrumente entlang der gesamten Wertschöpfungskette führt zum Aufbau organisatorisch stabiler, projektbezogener Kooperationen.

2 Wandlungsfähige Organisationsstrukturen

Bislang fehlen Erkenntnisse darüber, welche Formen der Aufbauorganisation die Wandlungsfähigkeit in geeigneter Weise unterstützen. Hier gilt es zu untersuchen, inwiefern funktions- oder prozessorientierte Arbeitsteilungen der Wandlungsfähigkeit zuträglich sind und welcher Autonomiegrad einzelner Organisationseinheiten anzustreben ist. Ein Ansatz zur Untersuchung dieser Fragestellung könnte der Aufbau einer wandlungsfähigen Musterfabrik sein.

In einer übergeordneten Perspektive stellt sich die Frage, wie die Umsetzung des Wandels insbesondere dezentraler Einheiten sinnvollerweise organisiert und geleitet werden kann: Soll z. B. der Wandel von dezentralen Einheiten selbst initiiert oder zentral angestoßen werden? Soll es standardisierte oder situative, problembezogene Vorgehensweisen geben?

Die Untersuchung der Skalierbarkeit von Organisationsstrukturen stellt einen wichtigen Handlungsbedarf auf dem Weg zur wandlungsfähigen Gestaltung solcher Strukturen dar. Dabei sind Konzepte zu entwickeln, die es über die klassischen Instrumente wie Arbeitszeitflexibilisierung oder Leiharbeit hinaus erlauben, schnell und wirtschaftlich auf Kapazitätsveränderungen zu reagieren. Hierzu zählen u. a. Methoden für die operative Feinplanung (Maschinenbelegung, bereichsübergreifende Abstimmung etc.) aber auch Möglichkeiten für den überbetrieblichen Ausgleich von Kapazitäten z. B. durch Mitarbeiter oder Maschinenbörsen.

3 Unternehmensübergreifende Kooperationsgestaltung

Regionale Wertschöpfungscluster stellen besondere Formen der Kooperation dar, die große Potenziale im Bereich der effizienten Zusammenarbeit und zur Vermeidung von Logistikaufwand bei gleichzeitig möglicher hoher Marktnähe bieten (TIETZE 2003). Sie werden zudem als gute Voraussetzung gesehen, um den Gedanken der Kreislaufwirtschaft bzw. einer Closed-Loop-Supply-Chain auszubilden und dadurch im Rahmen von Materialrecycling die Verwendung von Primärrohstoffen zu reduzieren. Für eine gezielte Bildung von effizienten Wertschöpfungsclustern werden jedoch noch Planungsmethoden und -modelle benötigt, mit denen bereits in der Planungsphase quantitative Bewertungen hinsichtlich entstehender Cluster-Effekte durchgeführt werden könnten.

4 Kooperationsmanagement in Unternehmensnetzwerken

Kooperationen und Netzwerke spielen für produzierende Unternehmen zukünftig eine entscheidende Rolle, da sie die Möglichkeit eröffnen, komplexe und multidisziplinäre Produkte zu entwickeln und effizient herzustellen. Bei der Bildung von Unternehmensnetzwerken sind die Tendenzen zu erkennen, dass die Zahl der Akteure steigt, größere Distanzen (auch länder- und kulturübergreifend) zwischen ihnen überwunden werden müssen und die Dynamik der Änderung des Netzwerks zunimmt.

Mitarbeiteraustausch im Netzwerk: In jeder Hinsicht ein Gewinn (NIRO 2010, WIGGERMANN 2010)

In einem Unternehmen zwingt die Krise noch zur Kurzarbeit, ein anderes in der gleichen Region hat aktuell bereits dringenden Bedarf an gut ausgebildeten Fachkräften. Was liegt das näher, als sich mit einem Austausch von Mitarbeitern zu helfen? Ein Modell das regional funktioniert, wie die Unnaer Stromag AG und die Böcker AG in Werne zeigten. Über einen Zeitraum von mehreren Wochen wurden zwei Mitarbeiter zwischen den Betrieben ausgeliehen, die anderenfalls in Kurzarbeit zu Hause hätten bleiben müssen.

Den Mitarbeitertausch ermöglicht ein neuer Tarifvertrag, abgeschlossen zwischen dem Unternehmensverband Westfalen-Mitte und der IG Metall für Hamm und Unna unter Mitwirkung des Netzwerks Industrie RuhrOst (NIRO). Nach dem Vertrag können Betriebe für bis zu drei Monate einzelne Mitarbeiter verleihen – deren Einverständnis und das der Betriebsräte vorausgesetzt. Die Fachkraft bleibt bei der Stammfirma angestellt und wird in gewohnter Höhe bezahlt. Diese Kosten erstattet dann der entleihende Betrieb.

Neben der Chance, Betriebe und Arbeitsplätze in Zeiten konjunktureller Schwankungen krisenfester zu machen, sieht das Netzwerk NIRO im Mitarbeitertausch auch eine Form der Weiterbildung. Neue Erfahrungen, die die Mitarbeiter im Rahmen der alltäglichen Arbeit im Austauschbetrieb sammeln, können sie anschließend auch in ihren Stammfirmen nutzen. Zudem ist es hilfreich, wenn sich die Mitarbeiter in einem anderen Betrieb auch neuen Situationen und Anforderungen stellen müssen.

4.3 Organisation und Produktionsmanagement

Bild 97: Forschungsbedarfe zur nachhaltigen Unternehmensführung

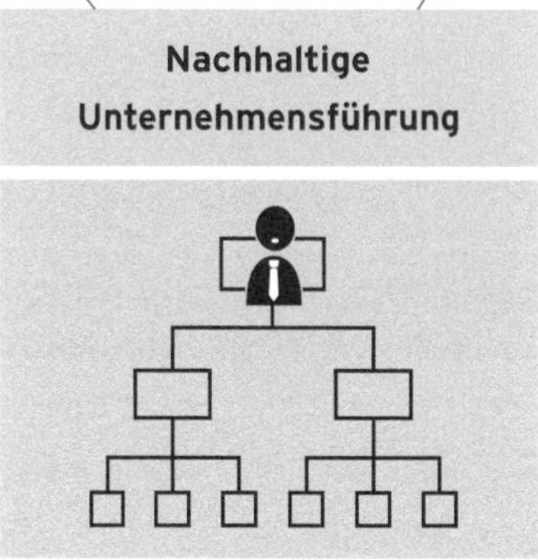

1 Klassifizierungssysteme und Standards
- Klassifizierung von Nachhaltigkeitsaspekten
- Identifizierung von Nachhaltigkeitsindikatoren
- Handlungsanweisungen für die strategische, taktische und operative Gestaltung nachhaltiger Unternehmen

2 Kennzahlen und Bewertungsmethoden
- Modelle zur Bewertung ökonomischer, ökologischer und sozialer Nachhaltigkeit
- Multikriterielle Bewertungsverfahren zur integrierten Bewertung verschiedener Nachhaltigkeitsdimensionen
- Operationalisierung von Life Cycle Assessment-Methoden
- Aufstellen von branchenübergreifenden Benchmarking-Datenbanken

3 Optimierungsverfahren*
- Behandlung von Zielkonflikten zwischen Dimensionen der Nachhaltigkeit
- Mathematische Modellierung von Optimierungsproblemen
- Situationsabhängige Analyse der Nachhaltigkeitsdimensionen

* Im Folgenden nicht näher betrachtet

Um die Potenziale in solchen Netzwerken vollständig zu realisieren, ist ein Netzwerkmanagement erforderlich, das die Auswirkungen von Interessenskonflikten reduzieren kann. Ein adäquates Netzwerkmanagement zu installieren, überfordert gerade KMU häufig, denen entsprechende Ressourcen nur in begrenztem Umfang zur Verfügung stehen. Dies betrifft zunächst die Konzepte zur Initiierung (z. B. Suche geeigneter Partner) und Gestaltung der Kooperations- und Netzwerkbeziehungen, aber auch die Verteilung der Kooperationserträge.

In diesem Feld sind Steuerungs- und Bewertungsmodelle erforderlich. Aber auch in personeller Hinsicht kommen auf die Unternehmen Herausforderungen zu: Das Netzwerkmanagement erfordert von den Mitarbeitern, die die Schnittstelle zwischen zwei Unternehmen besetzen, spezifische Kompetenzen und Entscheidungsspielräume. Dazu zählen beispielsweise die interne Legitimation, kommunikative Fähigkeiten, Konfliktlösungsfähigkeit, Verlässlichkeit sowie die Fähigkeit, Vertrauen aufzubauen und zu erhalten. Hierfür sind spezifische Kompetenzprofile und Qualifizierungsmaßnahmen zu entwickeln.

b) Nachhaltige Unternehmensführung

Der Bereich der nachhaltigen Unternehmensführung stellt insbesondere die Fragen in den Vordergrund, welche Herstellungsverfahren für ein Unternehmen nachhaltig sind, wie Nachhaltigkeit alternativer Prozessketten beurteilt und verglichen werden kann und welche Konsequenzen sich aus einer Auswahlentscheidung für die langfristige Wettbewerbsfähigkeit eines Unternehmens ergeben. Zugehörige Forschungsbedarfe sind in Bild 97 dargestellt.

1 Klassifizierungssysteme und Standards

Die Technologien der Fertigungsverfahren sind in den Normenwerken nach DIN 8580 eingehend, umfassend und systematisch beschrieben. Darüber hinaus gilt es zukünftig, die hinsichtlich ihrer ökonomischen und ökologischen Nachhaltigkeit beste verfügbare Technologie bzw. das beste Verfahren als Referenz zu identifizieren. Komplexe

Prozessketten und Produkte können so in logische Bausteine zerlegt werden. Die Kombination dieser Bausteine bietet unter Berücksichtigung möglicher Wechselwirkungen eine Möglichkeit, die Planung von Prozessketten oder Entwicklung von Produkten zu beschleunigen, ohne Lebenszyklusbetrachtungen und ökologische Auswirkungen vernachlässigen zu müssen.

2 Kennzahlen und Bewertungsmethoden

Die Definition und Quantifizierung von Nachhaltigkeits-Charakteristika sind eine wesentliche Herausforderung zur Operationalisierung des Nachhaltigkeitskonzeptes (SELIGER 2007). Mit Hilfe von Life-Cycle-Assessment-(LCA) und Life-Cycle-Costing-(LCC)-Methoden können bereits unterschiedliche Produkte und Betriebsmittel auf ihre Kosten- und Ökoeffizienz untersucht werden. Daraus gewonnene Informationen stellen die Entscheidungsgrundlage bei der Auswahl geeigneter Handlungsoptionen, z. B. Investitionsentscheidungen für Betriebsmittel oder die Wahl des Automatisierungsgrads, dar. Im produktionstechnischen Alltag ist dieses Vorgehen jedoch schwer umzusetzen, da für ein LCA sehr viele unterschiedliche Daten gesammelt, ausgewertet und in einen Gesamtzusammenhang gestellt werden müssen. Es bedarf daher LCA- und LCC-Methoden, die an den jeweils erforderlichen Detaillierungsgrad angepasst sind, um nachhaltige Entscheidungen zeitnah zu treffen.

Für eine – auch für Kunden nachvollziehbare – Berechnung der Nachhaltigkeit müssen darüber hinaus Kennzahlen und Indikatoren erarbeitet werden, die eine systemanalytische Beurteilung und integrierte Bewertung der Nachhaltigkeit, insbesondere der ökologischen Auswirkung erlauben. Ein Beispiel für derartige Kennzahlen stellt der Carbon Footprint dar. Die Anwendung auf produktionstechnische Prozesse steht hierbei im Vordergrund. Messbare

---

Produkte hinterlassen Klimaspuren (WOLLENWEBER 2009)

Klimaschutz soll ein Kernaspekt im Produktionsprozess werden. Unternehmen wollen sich über das Ausmaß an Treibhausgasen klar werden, das im gesamten Lebenszyklus eines Produktes anfällt. Dies steigert bei Unternehmensleitungen, Mitarbeitern und Lieferanten das Bewusstsein für die Klimarelevanz der eigenen Produkte und Dienstleistungen.

Der Product Carbon Footprint (PCF) oder Klimafußabdruck wird aber auch als Verkaufsargument gegenüber einer zunehmend ökologisch sensibilisierten Kundschaft gesehen. Wie eine Online-Umfrage der Uni Mainz im Jahr 2008 ergab, möchten 90 % der Verbraucher CO_2-neutrale Produkte kaufen. In Großbritannien hat sich bereits eine Kennzeichnung für den Product Carbon Footprint etabliert. Sie gibt die emittierte Kohlendioxidmenge pro Verkaufseinheit eines Produktes an und ist auf zahlreichen Verpackungen im Supermarkt zu finden (Bild 98).

Den Klimafußabdruck im Einzelfall zu bestimmen, ist allerdings eine komplexe Angelegenheit: Emissionen können etwa beim Rohstoffgewinn, bei Transporten, in der Produktion, in der Nutzungsphase oder auch bei der Verwertung und Entsorgung entstehen. Über ein umfassendes und einheitliches Verfahren zur Bewertung des Product Carbon Footprint, das alle relevanten Faktoren einbezieht, herrscht bislang keineswegs Einigkeit.

Bild 98: Kennzeichnung des CO_2-Fußabdrucks auf Produkten in Großbritannien (Bild: iwb)

Nachhaltigkeit trägt dazu bei, Prozesse in einer Prozesskette gezielt nach quantitativen Kriterien auszuwählen und somit die langfristige Wettbewerbsfähigkeit der ganzen Prozessketten zu steigern.

4.3.5 Produktionsstrategie

Die Produktionsstrategie wird hier in die Bereiche *Produktionsstruktur* und *Produktionsprozess* untergliedert. Die *Produktionsstruktur* bezieht sich auf die Verteilung, Vernetzung und den Aufbau der Produktionsstandorte eines Unternehmens weltweit. Der *Produktionsprozess* definiert insbesondere strategisch relevante Produktionstechnologien. Neben den Fertigungsmitteln umfasst dies auch Fragestellungen der Flexibilisierung, Automatisierung, Standardisierung und Qualitätssicherung.

a) Produktionsstruktur

Die Produktionsstruktur beschreibt den grundlegenden Aufbau der Produktion sowohl an einem einzelnen Standort als auch in komplexen Unternehmensnetzwerken. In der Standortbetrachtung werden Aspekte wie Standortgröße, Fertigungstiefe, -layout, -segmentierung und -steuerung definiert. Da einzelne Standorte oftmals in komplexe Netzwerke eingebettet sind, gilt es in der Produktionsstruktur ebenso Handlungsanweisungen zur Entwicklung des Produktionsnetzwerks, zur Kapazitätsaufteilung zwischen verschiedenen Standorten sowie der logistischen An- und Einbindung von Lieferanten zu entwickeln. Bild 99 fasst den bestehenden Forschungsbedarf im Hinblick auf die Produktionsstruktur zusammen.

1 Gestaltung und Betrieb von Produktionsnetzwerken

Für zahlreiche global aufgestellte Unternehmen ist die Wertschöpfung auf unterschiedliche Standorte in verschiedenen Ländern verteilt. In dieser Situation sind Neuentwicklungs- und auch Änderungsprozesse nur sehr schwierig zu beherrschen. Eine Verbesserung der Situation wird in erster Linie in der Bereitstellung geeigneter und einfach zu handhabender Planungsvorgehen und Bewertungsmethoden gesehen. Ein Ansatz dazu könnte bspw. ein Standort-Konfigurator sein, der Unternehmen eine Entscheidungsunterstützung hinsichtlich der für die Erstellung eines Produktes sinnvollen Standorte für Fabriken liefert. Ein weiterer Ansatz wäre eine Bewertung von Produktionsnetzen auf der Basis von Lebenszyklen. Die Ergebnisse hieraus würden zu einer ganzheitlicheren Betrachtung von Verlagerungsentscheidungen und des Lieferantennetzwerkes beitragen.

2 Wandlungsfähigkeit

Die wandlungsfähige Gestaltung von Produktionsanlagen und Fabrikgebäuden hat in den letzten Jahren stetig an Bedeutung gewonnen und stellt einen Schwerpunkt in aktuellen Forschungsaktivitäten dar. Insbesondere in der Wirtschaftskrise in den Jahren 2008/09 ist die Bedeutung der Fähigkeit, schnell und flexibel auf teilweise extreme Nachfrageschwankungen reagieren zu können, deutlich geworden, denn Unternehmen, die in dieser Hinsicht vorgesorgt hatten, konnten die Krise besser überstehen.

Vor dem Hintergrund einer immer stärkeren globalen Verflechtung muss das Bestreben nach Wandlungsfähigkeit zukünftig von Unternehmen auf ganze Lieferketten ausgedehnt werden. Dabei gilt es nicht nur, den Produktionsausstoß eines Netzwerks grundsätzlich skalierbar und adaptiv zu gestalten. Da wandlungsfähige Lösungen mit zusätzlichen Kosten verbunden sind, muss für eine hohe Effizienz zwischen den Netzwerkpartnern auch eine Synchronisation der Wandlungsfähigkeit möglich sein. Das bedeutet, dass entlang der Wertschöpfungsketten im Netzwerk nur das Maß an Wandlungsfähigkeit bereitgehalten wird, das den Anforderungen des Netzwerks genügt. Grundlage für eine anforderungsgerechte Wandlungsfähigkeit sind ganzheitliche Methoden und Ansätze zur Bewertung von Wandlungsfähigkeit. Nur auf Basis einer solchen Bewertung kann der optimale Grad an Wandlungsfähigkeit für ein Unternehmen bzw. Netzwerk bestimmt werden.

3 Komplexitätsbeherrschung

Vor dem Hintergrund dynamischer Märkte, steigender Kundenanforderungen und einer immer stärkeren Einbindung der Unternehmen in Netzwerke stellen die Komplexitätsbeherrschung und/oder -reduzierung zentrale Forschungs- und Handlungsbedarfe dar. Beispielhaft kann die zunehmende Produktindividualisierung durch spezifische Kundenwünsche im Bereich der Automo-

4.3.5 Produktionsstrategie

Bild 99: Forschungsthemen im Hinblick auf die Produktionsstruktur

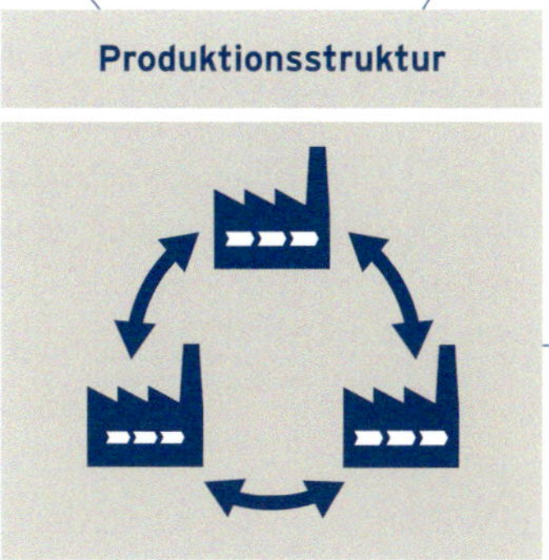

1 Gestaltung und Betrieb von Produktionsnetzwerken
- Konzepte zur Bedienung weltweiter Märkte
- Unterstützungssysteme für die Standort-Konfiguration
- Standortbewertung auf Basis von Geofaktoren
- Systematische, allgemeingültige Abbildung von Wirkzusammenhängen in Netzwerken
- Lebenszyklusbasierte Bewertung globaler Produktionsnetzwerke
- Methoden zur Optimierung globaler Netzwerke (globales Operations Research)
- An- und Auslaufmanagement im Netzwerk
- Controlling-Methoden für Netzwerke

2 Wandlungsfähigkeit
- Konzepte zur Adaption und Skalierung der Produktion
- Methoden zur (monetären) Bewertung von Wandlungsfähigkeit in der Produktion
- Mobile Fabrikkonzepte („schwimmende oder rollende Fabriken")

3 Komplexitätsbeherrschung
- Methoden zur Reduktion der Komplexität in einer Produktionsumgebung
- Werkzeuge zur Beherrschung von global verteilten Wertschöpfungsprozessen
- Strategien zur Beherrschung von Variantenvielfalt
- Auslastungsorientierte Vertriebsstrategien

4 Synchronisation von Fabrik-, Technologie- und Produktlebenszyklen*
- Gestaltungspotenziale für Produktlebenszyklen
- Abstimmung von Zeitpunkten für den Einsatz neuer Technologien
- Systematische Planung der Adaption von Produktions- und Fabrikstrukturen

* Im Folgenden nicht näher betrachtet

---

bilindustrie zur Veranschaulichung für die stetig steigende Komplexität in der Produktion angeführt werden. Durch eine rechtzeitige Definition von Prozessbaukästen und die Standardisierung von Fertigungsverfahren mitsamt den dafür eingesetzten Betriebsmitteln kann diese Komplexität teilweise reduziert werden. Hierfür werden jedoch zielführende Planungsvorgehensweisen benötigt. Ferner gilt es, Komplexität durch neuartige Ansätze zu beherrschen. Ein möglicher Ansatz stellt die Verwendung von „intelligenten" Bauteilen dar, die z. B. durch die Integration von RFID-Transpondern inhärent Informationen über den vom Bauteil durchlaufenen Produktionsprozess speichern können. Diese Informationen können dann zur Steuerung und Planung oder zur Qualitätssicherung eingesetzt werden.

Des Weiteren ist ein auslastungsorientierter Vertrieb eine Möglichkeit, um die Komplexität in der Produktion zu verringern. Ist ein Vertrieb in der Lage, Liefer- und Terminzusagen in Anlehnung an das aktuelle und geplante Produktionsprogramm zu treffen, werden Eilaufträge und sonstige Komplexitätstreiber innerhalb der Produktion reduziert. Im globalen Verbund agierende Unternehmen sehen sich mit einer sehr heterogenen Gestaltung von Schnittstellen konfrontiert. Diese Schnittstellen gilt es auch im Rahmen einer ganzheitlichen Komplexitätsbeherrschung zu standardisieren.

b) Produktionsprozess

Die vom Unternehmen im Rahmen des Produktionsprozesses eingesetzten, strategisch relevanten Produk-

4.3 Organisation und Produktionsmanagement

tionstechnologien stellen die herstellungstechnische Kernkompetenz des Unternehmens dar. Um einen darauf basierenden Wettbewerbsvorteil zu halten, müssen diese Technologien stetig weiterentwickelt werden. Wichtige Aspekte sind dabei Automatisierung, Flexibilisierung sowie ökologische Nachhaltigkeit. Darüber hinaus beschreibt der Produktionsprozess auch die der Produktion zugrunde liegende Ablauforganisation. Forschungsbedarf diesbezüglich ist in Bild 101 dargestellt.

1 Automatisierung

Die konventionelle Automatisierung von Produktionsprozessen wird der stetig steigenden Komplexität von Produkten und Prozessen zukünftig nicht mehr gerecht werden können. Daher sind neue Verfahren der Planung und Steuerung, die sich an wechselnde Bedingungen anpassen können, sowie eine durchgängige Kommunikation zwischen den Teilsystemen in der Fertigung gefordert. Ein Ansatz dafür sind Kognitive Technische Systeme (KTS) in denen menschliche Fähigkeiten wie die Erkennung von Situationen und erfahrungsbasiertes Handeln in technische Systeme implementiert werden, um die Komplexität von Produktionsprozessen zu beherrschen und bestehende Flexibilitätspozentiale vollständig zu nutzen. Dafür werden moderne Informations- und Kommunikationstechnologien benötigt, um Umgebungs- und Systemzustände zu erfassen. Hierfür können beispielsweise RFID-Transponder eingesetzt werden, die direkt am Werkstück angebracht sind und auf denen fertigungsrelevante Daten gespeichert werden. Auf diese Art werden Material- und Informationsfluss parallelisiert, sodass Informationen wie z. B. der aktuelle Produktzustand sowie anstehen-

---

Komplexitätsbeherrschung durch RFID-Einsatz (Kürten-Kreibohm 2010)

Der Automobilzulieferer Rehau bewältigt die Komplexität, die aufgrund der hohen Variantenvielfalt bei der Herstellung von Stoßfängern vorherrscht, durch den Einsatz von RFID-Etiketten, die an den Produkten angebracht werden. Die sogenannten Smart Labels haben einen integrierten Transponder, der mit Daten beschrieben werden kann. Bei jedem Produktionsschritt werden die Daten des Produkts ausgelesen und die entsprechenden Fertigungsabläufe durch einen Abgleich mit dem ERP-System gesteuert. Dabei können auch individuelle Anpassungen einzelner Bauteile berücksichtigt werden. Das Etikett steuert so den gesamten Produktionsprozess – von der Herstellung über die Lackierung bis hin zu Qualitätskontrolle. Im Versand lässt sich mit Hilfe der Etiketten sogar prüfen, ob die Stoßfänger in der richtigen, vom Kunden geforderten Sequenz in dem Transportbehälter angeordnet wurden. Der Einsatz der RFID-Etiketten führt damit zu einer höheren Prozesssicherheit und sorgt gleichzeitig für die Beherrschbarkeit steigender Komplexität in der Produktion. Da neben den Produktdaten auch die bei der Produktion eingesetzten Maschinen und Anlagen im RFID-Chip erfasst werden, ist später auch bei fehlerhaften Teilen eine Rückverfolgung bis zur ersten Produktionsstufe möglich.

Bild 100: Berührungsloses Auslesen der Produktdaten von der RFID-Etikette mit einem Hand-Lesegerät (Bild: Siemens)

de Prozessschritte an einem Arbeitsplatz gleichzeitig mit dem Werkstück zur Verfügung stehen. Insbesondere gilt es im Rahmen der Realisierung von KTS, lernfähige Datenverarbeitungssysteme zu entwickeln, die die Informationen über Umwelt- und Systemzustände analysieren und Schlüsse daraus ziehen können. Um dies zu verwirklichen werden Systematiken benötigt, um Fähigkeiten und Abläufe in Produktionssystemen implizit zu beschreiben. Dies bedeutet beispielsweise, dass keine explizite Zuweisung eines Ablaufes zu einer Maschine im Sinne der klassischen Arbeitsplanung durchgeführt wird, sondern dass die Fähigkeiten der Maschine und die Anforderungen des Produktionsprozesses so hinterlegt werden, dass eine Zuweisung automatisch vonstattengehen kann.

Um häufigeren Änderungen am Produktionssystem, z. B. aufgrund neuer Produkte, gerecht zu werden, muss der Aufwand für eine Anpassung der Produktionsanlagen massiv verringert werden. Dies muss in Zukunft nicht nur schnell, sondern auch ohne spezifische Fachkenntnisse im Bereich der Automatisierungstechnik möglich sein. Vorbild dafür kann beispielsweise die aus dem PC-Bereich bekannte Plug&Play-Technologie sein, die es dem Benutzer ermöglicht, eine Vielzahl unterschiedlichster Peripheriegeräte ohne oder nur mit wenig Konfigurationsaufwand anzubinden. Eine Übertragung dieses Ansatzes ist allerdings nicht ohne Weiteres möglich, da besondere Anforderungen industrieller Kommunikation, wie z. B. Echtzeitfähigkeit, berücksichtigt werden müssen.

2 Nachhaltige Produktionsprozesse

Klassischerweise verfolgen Produktionsplanungs- und -steuerungssysteme (PPS-Systeme) niedrige Bestände und kurze Durchlaufzeiten bei gleichzeitig hoher Termintreue und Auslastung. Bedingt durch hohe Rohstoff- und Energiepreise führt diese Zielverfolgung jedoch nicht mehr automatisch zur höchsten Wirtschaftlichkeit (SCHOLZ-REITER ET AL. 2007), sodass das Zielsystem von PPS-Systemen um weitere Größen erweitert werden muss. Eine zusätzliche Integration umweltorientierter Zielgrößen könnte darüber hinaus z. B. in der Einhaltung von Umweltvorschriften, in der Anstrebung einer hohen Ressourceneffizienz oder in der Reduzierung von Emissionen aller Art bestehen (HAASIS 1998).

Bild 101: Den Produktionsprozess betreffende Forschungsthemen

1 Automatisierung
- Kognitive Technische Systeme (KTS)
- Intelligente Bauteile zur Selbststeuerung in der Produktion
- Standardisierung von Schnittstellen und Systeme zur Interoperabilität zwischen Teilsystemen der Fertigung

2 Nachhaltige Produktionsprozesse
- Integration von Umweltaspekten in PPS-Systeme
- Gestaltungsregeln für energieeffiziente Produktionsanlagen und Fabriken
- Organisatorische Ansätze zur Reduktion des Ressourcenverbrauchs von Produktionsprozessen

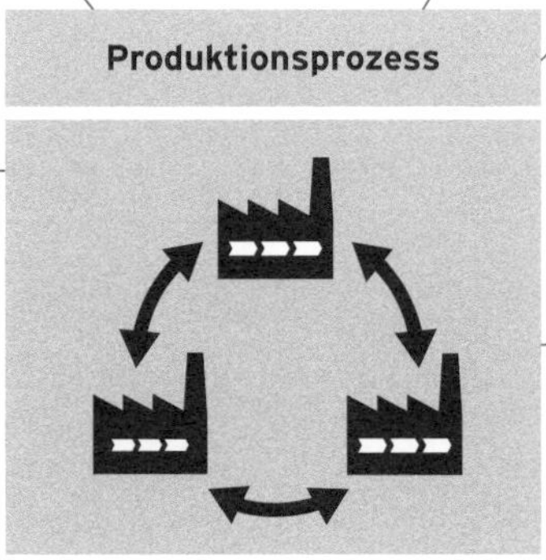

3 Flexibilität*
- Modularisierung der Technologien zur besseren und einfacheren Auslegung von Produktionsanlagen

4 Prozessorientiertes Qualitätsmanagement*
- Identifikation und Beherrschung der Wirkbeziehungen zwischen Prozesszuständen und Produktqualität

5 Ganzheitliche Produktionssysteme*
- Bewertungsverfahren für den Einsatz von Methoden der schlanken Produktion
- Bedarfsorientierte Auswahl von Methoden und Verfahren

* Im Folgenden nicht näher betrachtet

4.3 Organisation und Produktionsmanagement

Studien belegen, dass eine umweltorientierte PPS einen wirtschaftlichen Beitrag zur Ressourcenschonung liefern kann (Rager 2008). Die Integration des Umweltaspekts in die PPS setzt jedoch nicht nur ein verändertes und angepasstes Zielsystem voraus, sondern wirkt sich auch auf die Modellierung aus. Ein entsprechendes Planungsmodell erfordert beispielsweise zusätzliche Informationen über Energie- und Stoffflüsse sowie deren Wechselwirkung mit Produktionsressourcen. Es ist zu erwarten, dass erst die Entwicklung durchgehender Planungsstandards die standardmäßige Integration umweltorientierter Planungsansätze in die PPS-Software nach sich zieht.

4.3.6 Dienstleistung

Wie bereits in Abschnitt 4.1.5 erläutert wurde, wird der Leistungsumfang vieler Unternehmen zukünftig über das physische Produkt hinaus gehen und es werden neue Leistungsanteile, im Speziellen industrielle Dienstleistungen, in den gesamten Leistungsumfang integriert werden. Die globale Vermarktung von Maschinen und Anlagen impliziert in diesem Zusammenhang die Sicherstellung einer weltweiten Verfügbarkeit der Dienstleistungsprozesse. Dies erfordert neue Formen der *Dienstleistungsorganisation,* da es schon aus Ressourcensicht nicht jedem Unternehmen möglich ist, in jedem Zielmarkt ein umfassendes Servicenetz in Eigenregie zu etablieren.

Die *Dienstleistungsindustrialisierung* zielt vor allem auf die Prozessoptimierung bei der Dienstleistungserbringung ab, um Zeit- und Kostenvorteile zu realisieren. An dieser Stelle leistet die Technik einen wichtigen Beitrag, um Prozesse zu standardisieren, rationalisieren und automatisieren.

a) Dienstleistungsorganisation

Der Bereich Dienstleistungsorganisation umfasst Aspekte von der Ressourcenplanung über Produkti-

---

Mehr produzieren mit weniger Energie (Ganz et al. 2009)

Die Produktionsplanung ist ein Schlüssel zur energieeffizienten Produktion. Eine optimale und reibungslose Nutzung von Produktionsanlagen verhindert die Verschwendung von Energie und kann gleichzeitig die Qualität und die Ausbeute steigern. In Stahlwerken lassen sich beispielsweise wesentliche Energieeinsparungen erzielen, indem die Produktionspläne von Schmelzanlagen und Warmwalzwerken so koordiniert werden, dass beide Anlagen optimal genutzt und die Liegezeiten der frisch gegossenen Stahlbrammen minimiert werden. Die Brammen müssen im heißen Zustand in das Warmwalzwerk gelangen. Um eine Stahlbramme von 25 Tonnen zu erhitzen, ist eine Energie von etwa 460 kWh erforderlich. Wenn nur eine von zehn Brammen durch die Verkürzung der Liegezeit im heißen Zustand direkt von der Gießanlage in das Warmwalzwerk geführt werden kann (und somit nicht wieder erhitzt werden muss), können dadurch in einem typischen Walzwerk 21.000 t CO_2 bzw. 3,9 Mio. US-Dollar im Jahr eingespart werden. Mit einfachen Mitteln sind solche Planungsprobleme nicht zu lösen. Moderne Optimierungssoftware ist jedoch dazu in der Lage, und ermöglicht es Anlagenbetreibern und Planern, die Pläne zu überwachen und bei Bedarf zu verändern.

Bild 102: Glühende Stahlbrammen in einer Strangussanlage
(Bild: Stahlzentrum / HKM)

4.3.6 Dienstleistung

Bild 103: Forschungsbedarf im Bereich der Dienstleistungsorganisation

1 Wettbewerbsfähige Servicekooperationen
- Gestaltungsprinzipien für weltweite Service-Netzwerke
- Handlungsleitfaden für die Auswahl von Service-Partnern
- Bewertung der Effizienz von Service-Netzwerken

2 Wandlungsfähige Dienstleistungsorganisation
- Identifikation von Wandlungsfähigkeitspotenzialen
- Konzepte zum Veränderungsmanagement im Service

3 Dienstleistungsproduktionssysteme
- Definition von Methoden zur Gestaltung einer effizienten Dienstleistungserbringung
- Definition von Kernelementen eines Dienstleistungsproduktionssystems
- Identifikation von geeigneten Management- und Führungsstilen
- Lernfabriken zum Wissenstransfer

4 Dienstleistungsproduktivität*
- Aufbau- und Ablauforganisationsformen
- Instrumente und Kennzahlen zur Effizienz- und Qualitätsbeurteilung
- Nutzenermittlung und -bewertung aus Kundensicht
- Methoden zum Service-Portfolio-Management

5 Integration von Service im Unternehmen*
- Entwicklung von Servicestrategien für produzierende Unternehmen
- Untersuchung von Servicekulturen

6 Ressourcenplanung*
- Methoden zur Ermittlung des Marktbedarfs zur regionalspezifischen Ressourcenplanung
- Methoden zur Bestimmung des individuellen Kundenbedarfs
- Modelle zur Prognose des Ressourcenbedarfs in Netzwerken

* Im Folgenden nicht näher betrachtet

vitätsmessung und -optimierung bis zur weltweiten Verfügbarkeit von Dienstleistungsprozessen beispielsweise durch Servicekooperationen. Forschungsbedarf aus diesem Bereich ist in Bild 103 aufgelistet.

1 Wettbewerbsfähige Servicekooperationen

Unternehmen des stark exportorientierten deutschen Maschinen- und Anlagenbaus stehen vor der Herausforderung, ihre Kunden in den jeweiligen Zielmärkten umfassend zu betreuen. Da ein Großteil der Unternehmen klein und mittelständisch geprägt ist, werden neue Formen der Internationalisierung im Dienstleistungsbereich benötigt. Dies wird auch durch die Tatsache forciert, dass viele KMU bei ihrer Internationalisierungsstrategie auf die Kompetenz lokaler Handelsvertreter bauen und damit jeglichen Kundenkontakt verlieren bzw. nie aufbauen können. Das Instrument des Remote-Service erlaubt deutschen Anbietern, mit ihren Kunden in den Zielmärkten in Kontakt zu treten und diesen zu pflegen. Vor diesem Hintergrund gilt es, geeignete Plattformen zu entwickeln und zu etablieren, die alle Akteure zielgerichtet koordinieren, um Kundennutzen und Marktdurchdringung gleichermaßen zu ermöglichen.

Der Aufbau von *Service-Supply-Netzwerken* ist eine der neuen Kooperationsformen. Die Herausforderung in diesem Forschungsbereich beginnt mit der Aufstellung von Kriterienkatalogen für die Auswahl der Netzwerkpartner. Es schließt sich die Verteilung von Arbeitspaketen mit anschließendem Betrieb des Netzwerkes an. Um die Leistung des Servicenetzes stetig zu steigern, ist ein Benchmarking erforderlich. Dabei sind die Benchmarking-Kriterien zu bestimmen und die Frage nach einer statischen bzw. dynamischen Bewertung zu beantworten. In diesem Bereich ist der Schutz von Unternehmens-Know-how ein ernstzunehmendes

Problem. Es ist zu untersuchen, welches Wissen im Netzwerk freigegeben und verteilt werden darf. In diesem Zusammenhang ist z. B. das Konzept eines dezentralisierten Dienstleistungsangebotes bei zentraler Dienstleistungsausführung denkbar. Dieser Gedanke fokussiert darauf, Reparaturen nur zentral durch den OEM durchzuführen, um Produkt-Know-how zu sichern und gleichzeitig eine hohe Verfügbarkeit der Ersatzteile sicherzustellen.

2 Wandlungsfähige Dienstleistungsorganisation

Um eine schnelle und flexible Anpassung der Serviceorganisation an sich ändernde Kunden- und Marktbedürfnisse weltweit zu realisieren, sind Forschungsarbeiten hinsichtlich der wandlungsfähigen Gestaltung der Dienstleistungsorganisation notwendig. Kundenbedürfnisse ändern sich während des Lebenszyklus einer Dienstleistung, wobei davon auszugehen ist, dass bei überwiegend immateriellen Dienstleistungen auch die Lebenszykluszeiten weitaus kürzer sind, als bei materiellen Gütern.

Der Prozess des Werdens und Vergehens von Dienstleistungen setzt auf der einen Seite flexible Unternehmensprozesse voraus, die es ermöglichen, neue Dienstleistungen zu entwickeln. Auf der anderen Seite werden aber effiziente und standardisierte operative Prozesse benötigt, um Dienstleistungen marktgerecht bzw. gewinnbringend anbieten zu können. In diesem Zusammenhang werden auch Konzepte und Methoden für ein Change Management im Servicebereich benötigt. Einem bewussten Steuerungsprozess, der die Veränderungen in einer Organisation auf formaler Ebene und auf der Prozessebene initiiert und steuert, kommt eine tragende Rolle zu. Es werden darüber hinaus Konzepte und Methoden benötigt, die Marktveränderungen erkennen und daraus unverzügliche und effiziente Handlungsempfehlungen für die Aufbau- und Ablauforganisation ableiten helfen. Ebenso muss beurteilt werden, wie sich Veränderungen im Umfeld auf die Servicequalität auswirken. Letztendlich werden Methoden und Konzepte benötigt, um die Mitarbeiter mit den Veränderungen im Unternehmen vertraut zu machen und sie im Umgang mit der neuen Situation zu schulen. In aktuellen und zurückliegenden Forschungsprojekten stand vor allem die Wandlungsfähigkeit des Produktionssystems oder des Gesamtunternehmens im Vordergrund. Wie sich die Serviceorganisation wandlungsfähig gestalten lässt, blieb bisher unberücksichtigt.

3 Dienstleistungsproduktionssysteme (DLPS)

Unter dem Begriff Produktionssystem wird häufig eine Sammlung von Methoden verstanden, die dazu dienen, die Effektivität und Effizienz einer Produktion zu steigern (z. B. Toyota Produktionssystem). Entsprechend diesem Vorbild sollen auch für die Durchführung von Dienstleistungen vergleichbare Produktionssysteme entwickelt werden, die eine hohe Dienstleistungsproduktivität unterstützen (LEISCHNER 2007). Deshalb wird hier von der Analogie der Produktionssysteme für Dienstleistungen, also der Dienstleistungsproduktionssysteme (DLPS) gebrauch gemacht. Neben dieser Zielsetzung können DLPS auch dazu beitragen, das Dienstleistungsgeschäft nachhaltig im Unternehmen zu verankern, die strategische Bedeutung klar herauszustellen und es auf eine höhere Stufe der Professionalität zu heben, um somit auch einen Beitrag zum Wandel vom Produzenten zum produzierenden Dienstleister zu leisten.

Im Rahmen der Gestaltung von Dienstleistungsproduktionssystemen sind zunächst Anforderungen und Kernelemente für ein Dienstleistungsproduktionssystem zu definieren. Hierbei ist eine ganzheitliche Betrachtungsweise erforderlich. Die konsequente Ausrichtung der Prozesse auf das Servicegeschäft bedarf eines Konzeptes, das im Einklang mit der gesamten Unternehmensstrategie steht. Stehen beide Strategien im Widerspruch, läuft das Unternehmen Gefahr, seine Wettbewerbsfähigkeit zu verlieren.

Ein probates Mittel zur Vermittlung und Verbreitung der dienstleistungsrelevanten Methoden und Unternehmenskulturen können Lernfabriken sein, die den Betrieb eines Dienstleistungsproduktionssystems mit seinen Kernelementen und Funktionen in Verbindung mit der Vermittlung neuer Führungskompetenzen veranschaulichen. Entsprechende Konzepte für Lernfabriken gilt es zu entwickeln.

b) Dienstleistungsindustrialisierung

Zeit- und Kostenaspekte zwingen Unternehmen stets dazu, ihre Prozesse zu optimieren und effizient auszurichten. Im Bereich der physischen Produktion wurden hierzu in den vergangenen Jahren zunehmend Automatisierungslösungen umgesetzt. Im Bereich Dienstleistungsindustrialisierung werden Dienstleistungsprozesse hinsichtlich ihrer Eignung für Prozessverbesserungen und Standardisierung untersucht, um auch hier Effizienzsteigerungen zu erzielen. Auch hier gilt wieder die Analogie zwischen der Industrialisierung der Produktion und der Industrialisierung der Dienstleistung. Die Anwendbarkeit von entsprechenden Methoden ist hierbei zu untersuchen. Besonders die Übertragbarkeit von Automatisierungsansätzen auf die Dienstleistungen steht somit im Vordergrund. Bild 105 fasst die Forschungsbedarfe diesbezüglich zusammen.

1 Dienstleistungsautomatisierung

Im Bereich der Produktion wird dem permanenten Kostendruck häufig durch Automatisierungslösungen begegnet. Vergleichbare Ansätze können auch für Dienstleistungsprozesse Effizienzsteigerungen bringen. Serviceroboter werden heute bereits für Reinigungs- und Unterstützungstätigkeiten eingesetzt. Zukünftig ist es auch denkbar, autonome oder ferngesteuerte Roboter z. B. zu Wartungs-

---

Remote-Service bei der Heidelberger Druckmaschinen AG (EDER 2006)

Maschinenbauer verdienen nur am Maschinenbauen – das war einmal. Die Heidelberger Druckmaschinen AG verhilft schon seit einiger Zeit mit intelligentem Service den Kunden zu mehr Produktivität und hat sich selbst damit ein weiteres umsatzträchtiges Standbein geschaffen.

Heute können die Kunden ein spezielles Servicepaket zu ihrer Anlage dazukaufen, mit dem sie über die gesetzlichen Gewährleistungsfristen hinaus eine hohe Maschinenverfügbarkeit sowie eine sichere Kostenplanung erhalten. Bei Störungen sind Ersatzteile und Technikereinsatz inklusive, definierte Softwareupdates und die Ferndiagnose ebenfalls. Das Internet ist eine Grundlage für das Service-Konzept. Durch den Einsatz von Ferndiagnose und -wartung können die weltweiten Serviceeinsätze besser koordiniert werden. Die Heidelberger Druckmaschinen AG hat mit einer webbasierten Serviceplattform die Voraussetzung geschaffen, online nicht nur mit Kunden, sondern auch deren Maschinen zu kommunizieren. Ziel ist es, ungeplante Stillstandzeiten der Drucksysteme weiter zu verringern.

Ein Beispiel ist die Wartung der Lichtquelle in der Bildkontrolleinheit von Bogenoffsetmaschinen. Nach einer gewissen Zeit nimmt die Lichtdichte der Leuchtmittel ab. Mit Hilfe von Sensoren kann die Lichtdichte der Lampe gemessen und eine Abnahme festgestellt werden. Dann passieren zwei Dinge: Erstens wird die Lichtdichte automatisch nachgeregelt, zweitens sendet die Maschine eine E-Mail an den Service, damit das Ersatzteil vor Ort ist bevor die Lichtquelle ganz ausfällt.

Bild 104: Direkte Kommunikation der Produktionsanlage mit Service-Mitarbeitern
(Bilder: HEIDELBERGER DRUCKMASCHINEN AG)

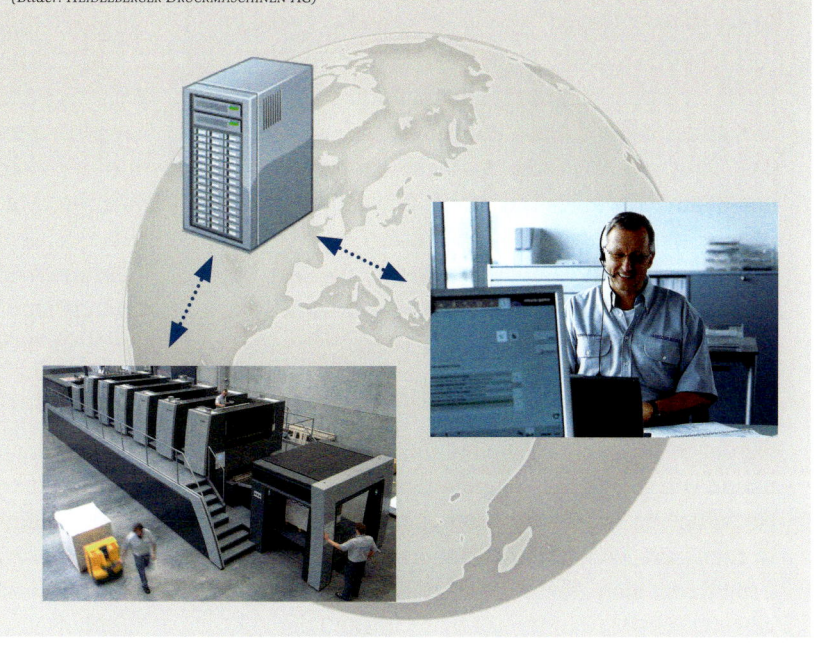

4.3 Organisation und Produktionsmanagement

Bild 105: Forschungsbedarf im Bereich der Dienstleistungsindustrialisierung

1 Dienstleistungsautomatisierung
- Plug-and-Play-Fähigkeit sachleistungsinhärenter Dienstleistungen
- Selbstdiagnosen von Maschinen im Internet der Dinge
- Entwicklung von Robotern für industrielle Dienstleistungen

2 Standardisierung und Normung
- Begriffe der Dienstleistungswelt
- Schnittstellengestaltung für Dienstleistungen
- Dienstleistungsmodule
- Informations- und Kommunikationstechnik für Service-Systeme

3 Modularisierung von Dienstleistungen*
- Definition von Dienstleistungsmodulen
- Integration des Angebots von Informationstechnik- und Logistikdienstleistungen
- Entwicklung einer Beschreibungssprache zur Modellierung von Dienstleistungen (Service-CAD)

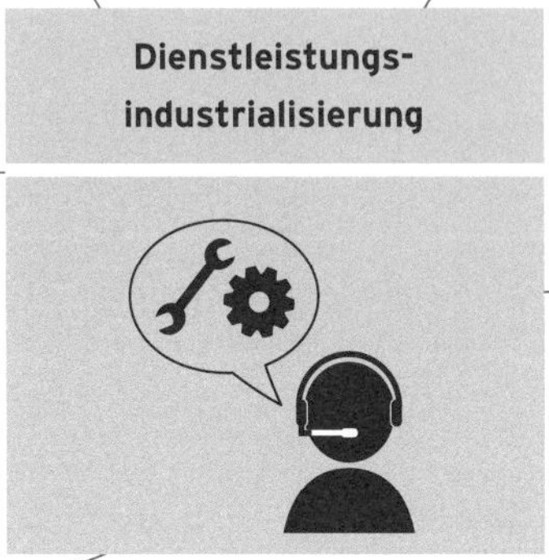

4 Informations- und Kommunikationssysteme*
- Anbindung der Serviceorganisation an bestehende PPS- oder ERP-Systeme
- Einsatzpotenziale von Virtual Reality und Shared Vision-Systemen im Service
- Programme zur kontextabhängigen Navigation in umfangreichen Wissensdatenbanken

5 Servicemanagementsysteme*
- Organisation eines echtzeitfähigen Services
- Zentralisierungskonzepte für die Dokumentenlogistik

* Im Folgenden nicht näher betrachtet

und Instandhaltungszwecken zu verwenden und somit Service schnell und kostengünstig weltweit verfügbar zu machen.

Einen weiterhin zu untersuchenden Ansatz zur Automatisierung von Dienstleistungsprozessen stellt das Plug-and-Play von Maschinenkomponenten mit dazu passenden Dienstleistungen dar. Damit ist eine kurzfristige und aufwandsarme Bereitstellung von Dienstleistungen gemeint, die auf bestimmte Kundenbedürfnisse angepasst sind. Dies setzt eine Modularisierung von Dienstleistungen voraus, sodass einzelne Module verschiedenartig miteinander kombiniert und direkt ausgeführt werden können. Beispielhaft kann hier die Kombination von Maschinenkomponenten verschiedener Hersteller in einer Werkzeugmaschine genannt werden. Die Plug-and-Play-Fähigkeit der Komponenten mit den dazugehörigen Dienstleistungen versetzt den Maschinenhersteller in die Lage, beliebige Komponenten zusammenzufügen und dabei gleichzeitig ein fertiges Dienstleistungskonzept für die Gesamtmaschine beim Kunden zu erhalten. Weiterer Forschungsbedarf besteht im Zusammenhang mit der Dienstleistungsautomatisierung auch in der Weiterentwicklung der Maschinenkommunikation. Mit dem *Internet der Maschinen* ist bereits der Grundstein für die Kommunikation von Maschinen untereinander gelegt. Die Idee geht nun dahingehend weiter, dass auch wichtige Betriebsmittel in diesen Kommunikationskreislauf eingebunden werden. Letztendlich ist es dabei das Ziel, dass sich Maschinen weltweit über Erfahrungen und Maßnahmen beim Eintritt von Störfällen oder Produktivitätsverbesserungen untereinander austauschen, um anschließend selbstorganisiert Serviceeinsätze zu veranlassen.

Eine Voraussetzung, um auch in einem Service-Supply-Netzwerk wettbewerbsfähig effizient zu

4.3.6 Dienstleistung

agieren, ist eine einheitliche Beschreibungssprache für Dienstleistungen. Dafür ist eine Deskriptionsmethode zu entwickeln, die es erlaubt, den zeitlichen Ablauf der kooperativen Dienstleistungserbringung, durch die Zuordnung von Teilprozessen an die Netzwerkpartner, darzustellen. Solch eine Methode als Standard zu etablieren, schafft den Vorteil, den Pool an möglichen Netzwerkpartnern zu erhöhen, um somit auch mehr Flexibilität und auch Qualität in Netzwerken zu erreichen.

2 Standardisierung und Normung

Die Standardisierung und Normung von Dienstleistungen bzw. Dienstleistungsmodulen ist integraler Bestandteil, um bspw. Service-Supply-Netzwerke überhaupt realisieren zu können und eine umfassende Automatisierung zu ermöglichen. Auch die Standardisierung von Schnittstellen und Begrifflichkeiten spielt dabei eine zentrale Rolle. Wenn es deutschen Unternehmen gelingt, im Dienstleistungsbereich Standards und Normen zu setzen, kann das einen wichtigen Wettbewerbsvorsprung darstellen.

Einsatz von Servicerobotern in Pflegeeinrichtungen (IPA 2010)

Schwere Kisten transportieren, Getränke anbieten und die geleistete Arbeit zuverlässig dokumentieren – Serviceroboter können in stationären Pflegeeinrichtungen Transportaufgaben und einfache Routinetätigkeiten wie zum Beispiel Hol- und Bringdienste übernehmen. Mit Hilfe ihres Navigationssystems fahren sie zielsicher von Station zu Station und übernehmen z. B. die Lieferung von Post oder von Wäsche. Bedienen lassen sich die Helfer einfach über den am Roboter angebrachten Touchscreen oder über Smartphones.

Auch bei der Versorgung der Senioren mit Getränken unterstützen Roboter das Pflegepersonal: Sie verteilen regelmäßig Wasser an diejenigen Bewohner, die noch nicht ausreichend Flüssigkeit zu sich genommen haben. Die notwendigen Informationen zur Identifikation einzelner Senioren und deren bisheriger Flüssigkeitsaufnahme laden sie dabei aus einer Datenbank, in der sowohl Roboter als auch Pflegepersonal die bisher ausgegebenen Flüssigkeitsmengen protokollieren.

Derzeit befinden sich solche Robotersysteme wie z. B. der Care-O-bot® 3 des Fraunhofer IPA in Stuttgart noch in der Erprobungsphase. Erste Versuche zeigen jedoch, dass das Konzept funktioniert und auch durchaus von den Menschen angenommen wird.

Eine Erweiterung des Funktionsumfangs solcher Serviceroboter macht einen Einsatz auch für industrielle Serviceaufgaben denkbar. Einfache Routineaufgaben könnten von Robotern autonom durchgeführt werden. Zudem ist der Einsatz für Remote-Serviceaufgaben vorstellbar.

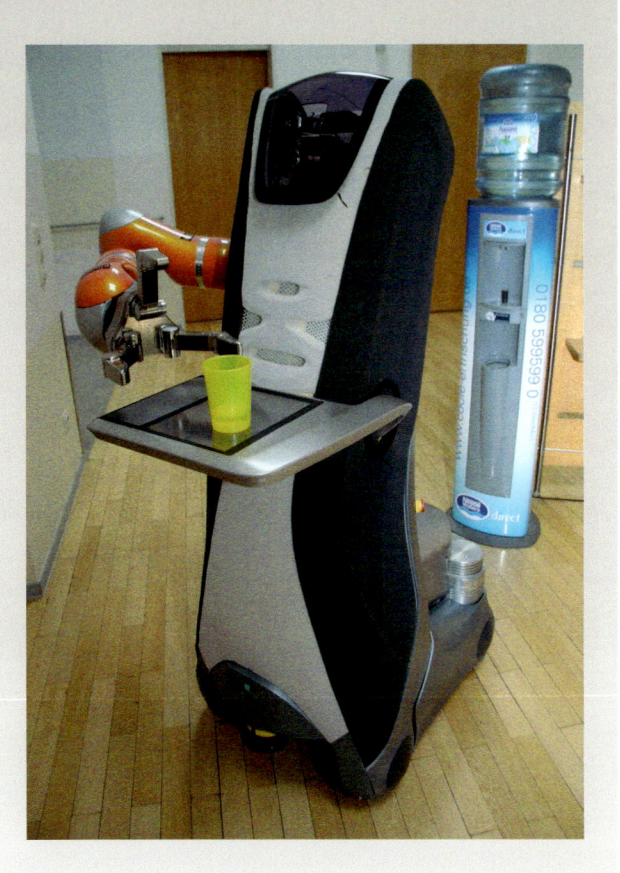

Bild 106: Service-Roboter Care-O-Bot® des Fraunhofer IPA

(Bild: FRAUNHOFER IPA)

4.3 Organisation und Produktionsmanagement

4.3.7 Logistik

Das Themenfeld Logistik umfasst sämtliche strategischen, taktischen und operativen Aufgaben bezüglich der Planung und Abwicklung von Material- und Informationsflüssen entlang der Wertschöpfungskette. Dabei werden sowohl unternehmensinterne als auch unternehmensübergreifende Prozesse fokussiert. Entsprechend wird dieses Themenfeld im Folgenden in die Bereiche *Intralogistik* und *zwischenbetriebliche Logistik* (Zuliefer-, Distributionslogistik) untergliedert.

a) Intralogistik

Die Intralogistik ist Bestandteil der innerbetrieblichen Leistungsprozesse. Ausgehend von der Materialbeschaffung und -bevorratung fallen alle Aufgaben, die eine zeitliche Planung und Abstimmung des innerbetrieblichen Material- und Informationsflusses bis hin zur Produktauslieferung erfordern, in den Bereich der Intralogistik. Sie hat damit nicht nur Informations- und Planungssysteme, sondern auch die technischen Förder-, Lager- und Umschlagseinrichtungen als Betrachtungsgegenstand. Konkret geht es um die Sicherstellung der Materialbereitstellung an der Maschine/am Arbeitsplatz sowie den Abtransport des Erzeugnisses. Im nachfolgenden Bild 107 sind die Forschungsbedarfe für die Intralogistik aufgezeigt.

Aus dem Bereich der Intralogistik ist besonders die *Selbststeuerung von Prozessen* hervorzuheben. Als weiteres Thema wird die Prozessautomatisierung, insbesondere der *Einsatz lernfähiger Robotersysteme* aufgegriffen. Dieses Thema wird aufgrund inhaltlicher Überschneidungen jedoch in Rahmen des Aktionsfelds 2 *Produktionstechnik und Ausrüstung* (vgl. 4.2.8) behandelt.

1 Selbststeuerung von Logistikprozessen

Effiziente logistische Prozesse sind vor dem Hintergrund hochdynamischer Märkte und einer zunehmenden Komplexität logistischer Netzwerke mit herkömmlichen Planungs- und Steuerungsmethoden immer schwieriger zu erreichen. Um künftig Aspekte wie Flexibilität, Adaptivität und Proaktivität zu erreichen, ist eine Dezentralisierung und Autonomie der logistischen Entscheidungsprozesse notwendig (SCHOLZ-REITER ET AL. 2005). Auf der Basis neuer IuK-Technologien lassen sich künftig intelligente logistische Objekte realisieren und damit Planungs- und Steuerungsprozesse auf die Ebene des physischen Materialflusses verlagern.

Mit dem Begriff *Selbststeuerung* wird hierbei die dezentrale Koordination autonomer logistischer Objekte in einer heterarchischen, also einer durch Gleichberechtigung der Elemente geprägten, Or-

Bild 107: Forschungsbedarfe in der Intralogistik

1 Selbststeuerung von Logistikprozessen durch das Internet der Dinge
- Konzepte für maschinelles Lernen
- Effiziente und sichere Entscheidungsmodelle
- Zusammenführung von Selbststeuernden und zentralen Planungssystemen (z. B. PPS-Systeme)

2 Prozessautomatisierung*
- Einsatzpotenziale lernfähiger Robotersysteme in Logistikprozessen
- Menschenintegration durch intelligente Kommissioniertechnik (Pick-by-Voice, Pick-by-Light)

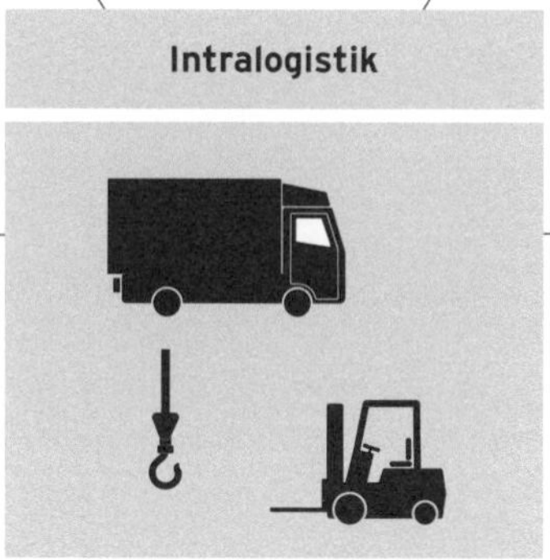

Intralogistik

3 Assistenzsysteme*
- Konzepte zur Erhöhung der Prozessstabilität
- Kostengünstiger Einsatz von Radio Frequency Identification (RFID)
- Intelligente Augmented Realtiy in der Logistik
- Interaktive Telepräsenz

4 An-/Auslaufmanagement*
- Zertifizierungsverfahren für An- und Ausläufe von Produkten
- Konzepte für das Kleinserienmanagement
- Modellbasierte Planungsmethoden

* Im Folgenden nicht näher betrachtet

ganisationsstruktur bezeichnet (FREITAG ET AL. 2004). Das Konzept wird beispielsweise durch das Internet der Dinge verfolgt, das seinen Ursprung in der elektronischen Vernetzung von Alltagsgegenständen hat, aber auch auf einen selbständigen Informationsaustausch der Objekte untereinander abzielt (BULLINGER & HOMPEL 2008). Die große Herausforderung für die nächsten Jahre besteht in der Zusammenführung von Selbststeuerung und betriebswirtschaftlicher Standard-Software.

Das Internet der Dinge in der Intralogistik (GÜNTHNER ET AL. 2010)

Die Intralogistik der Zukunft wird dezentral und hierarchielos mithilfe des Internets der Dinge koordiniert werden, Materialflussrechner oder verschiedene Steuerungsebenen werden überflüssig. Behälter und Pakete werden autonom und steuern sich selbst zum Ziel, intelligente Förderstrecken und Fahrzeuge setzen dabei die Transportaufträge um. Alle Akteure reagieren auf ihre Umgebung und können sich so an schwankende Auftragslasten oder Ausfälle automatisch anpassen. Immer mehr Intelligenz wird dadurch auf die Feldebene eines Materialflusssystems verlagert.

Durch die technologischen Fortschritte im Bereich RFID lässt sich aber auch die Datenhaltung dezentralisieren. Die Speicherkapazitäten heute erhältlicher RFID-Tags erlauben bereits einen ersten Schritt zum Data-On-Chip-Prinzip. Dabei werden alle zu einer Transporteinheit gehörenden Daten, neben der eindeutigen Identifikationsnummer also auch Informationen über das Transportziel oder den Inhalt und die geometrische Form des Behälters, direkt auf dem mitgeführten RFID-Tag hinterlegt. Diese direkte Kopplung des Informations- und Warenflusses verringert die Kommunikation im System und die Datenredundanz. Aufgaben wie die Wegberechnung, die Wegreservierung, die Stauvermeidung und das Schalten von Wegelementen (z. B. Weichen) werden im Internet der Dinge dezentral und selbstständig von den Materialflussmodulen übernommen. Ein übergeordnetes Leitsystem ist damit nicht mehr erforderlich (s. Bild 108).

Bild 108: Steuerung des Materialflusses auf herkömmliche Art und im Internet der Dinge
(Bild: GÜNTHNER ET AL. 2010)

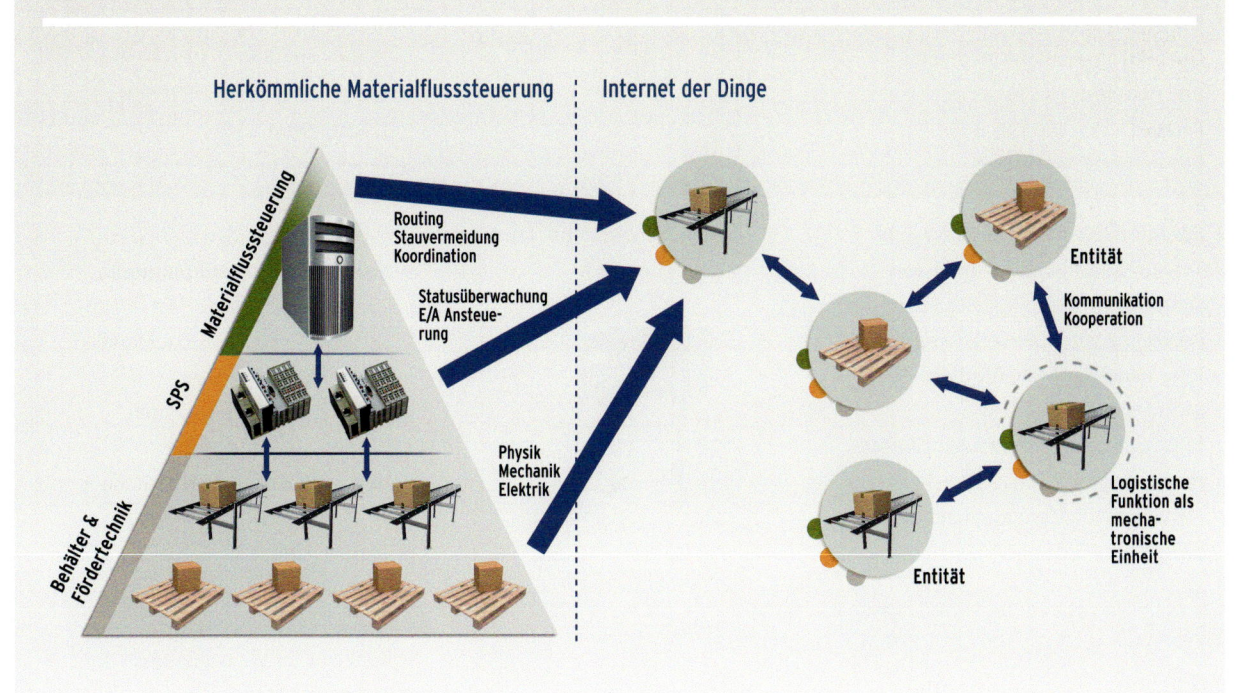

4.3 Organisation und Produktionsmanagement

Hierbei geht es um die strukturelle Integration des Selbststeuerung-Gedankens z. B. in ERP-, PPS- und MES-Systeme. Zukünftig müssen zentral, dezentral und selbst gesteuerte Prozessstrukturen nebeneinander abgebildet und aufeinander abgestimmt werden.

b) Zwischenbetriebliche Logistik

Obwohl in der zwischenbetrieblichen Logistik grundsätzlich die gleichen Abläufe und Zielsetzungen wie in der Intralogistik bestehen, sind die Schwerpunkte der Forschungsbedarfe hier anders gelagert. Durch die langen Transportstrecken beim weltweiten Güterverkehr rücken hier Aspekte der Energie- und Ressourceneffizienz stärker in den Vordergrund. Die zunehmend aufkommende Notwendigkeit zum Recycling von Materialen erfordert zudem die Installation einer weltweiten Kreislaufwirtschaft. Eine Übersicht der Forschungsbedarfe in diesem Bereich ist in Bild 109 dargelegt.

1 Kreislaufwirtschaft

In Deutschland existiert bereits eine Reihe etablierter Kreislaufwirtschaftssysteme z. B. für Verpackungen, Glas und Papier. Im Zuge der Ressourcenverknappung werden diese Recycling-Systeme – teilweise aufgrund gesetzlicher Regelungen – auch auf andere Stoffkreisläufe ausgeweitet. Grundsätzlich wird zwischen vier Formen des Recyclings unterschieden (STEVEN 2008):

- Wiederverwendung
- Wiederverwertung
- Weiterverwendung
- Weiterverwertung

Bei den ersten beiden Formen werden die Produkte wieder in ihren ursprünglichen Prozess zurückgeführt, bei den anderen erfolgt eine Verwendung bzw. Verwertung in anderen Prozessen. Der Begriff *Verwendung* charakterisiert dabei die unveränderte Nutzung eines gebrauchten Produktes, bei der *Verwertung* muss zunächst eine Überarbeitung stattfinden.

Genauso wie die Produktion erfordert auch die Rücknahme eine hohe Abstimmung innerhalb der Wertschöpfungskette, um effiziente Recycling- oder Wiederverwendungskreisläufe auf Produkt- und Komponentenebene zu errichten. Für die Rücknahme von Produkten lassen sich meh-

Bild 109: Forschungsbedarfe in der Zwischenbetrieblichen Logistik

1 Kreislaufwirtschaft
- Quantitative Planungsmethoden und Algorithmen
- Parallelisieren von Ver- und Entsorgungsprozessen

2 Energieeffiziente Logistiksysteme
- Transport-, Umschlags- und Lagerstrategien für umweltgerechte Logistik
- Auslegung von Güterverkehrszentren
- Informationssysteme für dynamische Auftragssteuerungen
- Entwicklung durchgehenden Umweltmonitorings
- Definition von Planungsstandards und -modellen

3 Global Tracking & Tracing
- Energieautarke Tracking-Systeme
- Echtzeitfähigkeit von Tracking & Tracing-Systemen
- Verschlüsselung der Produktidentifikation

4 Kooperative Logistikplanung
- Entwicklung neuer Geschäftsmodelle (z. B. eMarkets)
- Unternehmensübergreifende Planung von Werkverkehren
- Kooperationsmodelle für Unternehmensnetzwerke

5 Transportlogistik
- Systeme zum Ladungsträgermanagement
- Konzepte für ein papierloses Transportwesen

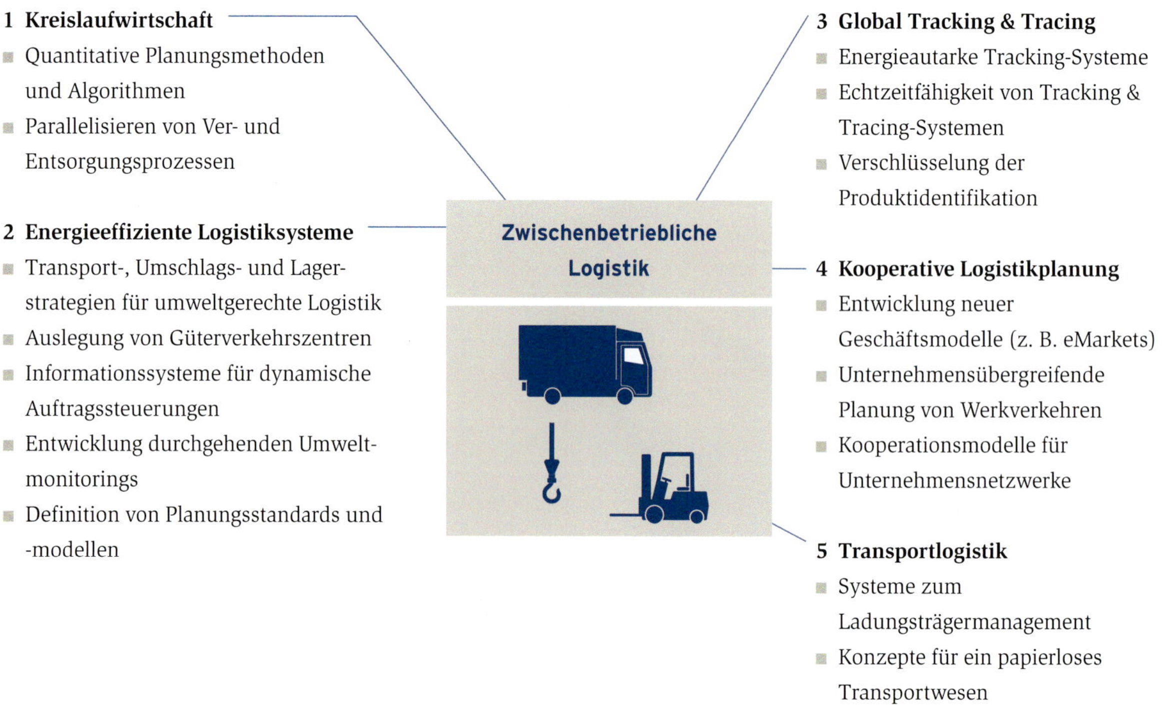

4.3.7 Logistik

Bild 110: Schnittstellen der Reverse zur Forward Logistics (nach Zhou et al. 2008, Steven 2008)

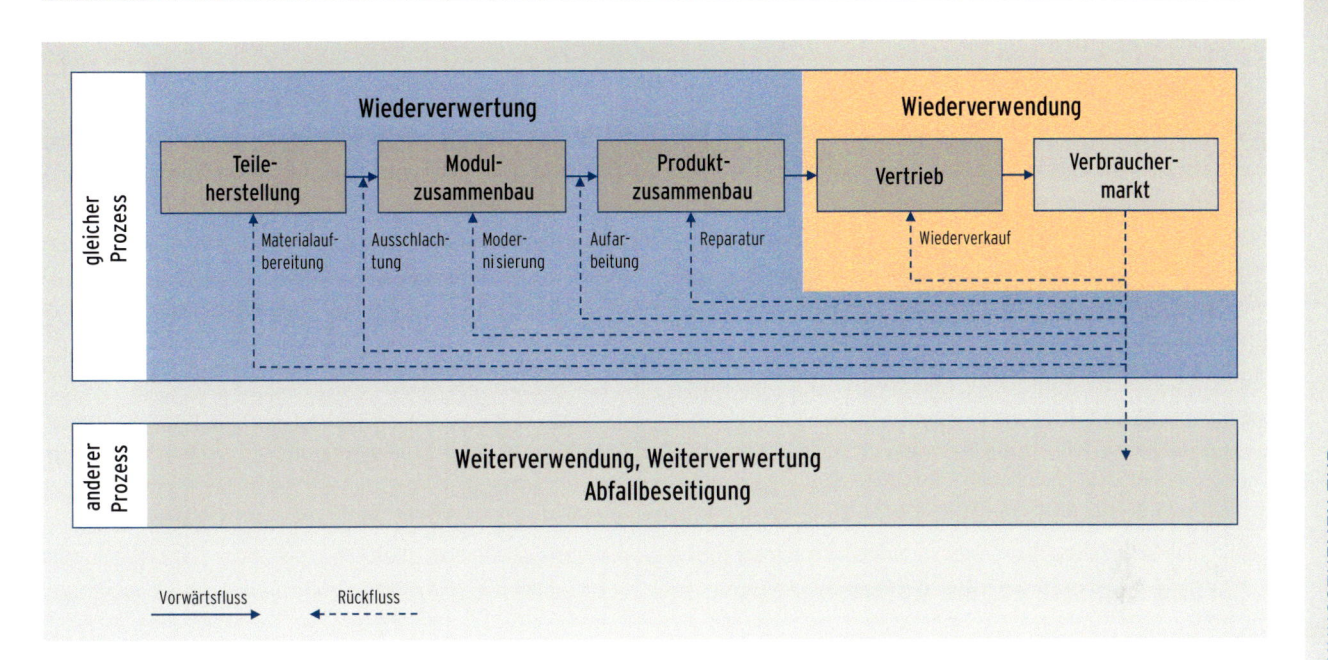

rere Handlungsoptionen erkennen, die in Bild 110 dargestellt sind (vgl. auch LANDER 2004). Entsprechend dieser Handlungsoptionen ist die Logistikforschung aufgefordert, Planungsmethoden für die Gestaltung der Rückführlogistik in Supply Chains zu entwickeln. Diese müssen darauf abzielen, die Demontage- und Materialrückgewinnungsschritte auf den einzelnen Stufen der Supply Chain zu Planen und mit der Logistik abzustimmen.

Die Rückführlogistik zeichnet sich durch weit höhere Unsicherheiten bei der Prognose von Mengen und Zeitpunkten als die Zuführlogistik aus (FANDEL & REESE 2005). Daher werden Planungsinstrumente zur gezielten Steuerung der Rückführlogistik und Methoden zur Bewertung der Wirtschaftlichkeit von Rückführ- bzw. Kreislaufprozessen benötigt. Durch eine Integration von Rück- und Zuführungslogistik (wie z. B. im Getränkehandel bei der Rückführung von Leergut) können sich für die Gestaltung logistischer Kreislaufsysteme weitreichende Einsparpotenziale eröffnen.

2 Energieeffiziente Logistiksysteme

Aufgrund des hohen Bedarfes an fossilen Energieträgern wird die Transportlogistik schon seit einiger Zeit im Rahmen von Verbesserungen der Energieeffizienz in der Produktion fokussiert. Zentrales Ziel ist dabei die Reduzierung von unnötigen Transportfahrten sowie die Erhöhung der Ressourcenauslastung. Um dies zu realisieren sind entsprechend ausgerichtete Transport-, Umschlags- und Lagerstrategien zu entwickeln, die den Anforderungen einer umweltgerechten Logistik gerecht werden. Dynamische Auftragssteuerungen können darüber hinaus kurzfristig verfügbare Informationen bei der Planung von Transporten einbeziehen, sodass bspw. unnötige Fahrten vermieden oder die Routen für die Auslieferung bzw. Abholung kurzfristig an neue Randbedingungen angepasst werden können.

Für eine übergeordnete und ganzheitliche Optimierung der Energieeffizienz von Logistikprozessen sind Methoden und Systeme für ein durchgehendes Umweltmonitoring in der Logistik zu entwickeln. Aufbauend darauf werden Planungs- und Bewertungsmethoden für alternative Logistikstrategien benötigt, die besonders Umweltaspekte in Betracht ziehen. Die Etablierung von Standards zur Planung von energieeffizienten Logistiksystemen stellt eine wesentliche Zielsetzung dar, damit derartige Systeme in großem Stil Verbreitung finden.

4.3 Organisation und Produktionsmanagement

4.3.8 IT und Digitale Fabrik

Informationstechnik in der Produktion umfasst *Informations-* und *Steuerungssysteme,* die zur Abwicklung und Koordination der betrieblichen Leistungserstellung dienen. Die *Digitale Fabrik* beschreibt Softwarewerkzeuge zur modellgestützten Planung, Steuerung und Simulation des Fabrikgeschehens.

Informationssysteme werden in Unternehmen zur Unterstützung der logistischen Leistungsprozesse eingesetzt. Immer noch finden sich in allen Anwendungsbereichen erhebliche Potenziale zur Effizienzsteigerung, die mittels intelligenter Prozessgestaltung und darauf abgestimmter Ressourcenallokation realisiert werden können. Aufgrund der hierfür notwendigen Anzahl an echtzeitnahen Datenoperationen bedarf es durchgängiger, leistungsfähiger Informationssysteme zur Prozessunterstützung. Der Begriff Informationssystem steht im Folgenden für alle informationsverarbeitenden Planungs- und Steuerungssysteme, wobei die Untersuchung in erster Linie auf Softwarelösungen in den Bereichen Manufacturing Execution Systems (MES), Produktionsplanungs- und -steuerungssysteme (PPS-Systeme) und Enterprise Ressource Planning-Systeme (ERP-Systeme) fokussiert.

Mit dem Begriff der *Digitalen Fabrik* wird in erster Linie die Vorstellung eines digitalen Pendants zur

---

Grüne Logistik erhält Auftrieb (LÖWER 2009)

Umweltschonende Transportstrategien und -technologien werden für Unternehmen zukünftig einen wichtigen Wettbewerbsfaktor darstellen. Das mutmaßen 59 % der Unternehmen, die im Rahmen einer von der Deutschen Post AG durchgeführten Studie zur Nachhaltigkeit in der Logistik befragt wurden (vgl. Bild 111). Die Deutsche Post DHL bereitet sich schon seit einiger Zeit auf diesen Trend vor. Mit neuester Technik möchte das Logistikunternehmen beispielsweise die Zustellung von Paketen künftig schneller und umweltschonender gestalten. Smart Trucks heißen die Kurierfahrzeuge, in denen das neue System in einem Pilotprojekt installiert wurde und die seit einiger Zeit auf Berlins Straßen unterwegs sind. Basis der Technik ist die Ausstattung der Sendungen mit RFID-Chips, was eine intelligente Routenplanung ermöglicht. Ein satellitengestütztes System weiß stets, wo ein Päckchen ist und wo es hin muss. Es ruft Verkehrsdaten ab und ermittelt den besten Weg zum Ziel. Dabei werden die Smart Trucks so gelenkt, dass sie zwischendurch noch Sendungen abholen – das verbessert die Auslastung.

Bild 111: Bedeutung grüner Logistik für Unternehmen (POST 2010)

Kunden gewinnen
In den nächsten Jahren wird für unser Unternehmen der „grüne" Produkttrabsport ein entscheidender Faktor in der Kundengewinnung sein.

Wahrscheinlichkeit

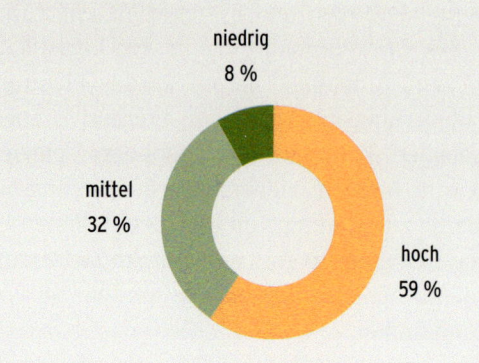

- niedrig 8 %
- mittel 32 %
- hoch 59 %

Das System erfüllt die Erwartungen: Die Touren der Smart Trucks sind um zehn bis 15 Prozent kürzer als die von herkömmlichen DHL-Kurierfahrzeugen. Das schont nicht nur die Umwelt, auch die Kunden profitieren, da sich die Pünktlichkeit beim Abholen und Zustellen der Sendungen deutlich erhöht hat. Das DHL-Projekt zeigt, dass nachhaltige Logistikkonzepte durch mehr Service bei geringeren Kosten auch betriebswirtschaftlich Sinn ergeben: Viele Verbesserungen reduzieren Verschwendung. Sie sind sowohl nachhaltig als auch kostensenkend.

realen Fabrik verbunden, welches eine modellgestützte Planung, Steuerung und Simulation des Fabrikgeschehens erlaubt. Insbesondere die dreidimensionale Darstellung von Fabrikobjekten und -abläufen steht bislang im Zentrum des Konzeptes und wird deshalb auch als Virtuelle Fabrik bezeichnet (SCHACK 2008; REINHART ET AL. 1999). Bedingt durch die hohe Komplexität und Dynamik aktueller Planungsvorhaben dient das digitale Fabrikmodell allen Projektbeteiligten als zentrale Arbeits- und Koordinationsplattform, um den eigenen Planungsstand im Kontext zu erfassen und zu bewerten. Es wird dabei eine Steigerung sowohl der Qualität als auch der Geschwindigkeit durch die modellgestützte Planung angestrebt.

a) Informations- und Steuerungssysteme

Forschungsbedarfe im Bereich der Informations- und Steuerungssysteme ergeben sich insbesondere aufgrund der hohen Innovationsgeschwindigkeit auf dem Gebiet der Informations- und Kommunikationstechnik. Neue Entwicklungen auf diesem Gebiet eröffnen zahlreiche Verbesserungspotenziale für die in produzierenden Unternehmen eingesetzten Informationssysteme. Das nachfolgende Bild 112 zeigt aktuelle bestehende Potenziale auf.

1 Leitwarten / -stände

Während Leitstände die Zustände eines eng abgegrenzten Systems (z. B. eine CNC-Maschine) transparent darlegen, stellen Leitwarten den aktu-

Bild 112: Forschungsbedarfe für Informations- und Steuerungssysteme

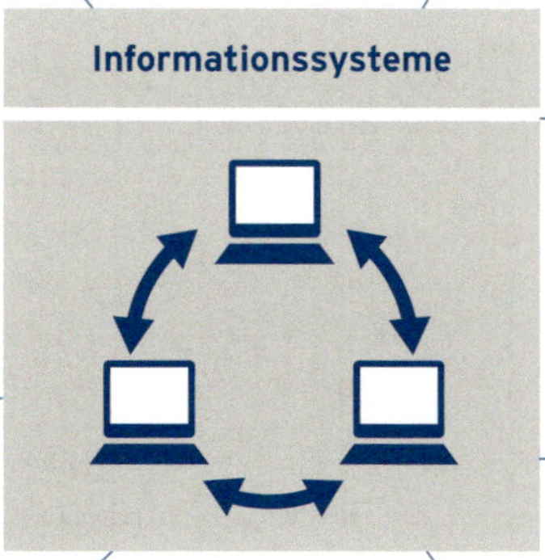

1 Leitwarte / -stände
- Systeme zur Überwachung und Steuerung vernetzter Produktionssysteme
- Sicherheit von Leitwarten für Netzwerke
- Aggregation von großen Datenmengen
- Visualisierungsstrategien
- Simulation von Planungsvarianten
- Echtzeitfähigkeit von Leitsystemen
- Werkzeuge zum schnellen Aufbau von Systemmodellen

2 Semantische Technologien
- Automatische Planung und Visualisierung komplexer Produktionssysteme
- Verfahren zur Automatisierung wissensgetriebener Prozesse im Product-Lifecycle-Management

3 Multi-Agentensysteme*
- Einsatz verteilter künstlicher Intelligenz im Internet der Dinge
- Sozionische Systeme (Swarm Intelligence)
- Sicherheitskonzepte für Multi-Agenten-Systeme
- Modellierung von Anwendungen

4 E-Business*
- Verlagerung von Geschäftsprozessen in Kommunikationsnetze
- Entwicklung von Marktplätze und Portalen zur Kooperation
- Entwicklung Webbasierte Applikationen

5 Multiressourcenplanung und -steuerung*
- Integration von Transport- und Produktionslogistik
- Echtzeitfähigkeit von Planungssystemen

6 Interoperabilität von Informationssystemen*
- Standards für kollaborative Informationssysteme (z. B. ERP-Kopplung zwischen Unternehmen)

7 Planungsalgorithmen*
- Leistungsfähige Optimierungsalgorithmen
- Algorithmen zu Beherrschung von Variantenvielfalt in der Planung
- Modellierung von Abhängigkeiten aus der Verflechtung von Produktionsnetz und Produkt

* Im Folgenden nicht näher betrachtet

4.3 Organisation und Produktionsmanagement

Bild 113: Konzept der Leitwarte am Beispiel kollaborativer Planungs- und Steuerungssysteme

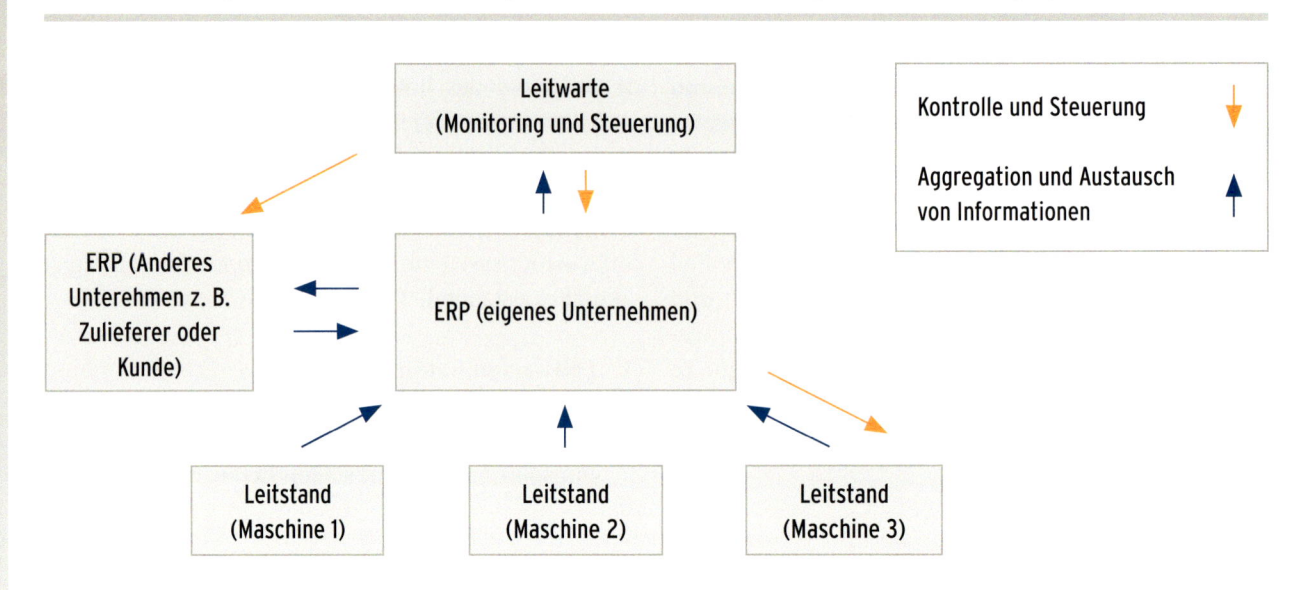

ellen Zustand für ein Netzwerk von Objekten bereit und können Aus- und Wechselwirkungen von einzelnen Steuerungseingriffen aufzeigen. Letztere können damit Rückgrat und Entscheidungsgrundlage für eine kollaborative Produktion z. B. in virtuellen Unternehmen sein. Voraussetzung ist, dass die Systemkomponenten eine echtzeitfähige Datenanbindung an die Leitwarte zur Statusübertragung haben, sowie Steuerbefehle empfangen und ausführen können. Zur Überwachung autonomer dezentraler Produktionssysteme ist eine Leitwarte von großem Wert, da jene ohne Leitwarte nicht ganzheitlich abgebildet werden können. Für kollaborative Netze im Supply-Chain- und Customer-Relationship-Management schafft die Leitwarte durch Einbeziehung von ERP-Systemen einen Gesamtüberblick der aktuellen Leistungsfähigkeit und -möglichkeit des Netzwerkes. Bild 113 verdeutlicht das Konzept der Leitwarte an einem Beispiel.

Wichtige Herausforderungen sind die Schaffung und Etablierung von Schnittstellen von den Systemelementen zur Leitwarte, die den Elementstatus und die Steuerungsbefehle übertragen. Während die Schnittstellen standardisiert und offen sein sollten, um eine größtmögliche Verbreitung zu erreichen, sind geeignete nur schwer zu kopierende Leitwartenprozesse zu entwickeln. Es ist wichtig zu betonen, dass es sich bei den Systemelementen sowohl um relativ einfache Maschinen, aber auch um ganze Subnetze handeln kann und diese neben technischen Aspekten der Produktion auch Supply-Chain-Management- (SCM) und ERP-Anwendungen und deren Aufgaben einschließen. Von wesentlicher Bedeutung sind die Beherrschung der auftretenden großen Datenmengen aus dem Monitoring (Methoden der sachgerechten Informationsverdichtung und -darstellung), ihre Absicherung im Sinne von Datenschutz- und Datensicherheit sowie Aspekte der adäquaten Abbildung von Auswirkungen eines Steuerungseingriffs. Die Echtzeitfähigkeit von Leitwarten kollaborativer Netze stellt sowohl für das Monitoring als auch für die Anzeige der Auswirkungen von Steuerbefehlen eine Herausforderung dar (schnelle Algorithmen). Die intuitive Navigierbarkeit in den Informationen und für die Beherrschung komplexer Systeme ist genauso wichtig, wie automatische bzw. unterstützende Funktionen für Vorschläge von Eingriffen und der Bewertung ihrer Auswirkungen.

2 Semantische Technologien

Unter Semantik wird die Lehre eines auf Sinn und Bedeutung von Begriffen basierenden Wissensmanagements verstanden. Die Bedeutung einer Information wird dabei gemeinsam mit ihren Abhängigkeiten und Zusammenhängen zu anderen Begriffen erfasst und formuliert. Semantik ist damit eine Basistechnologie zur Aufbereitung heterogener Informationen.

Ontologien stellen die zu einer Domäne gehörenden Begriffe in einen gemeinsamen Zusammenhang. Sie lesen sich oft wie ein Katalog oder eine Klassifizierung der Elemente der Domäne. Industrielle Anwendungen wurden bisher nur in kleinen Wissensdomänen realisiert und die automatische inhaltliche Deutung und Auswertung von Informationen wurde noch nicht umgesetzt (WACHE 2003; GALINSKI 2006).

Semantische Technologien können eine effiziente Navigation durch große Datenbestände ermöglichen, dabei heterogene verteilte Datenquellen integrieren und Assoziationen zwischen einzelnen Informationen durch Methoden zur automatischen Schlussfolgerung sichtbar machen. Die Entwicklung von Ontologien für alle Bereiche der Produktionslogistik kann z. B. die Annahme und Einlastung von Aufträgen mittels automatischer Auftragszerlegung in ausführbare Maschinenaufträge beschleunigen. In der Produktentwicklung können semantische Technologien helfen, z. B. Kundenanforderungen strukturiert zu erfassen, in die eigene unternehmensinterne Begriffswelt einzuordnen und systematisch in Produkte zu überführen. Um die Technologie ganzheitlich verwenden zu können, müssen die domainspezifischen Ontologien im weiteren Verlauf verallgemeinert bzw. verbunden und Verfahren für die automatische Erweiterung der Ontologie geschaffen werden. Die semantische Formulierung von Ergebnissen der Produktionsplanung könnte ebenso zur automatischen Auftragsbearbeitung beitragen. Ein wichtiger Erfolgsfaktor wird die Vermittlung des in den ontologischen Netzen gespeicherten Wissens

Leitwarten zur Optimierung von Netzwerken kommunaler Versorgungsunternehmen

Leitwarten werden zur Steuerung im Bereich der Prozess- und Energietechnik sowie bei hochautomatisierten Produktionsanlagen der Stückgüterindustrie seit langem eingesetzt. Der Funktionsumfang von modernen Leitwarten geht jedoch bereits über das Aufgabenspektrum, das innerhalb einer Fabrik bzw. eines Unternehmens anfällt, hinaus. Energieversorgungsunternehmen steuern längst ihre unterschiedlichen Kraftwerke und Versorgungsnetze über zentrale Leitwarten um eine gleichmäßige und bedarfsgerechte Energieversorgung zu gewährleisten und eine Netzüberlastung zu verhindern.

Die Technischen Werke Ludwigshafen AG (TWL) betreiben beispielsweise eine Querverbundwarte, die früher getrennte Betriebsleitwarten für Strom, Erdgas, Trinkwasser, Fernwärme und eine Müllverbrennungsanlage zusammenfasst. Vom dem zentralem Kommandostand werden sämtliche Kraft- und Wasserwerke sowie weitere technischen Anlagen der TWL gesteuert und kontrolliert. Ein weiteres Geschäftsfeld der TWL ist das Contracting, das Optimieren und Betreiben von Anlagen Dritter. Von der Querverbundwarte aus werden so die Heizungen von 34 Ludwigshafener Schulen im Auftrag der Stadt gesteuert und das Klima eines Museums und eines Theaters eingestellt (ABB 2003).

Das Beispiel belegt, dass der standort- und unternehmensübergreifende Einsatz von Leitwarten in manchen Wirtschaftzweigen bereits umgesetzt ist. Eine Übertragung solcher Ansätze auf Wertschöpfungsketten in der produzierenden Industrie könnte auch hier Optimierungspotenziale erschließen.

Bild 114: Moderne Leitwarte für verfahrenstechnische Anlagen (Bild: ABB)

4.3 Organisation und Produktionsmanagement

Bild 115: Forschungsbedarfe bei der Digitalen Fabrik

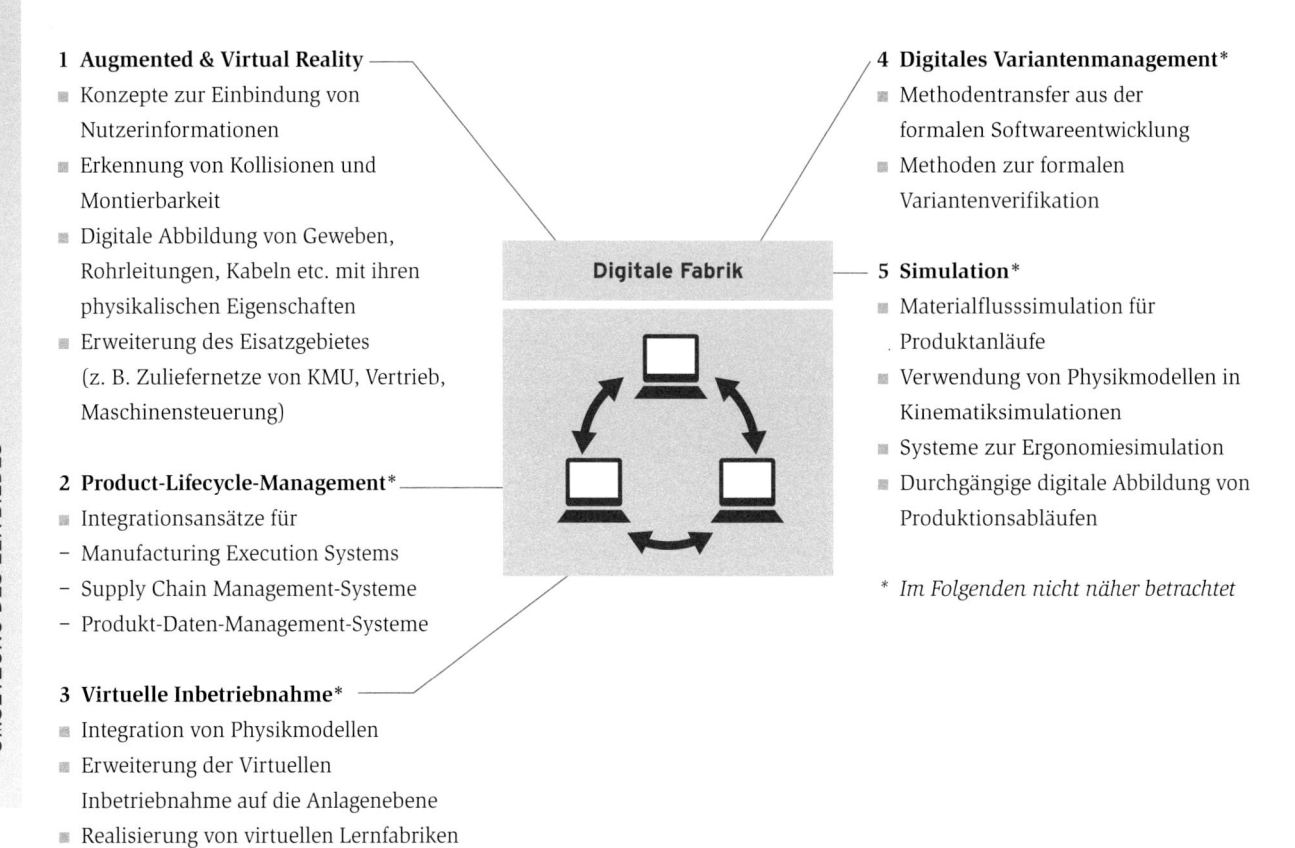

1 Augmented & Virtual Reality
- Konzepte zur Einbindung von Nutzerinformationen
- Erkennung von Kollisionen und Montierbarkeit
- Digitale Abbildung von Geweben, Rohrleitungen, Kabeln etc. mit ihren physikalischen Eigenschaften
- Erweiterung des Eisatzgebietes (z. B. Zuliefernetze von KMU, Vertrieb, Maschinensteuerung)

2 Product-Lifecycle-Management*
- Integrationsansätze für
  - Manufacturing Execution Systems
  - Supply Chain Management-Systeme
  - Produkt-Daten-Management-Systeme

3 Virtuelle Inbetriebnahme*
- Integration von Physikmodellen
- Erweiterung der Virtuellen Inbetriebnahme auf die Anlagenebene
- Realisierung von virtuellen Lernfabriken

4 Digitales Variantenmanagement*
- Methodentransfer aus der formalen Softwareentwicklung
- Methoden zur formalen Variantenverifikation

5 Simulation*
- Materialflusssimulation für Produktanläufe
- Verwendung von Physikmodellen in Kinematiksimulationen
- Systeme zur Ergonomiesimulation
- Durchgängige digitale Abbildung von Produktionsabläufen

* Im Folgenden nicht näher betrachtet

---

an Nutzer sein. Dieser Aspekt erfordert die Entwicklung geeigneter Lernkonzepte sowie Mensch-Maschine-Interfaces zur Arbeit in vorgegebenen Ontologien.

b) Digitale Fabrik

Für die Digitale Fabrik sind die in Bild 115 dargestellten Forschungsbedarfe identifiziert worden.

Besonders hervorzuheben sind die Weiterentwicklung der Anwendungsfelder von *Augmented & Virtual Reality* Systemen sowie die *virtuelle Inbetriebnahme*. Letzterer Forschungsbedarf wird wegen inhaltlichen Überschneidungen im Rahmen des Aktionsfeldes 2 *Produktionstechnik und Ausrüstung* (vgl. 4.2.9) näher erläutert.

1 Augmented & Virtual Reality

In einem Land mit hohen Löhnen und nur wenigen Ressourcen, wie Deutschland, bieten *Augmented-Reality*-(AR)-Systeme eine Möglichkeit, die Arbeitsproduktivität durch Parallelisierung von Prozessausführung und Prozesserlernung zu erhöhen. Mitarbeiter können so flexibler als bisher in der Produktion eingesetzt werden. Statt vor einem Arbeitsgang schriftliche Dokumente zu verarbeiten, z. B. Bedienungsanleitungen und technische Zeichnungen, können dem Benutzer die relevanten Informationen in Echtzeit, sowohl proaktiv als auch bei Bedarf, übermittelt werden.

Trotz der Fortschritte in den Basistechnologien bleibt die weitere Erforschung von Verfahren zum Tracking des Benutzers in der realen Umgebung, die Integration und Präsentation kontextsensitiver Information und die Interaktion des Benutzers mit dem AR-System und der realen Umgebung von zentraler Bedeutung. Hardwareseitig müssen die Systeme kleiner, ausdauernder und zuverlässiger werden. Für die Benutzerinteraktion können neben optischen Informationen auch haptische Interfaces verwendet werden. Hierzu sind geeignete Anwendungsfälle zu identifizieren. Eine Verfeinerung des Trackingsystems um Komponenten zur Eigenschaftsbestimmung von realen Objekten könnte die Anwendung der Augmentation auf die Qualitätssicherung erweitern. Beispielsweise ließe sich die Vermessung eines Bauteils mittels des Trackingsystems durchführen und ermöglichte so eine 100 % Kontrolle jedes betrachteten Teils (vgl. AZUMA ET AL. 2001).

4.3.9 Zusammenfassung

Im Aktionsfeld *Organisation und Produktionsmanagement* werden Herausforderungen für eine effiziente und zukunftsfähige Gestaltung von Produktionsnetzwerken und -systemen dargelegt. Deutliche Einflüsse resultieren dabei aus den Megatrends *Globalisierung, Durchdringung mit neuen Technologien, Dynamisierung der Produktlebenszyklen* sowie *Ressourcenverknappung*. Daraus ergeben sich Schwerpunkte der Forschung in der Gestaltung wandlungsfähiger weltweiter Produktionsnetzwerke und im Bereich der ressourcen- und energieeffizienten Produktion. Weitere Kerne von Forschungstätigkeiten sind in der Integration von Dienstleistungen in das Produktionskonzept von Unternehmen sowie in der Entwicklung durchgehender integrierter Planungssysteme für die Produktion zu sehen. Mithilfe von durchgängigen Informa-

---

Einsatz von Augmented Reality im Service bei BMW (BMW 2010)

Mitarbeiter vom BMW-Service sollen zukünftig durch die Verknüpfung der realen mit einer virtuellen Welt bei der Ausführung technisch anspruchsvoller Arbeiten unterstützt werden. Augmented Reality heißt die Technologie, mit der die Realität um virtuelle Informationen angereichert werden kann. Der Service-Techniker betrachtet die reale Welt dabei durch eine spezielle Datenbrille, auf deren Gläser die zusätzlichen Informationen angezeigt werden und so für den Betrachter direkt am Objekt erscheinen. Die Brille holt sich die benötigten Daten dabei über eine Funkverbindung von einem leistungsstarken Rechner. Der Mitarbeiter hat so die volle Bewegungsfreiheit und bekommt alle benötigten Informationen genau dort bereitgestellt, wo er sie braucht. Im Bild 116 wird dem Techniker beispielsweise übermittelt, welche vier Schrauben zur Demontage einer Motorabdeckung gelöst werden müssen.

Komplexe technische Aggregate im Fahrzeug können mithilfe von Augmented-Reality optimal gewartet werden. Zudem muss der Service-Techniker bei Innovationen im Fahrzeug nicht zunächst anhand von Zeichnungen oder Anleitungen die Handgriffe zur Reparatur erlernen, sondern er bekommt dieses Wissen direkt während der Tätigkeiten am Fahrzeug mitgeteilt, wird also auf diese Weise am Objekt trainiert.

Bild 116: Anweisung des Service-Mitarbeiters durch Augmented-Reality (Bild: BMW GROUP)

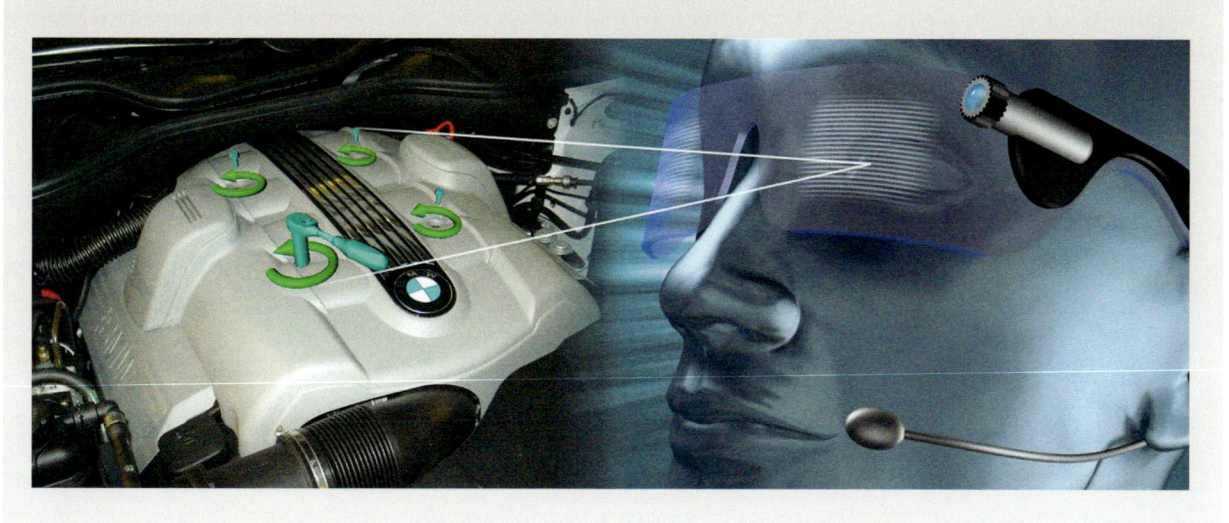

tions- und Steuerungssystemen sowie Werkzeugen der Digitalen Fabrik wird zukünftig eine ganzheitlichere und umfassende Planung von Produktionsprozessen und -systemen angestrebt werden.

4.4 Mensch und Wissen[4]

Wissen und Qualifizierung sind gerade in einem rohstoffarmen Land wie Deutschland für die Zukunftsfähigkeit der Produktion von entscheidender Bedeutung. Der Aufbau von Wissen und Qualifizierung wird zukünftig zu gestalten sein:
- über die gesamte betriebliche Hierarchie (vom Montagearbeiter bis zum Produktionsleiter) und
- über den gesamten Produktlebenszyklus (von der Produktentwicklung, über die Fertigungsplanung und Herstellung bis zum Service).

Der Mensch und sein Arbeitsumfeld unterliegen dabei den Einflüssen der Megatrends. Die Herausforderungen aus diesen Megatrends mit besonders starkem Einfluss werden im Folgenden aufgezeigt.

4.4.1 Die wichtigsten Megatrends und ihre Herausforderungen

a) Globalisierung
Die Globalisierung wird in Zukunft neue Beschaffungsmärkte eröffnen und führt gleichzeitig zu zusätzlichen Exportmöglichkeiten. Entwicklung und Produktion in internationalen Netzwerken – heute durchaus schon in multinationalen Unternehmen die Regel – werden sich auch zunehmend in der mittelständischen Industrie etablieren. Für Mitarbeiter im Produktionsbereich und der Produktentwicklung bedeutet dies:
- Fremdsprachenkenntnisse und interkulturelle Kompetenzen werden wichtiger.
- Regionale Mobilität und schnelles Lernen und adaptieren von kulturraumspezifischen Besonderheiten werden insbesondere bei Führungskräften und Experten gefordert.
- Die internationale Arbeitsteilung reduziert einerseits die Beschäftigungschancen für Geringqualifizierte da ihre Arbeitsplätze am ehesten verlagerbar sind, andererseits nimmt der „Kampf" um (hoch-)qualifizierte Fachkräfte (Ingenieure, Management) weltweit zu, was insbesondere KMU vor eine Herausforderung in Bezug auf ihre Mitarbeiterbasis stellt.
- Mitarbeiterqualifizierung und -entwicklung werden vor dem Hintergrund der kürzeren Produktlebenszyklen und des zunehmend globalen Wettbewerbs einen höheren Stellenwert bekommen.

b) Durchdringung mit neuen Technologien
Der rasante Fortschritt neuer Technologien wird immer schneller und öfter das Arbeitsumfeld in der Produktentwicklung aber auch insbesondere der Produktplanung, dem Betriebsmittelbau und der Qualitätssicherung bestimmen. Die Produktion von morgen erfordert Mitarbeiter, die fachdisziplinübergreifendes Wissen (z. B. Mechatronik, Bionik) rasch aufbauen und anwenden können.

Auf der Ebene der Wertschöpfungsstruktur führen neue Technologien und Dienstleistungen zu Wertschöpfungspartnerschaften zwischen Produktions- und Dienstleistungsunternehmen. Für die Beschäftigten folgen daraus neue Qualifikationsanforderungen im Hinblick auf vernetztes Arbeiten an komplexen Systemen.

c) Dynamisierung der Produktlebenszyklen
Eine Verkürzung der zukünftigen Produktlebenszyklen wird nur ermöglicht werden, wenn:
- Mitarbeiter die vorhandenen rechnerintegrierten Entwicklungs- und Simulationstools nutzen können,
- Simultaneous Engineering – ausgehend von der Produktkonzeptionsphase- wirklich zum Einsatz kommt und über den gesamten Entwicklungszyklus gelebt wird,
- der Innovationsgeist des einzelnen Beschäftigten über die gesamte Erwerbsbiographie hinweg erhalten werden kann,

---

4 *Dieses Kapitel und die darin identifizierten Forschungsbedarfe sind aus den Arbeitsgruppenberichten zum Forschungsprojekt „Produktionsforschung 2020" unter Mitwirkung der Professoren Joachim Warschat und Hartmut Hirsch-Kreinsen entstanden.*

4.4.1 Die wichtigsten Megatrends und ihre Herausforderungen

vorhandenes Wissen durch neue Wissensmanagementsysteme im Unternehmen erhalten und verfügbar gemacht wird.

Es müssen Führungs- und Organisationsstrukturen, aber auch die Kultur für Simultaneous Engineering geschaffen werden, um die zukünftigen Entwicklungspfade von Produkten, Dienstleistungen und Technologien zu antizipieren und prognostizieren. Die damit verbundenen erforderlichen Qualifikationen sind sicherzustellen und das notwendige Wissen verfügbar zu machen.

d) Lernende Gesellschaft / Wissensgesellschaft

Die Dynamik der Wissensentstehung, die auch aus den vorgenannten Megatrends und Herausforderungen deutlich zu erkennen ist, führt zu einem immer schnelleren Veralten des bestehenden Wissens. Die Aktualisierung des global entstehenden Wissens wird zur permanenten und stetig wachsenden Aufgabe für Unternehmen und Beschäftigte. Lernen wird sowohl das Individuum aber auch vermehrt die Organisation betreffen (Bild 117). Leitfragen vor diesem Hintergrund werden in Zukunft sein:

- Wie lernt ein Projektteam, eine Abteilung, ein Unternehmen, ein Wertschöpfungsnetzwerk am effizientesten?
- Wie kann ein gemeinsamer Lernprozess in einer Organisation gestaltet werden?
- Wie unterscheidet sich Inhalt und Methodik des institutionellen Lernens vom individuellen Lernen?

Der Wandel wird für die Beschäftigten zur Konstanten werden, sie müssen sich auf lebenslanges Lernen und kontinuierliche Lernprozesse einzustellen. Die Unternehmen werden neue Arbeitsmodelle ermöglichen müssen, die den Beschäftigten die Möglichkeiten einräumen, ihr Wissen ständig zu aktualisieren.

Die Sicherung des Wissens wird zu einer zentralen Unternehmensaufgabe zum einen in Hinblick auf das Wissen der Älteren (Konzepte des Wissenstransfers, demografieorientierte Personalpolitik) und zum anderen in Hinblick auf die Sicherung des in Netzwerken verfügbaren und entwickelten Wissens (Patentschutz, Wissensdatenbanken etc.).

e) Demografischer Wandel

Der demografische Wandel führt zunehmend zum Fehlen jüngerer Fachkräfte. Einerseits ist ein Arbeitskräftemangel und andererseits das Fehlen von Wissensimpulsen aus der jüngeren Generation eine Herausforderung. Es sind neue Konzepte erforderlich um das Zusammenführen des Erfahrungswissens älterer

Bild 117: Lebenslanges Lernen und lernende Organisation als Schlüssel zum langfristigen Unternehmenserfolg

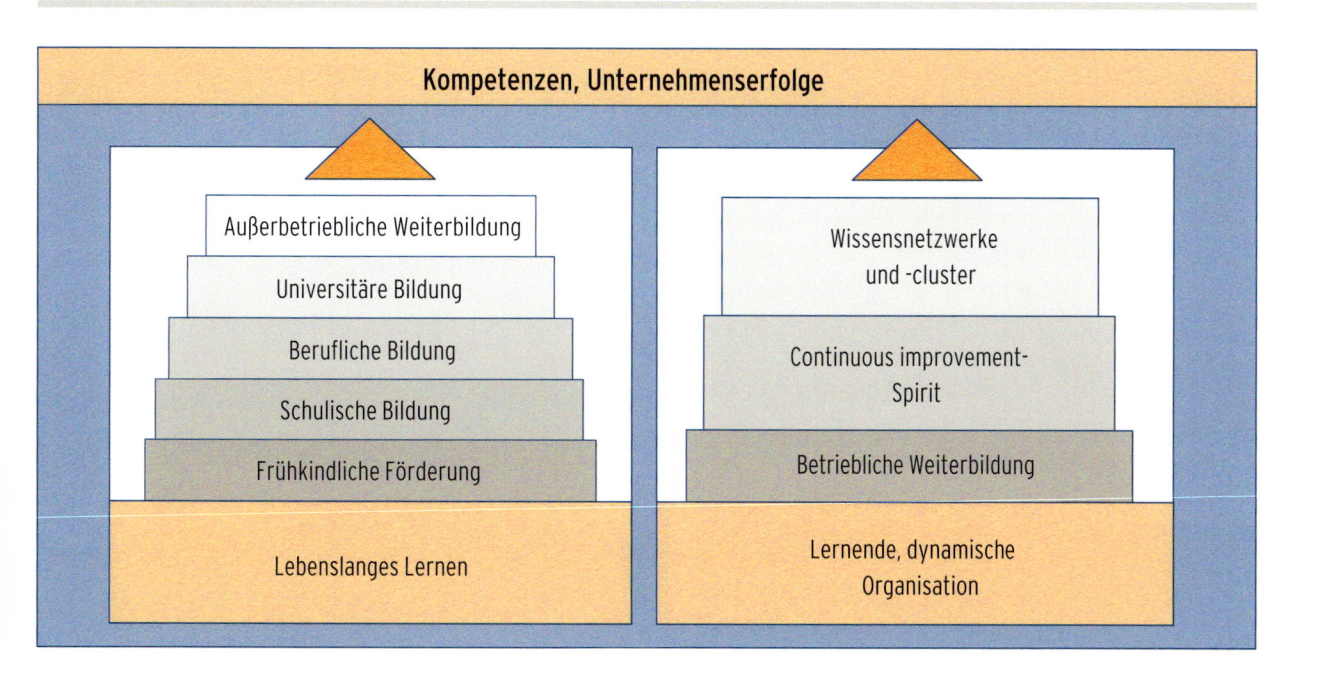

Kompetenzen, Unternehmenserfolge

Lebenslanges Lernen	Lernende, dynamische Organisation
Außerbetriebliche Weiterbildung	Wissensnetzwerke und -cluster
Universitäre Bildung	
Berufliche Bildung	Continuous improvement-Spirit
Schulische Bildung	
Frühkindliche Förderung	Betriebliche Weiterbildung

mit dem aktuellem Wissenstand jüngerer Mitarbeiter zu ermöglichen und die Verbreitung dieses Wissens sicherzustellen.

Der demografische Wandel erzwingt verstärkte Initiativen zur Sicherung eines ausreichenden Qualifikations- und Kompetenzniveaus. Eine vorausschauende und intensivierte Personalplanung und -entwicklung ist vor diesem Hintergrund unabdingbar.

Aber neben dem Umgang mit Wissen fordert der Megatrend jedoch auch Veränderungen in den Arbeitssystemen. Mit dem Ausbleiben junger Fachkräfte wächst der Anteil älterer Fachkräfte. Auf deren besondere Anforderungen und Bedarfe müssen die Unternehmen reagieren. Die Arbeitsplatzgestaltung und die Arbeitsorganisation für eine alternde Belegschaft müssen diesen Anforderungen angepasst werden.

Vor dem Hintergrund der schrumpfenden Gesamtbevölkerung, sowie des stetigen Zuwachses an Technologiewissen, müssen die Prozesse der Wissensvermittlung und -nutzung effizienter werden.

4.4.2 Paradigmenwandel im Aktionsfeld

„Die Produktivität des Wissens ist bereits der Schlüssel zu Produktivität, Konkurrenzstärke und wirtschaftlicher Leistung geworden. Wissen ist bereits die Primärindustrie, jene Industrie, die der Wirtschaft die essentiellen und zentralen Produktionsquellen liefert." *Peter F. Drucker (*1909, amerik. Managementlehrer)*

Die Bedeutung der Menschen und deren Wissen als die wichtigste Ressource für den Standort Deutschland wird stets betont. Dieser Bedeutung wurde das deutsche Ausbildungssystem insbesondere im gewerblichen und technischen Bereich mehr als gerecht, es gilt seit jeher als vorbildlich. Aber aufgrund der genannten Veränderungen wird die Qualität und Umsetzung des lebenslangen Lernens zum Erfolgsfaktor.

Lebenslanges Lernen bringt auch einen Paradigmenwandel für die Aufbereitung von zu vermittelnden Wissen mit sich. Bislang lernen die Menschen überwiegend theoretisches Faktenwissen aus Büchern oder im Frontalunterricht. Bei älteren Menschen ist diese Art von Lernmethoden jedoch weniger fruchtbar als bei Jugendlichen. Bei Erwachsenen werden

Bild 118: Wechsel von vertikal orientiertem Denken zu horizontal orientiertem Handeln *(PTW)*

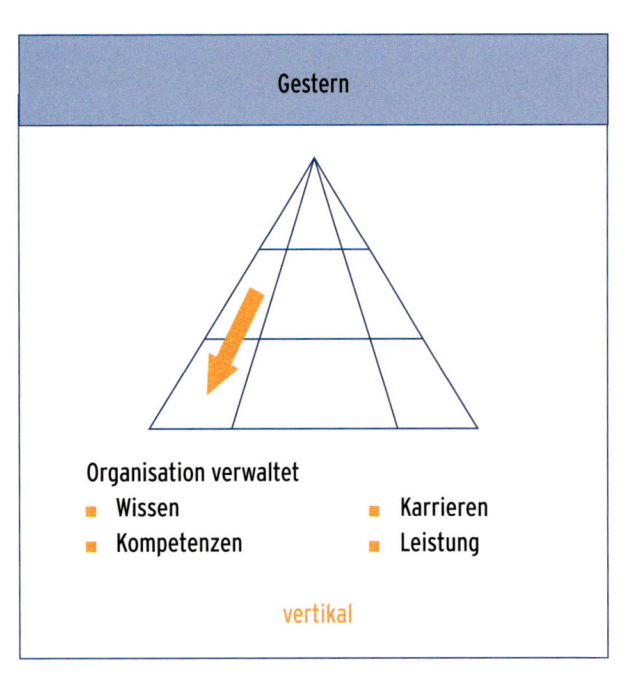

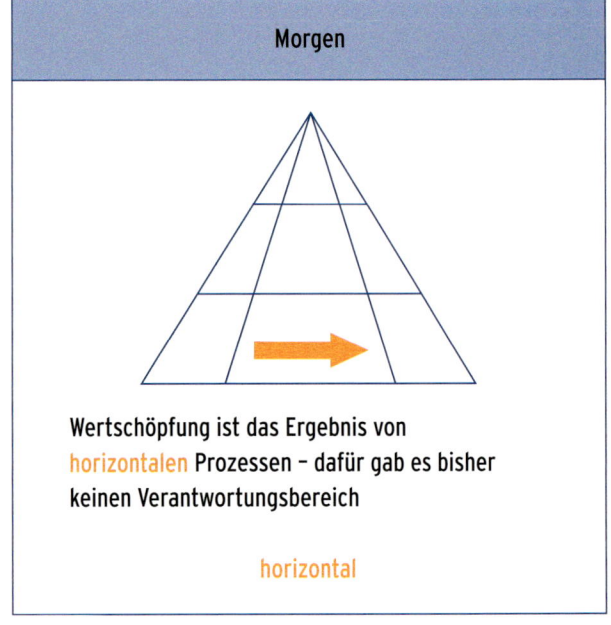

Gestern

Organisation verwaltet
- Wissen
- Kompetenzen
- Karrieren
- Leistung

vertikal

Morgen

Wertschöpfung ist das Ergebnis von horizontalen Prozessen – dafür gab es bisher keinen Verantwortungsbereich

horizontal

daher zunehmend erfahrungs- und prozessorientierte Lernmethoden eingesetzt. Eine erfolgreiche betriebliche Lernkultur wird daher zukünftig auf neue Lernmethoden, wie z. B. Lernfabriken oder -inseln, setzen. Kombiniert mit theoretischen Lerneinheiten und Virtual Reality basierten Übungen wird dies ein schnelles und nachhaltiges Qualifizieren ermöglichen. Die Arbeits- und Beschäftigungsfähigkeit älterer Mitarbeiter wird dadurch steigen.

Die Bedeutung von spezialisierten „Einzelkämpfern" rückt dabei in den Hintergrund. In Zukunft gilt es, durch vernetzten Wissenstransfer das Wissen an jedem Ort im Unternehmen zielgruppengerecht zugänglich und verständlich zu machen.

Zukünftig stehen deshalb Personalabteilungen sowie andere Unternehmensbereiche vor der zusätzlichen Aufgabe einen systematischen Erfahrungstransfer zwischen den Mitarbeitern zu organisieren. Eine anspruchsvolle betriebliche Lernkultur ist in den Unternehmen fest zu verankern, damit ein vom Ausbildungsniveau und Alter unabhängiges, lebenslanges Lernen zum Standard wird. Diesem Aspekt kommt besonders vor dem Hintergrund der demografischen Entwicklung eine wichtige Bedeutung zu, da zukünftige Belegschaften andere Alterszusammensetzungen aufweisen werden, die einen systematischen Erfah-

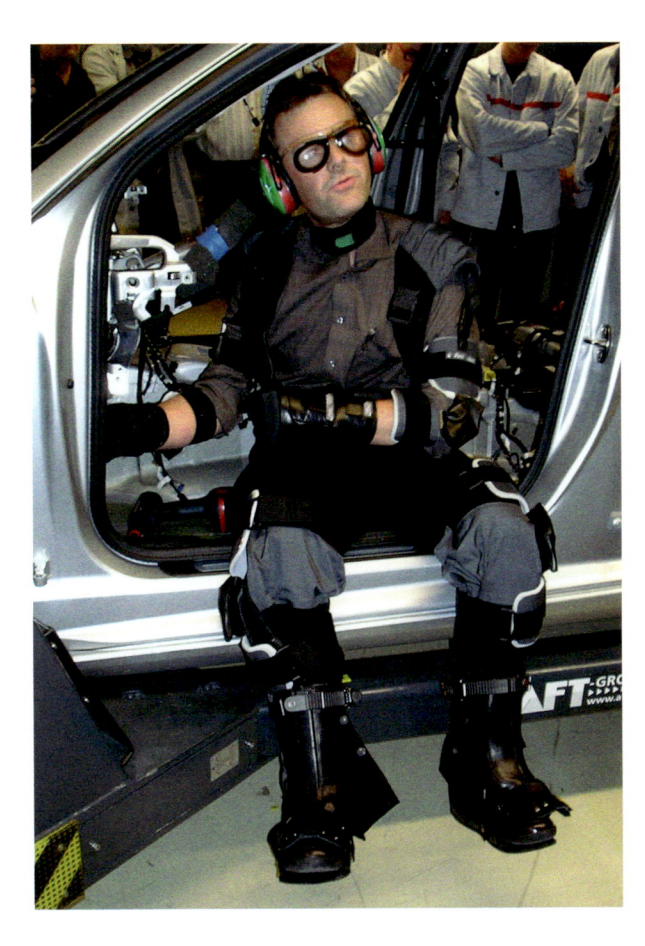

Bild 119: Alternsgerechte Arbeitsplätze durch Alters-Simulation
(Bild: AUDI AG)

Bild 120: Paradigmenwandel im Aktionsfeld „Mensch und Wissen"

Gestern	Morgen
■ Erstqualifizierung	■ Lebenslanges Lernen
■ IT-lastige Wissensorganisation, schleppender Technologietransfer	■ Systematischer Erfahrungstransfer für übergreifende Wissensnutzung und gezielte Technologieadaption
■ Ergonomische Arbeitsplätze und ganzheitliche Arbeitssysteme	■ Altersdifferenzierte Arbeitssysteme, Diversity Management

Vom spezialisierten Fachwissen zum vernetzten Wissenstransfer

rungsaustausch zwischen den Mitarbeitergenerationen notwendig werden lassen.

In Zusammenhang mit Lernkultur und Wissenstransfer ist auch die Wissensorganisation von entscheidender Bedeutung. Heute wird Wissen meist fachspezifisch in speziellen IT-lastigen Systemen verwaltet und zur Verfügung gestellt. Wissens- und Technologietransfer zwischen unterschiedlichen Fachdisziplinen ist heute immer noch schleppend. Produktionsverantwortliche bemängeln immer noch die Umsetzung von Wissen aus der Produktion in der Entwicklung z. B. einer montagegerechten Produktgestaltung.

Zukünftig ist Wissen derart zu organisieren, dass die fachübergreifende Wissensnutzung verbessert wird. Die Möglichkeiten dazu werden durch aktuellen Entwicklungen im Bereich der Informationstechnik wie z. B. in
- Produktdatentechnologie,
- CAD/CAM/CAQ und
- ERP geboten.

Diese Bereiche sind daher konsequent mit dem Thema Wissensdokumentation und -transfer zu verknüpfen.

Während in der Vergangenheit bereits ein hoher Wert auf ergonomisch gestaltete Arbeitsplätze und ganzheitliche Arbeitssysteme gelegt wurde, ist in Zukunft eine weitere Differenzierung nach unterschiedlichen Fähigkeiten und Altersstrukturen in den Belegschaften vonnöten. Zukünftig werden Arbeitssysteme derart gestaltet sein, dass sie auf die unterschiedlichen Anforderungen der Mitarbeiter eingehen. Neben der rein physischen Gestaltung der Arbeitsplätze bezieht sich dies auch auf organisatorische Elemente eines Arbeitssystems wie z. B. Arbeitszeitsysteme.

4.4.3 Strukturierung des Aktionsfeldes „Mensch und Wissen"

Der Mensch, seine Erfahrungen und sein Wissen sind in einem rohstoffarmen High-tech-Land ein zentraler Wettbewerbsfaktor. Das Aktionsfeld zeigt die Herausforderungen auf, die mit dem Aufbau, Umgang, Erhalt und Schutz von Wissen entstehen. Die Abschnitte gliedern sich im Folgenden an diesen Forschungsfeldern.

Strategische Personalplanung, -entwicklung, -weiterbildung

Die betriebliche Personal- und Kompetenzentwicklung fördert die Unternehmensentwicklung durch zielgerichtete Gestaltung von Lern-, Entwicklungs- und Veränderungsprozessen und berücksichtigt sowohl Unternehmens- als auch Beschäftigteninteressen.

Erfahrungstransfer/ alter(n)sgerechte Arbeit

Vor dem Hintergrund des demografischen Wandels sichern demografieorientierte Personalpolitik sowie alters- und alternsgerechte Arbeitsgestaltung das Wissen und die Erfahrung der älteren Beschäftigten

Wissensmanagement und -organisation

Effizienter Umgang mit Wissen ist vor dem Hintergrund der zukünftigen Technologieentwicklung in der Produktion ein Schlüsselfaktor. Wissen muss erworben, verwaltet, genutzt aber auch geschützt werden.

4.4.4 Strategische Personalplanung/ -entwicklung und -weiterbildung

Die Aufgabe der Personalplanung/-entwicklung ist es unter anderem, die zukünftigen Personalbedarfe in quantitativer und qualitativer Hinsicht zu antizipieren und geeignete Maßnahmen (Rekrutierung, Ausbildung, Qualifizierung etc.) zu initiieren.

Die betriebliche Weiterbildung betrifft alle Lernprozesse, in denen Beschäftigte ihre Fähigkeiten und Kenntnisse anpassen bzw. erweitern, um neue berufliche Herausforderungen zu meistern. Die traditionellen, formellen Lernmethoden sind auch in der betrieblichen Weiterbildung durch neue innovative informelle Lernmethoden (z. B. auf Basis neuer Medien) zu ergänzen um den Anforderungen verschiedener Zielgruppen gerecht zu werden.

Die Innovationslücke zwischen Technologieentwicklung und Transfer der Entwicklungsergebnisse in Produkte und Prozesse bedarf innovativer Transferkonzepte. Frühzeitiges Erkennen und Bewerten von Technologie- und Anwendungspotenzialen neuer Technologien ist daher eine zentrale Herausforderung.

Bild 121: Forschungsbedarfe im Forschungsfeld Strategischer Personalplanung/-entwicklung und -weiterbildung

1 Strategische Personalplanung
- Konzepte zur vorausschauenden Personalplanung (zukünftige Qualifikationen, Rekrutierung von „Engpasspersonal" etc.)
- Methoden zum Auf- und Ausbau einer Lernkultur
- Instrumente zur Erfassung der Kompetenz(entwicklung)
- Konzepte zur Vereinbarkeit von Beruf und Familie

2 Betriebliche Weiterbildung und lebenslanges Lernen
- Entwicklung zielgruppenspezifischer Weiterbildungsangebote (insbesondere für Geringqualifizierte)
- Etablierung KMU-Qualifizierungsnetzwerke
- Konzepte zur Stärkung der Weiterbildung in nicht-wissensintensiven und/oder kleinen Betrieben
- Sensibilisierung für lebenslanges Lernen (Unternehmen, Führungskräfte, Beschäftigte)

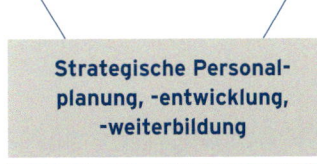

3 Fördern innovativer Lernformen
- Entwicklung bedarfsgerechter Konzepte des Blended Learning
- Verknüpfung von Lernformen, Inhalten und Zielgruppen
- Konzepte für betriebliche Umsetzung (Kommunikation, Beteiligung, Integration in den Arbeitsablauf der Beschäftigten etc.)
- Förderung selbstgesteuerter Lernaktivitäten
- Didaktische Konzepte zur Organisation arbeitsintegrierten Lernens
- Konzepte zur lernförderlichen Gestaltung der Arbeit
- Konzepte für kontextsensitives audiovisuelles Coaching
- Entwicklung von Lehr- und Lernzeuge
- Einsatz von IuK-Systemen zur Erhöhung der Lehr- und Lernproduktivität

4.4 Mensch und Wissen

Ein wichtiger Ansatz ist hierbei u.a. die lernförderliche Gestaltung der Arbeit. Sie verknüpft die ganzheitliche Gestaltung der Arbeitsaufgaben des Mitarbeiters, die Einbindung der Beschäftigten in Entscheidungsprozesse sowie ein ausgeprägtes Lern- und Weiterbildungsengagement.

Das Forschungsfeld Personalplanung/-entwicklung und -weiterbildung lässt sich somit in drei vorrangige Forschungsbedarfe untergliedern: *Strategische Personalplanung, betriebliche Weiterbildung und lebenslanges Lernen* sowie *Fördern innovativer Lernformen* (vgl. Bild 121).

1 Strategische Personalplanung

Personalplanung orientiert sich heute bei den meisten Unternehmen an einer kapazitiven Planung für verschiedene Qualifikationsprofile. Längerfristige strategische Planungen sind insbesondere bei KMU die Ausnahme. Zukünftig wird die systematischen Ableitung des quantitativen und qualitativen Personalbedarfs aus der Unternehmens- und Produktstrategie notwendig sein. Geschickte Verknüpfungen von Weiterbildungs- und Recruitingmaßnahmen mit der strategischen Produktplanung sind zu schaffen.

2 Betriebliche Weiterbildung und lebenslanges Lernen

Der Paradigmenwandel führt zu einer Intensivierung der *betrieblichen Weiterbildung* und des *lebenslangen Lernens*. Zu den fachlichen Qualifikationen gesellen sich zunehmende Anforderungen an die methodische, die sozial-kommunikative und die Reflexionskompetenz (BAETHGE-KINSKY ET AL. 2006; BITKOM ET AL. 2007).

Aus der Notwendigkeit des lebenslangen Lernens resultiert als konkrete Herausforderung zunächst, Konzepte, Methoden und Instrumente zu entwickeln, die es KMU erlauben, die betriebliche Weiterbildung zu forcieren. Der Aufbau eines eigenen Weiterbildungsprogramms sprengt in der Regel die Ressourcenrestriktionen von KMU. Um diese Problematik zu entschärfen sind Konzepte zu entwickeln, wie beispielsweise KMU-Qualifizierungsnetzwerke. Dabei bündeln Unternehmen ihre Ressourcen um gemeinsam Weiterbildungsprogramme zu initiieren.

Die Entwicklung von zielgruppenorientierten Weiterbildungsangeboten ist eine vorrangige Herausforderung. In diesem Kontext scheinen die vorhandenen Angebote nicht die Bedürfnisse von KMU zu treffen. Hier sind neben Angeboten für ältere Beschäftigte vor allem Angebote für Geringqualifizierte erforderlich. Angesichts des absehbaren Fachkräftemangels (Bild 122) aber auch vor dem Hintergrund des hohen Anteils gering qualifi-

Bild 122: Fachkräftemangelprognose in Deutschland in tausend MA für 2020 *(PROGNOS 2008)*

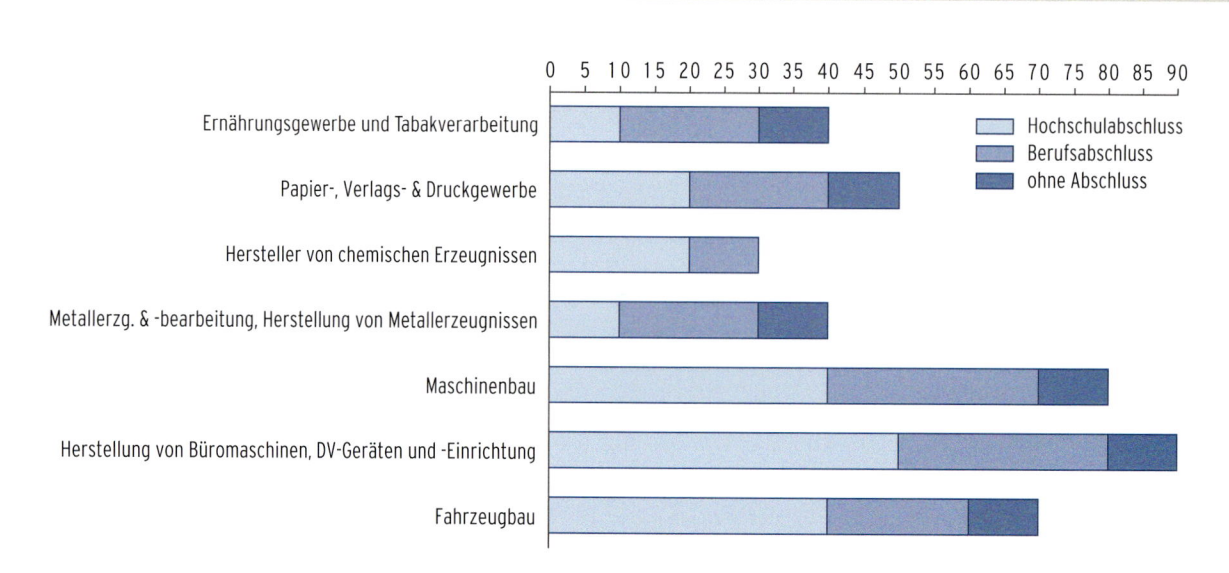

4.4.4 Strategische Personalplanung /-entwicklung und -weiterbildung

Bild 123: Einfluss neurobiologischer Erkenntnisse auf Lernformen (Bild: HÜTHER)

Prof. Dr. Gerald Hüther
Anerkannter Experte im Bereich Neurobiologie

„**Der Frontallappen ist der Bereich**, in dem unsere sogenannten Metakompetenzen, **unsere inneren Einstellungen, Überzeugungen und Haltungen** verankert sind, auf deren Grundlage wir Entscheidungen treffen und Bewertungen vornehmen.

Was sich dort herausbildet, lässt sich nicht durch Unterricht, Belehrungen und kluge Ratschläge beeinflussen. Nur durch neue, positive Erfahrungen. Die könnte ein Vorgesetzter für seine Mitarbeiter ermöglichen, indem er sie einlädt, ermutigt und inspiriert, eine unbekannte bessere Erfahrung mit ihm, bei der Arbeit, im Team und in der Firma zu machen."

zierter Arbeitsloser existiert hier ein Arbeitskräftepotenzial, das es zu erschließen gilt (KINKEL ET AL. 2008; ABEL ET AL. 2009).

Eine gezielte Aus- und Weiterbildung erfordert die Entwicklung von Mechanismen, die es Führungskräften erlauben, Wissenslücken bei den betreffenden Mitarbeitern zu identifizieren und durch individuell erstellte Trainingsmaßnahmen zu schließen. Die zunehmende Globalisierung verlangt von den Unternehmen auch die Schulung ihrer ausländischen Mitarbeiter. Unterschiedliche Kulturen und Sprachen erschweren diese Vorha-

Lernfabriken (PTW)

In der Vergangenheit hat sich gezeigt, dass eine kleine Zahl von Unternehmen ihren Wert für Kunden und Mitarbeiter durch Prozessorientierung und die Anwendung von Methoden der schlanken Produktion deutlich steigern konnte. Die meisten Unternehmen konnten diese Erfolge jedoch nicht realisieren. Der Unterschied lag nicht in den angewendeten Methoden, sondern erfolgreiche Unternehmen haben es geschafft, die Mitarbeiter auf allen Hierachieebenen zu trainieren und die Anwendung der neu erlangten Kompetenzen zu erleichtern. Prozesslernfabriken wie die an der TU Darmstadt errichtete Lernfabrik sind ein geeignetes Umfeld, welches es Unternehmen und Studenten ermöglicht, das Rüstzeug für eine nachhaltige Produktivitätssteigerung zu erlangen.

Bild 124: Eindrücke aus der CIP-Prozesslernfabrik (Bild: PTW)

ben. Anhand von kontextbezogenen Coachingmethoden kann hier Abhilfe geschaffen werden.

3 Fördern innovativer Lernformen
Gerade die Integration neuer Gesichtspunkte in die Lernkonzepte, wie z. B. Nachhaltigkeit, erfordern neue Lernformen. Internetgestütztes eLearning oder computergestütztes Lernen am Arbeitsplatz, Werkstatt- und Qualitätszirkel, Austauschprogramme mit anderen Unternehmen oder systematischer Arbeitsplatzwechsel sind Ansätze, für die es grundlegende Konzepte und Lösungen gibt, die aber insbesondere noch auf die spezifischen Bedürfnisse der kleinen und mittleren Unternehmen noch zugeschnitten werden müssen. Weitere Lernformen stellen handlungs- und prozessorientierte Lernmethoden in Lerninseln oder Lernfabriken kombiniert mit theoretischen Lerneinheiten und Virtual Reality basierten Übungen dar.

Ein entscheidender Vorteil dieser neuen Lernformen ist die Möglichkeit, besser als bei formalisierten Weiterbildungsmaßnahmen auf neue Qualifikations- und Kompetenzanforderungen einzugehen, d. h. sowohl fachliche als auch überfachliche Kenntnisse wie sozial-kommunikative oder methodische Fähigkeiten vermitteln zu können.

Die Unsicherheit über die betriebliche Implementierung, die Erfolgsaussichten und die finanzielle Belastung solcher Lernmethoden sind in der Praxis jedoch groß. Hinzu kommen ungelöste Probleme der Anerkennung und Zertifizierung informellen Lernens (BMBF 2008). Insbesondere bei innovativen Lernformen gilt es, Pilotprojekte zu initiieren, diese zu evaluieren und für KMU praxisgerecht aufzubereiten.

Die weiterführende Forschung richtet sich auf die *lernförderliche Gestaltung der Arbeit* (BAETHGE-KINSKY ET AL. 2006; FRIELING ET AL. 2007). Dabei muss eine ganzheitliche Gestaltung der Arbeitsaufgaben mit Dispositions- und Autonomiespielräumen für die Beschäftigten existieren, die zudem in betriebliche Kooperations- und Entscheidungsprozesse eingebunden sein müssen.

4.4.5 Erfahrungstransfer und alter(n)sgerechte Arbeit

Der demografische Wandel ist für die Unternehmen eine der zentralen Herausforderungen der künftigen Jahrzehnte. „Nur durch mehr Beschäftigung für Ältere kann Deutschland auch in Zukunft im internationalen Wettbewerb bestehen und Wohlstand erar-

---

Bild 125: Forschungsbedarfe im Forschungsfeld Erfahrungstransfer und alter(n)sgerechter Arbeit

1 Altersdifferenzierter Arbeitssysteme
- Entwicklung innovativer arbeitsorganisatorischer Konzepte zum Know-how-Transfer
- Konzepte zur alters- und alternsgerechte Arbeitsgestaltung
- Umsetzungskonzepte für Lebensarbeitszeitkonten, Altersteilzeit
- Konzepte zur Sicherstellung der altersgerechten Work-Life-Balance

2 Altersspezifische* Weiterbildungskonzepte
- Entwicklung altersgerechter Weiterbildungskonzepte für Lernungewohnte

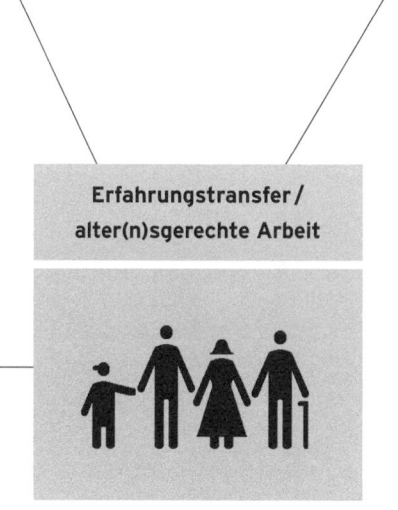

3 Diversity Management*
- Konzepte für altersgemischte Arbeitsgruppen
- Lösungen interkulturelles und generationales Lernen
- Konzepte für interkulturelles Management
- Etablierung einer innovationsförderlichen Unternehmenskulturen
- Entwicklung spezieller Qualifizierungsangebote
- Etablierung familienorientierte Personalpolitik
- Kompetenzen für interdisziplinäre und internationale Zusammenarbeit

Erfahrungstransfer / alter(n)sgerechte Arbeit

* *Im Folgenden nicht näher betrachtet*

beiten" (BDA 2009). Dennoch lässt sich festhalten, dass in der Mehrzahl der Unternehmen eine auf ältere Beschäftigte ausgerichtete Personalpolitik noch nicht existiert, zumal die entsprechenden Instrumente, etwa für den Umgang mit den Themen Kompetenzverlust und -entwicklung oder für die Arbeitsgestaltung, fehlen (vgl. für die Chemische Industrie HINGST ET AL. 2007).

Das Forschungsfeld *Erfahrungstransfer und alter(n)sgerechte Arbeit* lässt sich in drei vorrangige Forschungsbedarfe gemäß Bild 125 untergliedern.

1 Altersdifferenzierte Arbeitssysteme

Die Anforderungen einzusetzender Mitarbeiter werden sich sowohl bedingt durch den demografischen Wandel, als auch durch individuell gestaltete Erwerbslebensläufe zunehmend differenzieren. Der wirtschaftliche Einsatz der Mitarbeiter und ihres spezifischen Know-hows ist daher zunehmend in Planungsprozesse der Produktion von morgen zu integrieren. Die Auswirkungen von ganzheitlichen Produktionssystemen mit zunehmender Wertschöpfungsorientierung sind besonders im Hinblick auf die Mitarbeiterbelastung zu untersuchen und geeignete Maßnahmen und Methoden zur „gesunden" Belastung zu entwickeln. Auf Ebene der Arbeitsplatzgestaltung sind altersgerechte, flexible und individualisierbare Möglichkeiten zur Sicherstellung der Mitarbeitereinsetzbarkeit zu entwickeln, um die interindividuellen Arbeitsanforderungen der sich differenzierenden Belegschaft integrieren zu können.

4.4.6 Wissensmanagement /-organisation: Ausschöpfung von Wissenspotenzialen

Der strukturelle Wandel von arbeits- und kapitalintensiven hin zu informations- und wissensintensiven Aktivitäten bedeutet, dass Unternehmen zunehmend Informationen, Wissen oder intelligente Produkte

---

Der Fachkräftemangel verändert die Arbeitswelt (HIRZEL & MATHES 2010 IN FOCUS)

Die Arbeitsmarktzahlen zeigen deutlich wie weit sich trotz des krisenbedingten Einbruchs die Fachkräftelücke schon wieder vergrößert hat. Diese Zahl ist mittlerweile wichtiger als die ehemals gefürchtete Arbeitslosenquote. Der demografische Wendepunkt ist längst erreicht, dies hat zur Folge, dass bis 2030 in Deutschland die Zahl der Menschen im erwerbstätigen Alter um knapp sechs Millionen sinken wird. Diese Zahl liegt dabei deutlich über den rund 4,5 Millionen, die derzeit eine Stelle suchen, nur einen sogenannten „1-Euro-Job" haben oder in einer geförderten Weiterbildung beschäftigt sind.

Vor diesem Hintergrund müssen die Deutschen in Zukunft mehr arbeiten, wenn das Wohlstandsniveau gehalten werden soll, dies erläutert der Prognos-Geschäftsführer Christian Böllhoff. Mehr Stunden pro Woche und mehr Jahre bis zur Rente. Er prophezeit eine Professionalisierung der Gesellschaft: „Fast alle, die arbeiten können, müssen auch ran." Der Trend bremst langfristig auch das Wachstum. Weil die Zahl der Deutschen stetig sinkt, könne die Wirtschaft ab 2020 auch unter guten Bedingungen kaum mehr als ein Prozent jährlich wachsen, warnt Prognos.

Um dieser Entwicklung entgegenzuwirken, muss es gelingen, Arbeitslose zu begehrten Fachkräften zu qualifizieren. Gelingt dies nicht, hätte es fatale Folgen für ein Land ohne nennenswerte Rohstoffe, das einen großen Teil seiner Wirtschaftsleistung mit immer neuen hochkomplexen und innovativen Produkten erwirtschaftet. Deutsche Unternehmen müssen sich im globalen Wettbewerb behaupten, indem sie sich darauf konzentrieren mit viel Know-how hochwertige Waren und anspruchsvolle Dienstleistungen anzubieten.

Diese Entwicklung hin zu einer Wissensgesellschaft beeinflusst die Arbeitswelt enorm. Die Menschen werden ihr Geld ganz anders verdienen als in der industriellen Ära: Sie beschäftigen sich zu ungewöhnlichen Zeiten an unterschiedlichen Orten in neuartigen Netzwerken mit anspruchsvollen Aufgaben.

4.4 Mensch und Wissen

Bild 126: Bausteine und Herausforderungen des Wissensmanagements (PROBST & ROMHARDT 1999)

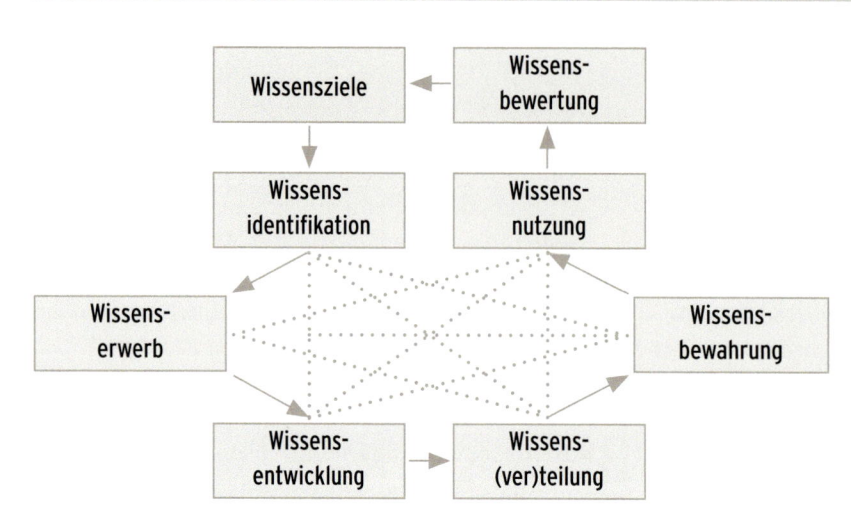

Herausforderung Wissensmanagement im Bereich Produktion:

- jährlicher Fortschritt in der Produktionstechnologie führt zu starker Zunahme der Fertigungsverfahren
- Produktivitätsfortschritt pro Jahr 5 % (neue mögliche Prozessparameter)
- Anzahl verfügbarer Werkstoffe wächst stetig

Bild 127: Forschungsbedarfe im Forschungsfeld Wissensmanagement und -organisation

1 Wissensmanagementsysteme auch für KMU
- Konzepte der Wissensbereitstellung (z. B. Wiki-Konzepte)
- Methoden zur nutzerspezifische Wissensbereitstellung und -präsentation
- Ableitung prozessspezifische WM-Konzepte z. B. in der Produktentwicklung

2 Wissensverlust, Schutz von Wissen
- Konzepte zum Wissenserhalt bei dynamischer Organisation (Fluktuation etc.)
- Konzepte zum Wissenserhalt bei Technologiewechsel / -substitution
- Vorgehensweisen zur Störungs- und Fehlervermeidung durch „richtiges" Wissen (Fehlerdetektion)
  - Schutz von Wissen
  - Gestaltung von Informationsflüssen
  - Definition schutzbedürftigen Wissens
  - Sicherheitstechnik für mobile Datenzugriffe

3 Wissensgenerierung*
- Methoden zur Identifikation von Wissensquellen, z. B. bei neuen Fertigungsverfahren
- Methoden zur Gewinnung / Konservierung von Wissen
- Konzepte zur Aufbereitung von Wissen zur Weitervermittlung
- Entwicklung von Methoden zur Incentivierung der Wissensbereitstellung

4 IT-Unterstützung*
- Konzepte zur automatischen Erfassung prozessrelevanten Wissens und systematisches Verknüpfung von Wissen in Entwicklung, Produktion, Vertrieb und Recycling
- Methoden zur Selektion von wichtigem / unwichtigem und (un-)aktuellem Wissen
- Neue Algorithmen zur Wissensgenerierung
- Aufbau von Wissensportalen

* *Im Folgenden nicht näher betrachtet*

4.4.6 Wissensmanagement/-organisation: Ausschöpfung von Wissenspotenzialen

und Dienstleistungen verkauft werden. Insofern ist es zunehmend wichtig, Information und Wissen als strategische Ressourcen im Prozess, im Produkt oder als Produkt zu nutzen. Schneller Aufbau von Wissen und dessen Nutzung wird zum Motor im Wertschöpfungsprozess.

Dieses Forschungsfeld fokussiert die Vermittlung und die Erhaltung von produktionstechnischen Wissen durch technische und organisatorische Maßnahmen. Wissensbilanzen zur systematischen Inventur von Wissen und Aktivitäten zur Entwicklung, die Verwaltung und Verwertung solcher Bilanzen ergänzen das Bild (Bild 126).

Wissen gemeinsam nutzen (HAASIS & BUCHHOLZ 2009)

Die Konkurrenzfähigkeit von Unternehmen hängt immer stärker davon ab, wie effizient und kreativ sie mit Wissen umgehen. Dabei nimmt der Aufwand, den sie betreiben müssen, um einen effizienten Wissensaustausch sicherzustellen, mit der Unternehmensgröße zu (DÖBLER 2007). IT-basierte Wissensmanagement-Systeme erleichtern den Umgang mit dem Wissen. Sie können helfen, Wissen zu identifizieren, zu erwerben, zu entwickeln, zu verteilen, zu bewahren und zu bewerten (LEHNER 2006). Je nach Aufgabenschwerpunkt und gewünschten Funktionalitäten können sich Unternehmen etwa für eine Groupware-Lösung, ein Dokumentenmanagementsystem oder einen Suchdienst entscheiden.

Solche Wissensmanagement-Systeme sind in großen Unternehmen weitaus stärker verbreitet als in kleinen, wie die FAZIT Unternehmensbefragung vom Sommer 2006 belegt (BERTSCHEK ET AL. 2006). Während Unternehmen ab 250 Mitarbeitern zu 22 Prozent computergestützte Wissensmanagement-Systeme einsetzen, sind es bei Kleinbetrieben mit maximal vier Mitarbeitern nur 7 Prozent. Vorreiter unter den Branchen ist das Bank- und Versicherungsgewerbe, in dem fast ein Viertel aller Unternehmen Wissensmanagement-Systeme nutzt. An zweiter Stelle folgt mit größerem Abstand der IT- und Mediensektor, in dem 11 Prozent der Unternehmen computergestütztes Wissensmanagement betreiben (BERTSCHEK ET AL. 2006).

Zwei der größten Probleme beim IT-gestützten Wissensmanagement liegen darin, dass der Anwender oft nicht weiß, wo er relevante Informationen suchen bzw. finden kann und dass er nach der Eingabe eines Suchbegriffs keine Ergebnisse erhält oder so viele, dass er deren Relevanz nicht einschätzen kann. Diese Probleme entstehen, weil den einzelnen Nutzern beim Verwenden und Ablegen von Informationen eine gewisse Autonomie eingeräumt werden muss (BAIER 2008). Intuitiv bedienbare Lösungen können helfen, diese Probleme zu beheben.

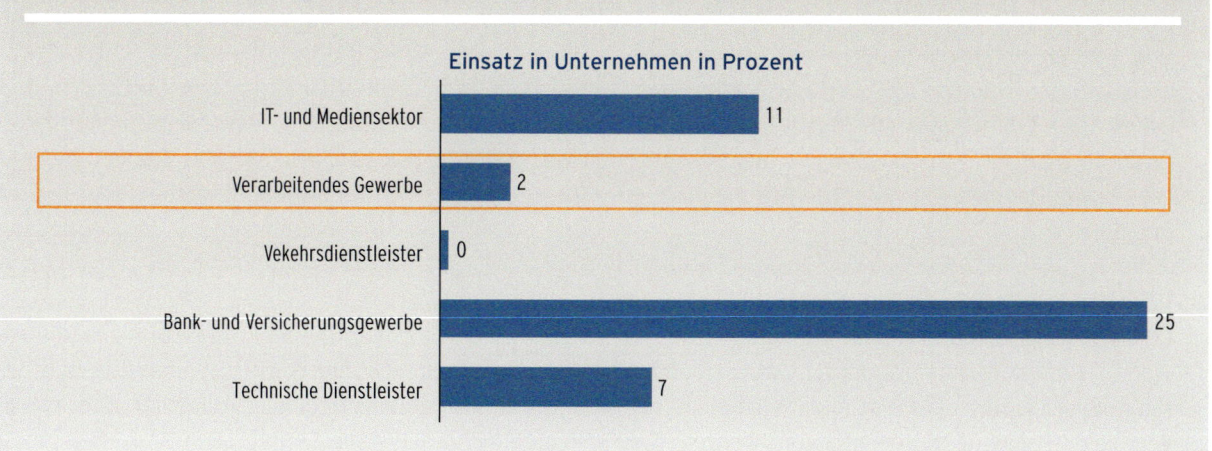

Bild 128: Einsatz von Wissenmanagement-Systemen nach Branchen (BERTSCHEK ET AL. 2006)

Einsatz in Unternehmen in Prozent

Branche	Prozent
IT- und Mediensektor	11
Verarbeitendes Gewerbe	2
Vekehrsdienstleister	0
Bank- und Versicherungsgewerbe	25
Technische Dienstleister	7

Alle diese Facetten des Wissensmanagement sind in die betrieblichen Prozesse einzubinden. Das gilt sowohl für den Innovations- als auch den Auftragsabwicklungsprozess.

Der Forschungsbedarf im Forschungsfeld *Wissensmanagement und -organisation* wird im Folgenden in vier Felder unterteilt, die in Bild 127 aufgezeigt werden.

1. **Wissensmanagementsysteme auch für KMU**

   Themen rund um Wissensmanagement und -organisation wurden bereits in den neunziger Jahren erforscht und hatten häufig eine starke IT-Ausprägung. Entsprechende *Wissensmanagementsysteme* wurden vor allem in großen Unternehmen implementiert. Die Zurückhaltung von Unternehmen in Bezug auf Wissenmanagementsysteme liegt auch darin begründet, dass oft versucht wurde, einen Wissensmanagementansatz aus reiner IT-Sicht zu realisieren. Unternehmen benötigen eher pragmatische Lösungen für Probleme wie z. B. Technologieauswahl zur Fertigung kubischer Werkstücke oder Konstruktionshinweise für Entwickler. Wissen ist insbesondere in KMU kaum dokumentiert und somit schwer zugänglich. Überhaupt schätzen nur 24 Prozent der Unternehmen die Nutzung der Ressource Wissen in ihrem Unternehmen als gut bis sehr gut ein – unabhängig von der Unternehmensgröße (FRAUNHOFER WI 2005).

   Ungelöste Fragen sind:
   - Wie erfolgt die Eingabe nicht strukturiert vorliegenden Erfahrungswissens z. B. aus der Konstruktion, Produktionsvorbereitung, Instandhaltung und Produktnutzungsphase?
   - Ist die Datenbank firmenintern, netzwerk- oder verbandsintern?
   - Wie werden Mitarbeiter oder möglicherweise betriebsfremde Experten (z. B. Hochschulen) motiviert ihre Erfahrungen einzugeben (Incentivierung)?
   - Wie ist die Datenbank in den Innovationsprozess integriert?

2. **Wissensverlust, Schutz von Wissen**

   Das Idealbild des über mehrere Jahrzehnte in einem Produktionsunternehmen verbleibenden Mitarbeiters wird in Zukunft eher seltener zu finden sein. Folgende Entwicklungen werden den kontinuierlichen Aufbau von Wissen im Unternehmen verändern:
   - Zunehmender Anteil Leiharbeitskräfte
   - Befristete Verträge
   - Zunehmende private Mobilität
   - dynamischere Organisationsstrukturen

   Insbesondere kurzfristigen Mitarbeiterwechsel sind kaum planbar. Es müssen Methoden zur Wissenserfassung und -konservierung implementiert werden, die eine hohe Aktualität und Verfügbarkeit des Wissens gewährleisten.

   In Unternehmen entstehen oft ungewollte Wissenslücken nach der Einführung neuer Technologien, wenn Wissen der alten Technologien, z. B. für Serviceeinsätze oder Wiederholbestellungen nach langer Zeit wieder benötigt wird. Hier ist der Widerspruch von Aktualität des Wissens zu Knowhow über alte Produkte und Technologien zu klären und methodisch zu unterstützen. Für KMU ist oft das Spannungsfeld des Schutzes von Technologie- und Innovationswissen ungeklärt. Es werden zum Schutz dieses Wissens Prozesse selbst ausgeführt, die ein Zulieferer effizienter und produktiver beherrscht. Die Beurteilung solcher Prozesse bzw. die Nutzung effizienter Kooperationen bieten noch ein erhebliches Produktivitätspotenzial, das gleichzeitig den berechtigten Schutz des Wissens gewährleisten muss.

4.4.7 Wissensintensiver Technologietransfer

Die Überwindung der Lücke zwischen Technologieentwicklung und Transfer der Entwicklungsergebnisse in Produkte und Prozesse bedarf innovativer Transferkonzepte. Frühzeitiges Erkennen und Bewerten von Anwendungspotenzialen neuer Technologien und die Entwicklung von Methoden und Konzepten zur Steigerung der Adaptionsfähigkeit sind zentrale Fragestellungen. Das Forschungsfeld Wissensintensiver Technologietransfer lässt sich in drei vorrangige Forschungsbedarfe untergliedern (vgl. Bild 130).

Die wachsende Dynamik und Komplexität des Innovationsgeschehens erhöhen das Risiko eines Rückstandes in der Produktionstechnologie. Aufgrund einer wachsenden technologischer Vielfalt, dem Entstehen neuer

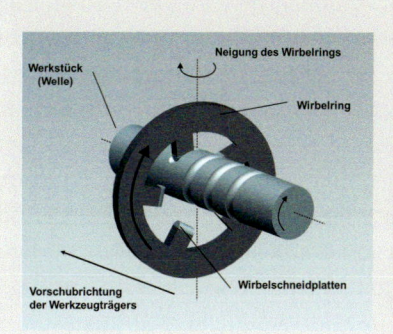

4.4.7 Wissensintensiver Technologietransfer

Praxisbeispiel

„Wissensmanagement zu Verbesserung von Qualität und Wirtschaftlichkeit beim Hartwirbeln von Präzisionskugelgewindetrieben" (PTW)

Bei der Herstellung von Kugelgewindetrieben wurde die Gewindeschleiftechnik in den letzten 10 bis 15 Jahren zu einem großen Teil von der Hartwirbeltechnologie verdrängt (Bild 129). Wesentliche Voraussetzung für die Fertigung von Präzisionsspindeln ist neben einer geeigneten Maschinenausstattung die Beherrschung des Werkzeugeinsatzes und des Wirbelprozesses. Üblicherweise werden in diesem Prozess CBN- oder Keramik Formwerkzeuge eingesetzt. Gerade die Herstellung extrem langer und hochbelastbarer Präzisionsspindeln aus gehärteten Wellen mit großen Kugeln bis zu 30mm Durchmesser stellt besondere Herausforderungen an Prozess und Maschine, da dies mit einem hohen Spanvolumen verbunden ist. Die Auswahl geeigneter Zerspanparameter erfordert erhebliches Know-how bei der Herstellung. Diese gehen über die erfassten Daten wie sie z. B. bei einer Drehbearbeitung auftreten hinaus. Durch die Verwendung eines Wirbelrings mit fünf oder mehr Wirbelschneidplatten kommen zusätzliche Parameter hinzu. Diese umfassen beispielsweise Gewinderichtung, Konizität, Drehzahl des Wirbelrings, Vorschub des Wirbelrings entlang der Spindel, gewünschte Steigung der Spindel und den damit verbundenen Grad der Wirbelringdrehung um die X-Achse und Werkstückdrehzahl.

Um diese Vielzahl an Parameter zu erfassen und zu erhalten wurde in einem gemeinsamen Entwicklungsprojekt des Institut für Produktionsmanagement, Technologie und Werkzeugmaschinen (PTW) der Technischen Universität Darmstadt und der BLIS Kugelgewindetriebe GmbH (BLIS) ein Wissensmanagementsystem für diese Technologie entwickelt. Neben der Zielsetzung, dass Wissen des Unternehmens zu konservieren und für alle Mitarbeiter nutzbar zu machen, soll das System die systematische Weiterentwicklung und den Ausbau des firmeneigenen Know-hows ermöglichen.

Das neu entwickelte Datenbanksystem dokumentiert jeden Fertigungsauftrag, einschließlich aller relevanten Parameter. Zum einen können die Parameter von abgeschlossenen Aufträgen abgerufen werden, wenn ein ähnlicher Fertigungsauftrag ansteht. Dadurch können die Mitarbeiter auf bestehende Erfahrung zurückgreifen und gleichzeitig Fehler vermeiden. Zum anderen bieten sich ganz neue Möglichkeiten zur Optimierung der Wirbelprozesse, da erstmals die Kosten jedes einzelnen Werkzeugs und dessen Produktivität genau beziffert und auch hinsichtlich fertigungstechnischer Parameter analysiert werden können. Das Wissen über die Hartwirbelprozesse kann auf diese Weise noch schneller und gezielter weiterentwickelt werden, wodurch BLIS seine Wettbewerbsvorteile weiter ausbauen kann.

Bild 129: Grundprinzipien des Wirbels und Wirbeln von Kugelgewindetrieben

(Bilder: PTW (links) & BLIS KUGELGEWINDETRIEBE GMBH (mitte & rechts))

4.4 Mensch und Wissen

Bild 130: Forschungsbedarfe im Forschungsfeld Wissensintensiven Technologietransfer

1 Wissens- und Technologietransfer
- Konzepte für transdisziplinärer Transfer (Translationsforschung)
- Entwicklung von intra- und inter- organisationale Diffusionsstrategien
- Etablicrung transferförderliche Organisationsstrukturen und Kulturen
- Methoden zum Forschungstransfer und Vernetzung Wissenschaft-Wirtschaft

2 Steigerung der Technologie- adaptionsfähigkeit
- Modellierung von Technologieadaptionsprozessen
- Konzepte zur Steigerung der Adaptionsfähigkeit
- Methoden zur Überwindung der Adaptionshürden
- Methoden zur Bestimmung der Qualifikationsbedarfe
- Ableitung von KMU- und branchen- spezifische Lösungsstrategien

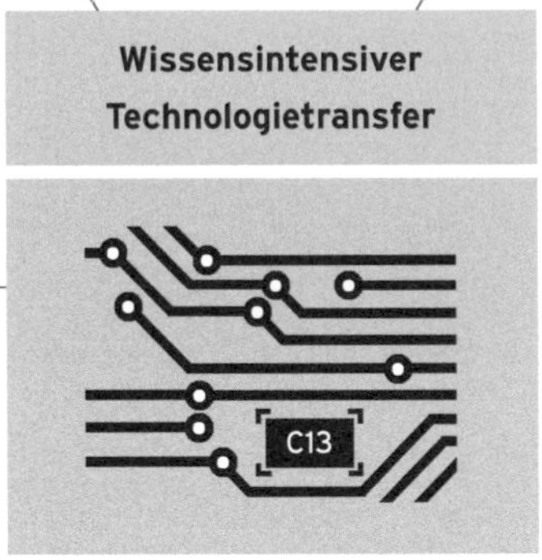

3 Technologie- und Anwendungsmonitoring
- Vorgehensweisen zur Technologie- potenzialbewertung
- Konzepte zur Messung des Technologie- reifegrades
- Entwicklung von Verfahren zur Applikations- und Anwendungspotenzialanalyse

Möglichkeiten durch das Zusammenwachsen an den Grenzflächen von Technologien und der damit verbundenen inflationären unüberschaubaren Informationsflut wird die Bedeutung einer ganzheitlichen und systematischen Technology Intelligence für Unternehmen und wissenschaftliche Institutionen immer wichtiger. Zukünftige Transferstrategien und -mechanismen müssen diesen Entwicklungen gerecht werden.

1 Wissens- und Technologietransfer

Innovationen entstehen oftmals durch das Zusammenwachsen verschiedener Technologien (z. B. Zusammenwachsen der Elektrotechnik mit den Polymerwissenschaften zur Polytronik bzw. mit den optischen Wissenschaften zur Optoelektronik). Ein zentraler Handlungsbedarf besteht darin, die Mechanismen und die Einflussfaktoren dieses Zusammenwachsens zu verstehen und sowohl technologische als auch organisatorische und qualifikatorische Ansätze zur Initiierung und Förderung eines transdisziplinären Transfers zu entwickeln. Innovative intra- und interorganisationale Diffusionsstrategien zum Transfer und zur Verbreitung von Wissen und Technologien beinhalten nicht nur neue Verfahren und Mechanismen des Transfers, sondern auch neue innovative Kooperationsansätze.

Einige Unternehmen öffnen ihre Innovationsprozesse beispielsweise im Rahmen von Open Source und Open Innovation. Dadurch beziehen sie die Außenwelt aktiv in den eigenen Innovationsprozess ein und vergrößern damit ihre Wissensbasis. Dies bedingt neue Geschäftsmodelle und neue Formen der Zusammenarbeit mit Partnern entlang der gesamten Wertschöpfungskette. Beispiele, wie das Open Source Car (Oscar) belegen, dass auch technologisch anspruchsvolle Produkte als Open Source-Lösung konzipiert werden können. Entsprechend müssen Konzepte zur Gestaltung und zur Förderung der intra- und interorganisationalen Diffusion erarbeitet und erprobt werden. Ein besonderes Augenmerk liegt dabei auf der Erforschung transferförderlicher Organisationsstrukturen und Kulturen. Dies beinhaltet gerade

4.4.7 Wissensintensiver Technologietransfer

Wissensnetzwerk Fertigungstechnologie – Eine Vision

Täglich wird im Bereich der Fertigungstechnologien allein in Deutschland ein immenses Wissen produziert. Schätzungsweise arbeiten über 2.000 wissenschaftliche Mitarbeiter an Hochschulen, Fraunhoferinstituten, Steinbeis-Transferzentren, etc. an Innovationen für die Fertigungstechnik. Dieses technologische Wissen wächst exponentiell. In der Folge davon stehen eine riesige Zahl von

- Fertigungsverfahren
- Prozessketten
- Maschinen und Werkzeugen zur Verfügung.

Das eigene Wissen aktuell zu halten ist somit sowohl für die Fertigungsplaner in der Industrie, als auch für die Wissenschaftler derzeit kaum möglich.

Eine Vision um die rasche Diffusion neuer Erkenntnisse zu ermöglichen ist der Aufbau eines nationalen oder europäischen Wissensnetzwerks „Fertigungstechnologe". Ein solches Wissensnetzwerk muss zum Ziel haben stets einen aktuellen Stand der Forschung und Technik liefern zu können und dadurch die schnelle Auswahl und Weiterentwicklung von Technologien und Prozessketten zu ermöglichen

Ein solches Wissensnetz lebt von der Aktualität und Exklusivität des Wissens um einen Innovationsvorsprung gegenüber Wettbewerbern zu sichern. Daher sind wichtige Fragestellungen die geklärt werden müssen beispielsweise wie die Aktualität sichergestellt werden kann, wie die Wissensbereitstellung „belohnt" wird oder wie der Zugriff gesichert wird (Bild 131).

Bild 131: Vision eines Wissensnetzes Fertigungstechnologie

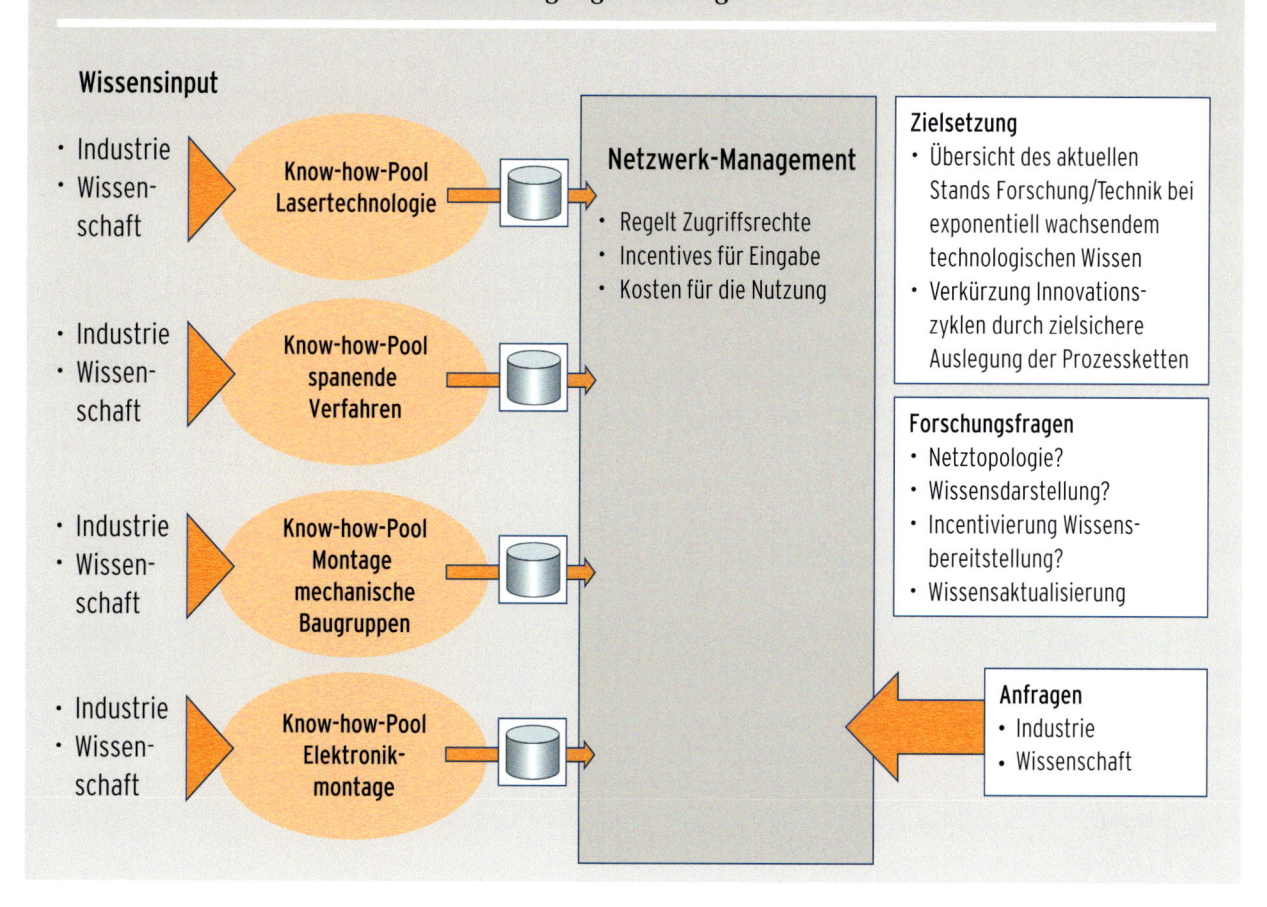

auch die Schnittstelle zwischen Wissenschaft und Wirtschaft.

2 Steigerung der Technologieadaptionsfähigkeit

Unter dem Begriff der *Steigerung der Technologieadaptionsfähigkeit* werden Herausforderungen zusammengefasst, die am Ende des Transfers, bei der Integration neuer Technologien und deren Nutzung ansetzen.

Zur nachhaltigen Steigerung der Technologieadaptionsfähigkeit eines Unternehmens müssen Konzepte und Methoden zur Modellierung der Technologieadaptionsprozesse sowie Vorgehensweisen zur Identifikation und Überwindung von Adaptionshemmnissen und -barrieren entwickelt werden. Derartige Fragen wurden bisher nur vereinzelt diskutiert und bedürfen systematischer wissenschaftlicher Untersuchungen (Analyse von Einfluss- und Erfolgsfaktoren, Methoden und Instrumente zur Überwindung der Adaptionshürden etc.). Aspekte der Personal- und Organisationsentwicklung (Fragen der Technikakzeptanz, Anreizmodelle etc.) spielen in diesem Zusammenhang eine besondere Rolle.

3 Technologie- und Anwendungsmonitoring

Im Wesentlichen geht es darum Technologiefrüherkennung mit „intelligenten" Ansätzen der Technologiebewertung zu kombinieren. Herausforderungen für die Forschung lassen sich bei Fragen der Technologiepotenzialbewertung der Technologieentwicklung, bei der Messung des Technologiereifegrades und der Analyse der Applikations- und Anwendungspotenziale identifizieren.

Reine Wirtschaftlichkeitsrechnungen bilden die Bedeutung und die Erfolgswahrscheinlichkeit von Innovationen und neuen Technologien nicht vollständig ab. Neue innovative Bewertungsansätze die auch strategische und ökologischen Aspekte miteinbeziehen, müssen über diese kurzfristige Perspektive hinausgehen.

4.4.8 Zusammenfassung

Das Aktionsfeld *Mensch und Wissen* beschreibt die wichtigsten Herausforderungen und Forschungsbedarfe der Zukunft im Hinblick auf den Umgang mit Wissen und den Trägern von Wissen, den Menschen.

Wissen und Kompetenzen entscheiden über die Innovationsgeschwindigkeit in Unternehmen. Um neue Technologien schnell im Unternehmen einsetzen zu können, muss das Wissen über diese schnell vermittelt werden. Entscheidend ist es in Zukunft, sowohl neue Wege bei der Wissensvermittlung zu beschreiten, als auch das Wissen der Mitarbeiter langfristig zu sichern. Dieses gesicherte Wissen ist gezielt im Unternehmen verfügbar zu machen.

Die Sicherung des Wissens ist eine der Herausforderungen die insbesondere aus dem demografischen Wandel entsteht. Dieser impliziert aber auch, dass Lernformen geschaffen werden, die den spezifischen Bedürfnissen der Mitarbeiter verschiedenen Alters gerecht werden.

Die Unternehmen sind mehr denn je gefordert, im Umgang mit Wissen neue Wege zu beschreiten, um ihre Wettbewerbsfähigkeit langfristig zu sichern.

5 Prioritäre Forschungsbedarfe

Die im vorangegangenen Kapitel dargestellten Forschungsbedarfe sind sehr vielfältig und vor allem mit Bezug auf Unternehmens- und Funktionsbereiche ermittelt worden. Bei der Analyse dieser Forschungsbedarfe zeigt sich allerdings, dass über verschiedene Aktionsfelder hinweg vergleichbare und auf ähnliche Ziele gerichtete Themenkomplexe existieren. Um dieser Tatsache Rechnung zu tragen, wurden 20 prioritäre Forschungsbedarfe ermittelt, die eine gemeinsame übergeordnete Zielsetzung verfolgen. Diese Forschungsbedarfe sind nachfolgend aufgelistet:

1 Energie- und Ressourceneffiziente Produktionstechnologien

2 Von der Quellen-Senken-Wirtschaft zur Kreislaufwirtschaft

3 Methoden zur integrierten Entwicklung nachhaltiger Produkte

4 Das atmende und wandlungsfähige Produktionsnetzwerk

5 Durchgängige Informationssysteme zur Planung und Steuerung der Produktion

6 Ganzheitliche Simulation von Produkten und Produktionssystemen

7 Kognition in der Produktion

8 Methoden zur Erhöhung der Prozessstabilität

9 Produkte und Produktionstechnologien für die Märkte von Morgen

10 Nutzen- statt Produktverkauf

11 Know-how-Schutz in dynamischen Märkten

12 Durchgängiges, nachhaltiges Wissen für die Produktion

13 Die demografieorientierte Fabrik

14 Neue Produktionstechnologien für die Medizintechnik von Morgen

15 Neue Produktionstechnologien und -systeme für Energiesysteme

16 Wertschöpfungsketten und Produktionstechnologien für Elektromobilität

17 Der zukunftsorientierte Prototypen- und Formenbau

18 Chemische und Pharmazeutische Produktionstechnologie

19 Hochleistungsfertigungsverfahren für die Kunststoff- und Metallverarbeitung

20 Wettbewerbsfähige EMS-Strukturen durch Anlagen- und Prozessinnovation

Die Reihenfolge und Nummerierung stellt dabei *keine* Priorisierung dar. Der Reihenfolge der Nennung liegen teilweise thematische Zusammenhänge zugrunde, die Nummerierung dient der Gliederung der nachfolgenden Abschnitte, in denen Ansätze für Forschungsschwerpunkte genannt und Verweise zu korrespondierenden Abschnitten im Buch angegeben werden.

5.1 Energie- und Ressourceneffiziente Produktionstechnologien

In der gesamten industriellen Produktion in Deutschland schlummert mittelfristig ein Energiesparpotenzial von 30 %. Das wurde im Rahmen einer vom BMBF geförderte Fraunhofer-Studie zur „Energieeffizienz in der Produktion" herausgefunden (NEUGEBAUER ET AL. 2008). Diese Menge entspricht immerhin etwa der Hälfte des privaten Stromverbrauchs in Deutschland. Um auch langfristig nachhaltiges Wachstum gewährleisten zu können, müssen die Herstellprozesse der Zukunft durch höchste Energieeffizienz gekennzeichnet sein. Schon heute wird in Europa wie auch international Energieeffizienz als ein wichtiges Kaufkriterium für Maschinen gesehen (EISENHUT & LÄSSIG 2011). Das Einsparen von Energie wird beispielsweise durch intelligente Nutzung von Abwärme oder Überschussenergie für Folgeprozesse realisiert. Aber auch die Nutzung alternativer Energiequellen kann den Verbrauch an fossilen Energieträgern reduzieren. Visionäre Zielsetzung ist es, energieautarke Fabriken zu schaffen, die ihren Betrieb ohne wesentliche Energiezufuhr aus konventionellen Kraftwerken aufrechterhalten können.

Darüber hinaus stellt der sparsame Umgang mit Materialien und anderen Ressourcen wie Gas, Fernwärme, Dampf, Wasser und Druckluft ein großes Potenzial für eine erfolgreiche Produktion der Zukunft dar. Hierbei sind Lösungen zu finden, die gezielte Ausnutzung von Material zu steigern und die Substitution von Materialien durch neue Produktionstechnologien zu ermöglichen.

Aus diesen Überlegungen heraus erscheinen die in nachfolgender Tabelle dargelegten Schwerpunktsetzungen für Forschungsaktivitäten als sinnvoll.

Thema	Fragestellungen / zukünftige Forschungsschwerpunkte	Verweis
Energie- und ressourcenorientierte Unternehmensorganisation	■ Verankerung energie- und ressourcenbewussten Handels in der Unternehmenskultur	4.3.4 4.3.7
	■ Handlungsanweisungen zur strategischen, taktischen und operativen Gestaltung nachhaltiger Unternehmen	
	■ Gestaltung von Produktionsnetzwerken unter Carbon-Footprint-Aspekten	
	■ Optimierung der Logistikstrategien zur Reduzierung von CO_2-Emissionen	
Produkt- und Produktionssystementwicklung	■ Methoden zur integrierten Entwicklung nachhaltiger Produkte	4.1.6 4.1.7 4.1.9 4.3.5b 5.3 5.6
	■ Ganzheitliche Simulation von Produkten und Produktionssystemen	
	■ Energiebedarfsoptimierte Produktionssysteme durch disziplinübergreifende Modelle zur Systembeschreibung	
	■ Gestaltungsrichtlinien für energieeffiziente Produktionsanlagen	
	■ Methoden zur Abschätzung des Energiebedarfs in der Produktion während der Entwicklungsphase	

5.1 Energie- und Ressourceneffiziente Produktionstechnologien

Thema	Fragestellungen / zukünftige Forschungsschwerpunkte	Verweis
Effiziente Fertigungsverfahren	▪ Werkstoffeffiziente, prozesssichere Verfahren ▪ Disziplinübergreifende Prozesskettengestaltung ▪ Kosteneffiziente Herstellungsverfahren für Leichtbauwerkstoffe ▪ Verfahren zur Verarbeitung von Substitutionswerkstoffen ▪ Null-Fehler-Produktion	4.2.4b 4.2.11 4.3.4b
Effiziente Maschinen und Komponenten	▪ Höherer Produktnutzungsgrad durch Nutzen- statt Produktverkauf ▪ Integration von Umweltaspekten in PPS-Systeme ▪ Aufgabengerechte Dimensionierung von Maschinenkomponenten ▪ Energiespeicher- und Energiewandlungssysteme ▪ Reduzierung der Masse von bewegten Maschinenkomponenten	4.1.5 4.2.4b 4.2.6 4.2.10 4.2.11 4.3.5b 5.10
Bewertung der Energie- und Ressourceneffizienz	▪ Energie- und Ressourceneffizienzbewertung von Prozessketten ▪ Monitoring des Ressourcenverbrauchs im Fabrikbetrieb ▪ Optimierungsmethoden zur Erhöhung der Ressourceneffizienz ▪ Modelle zur Bewertung ökologischer Nachhaltigkeit ▪ Multikriterielle Bewertungsverfahren zur Integration von Wirtschaftlichkeit, Energieeffizienz und weiterer Nachhaltigkeitsaspekte in ganzheitliche Betrachtungsmodelle ▪ Branchenübergreifende Benchmarking-Datenbanken	4.2.4b 4.2.11 4.3.4b
Aufbau von Energie- und Materialkreisläufen	▪ Kreislaufwirtschaftssysteme wirtschaftlich gestalten ▪ Nutzung von prozessbedingter Abwärme zur Errichtung von Energiekreisläufen	4.2.4a 4.2.12 4.3.7b 5.2
Substitutionswerkstoffe	▪ Substitutionswerkstoffe aus nachwachsenden bzw. regenerativen Rohstoffen ▪ Substitution ökologisch bedenklicher Hilfs- und Betriebsstoffe	4.2.4a 4.2.7 4.2.12

PRIORITÄRE FORSCHUNGSBEDARFE

5.1 Energie- und Ressourceneffiziente Produktionstechnologien

Gestaltung energieeffizienter Werkzeugmaschinen (Abele et al. 2010a)

Die Bedeutung der Energieeffizienz in der Produktion ist dramatisch gestiegen. Dies kommt auch in der Förderung des BMBF zum Ausdruck, das mit über 50 Millionen € die Entwicklung innovativer, ressourceneffizienter Produktionstechnologien unterstützt. Dadurch werden 31 Verbundprojekte mit 200 Unternehmen und Forschungsinstituten ermöglicht. Die neusten Forschungsergebnisse werden dabei durch die Initiative „Effizienzfabrik" des VDMA kommuniziert.

Im Rahmen von Untersuchungen des Instituts für Produktionsmanagement, Technologie und Werkzeugmaschinen (PTW) an der TU Darmstadt wurden z. B. Ansatzpunkte zur Erhöhung der Energieeffizienz bei spanenden Werkzeugmaschinen identifiziert. Im Zerspanungsprozess führt neben der Reduktion der Prozesszeit eine Verminderung oder Eliminierung der Kühlschmierstoff-Menge zu den gewünschten Effekten. Untersuchungen haben gezeigt, dass z. B. eine Erhöhung des Zeitspanvolumens trotz höherer Leistungsaufnahme der Hauptantriebe durch die Verkürzung der Prozesszeit einen niedrigeren spezifischen Energieverbrauch pro zerspanter Volumeneinheit erzielen kann. Im Bereich der Werkzeuge haben Verschleiß, Schneidengeometrie und verschiedene Beschichtungen einen Einfluss auf den Energieverbrauch.

Maschinenseitig kann eine bedarfsgerechte Maschinensteuerung beispielsweise durch Herunterfahren der Maschine bei Fertigungsstillständen oder durch eine entsprechende Ansteuerung der Komponenten im Prozess, die Energieeffizienz erhöhen. Der Auswahl effizienter Komponenten, und einer geeigneten Auslegung kommt eine immense Bedeutung zu, da Wirkungsgrade von Motoren, Pumpen oder Ventilatoren vom jeweiligen Betriebspunkt abhängen. Hauptantriebe sollten entsprechend der tatsächlich notwendigen Prozessleistung ausgelegt werden, wobei jedoch vor allem die Forderung nach kurzen Span-zu-Span Zeiten in der Vergangenheit zu hohen installierten Leistungen geführt hat.

Kleinere Arbeitsräume reduzieren die zu installierende Absaugleistung und größere Kühlkanaldurchmesser, z. B. in den Kühlhülsen von Motorspindeln, verringern die notwendige Pumpenleistung. Die Rückgewinnung von Energie (Rekuperation) findet heute bereits bei der Rückspeisung von Bremsenergie der Hauptachsen statt. Auch die Nutzung von Abwärme z. B. für Heizzwecke ist schon Stand der Technik.

Bild 132: Ansatzpunkte zur Erhöhung der Energieeffizienz spanender Werkzeugmaschinen
(Abele et al. 2010a)

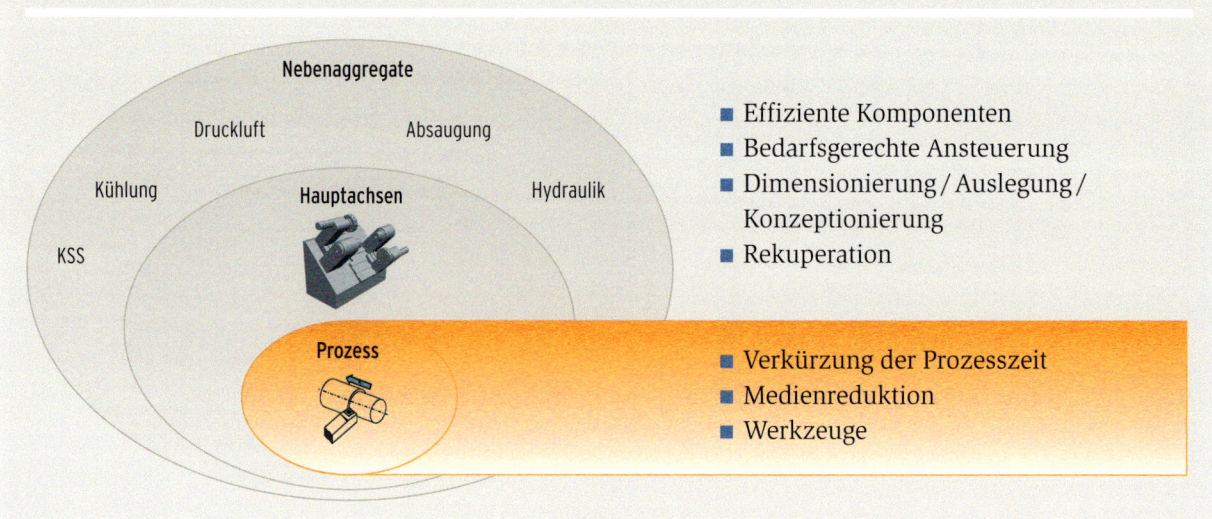

5.2 Von der Quellen-Senken-Wirtschaft zur Kreislaufwirtschaft

Zahlreiche Szenarien zur Prognose des weltweiten Güterbedarfs – beispielsweile hinsichtlich der Verbreitung von Elektromobilität – zeigen auf, dass einige Rohstoffe und seltene Erden wie Kupfer, Neodym, Zink oder Molybdän schon in wenigen Jahren knapp werden (vgl. 2.3.5). Ein schonender und effizienter Umgang mit Rohstoffen und Materialien kann die Ressourcenverknappung zwar verlangsamen, sofern die Produkte nach ihrer Nutzungsphase aber nicht einer Wiederverwendung bzw. -verwertung zugeführt werden, findet langfristig dennoch ein unwiederbringlicher Verbrauch der Rohstoffe statt.

Um nachhaltig zu gewährleisten, dass auch kommende Generationen diese Rohstoffe in ausreichender Menge zur Verfügung haben, müssen Möglichkeiten für die Rückgewinnung von Materialien aus verbrauchten Produkten entwickelt sowie Kreisläufe für die Rückführung von Altprodukten errichtet werden. Dafür müssen folgende Forschungsthemen in Angriff genommen werden:

Thema	Fragestellungen / zukünftige Forschungsschwerpunkte	Verweis
Management von Kreisläufen	▪ Nutzen- statt Produktverkauf ▪ Geschäftsmodelle für Kreislaufprozesse ▪ Konzepte für weltweite Produkt- und Materialkreisläufe ▪ Ganzheitliche Bewertungsmethoden für Kreislaufprozesse ▪ Methoden zur Abbildung, Bewertung und Optimierung von Produktionsnetzen in Kreislaufwirtschaftssystemen ▪ Planungsvorgehen und -werkzeuge für die Rückführlogistik	4.1.4 4.1.5 4.3.4b 4.3.5a 4.3.7b 5.10
Entwicklung und Produktion kreislauffähiger Produkte	▪ Methoden und Richtlinien zur Entwicklung und Konstruktion recyclebarer Produkte ▪ Verbesserung der Recyclingfähigkeit durch ein ganzheitliches Lebenszyklusdesign ▪ Materialalternativen und angepasste Herstellungsprozesse ▪ Produktionsverfahren und Werkstoffe für recyclinggerechte Produkte	4.1.6 4.2.11 4.2.12
Recyclingtechnologien	▪ Verfahren zum Detektieren, Separieren und Aufbereiten von Materialien aus Altprodukten ▪ Verfahren zur Trennung von Verbundwerkstoffen ▪ Qualifizierung von Recyclingtechnologien für den industriellen Einsatz ▪ Hochwertige Werkstoffe auf Basis von Sekundärrohstoffen	4.2.12

5.2 Von der Quellen-Senken-Wirtschaft zur Kreislaufwirtschaft

Recyclingtechnologien für Li-Ionen-Batterien (BÄRWALDT 2010)

Aufgrund der hohen Energiedichte und weiterer positiver technischer Eigenschaften gelten Li-Ionen-Batterien als vielversprechender Energiespeicher für die Elektromobilität. Um den aus einer steigenden Nachfrage erwachsenden Bedarf nach Lithium und anderen seltenen Erden zukünftig befriedigen zu können, sowie die Entsorgung von Altbatterien zu gewährleisten, müssen Verfahren für die stoffliche Verwertung von Li-Ionen-Batterien entwickelt werden, die wirtschaftlich und ökologisch tragfähig im industriellen Maßstab eingesetzt werden können.

Das vom Bundesministerium für Umwelt, Naturschutz und Reaktorsicherheit geförderte Projekt *LithoRec – Recycling von Lithium-Ionen-Batterien* entwickelt daher Rücknahme- und Recycling-Konzepte für diese Art der Energiespeicher. Im Zentrum der Untersuchungen stehen dabei hydrometallurgische Verfahren zur Rückgewinnung von Lithium, Kobalt und weiteren wertvollen Stoffen.

Die Lebensphasen einer Li-Ionen-Batterie sind in Bild 133 dargestellt. Nach der Nutzung der Batterie oder bei einem Defekt soll eine Zustandsbewertung durchgeführt werden, um über eine Weiterverwendung oder Verwertung zu entscheiden. Für die Verwertung, sind Konzepte für die Rücknahmelogistik und die Demontageprozesse zu entwickeln. Es folgt die hydrometallurgische Materialrückgewinnung. Das auf diese Weise gewonnene Sekundärmaterial muss schließlich auf eine Eignung für den Einsatz in neuen Batteriezellen bewertet werden.

Bild 133: Materialkreislauf von Li-Ionen-Batterien (BÄRWALDT 2010, HTEE)

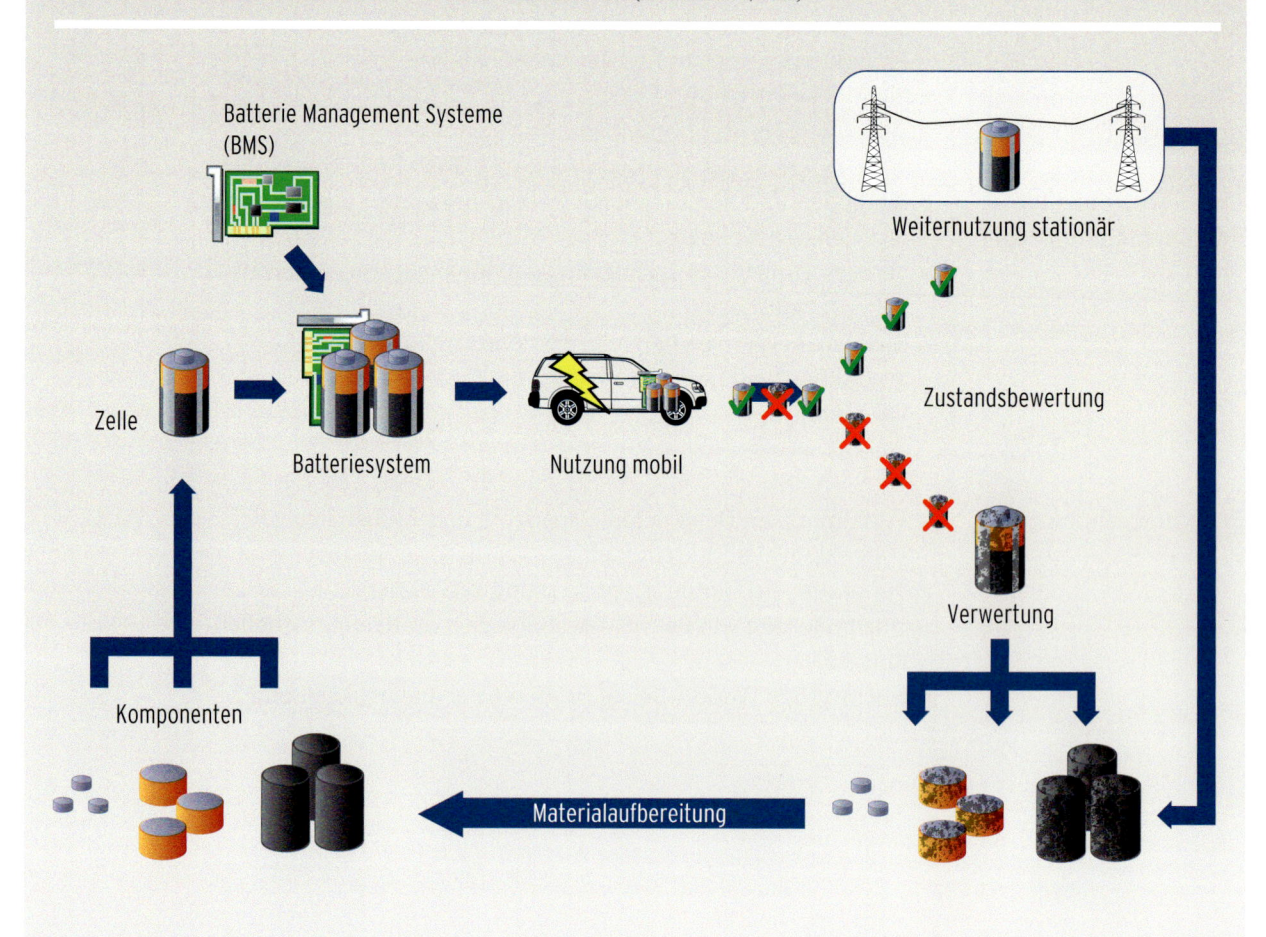

5.3 Methoden zur integrierten Entwicklung nachhaltiger Produkte

Der Aspekt der Nachhaltigkeit rückt immer mehr in den Fokus des unternehmerischen Handelns – zum einen aufgrund der Verknappung der Rohstoffe, zum anderen aufgrund des Bewusstseinswandels in der Bevölkerung. Der Grundstein für eine nachhaltige Herstellung und Nutzung von Produkten wird im Rahmen des Produktentwicklungsprozesses gelegt. Produktinnovation müssen daher auf das Leitbild einer nachhaltigen Entwicklung ausgerichtet werden. Dafür sind Methoden zu erforschen, die eine frühzeitige Abschätzung des sowohl zur Herstellung als auch zur Produktnutzung notwendigen Ressourceneinsatzes erlauben. Eine optimale Abstimmung der Produkte auf die Kundenbedürfnisse ist entscheidend, ressourcenintensive Überdimensionierungen sind dagegen zu vermeiden. Für die Entwicklung und Konstruktion von Produkten, die über ihren gesamten Produktlebenszyklus höchste Ressourceneffizienz aufweisen, ist die Einbindung von Wissen aus den verschiedensten, in den Entwicklungs- und Produktionsprozess eingebundenen Bereichen notwendig. Es müssen daher geeignete Wissensmanagementsysteme geschaffen werden, aus denen Konstruktionsrichtlinien für nachhaltiges Konstruieren abgeleitet werden können. Weitere Aspekte für nachhaltiges Konstruieren ergeben sich zusätzlich aus den Anforderungen der Kreislaufwirtschaft.

Aus diesen Überlegungen heraus erscheinen die nachfolgenden Schwerpunktsetzungen für Forschungsaktivitäten als sinnvoll.

Thema	Fragestellungen / zukünftige Forschungsschwerpunkte	Verweis
Lebenszyklusorientierte Produktentwicklung	■ Gesamtenergetische, lebenszyklusorientierte Betrachtung und Optimierung in der Produktentwicklung ■ Berücksichtigung des Energie- und Ressourcenaufwands zur Rohstoffgewinnung in der Produktentwicklung ■ Entwicklung recycling- und kreislauffähiger Produkte ■ Entwicklungs- und Konstruktionsmethoden zur Vermeidung von Überdimensionierungen ■ Bewertung der Ressourceneffizienz von Produkten und Produktionsprozessen ■ Gestaltungsrichtlinien zur Entwicklung und Konstruktion energie- und ressourceneffizienter Produkte	4.1.6 4.2.11 4.3.4b
Integrierte Produkt- und Produktionssystementwicklung	■ Abstimmung von Produkt- und Produktionssystem zur ressourceneffizienten Herstellung nachhaltiger Produkte ■ Entwicklungsmethoden für modulare, skalierbare und wiederverwendbare Produktionsanlagen und -systeme ■ Methoden zur Ausnutzung bestehender Produktionssysteme bei der Entwicklung neuer Produkte ■ Integrierte Simulation von Produkteigenschaften und Produktionsprozessen ■ Berücksichtigung von globalen Netzwerkstrukturen und Logistikaufwendungen hinsichtlich Ressourcenbeschaffung und -effizienz	4.1.7 4.3.5a 4.3.5b 4.3.7

Nachhaltigkeit bei der Entwicklung und Produktion zukünftiger Automobile

(Brückner 2010 und Grünweg 2010)

Das kürzlich vorgestellte Megacity Vehicle der BMW Group, welches ab 2013 auf dem Markt verfügbar sein soll, wird weltweit das erste Elektroauto mit einer Fahrgastzelle aus Kohlefaser sein, das in Großserie produziert wird. Die Verwendung moderner Faserverbundwerkstoffe sorgt für eine Reduktion der Masse um 30 % im Vergleich zu Aluminium und sogar 50 % verglichen mit Stahl. Auf diese Weise kann das Zusatzgewicht des Lithium-Ionen-Akkus kompensiert werden. Gegenüber einem nachträglich umgerüsteten Mini E oder dem BMW 1er mit Elektroantrieb bietet das neue Konzept sogar Gewichtsvorteile von bis zu 500 Kilogramm. So wird Energie gespart und die Reichweite erhöht.

Um diese Vorteile zu erreichen, musste ein völlig neues Fahrzeugkonzept entwickelt und konstruiert werden, welches den Namen Live-Drive-Konzept trägt. Es handelt sich um zwei horizontal getrennte Module. Das Drive-Modul in Form des Chassis bildet das Fundament und integriert die Batterie, den Elektroantrieb, notwendige Crashstrukturen sowie die Fahrwerkskomponenten. Das darüber liegende Life-Modul besteht aus einer hochfesten, sehr leichten Fahrgastzelle aus kohlefaserverstärktem Kunststoff (CFK).

Derartige komplexe multidisziplinäre Produkte stellen höchste Anforderungen an die Entwicklungsabteilungen und die Produktionsprozesse. Die wirtschaftliche Fertigung und Verarbeitung von Faserverbundwerkstoffen in der Großserienproduktion kann nur durch eine integrierte Entwicklung von Produkt und Produktionssystem unter Einbeziehung aller beteiligten Disziplinen erreicht werden.

Bild 134: Megacity Vehicle: Erstes Elektroauto mit CFK-Fahrgastzelle in Großserie (Planung)

(Bild: BMW Group)

5.4 Das atmende und wandlungsfähige Produktionsnetzwerk

Die Märkte werden volatiler und unsicherer. Davon sind nicht nur Absatzmärkte, sondern auch Beschaffungs- und Finanzmärkte betroffen. Zusätzlich werden Unternehmen und Märkte von Faktoren wie Terrorismus, organisierte Kriminalität sowie Natur- und Umweltkatastrophen weltweit bedroht (vgl. 2.3.7). Unternehmen sind gefordert, auf diese Unsicherheiten und Schwankungen reagieren zu können. Für die Produktion bedeutet dies, dass z. B. Änderungen und Neueinführungen von Produkten, Stückzahlschwankungen für einzelne Produkte oder auch konjunkturell bedingte, massive Absatzeinbrüche durch eine entsprechend vorgehaltene Wandlungsfähigkeit abgefangen werden müssen (vgl. auch Bild 135). Im globalen Wettbewerb werden nur Produktionsunternehmen eine sichere Zukunft haben, denen es gelingt, ihre Kostenstrukturen weitestgehend variabel zu gestalten und schnell auf neue Marktanforderungen zu reagieren. Dafür müssen neue Mechanismen entwickelt werden, die die Anpassungsfähigkeit im eigenen Unternehmen aber auch im gesamten Wertschöpfungsnetzwerk erreichen können.

Die in der Tabelle aufgeführten Forschungsansätze im Bereich des Produktionsmanagements können helfen, langfristig „atmende" und wandlungsfähige Produktionsnetzwerke zu erreichen.

Bild 135: Auftragseingänge der deutschen Werkzeugmaschinenindustrie *(VDW 2010)*

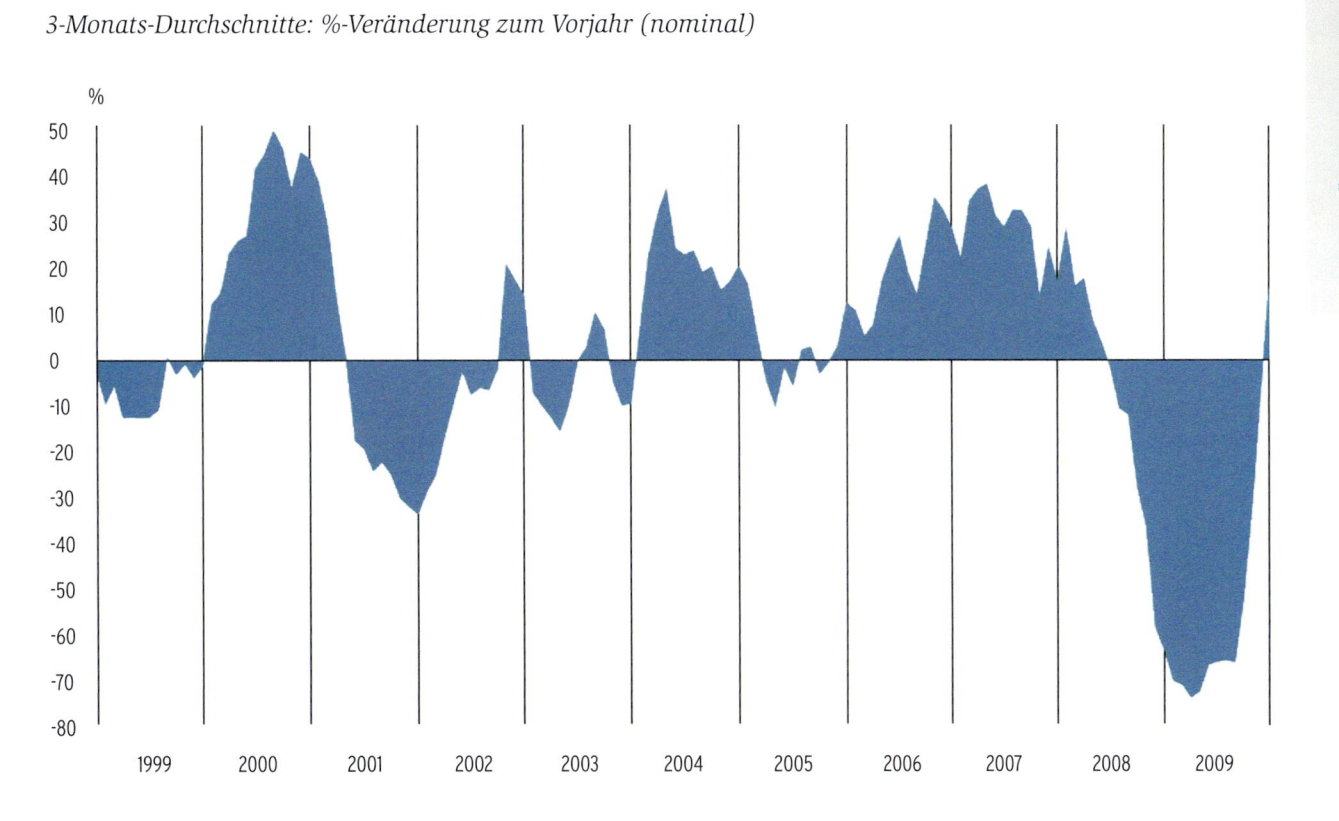

3-Monats-Durchschnitte: %-Veränderung zum Vorjahr (nominal)

5.4 Das atmende und wandlungsfähige Produktionsnetzwerk

Thema	Fragestellungen / zukünftige Forschungsschwerpunkte	Verweis
Systematische vorausschauende Planung	■ Wandlungsfähige Geschäftsmodelle ■ Szenarienmanagement für Extremsituationen ■ Antizipation von Produkt- und Technologielebenszyklen ■ Technologiemonitoring und -potenzialbewertung ■ Service-Portfolio-Management zur Prognose von Serviceaktivitäten ■ Abgleich des Wandlungsfähigkeitsniveaus in Netzwerken	4.1.4 4.1.6 4.3.4a 4.3.6a 4.4.7
Konzepte zur Skalierung und Modularisierung	■ Modularisierung von Prozessen zur vereinfachten Auslegung und flexiblen Gestaltung ■ Methoden zur Skalierung der Kapazitäten und Struktur in der Produktion ■ Plug & Play-fähige Dienstleistungen ■ Standardisierung der Beschreibungssprache für Dienstleistungen ■ Mobile Fabrikkonzepte ■ Regenerationsfähigkeit von Unternehmen bei Markteinbrüchen ■ Bewertungsmethoden für Wandlungsfähigkeits- und Flexibilitätskonzepte	4.1.4 4.3.5a 4.3.5b 4.3.6a 4.3.6b
Wandlungsstrategien	■ Bestimmung des optimalen Autonomiegrads von Organisationseinheiten ■ Veränderungsstrategien und Umsetzungsmanagement für Wandel im Unternehmen ■ Lernkonzepte für wandlungsfähige Mitarbeiter	4.3.4a 4.3.6a 4.4.7
Methoden und Werkzeuge zur Unterstützung von Wandel	■ Systeme zur Überwachung und Steuerung vernetzter Produktionssysteme ■ Simulation von Planungsvarianten im Produktionsnetzwerk ■ Integrierte Rechnerwerkzeuge und Wissensmanagementsysteme für schnellere Planungsprozesse ■ Tätigkeitsparalleles Lernen durch den Einsatz von Augmented Reality	4.3.8a 4.3.8b 4.4.4 4.4.6

PRIORITÄRE FORSCHUNGSBEDARFE

5.4 Das atmende und wandlungsfähige Produktionsnetzwerk

Planung des optimalen Wandlungszeitpunktes

Wandlungsfähigkeit ermöglicht es einem Unternehmen oder einem Netzwerk, sich an neue Anforderungen des Marktumfeldes mit geringem Aufwand anzupassen. Wann aber ist der ideale Zeitpunkt erreicht, an dem eine Wandlung der Strukturen und Prozesse in einem Unternehmen sinnvoll ist? Dieser Fragestellung gehen drei Teilprojekte des Sonderforschungsbereiches 768 an der Technischen Universität München nach. Mit Hilfe von Modellen zur Beschreibung der Lebenszyklen beispielsweise von Produkten, Betriebsmitteln, Technologien oder ganzen Fabriken werden zukünftige Entwicklungen antizipiert und soweit wie möglich miteinander in Einklang gebracht. Darauf aufbauend können bestehende Strukturen und Prozesse bewertet werden, um schließlich den optimalen Zeitpunkt für die Umgestaltung von Betriebsmitteln, die Änderung der Produktionsstruktur oder die Umstellung auf vollständig neue Technologieketten zur Produktion zu bestimmen.

Die Bestimmung dieses Zeitpunktes kann für das Beispiel von Technologieketten anhand eines Technologiekettenkalenders geschehen, der schematisch in Bild 136 abgebildet ist. Neben den erwarteten Produktstückzahlen, die sich an Lebenszyklen unterschiedlicher Produktgenerationen orientieren, wird darin der Eignungsgrad von alternativen Technologieketten für die Produktion dieser Produkte aufgetragen. Ein ideales Zeitfenster für den Wechsel von einer bisherigen Technologiekette zu einer neuen kann durch die Abstimmung des Eignungsgrads mit den Produktionsmengen identifiziert werden. Ebenso kann aber auch produktionsseitig Einfluss auf die Produktentwicklung genommen werden, da in Abhängigkeit der Eignung neuer Technologieketten entschieden wird, wann ein vorhandenes Produkt ausgeschleust und die neue Produktgeneration am Markt angeboten wird.

Bild 136: Beispiel eines Technologiekettenkalenders *(Bild: REINHART ET AL. 2009)*

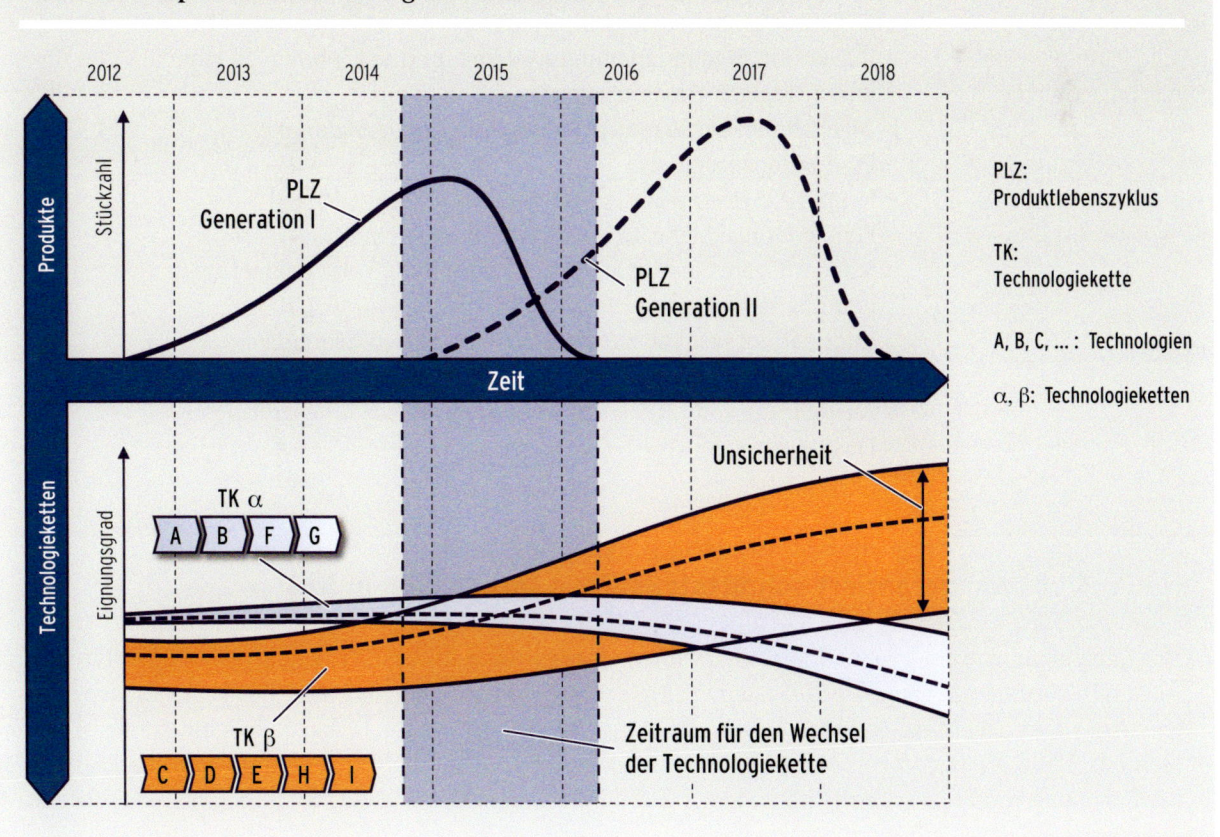

5.5 Durchgängige Informationssysteme zur Planung und Steuerung der Produktion

Um auf die Vielfalt der Kundenwünsche flexibel reagieren und die Produkte entsprechend anpassen zu können, werden die Planung und Steuerung der Produktion heute durch zahlreiche IT-Lösungen unterstützt. Der rasante Fortschritt im Bereich der Informations- und Kommunikationstechnologien eröffnet jedoch weitere neue Möglichkeiten zur Verbesserung der Abläufe in den Produktions- und Logistikbereichen. Die heutigen Systeme stellen vielfach Insellösungen dar, welche sich noch schwer in vorhandene Strukturen zu einem Gesamtsystem integrieren lassen. Es müssen demnach neue durchgängige Planungssysteme entwickelt werden, die von der Strategieplanung bis zur Qualitätskontrolle alle Unternehmensbereiche einbinden. Hierfür müssen neue Wege des Datenaustauschs genutzt und ein hohes Maß an Selbststeuerung erzielt werden. Durch eine Technologieführerschaft bei den in der Produktion eingesetzten IT-Lösungen können die Nachteile bei den Faktorkosten eines Hochlohnlandes kompensiert und die Wettbewerbsfähigkeit nachhaltig gesichert werden.

Um diese Ziele zu erreichen sind folgende Themenstellungen zu beforschen:

Thema	Fragestellungen / zukünftige Forschungsschwerpunkte	Verweis
Wissensmanagement	▪ Methoden zur Erfassung, Modellierung und Speicherung von Wissen sowie zur anwendungsspezifischen Datenaufbereitung ▪ Effiziente Systeme zur Bereitstellung von Wissen ▪ Semantische Technologien zur Navigation in Wissensdatenbanken und zur Automation wissensgetriebener Prozesse	4.1.8 4.3.6b 4.3.8a 4.4.6
Informationstechnische Planungs- und Steuerungssysteme	▪ Generische, skalierbare ERP-Systeme ▪ Integration digitaler Planungssysteme im Unternehmen zu einem durchgängigen Gesamtsystem ▪ Algorithmen zur Planung und Optimierung von komplexen Produktionsprozessen ▪ Kognitive Systeme zur Produktionssteuerung ▪ Echtzeitfähige Leitwarten für Produktionsnetzwerke ▪ Standardisiere Schnittstellen zur Einbindung von Engineering- und Logistiksystemen ▪ Informationssysteme zur kooperativen Logistikplanung ▪ Remote-Service-Systeme für weltweite Dienstleistungserbringung ▪ Ausrichtung von ERP-Systemen auf die Abwicklung hybrider Leistungsbündel	4.2.9 4.3.6b 4.3.7b 4.3.8a 5.7

Neue IT-Lösung garantiert schnittstellenfreie Integration in SAP (MTM 2010)

Die Integration von im Produktionsumfeld eingesetzten IT-Lösungen in gängige ERP-Systeme schreitet stetig voran. Die MTM-Software TiCon® (MTM: Methods Time Measurement) beispielsweise, die zur Erstellung von Prozessbausteinen und zur Zeitermittlung mittels MTM-Analysen eingesetzt wird, war bis vor kurzem ausschließlich als separates Programm erhältlich, das über Schnittstellen Daten mit gängigen ERP-Systemen austauschen konnte. So war es bisher zwar schon möglich, Vorgabezeitwerte aus MTM-Prozessbausteinen per Knopfdruck in die im ERP-System hinterlegten Arbeitspläne zu übernehmen. Die Datenhaltung blieb jedoch redundant, wodurch eine durchgehende Datenpflege behindert wurde.

Aufgrund der Forderungen von Unternehmen, die Zahl der Schnittstellen von Softwarelösungen zum eigenen ERP-System zu verringern und Daten durchgängig verfügbar zu machen wurde TiCon® nun als schnittstellenfreie Add-On-Funktion für SAP realisiert. Der Aufruf der Software erfolgt dabei direkt aus dem SAP-System. Die bei der MTM-Analyse ermittelten Daten werden direkt in den SAP-Datenbanken hinterlegt, sodass sie redundanzfrei vorliegen und eine manuelle Aktualisierung von Arbeitsplänen nicht mehr notwendig ist. Der tägliche Gebrauch der Software wird zudem durch die einheitliche, dem SAP-Nutzer geläufige Benutzeroberfläche vereinfacht.

5.6 Ganzheitliche Simulation von Produkten und Produktionssystemen

Um bei immer kürzeren Technologie- und Produktlebenszyklen die Qualität des Engineering-Prozesses zu gewährleisten, wird die Nutzung der Möglichkeiten der Informations- und Kommunikationstechnologie eine zunehmende strategische Bedeutung haben. Produktentwicklung, Fertigungsplanungsprozesse sowie Qualitätssicherungsprozesse werden zukünftig nicht mehr sequenziell, sondern parallel in einer digitalen virtuellen Welt gestaltet werden. Die Herausforderung für die Forschung besteht darin, einen hohen Grad an Durchgängigkeit zwischen einzelnen Systemen sowie geeignete Schnittstellen zu realisieren, sodass eine integrierte Betrachtung sämtlicher Disziplinen gewährleistet werden kann. Die ganzheitliche Simulation der Produktfunktion, der Fertigungsabläufe, aber auch der Logistiksysteme wird einen Zeitvorteil, aber insbesondere auch eine wesentlich höhere Planungssicherheit bzw. Prozesssicherheit ermöglichen.

Die Herausforderung liegt in der Entwicklung von durchgängigen Systemen, die insbesondere auch der mittelständischen Industrie einen Vorteil verschaffen werden. Gleichzeitig ist ein hoher Anwendungsbezug der Softwaresysteme, bspw. durch spezifische Benutzerschnittstellen, anzustreben.

Folgende Schwerpunkte erscheinen für zukünftige Forschungsaktivitäten sinnvoll:

Thema	Fragestellungen / zukünftige Forschungsschwerpunkte	Verweis
Werkzeuge zur Produkt- und Produktionssystementwicklung und zur simulativen Validierung	■ Integrierte Simulation von Produkt, Maschine und Fertigungsprozess zur Erhöhung von Produktqualität und Steigerung der Produktivität ■ Virtuelle Produktvalidierung ■ Systeme zur Physiksimulation und virtuellen Inbetriebnahme ■ Digitale Werkzeuge zum Product-Lifecycle- und Variantenmanagement	4.1.7 4.1.9 4.2.4 4.2.5 4.2.6 4.2.7 4.3.8b
Durchgängige Modelle und Schnittstellen	■ Durchgängige Virtualisierung von Produkt und Produktionssystem ■ Modelle und Werkzeuge zur Beschreibung und Beherrschung der Komplexität multidisziplinärer Produkte ■ Integration von Konstruktions- und Simulationsmethoden in Gesamtsysteme	4.1.4 4.1.7 4.1.9 4.2.4 4.2.5, 4.2.6 4.2.7, 4.3.8

5.6 Ganzheitliche Simulation von Produkten und Produktionssystemen

Entwicklungsbegleitende Simulation zur Verkürzung der Entwicklungszeiten für Werkzeugmaschinen (KELCHHAUS & GIESE 2010)

Der Technologievorsprung der deutschen Werkzeugmaschinenbranche kann nur gehalten und ausgebaut werden, wenn die Entwicklungszeiten generell gesenkt werden können. Die wichtigste Voraussetzung, sowohl für die Senkung der Entwicklungszeiten als auch für die Komplexitätsbeherrschung ist die Weiterentwicklung der Simulation.

Der Softwarehersteller FunctionBay GmbH hat in Kooperation mit dem Institut für Werkzeugmaschinen und Betriebswissenschaften der Technischen Universität München und der framag Industrieanlagenbau GmbH das Softwaremodul *FBG.MachineTool*, eine Erweiterung für die Software RecurDyn entwickelt, deren Technologie auf der Methode der flexiblen Mehrkörpersysteme basiert. Diese ermöglicht es, sowohl große Führungsbewegungen als auch kleine Nachgiebigkeiten, wie Schwingungen von Strukturkomponenten, wiederzugeben.

Das *FBG.MachineTool* wurde für die aufwandsarme Modellierung von Werkzeugmaschinenkomponenten entwickelt und bietet erstmals die Möglichkeit, große Verfahrbewegungen auf flexiblen Strukturen auszuführen. Damit können schnell und einfach flexible Mehrkörpermodelle von Standard-Maschinenkomponenten wie Kugelgewindetriebe und Linearführungen erstellt werden (Bild 137). Durch entsprechende Auswertemöglichkeiten wird es dem Hersteller von Werkzeugmaschinen ermöglicht, Bauteilbelastungen abzubilden (Bild 138) und in der Auslegung zu berücksichtigen. Anhand des virtuellen Prototypens können Parametervariationen durchgeführt werden, um die optimale Konfiguration von Baugruppen und Maschinen zu ermitteln.

Darüber hinaus sind weiterhin Forschungsanstrengungen zur Erhöhung der Durchgängigkeit der Simulationsunterstützung vom Entwicklungsprozess über die Inbetriebnahme bis hin zur Prozessauslegung, Optimierung und Steuerung notwendig. Die Optimierung bestehender Simulationsalgorithmen und die Anpassung an industrielle Anforderungen müssen weiter forciert werden.

Bild 137: Aufbau von Maschinenmodellen mit Standardkomponenten aus einer Bibliothek

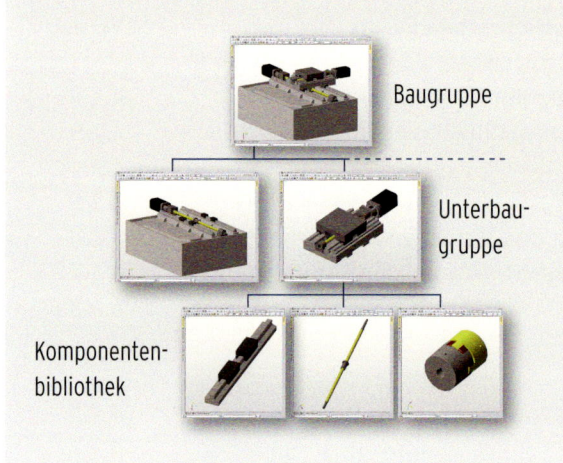

Bild 138: Spannungsverteilung unter einem Führungsschuh während der Verfahrbewegung

5.7 Kognition in der Produktion

Die Optimierung von Produktionssystemen für eine optimale Produktionssteuerung ist aufgrund der Vielfalt der auftretenden Gestaltungsparameter meist ein über mehrere Jahre dauernder Prozess. Bei kürzer werdenden Produktlebenszyklen stehen für die Optimierung in Zukunft nur noch kürzere Zeiträume zur Verfügung. Neuartige Entwicklungen im Bereich der IT und der Sensortechnik eröffnen jedoch Möglichkeiten für selbststeuernde und -optimierende Systeme in der Produktionstechnik.

Die sogenannten Kognitiven Technischen Systeme (KTS) sind dadurch gekennzeichnet, dass sie mit ihrer Umgebung kommunizieren, ihre Aktionen situationsbezogen steuern können und ihre Informationsverarbeitung durch Lernfähigkeit und Antizipation charakterisiert ist. Im Hinblick auf die Produktion bedeutet dies, dass Maschinen, Produkte und Prozesse über Fähigkeiten zur Wahrnehmung, zur Planung und zum Lernen verfügen. Dies ermöglicht eine adaptive Planung und Steuerung von Produktionsprozessen und deren kontinuierliche Verbesserung (ZÄH ET AL. 2010). Neben der Erhöhung des Autonomiegrades von Produktionssystemen, sollen KTS mit Werkern interagieren, von ihnen lernen und sie bei der Ausführung ihrer Tätigkeiten unterstützen. Durch den ganzheitlichen Ansatz können die Vorteile einer manuellen Produktion, wie beispielsweise eine hohe Flexibilität, Zuverlässigkeit, Adaptivität und Effektivität, mit den Vorzügen automatisierter Anlagen, wie beispielsweise einer hohen Ausbringung und einer hohen Genauigkeit kombiniert werden (ZÄH ET AL. 2010).

Diese Selbststeuerung und -optimierung von Produktionsanlagen und Produktionsprozessen stellt einen wichtigen Aspekt für eine Führerschaft in der zukünftigen Produktionstechnologie dar, weil damit die Grundlage für einen frühzeitigen Markteintritt von neuartigen Produkten geschaffen werden kann.

Thema	Fragestellungen / zukünftige Forschungsschwerpunkte	Verweis
Selbststeuerung und -optimierung	■ Komplexitätsbeherrschung durch lernfähige autonome Einheiten in einem Gesamtsystem ■ Selbstoptimierende Fertigungsprozesse ■ Selbstkalibrierung von Werkzeugen ■ Selbststeuerung von Objekten in Logistiksystemen	4.2.5 4.2.7 4.3.5 4.3.8
Erweiterte Automatisierung	■ Lernfähige Robotersysteme ■ Flexible Automatisierung durch dezentrale Steuer- und Regelungen ■ Fernsteuerung von Maschinen und Anlagen	4.2.8 4.3.5 4.3.6
Kommunikation und Schnittstellen	■ Erweiterung der direkten, drahtlosen Kommunikationsfähigkeit von Betriebsmitteln ■ RFID-Einsatz zur dezentralen Datenbereitstellung ■ Systeme zur Geräteselbstidentifikation ■ Intuitive und konfigurierbare Mensch-Maschine-Schnittstellen ■ Anbindung von dezentralen an zentrale Planungssysteme ■ Echtzeitfähigkeit von Kommunikations- und Planungssystemen	4.2.9 4.3.6 4.3.7 4.3.8
Wissensmanagement	■ Wissensmanagement für kognitive Systeme ■ Datenmodelle für die Wissensspeicherung ■ Unterstützungssysteme für Nutzer und Programmierer kognitiver Anlagen ■ Semantische Technologien zur Wissensaufbereitung	4.2.8 4.3.8 4.4.6

5.7 Kognition in der Produktion

Die kognitive Fabrik (ZÄH ET AL. 2010, ZÄH ET AL. 2007, REINHART & RÖSEL 2010)

Im Rahmen des Münchener Exzellenzclusters *Cognition for Technical Systems (CoTeSys)* werden anhand einer Modellfabrik (Bild 139) Konzepte für die Steuerung von automatischen Fertigungs-, Montage- und Logistiksystemen entwickelt. Dabei werden Maschinen, Produktionsprozesse und Werkstücke in die Lage versetzt, bei sich ändernden Bedingungen automatisch neue, alternative Wege zur Durchführung einer Produktionsaufgabe zu generieren und zu bewerten. Darüber hinaus sollen die in der Produktionsumgebung vorhandenen Maschinen und Anlagen Kenntnisse individuell und als Gruppe erwerben, die Produktionsprozesse auf Grundlage ihrer gewonnenen Erfahrung verbessern sowie die Vorschläge von erfahrenen Mitarbeitern verwerten können.

Im Rahmen der Untersuchung von hybriden Montagesystemen werden Kooperationsmöglichkeiten zwischen Mensch und Roboter untersucht. Hierbei gilt es zunächst, die Robotersteuerung so zu gestalten, dass eine Gefährdung eines sich im Arbeitsraum des Roboters aufhaltenden Menschen ausgeschlossen ist. Darüber hinaus werden Kommunikationsmöglichkeiten zwischen Mensch und Roboter im laufenden Arbeitsprozess untersucht. Neben der Sprachsteuerung des Roboters werden dabei auch Konzepte wie die automatische Bewegungsmustererkennung und -interpretation durch den Roboter betrachtet.

Im Hinblick auf die manuelle Montage werden Möglichkeiten für eine optimale Werkerunterstützung beispielsweise durch Augmented Reality bei der Montage von komplexen und variantenreichen Produkten erforscht. Basierend auf der Erfassung des aktuellen Produktzustandes sollen dem Werker beispielsweise weitere Montageschritte vorgeschlagen werden, deren Bearbeitung als nächstes sinnvoll ist. Der Werker behält dabei jedoch stets die Möglichkeit, die Montagereihenfolge nach eigenem Ermessen durchzuführen und somit Erfahrungen einzubringen, aus denen das System wiederum lernen kann.

Bild 139: Kognitive Modellfabrik an der Technischen Universität München (Bilder: iwb, COTESYS / KURT FUCHS)

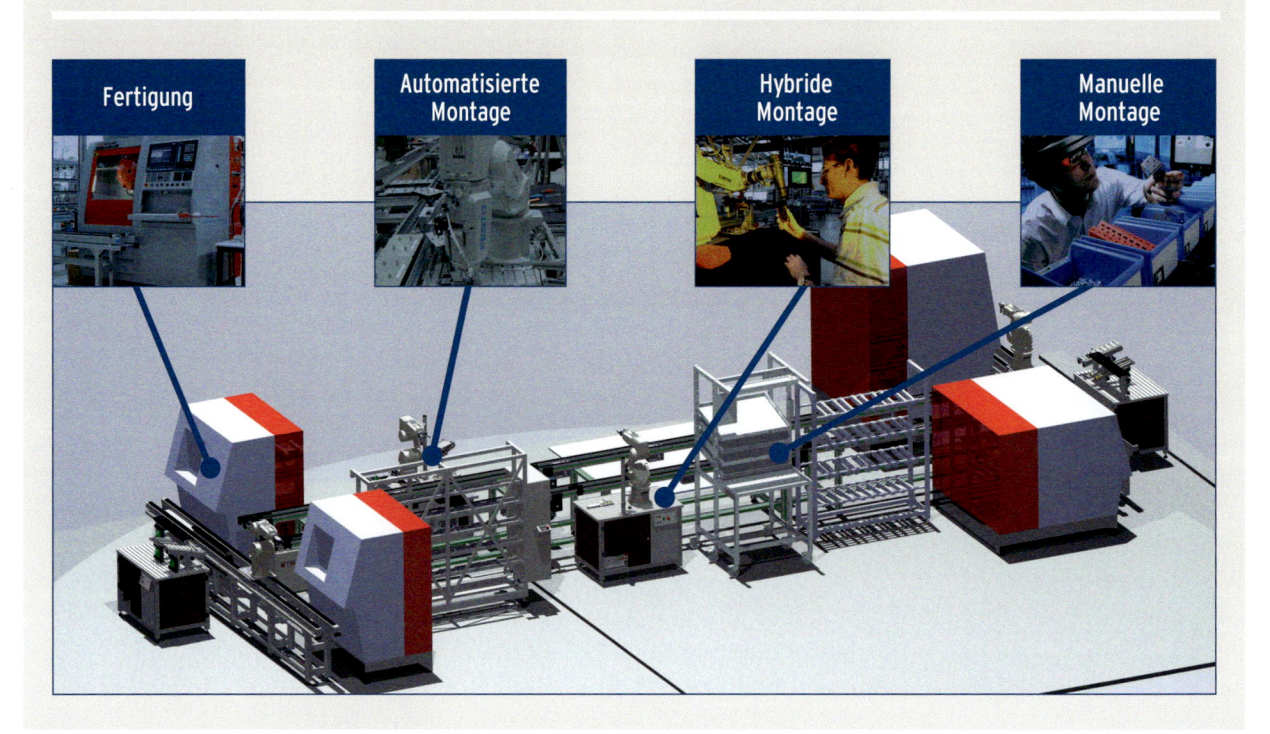

5.8 Methoden zur Erhöhung der Prozessstabilität

Sich wandelnde, dynamische Kundenwünsche fordern die Produktion, in schneller Folge unterschiedliche Produkte zu fertigen. Als Folge besteht in der Produktion die Erfordernis, immer kleinere Produktionslose verarbeiten zu können. Daher muss die Zahl der Ausschussteile beim Anlauf, Umstellen und während der Produktion reduziert werden. Hierfür sind alle auf die Produktion wirkenden Einflussgrößen (Bild 140) aufeinander abzustimmen. Ein entsprechendes Anlaufmanagement ist die Grundvoraussetzung für die Einhaltung des geplanten Produktionsbeginns und eine möglichst kurze Produktionsanlaufphase.

Bild 140: Phasen des Produktentstehungsprozesses und Einflussfaktoren auf den Produktionsanlauf
(In Anlehnung an: SCHOLZ-REITER & KROHNE 2010)

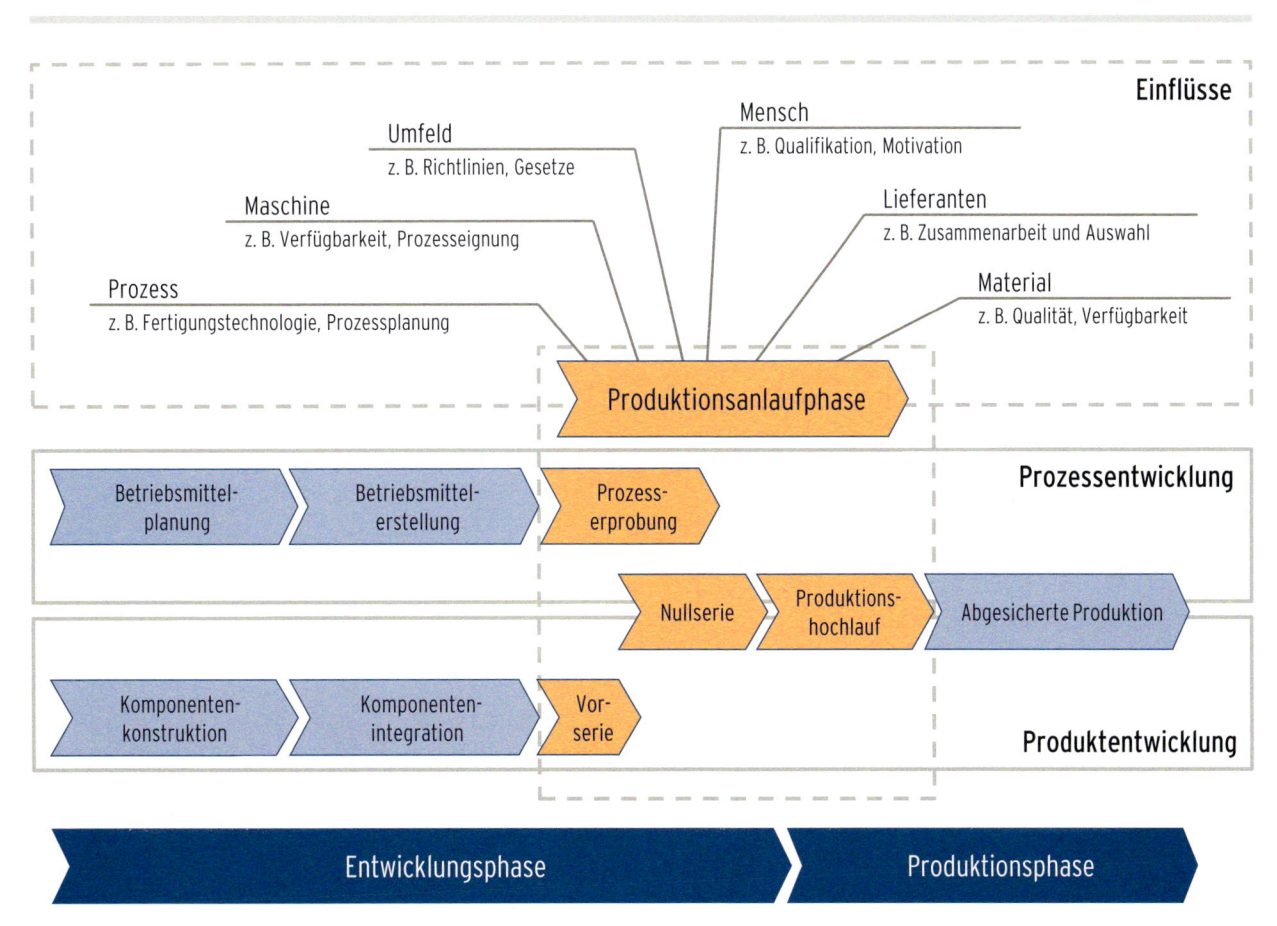

Nach dem erfolgreichen Anlauf der Produktion muss eine hohe Prozessstabilität in der Produktion gewährleistet werden. Dazu sind unter anderem ein herausragendes Qualitätsmanagementsystem und die hohe Verfügbarkeit und Zuverlässigkeit der Produktionsanlagen entscheidend. Diese Zielsetzung wurde in der jüngeren Vergangenheit bereits in Forschungsprojekten verfolgt, jedoch können bestehende Systeme die zunehmend größeren Anforderungen nach wie vor nicht vollständig erfüllen. Neue Ansätze in diesem Bereich können z. B. echtzeitbasierte Kontrollsysteme zum Qualitätsmanagement sowie wissensbasierte Systeme zur Wartung und Instandhaltung (Condition Monitoring Systeme) darstellen.

Die folgende Tabelle gibt einen Überblick über wichtige Themenstellung, die in diesem Kontext auftreten:

5.8 Methoden zur Erhöhung der Prozessstabilität

Thema	Fragestellungen / zukünftige Forschungsschwerpunkte	Verweis
Entwicklung und Einrichtung prozesssicherer Systeme	■ Intuitive Programmierverfahren und rekonfigurierbare Systemkomponenten ■ Modularisierung und Austauschbarkeit ■ Virtuelle Inbetriebnahme auf Anlagenebene ■ Standardisierung und Optimierung von Schnittstellen ■ Leitwarten und Systeme zur Überwachung und Steuerung vernetzter Produktionssysteme	4.2.8 4.3.5 4.3.8
Intelligente Überwachungssysteme	■ Sensortechnik zur Online-Prozessüberwachung ■ Echtzeitfähige Kommunikation ■ Standardisierte Anbindung von Maschinensteuerungen an BDE / MDE-Systeme ■ Wissensbasierte selbstoptimierende Systeme ■ Beherrschung der Wechselwirkungen zwischen Produktqualität und Prozess- und Maschinenzuständen ■ Methoden zur Ausfallfrüherkennung	4.1.7 4.2.4 4.2.5 4.2.6 4.3.5
Prozessgestaltung	■ Zustandsorientierte Instandhaltung und Selbstoptimierung ■ Assistenzsysteme zur Erhöhung der Prozessstabilität ■ Verteilte künstliche Intelligenz zur Beherrschung der Prozesskomplexität ■ Einsatz von Augmented Reality ■ Interaktive Telepräsenz	4.2.9 4.3.7 4.3.8
Mechatronische Systeme	■ Integration mechatronischer Systeme zur Erhöhung von Genauigkeit und Prozessstabilität in Maschinen und Anlagen ■ Entwicklung robuster Sensor- und Aktorsysteme zur Verminderung der Stör- und Ausfallanfälligkeit ■ Selbstkonfigurierbare und selbstüberwachende Sensor- und Aktorsysteme	4.2.6b 4.2.9

5.8 Methoden zur Erhöhung der Prozessstabilität

Erhöhung der Verfügbarkeit durch Einsatz von Condition Monitoring Systemen (CMS)

Schäden an stark belasteten Komponenten in Maschinen und Anlagen, die häufig an den Grenzen ihrer Belastbarkeit betrieben werden, können nicht nur zu hohen Maschinenungenauigkeiten, sondern bei Ausfällen zum Komplettstillstand der Maschinen führen. Eine Reparatur ist dann in der Regel mit hohem Aufwand und hohen Kosten verbunden und verursacht zum Teil sehr lange Stillstandszeiten, was die Verfügbarkeit beeinträchtigt. Bislang konnte die Verfügbarkeit von Anlagen nur auf hohem Niveau gehalten werden, wenn präventive Instandhaltungsmaßnahmen durchgeführt wurden, was die Kosten hierfür stark ansteigen ließ (siehe Bild 141).

Der Einsatz von intelligenten Condition-Monitoring-Systemen (CMS) kann die Verfügbarkeit von Produktionsanlagen erhöhen und gleichzeitig die Bauteilqualität verbessern. Hierfür werden Sensoren mit entsprechender Online-Auswertung in Maschinen und Anlagen integriert, welche den Zustand während des Prozesses diagnostizieren und so eine optimierte, zustandsorientierte Instandhaltung ermöglichen. Auf diese Weise können kostenintensive Stillstandszeiten reduziert und die gesamten Betriebskosten gesenkt werden.

Die bisher verfügbaren Systeme stellen allerdings Sonderlösungen dar, sodass weiterer Forschungsbedarf besteht, um einen breitenwirksameren Einsatz zu erreichen. Es gibt erste Ansätze, bspw. die Hauptspindeln, Führungen und Kugelgewindetriebe in Werkzeugmaschinen mit Beschleunigungssensoren zu überwachen und ggf. frühzeitig auszutauschen.

Ein weiteres Anwendungsfeld ist die Zustandsüberwachung von Windenergieanlagen. Mit Hilfe von Beschleunigungssensoren, welche am Getriebegehäuse einer 2-MW-Anlage installiert waren, konnte frühzeitig ein Lagerschaden detektiert werden. Der Austausch verursachte einen realen finanziellen Aufwand von 3.500 € und 30 Stunden Ausfallzeit. Ein Totalausfall des Getriebes hätte einen Schaden von 140.000 € und geschätzte 600 Stunden Ausfallzeit bedeutet (WOLFF 2010). Die durch intelligentes Condition Monitoring gewonnenen Erfahrungen können in der nächsten Produktgeneration wieder in die Entwicklung einfließen und somit zu einer stetigen Verbesserung von Maschinen und Anlagen führen.

Bild 141: Lebenszykluskosten in Abhänigigkeit der realisierten Verfügbarkeit
(In Anlehnung an: BRECHER ET AL. 2008)

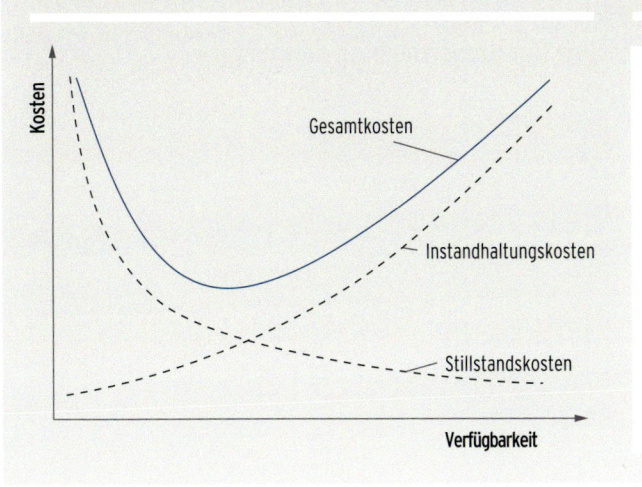

Bild 142: Wartungsintensive Bestandteile einer Windeneergieanlage
(Bild: NORDEX SE)

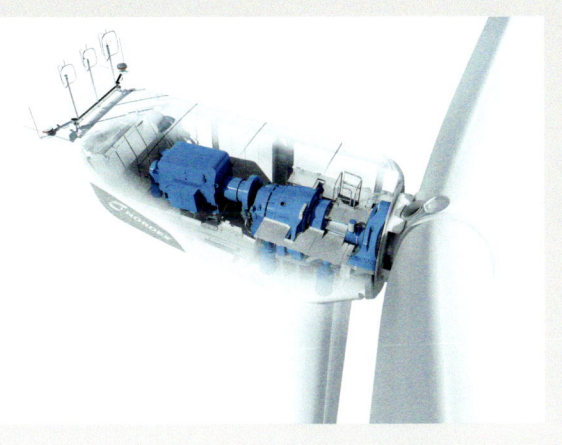

5.9 Produkte und Produktionstechnologien für die Märkte von Morgen

Die aufkommenden Märkte bieten ein erhebliches Potenzial für produzierende Unternehmen im Bereich der Produktionsausrüstung. Deutschland wird durch den Export von Produktions-Know-how und den dazu gehörigen Produktionsanlagen von diesem Wachstum erheblich profitieren können. Voraussetzung dafür ist jedoch, dass in Deutschland Produktionstechnologien entwickelt werden, die auf die jeweiligen kulturraumspezifischen Anforderungen eingehen. Der Export solcher Produktionstechnologien eröffnet die Chance, Produktionstechnik als Massenprodukt auch konkurrenzfähig am Hochlohnstandort Deutschland produzieren zu können. Hierfür müssen Konzepte und Maschinentechnologien für die Produktion dieser zukünftigen Bedarfsgüter entwickelt werden. Dabei haben die folgenden Themen besondere Relevanz:

Thema	Fragestellungen / zukünftige Forschungsschwerpunkte	Verweis
Geschäftsmodelle	■ Entwicklung von Geschäftsmodellen für hungrige und gesättigte Märkte ■ Analyse und Bewertung von Geschäftsmodellen ■ Ermittlung kundenspezifischer Lösungsansätze und länderspezifische Nutzenvermittlung ■ Geschäftsmodelle für verbesserten Produktschutz ■ Geschäftsmodelle für Nutzen- statt Produktverkauf	4.1.4 5.10
Effiziente Ressourcennutzung	■ Energie- und ressourceneffiziente Produktionstechnologien ■ Von der Quellen-Senken-Wirtschaft zur Kreislaufwirtschaft ■ Einsatz alternativer Materialien und nachwachsender Rohstoffe	4.2.12 5.1 5.2
Marktorientierte Produkt- und Produktionssystementwicklung	■ Nutzen statt Produktverkauf ■ Systematische, zukunftsorientierte Marktanalyse zur Potenzialfindung ■ Systematiken zur Entwicklung marktspezifisch konfigurierbarer Produkte ■ Anpassung von Technologien für die Märkte der 5 Mrd. ■ Vermeidung von Overengineering ■ Lebenszyklusbetrachtungen ■ Bedarfsorientierte kurzfristige Zusammenstellung notwendiger Kompetenzen	4.1.6 4.2.4 5.10

Erschließung neuer Märkte im dynamischen Umfeld (HAMMANN 2010)

Die deutschen Produktionsausrüster befinden sich in einem sich wandelnden, an Dynamik zunehmenden Technologie-, Markt- und Wettbewerbsumfeld. Insbesondere die neuen Wachstumsmärkte in Osteuropa und Asien erfordern an deren Entwicklungsstand angepasste Produktionsmittel. Es werden eine moderate Investitionshöhe, hohe Robustheit für das z. T. raue Betriebsumfeld und, ganz entscheidend, dem Ausbildungsstand der Bediener entsprechende Bedienkonzepte gefordert. Diese Herausforderungen verlangen vom Hersteller die Dynamisierung seiner Produktlebenszyklen, um die individuell und regional geprägten Anforderungen schneller als bisher und schneller als der Wettbewerb realisieren zu können.

In diesem Spannungsfeld befindet sich auch die TRUMPF Werkzeugmaschinen GmbH & Co. KG, denn in den Niedriglohnländern wie bspw. China erschlossen sich in den letzten Jahren neue Wachstumsmärkte für die flexible Blechbearbeitung. Dort ist der Übergang von handwerklicher zu industrieller Blechbearbeitung eindrucksvoll festzustellen. TRUMPF hat auf diese Entwicklung reagiert und eine Maschine konstruiert, welche den lokalen Bedingungen entspricht und der Absatz moderner Fertigungstechnologien in diesem Markt ermöglicht wird. Die TruLaser 1030 bietet den Einstieg in die lasergestütze Blechbearbeitung ohne Vorkenntnisse bei geringen Investitions- und Betriebskosten. Folgende Ziele wurden bei der Entwicklung verfolgt:

- Niedriger Platzbedarf und unkomplizierter Aufbau für einen schnellen Produktionsstart,
- ein intelligentes Bedienkonzept mit unterstützenden Erklärungen für eine intuitive Bedienung,
- einfache Werkstattprogrammierung auf der Maschine, die in fünf Schritten zum fertigen Programm führt,
- Einsatz eines energiesparenden Lasers, der besonders im Standby sehr wenig Leistung benötigt.

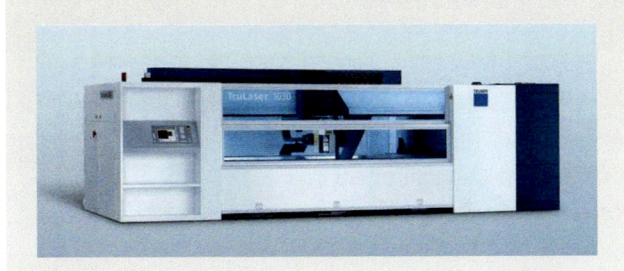

Bild 143: TruLaser 1030 als Maschine für neue Märkte
(Bild: TRUMPF WERKZEUGMASCHINEN)

5.10 Nutzen- statt Produktverkauf

Produktionsunternehmen können in Zukunft einen Mehrwert dadurch generieren, dass sie neben dem Produkt vermehrt begleitende Dienstleistungen anbieten. Diese Dienstleistungen können dem Kunden in Kombination mit dem Produkt das Potenzial des Produktes schneller zugänglich machen, ihm bei Verbesserungsprozessen helfen oder in der gemeinsamen Weiterentwicklung des Produktes unterstützen. Der Wandel der produzierenden Unternehmen weg vom reinen Produktverkauf hin zum Verkauf des Kundennutzens ist eine große Herausforderung, aber auch eine große Chance. Neue Geschäftsmodelle müssen für diese Art der Kombination von Produkt- und Dienstleistungsverkauf entwickelt werden. Dabei stehen insbesondere die Erhöhung der Effizienz durch Industrialisierung von Dienstleistungen sowie die weltweite Verfügbarkeit individualisierter Dienstleistungen im Vordergrund.

Folgende Themen und Fragestellung sind in diesem Kontext von Interesse für künftige Forschungsaktivitäten:

5.10 Nutzen- statt Produktverkauf

PRIORITÄRE FORSCHUNGSBEDARFE

Thema	Fragestellungen / zukünftige Forschungsschwerpunkte	Verweis
Angepasste Geschäftsmodelle	■ Geschäftsmodelle zur integrierten Vermarktung von Produkten und Dienstleistungen ■ Bewertungsverfahren für Lebenszykluskosten von hybriden Leistungsbündeln ■ Ins Geschäftsmodell eingebettete Marketingkonzepte für einen erfolgreichen Technology-Push	4.1.4 4.1.5
Nutzenidentifikation und -vermittlung	■ Methoden zur systematischen Erfassung und Visualisierung des Kundennutzens ■ Modulare Gestaltung hybrider Leistungsbündel für spezifische Kundenlösungen ■ Anpassung des Produktnutzens an Anforderungen aus den Märkten der 5 Mrd. ■ Länderspezifische Gestaltung und Nutzenvermittlung ■ Entscheidungskriterien bzgl. erneuter Nutzung, Aufarbeitung oder Recycling ■ Kennzahlen zur Bewertung des Produktnutzens ■ Multikriterielle Bewertungsverfahren verschiedener Nachhaltigkeitsdimensionen	4.1.4 4.1.5 4.3.4
Integration von Dienstleistungen	■ Servicestrategien für produzierende Unternehmen ■ Gestaltung weltweiter Service-Netzwerke ■ Effizienz- und Qualitätsbeurteilung von Dienstleistungen ■ Anbindung der Serviceorganisation an PPS- oder ERP-Systeme ■ Normen und Schnittstellen für Dienstleistungen ■ Wandlungsfähigkeit in Dienstleistungsstrukturen ■ Dienstleistungsproduktionssysteme ■ Plug-and-Play-Fähigkeit sachleistungsinhärenter Dienstleistungen	4.3.6

Nutzung von Ressourcen durch Dienstleistung und Kreislauftechnik (IWF, TU BERLIN)

Schon heute haben viele produzierende Unternehmen zusätzliche Umsatzpotenziale durch Wartungs- und Dienstleistungsangebote erschlossen. Dieser Trend wird sich zukünftig noch verstärken, indem nicht mehr das klassische Produkt, sondern ein Nutzen an den Kunden verkauft wird.

Dieser Wandel soll am Fallbeispiel „Produktlebenszyklus Schweißgerät" genauer erläutert werden. Während der Hersteller in der Vergangenheit seinen Umsatz lediglich durch den Verkauf von Schweißgeräten erzielt hat, ist das heutige Angebot mit der Reparatur von Geräten und Schulungen

5.10 Nutzen- statt Produktverkauf

bereits deutlich erweitert. Die Vision besteht darin, dass der Hersteller nach der Produktion selbst zum Betreiber seiner Geräte wird und als Produkt „Schweißnaht-Meter" verkauft (Bild 144).

Auf diese Weise können durch die intensivere Nutzung von Betriebsmitteln und Produkten erhebliche Stillstandskosten vermieden werden. Zudem ermöglicht der Zugang zu den Kundenmärkten den Zugriff auf mehr Prozesswissen, was in die Verbesserung der Produkte einfließen kann. Dies spiegelt sich beispielsweise in der Ressourceneffizienz des Produkts wieder, da der Hersteller nun den wirtschaftlichen Drang spürt, sein Produkt möglichst ressourceneffizient zu gestalten. Durch das neue Geschäftsmodell werden dem Hersteller zusätzliche Umsatzpotenziale eröffnet.

Die Einführung des Produkts „Schweißnaht" verändert den Produktlebenszyklus, woraus sich auch neue Forschungsbedarfe ergeben. Einerseits gilt es, eine integrierte Entwicklung von Sach- und Dienstleistung zu ermöglichen. Zudem müssen die Dienstleistungsprozesse entsprechend optimiert und sog. Dienstleistungsproduktionssysteme aufgebaut werden. Auf die Produktionstechnik kommen neue Herausforderungen in Bezug auf die Verarbeitung von Sekundärrohstoffen zu, wenn aus den gebrauchten Geräten zurückgeführtes Kupfer der Transformatorspulen für die Herstellung neuer Geräte verwendet werden soll. Und schließlich gilt es, geeignete Wissensmanagementsysteme für global verteilte Fachkräfte bereit zu stellen, um auf den Schiffswerften und Baustellen defekte Geräte schnell reparieren zu können.

Bild 144: Klassischer und neuer Produktlebenszyklus durch Nutzen- statt Produktverkauf
(IWF, TU Berlin)

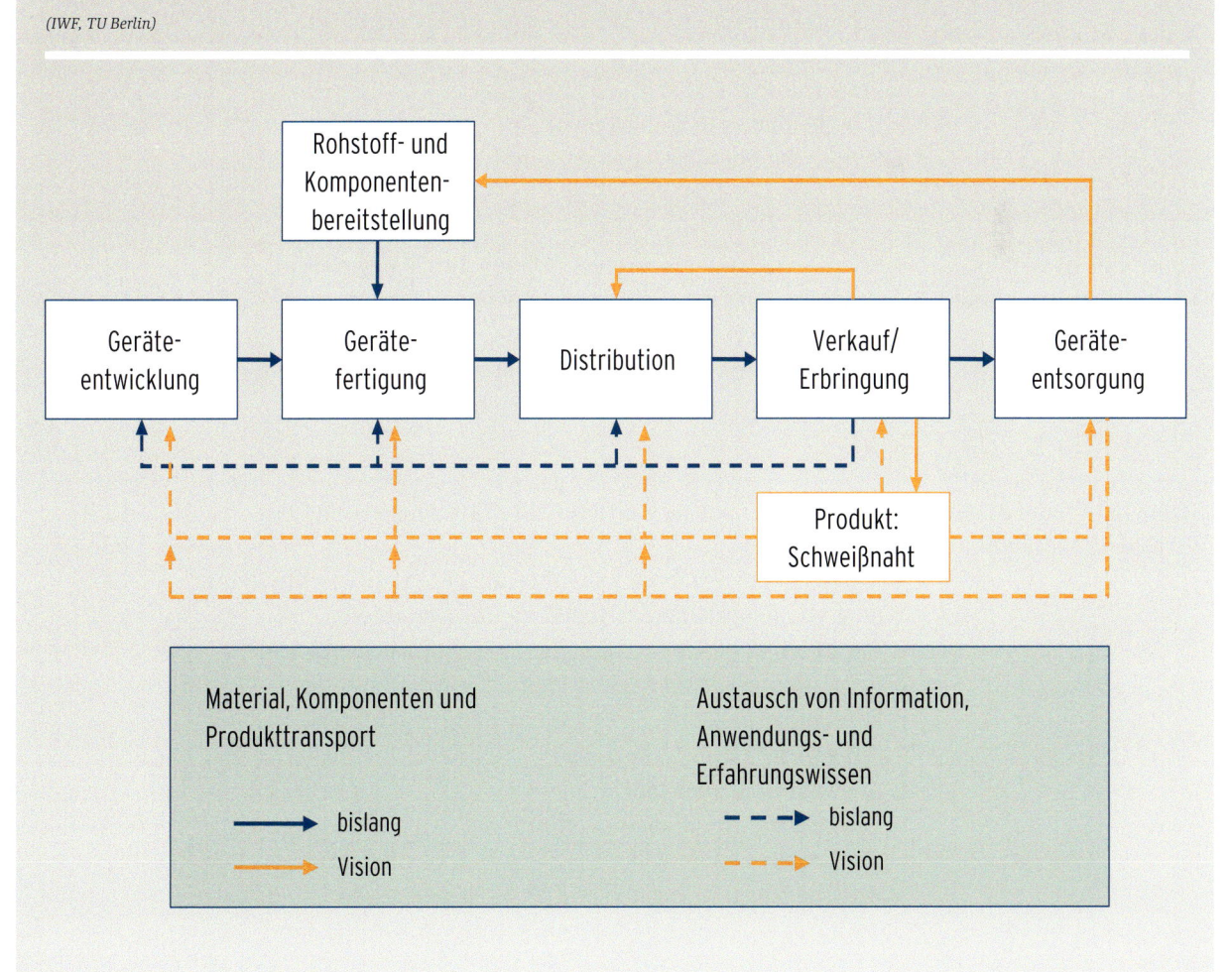

5.11 Know-how-Schutz in dynamischen Märkten

Produktpiraterie ist mittlerweile in den meisten Branchen und Marktsegmenten zu einer bedeutenden Herausforderung für die Hersteller von Original-Komponenten, Ersatzteilen, Software aber auch für Hersteller komplexer Maschinen geworden.

Im Maschinen- und Anlagenbau sind knapp zwei Drittel der Unternehmen von Produkt- oder Markenpiraterie betroffen. Der Schaden für den deutschen Maschinen- und Anlagenbau beträgt etwa 6,4 Milliarden Euro jährlich, was einem Potenzial von knapp 40.000 Arbeitsplätzen in der Branche entspricht (VDMA 2010).

Maßnahmen zum Schutz der in Deutschland und Europa produzierten Produkte vor Produktpiraterie verhindern kurzfristig Umsatzabfluss und sichern mittelfristig die Wirtschaftlichkeit von eigenen Entwicklungsaktivitäten.

Aus diesen Gründen sind insbesondere folgende Schwerpunktsetzungen für Forschungsaktivitäten zielführend:

Thema	Fragestellungen / zukünftige Forschungsschwerpunkte	Verweis
Schutz des Unternehmens und des Wissens	▪ Gestaltung ganzheitlicher Schutzkonzepte (Organisatorisch, technisch, rechtlich) für das Unternehmen, z. B. Wertschöpfungsverteilung ▪ Schutz von Wissen bei Wechsel und Ausscheiden von Mitarbeitern ▪ Personalbindung bei Know-how-Trägern ▪ Ganzheitliches IP-Management ▪ Schutz der internen Daten vor unerlaubten Zugriff von außen	4.4.6
Schutz von Wissen in der Produktentstehung	▪ Schutz von bauteilinhärenten Wissen durch angepasste Produktgestaltung (Kernknow-how der entscheidenden Fertigungsverfahren nicht sichtbar) ▪ Einbeziehung von Produktschutz in die Gestaltung der Produkte ▪ Absicherung des Wissen im Unternehmensnetzwerk	4.1.4 4.1.8 4.3.7
Schutz der Produkte und Wertschöpfungskette	▪ Schaffen von Eintrittsbarrieren für notwendige Fertigungstechnologien ▪ Nutzung von Verfahren mit aufwendiger Verfahrensentwicklung oder von fixkostenintensiven Fertigungsverfahren ▪ Entwicklung schwer imitierbarer Produktionstechnologien ▪ Kennzeichnung und Rückverfolgbarkeit von Produkten ▪ De-Standardisierung, Funktionsintegration, Qualitätsdifferenzierung ▪ Auswahl loyaler Partner ▪ Vermeidung von Know-how-Abflüssen innerhalb der verlängerten Werkbank ▪ Absicherung der Logistikkette gegen Einschleusen von Plagiaten	4.1.4 4.2 4.3.5 4.3.7

Ein Ansatz zum ganzheitlichen Produktschutz: Produkt- und Dienstleistungsbündel (ABELE & KUSKE 2010)

Die deutsche Maschinenbau-Branche hat sich aufgrund ihrer stetigen Innovationen weltweit in vielen Bereichen eine Technologieführerschaft und damit einen hohen Exportanteil erarbeitet. Dieser Erfolg hat aber auch seine Schattenseiten, denn er lockt Nachahmer an, die durch Imitation der Produkte am Erfolg partizipieren und die Know-how-Lücke zu den Marktführern möglichst schnell schließen möchten. Wirksame Lösungen zum Schutz der Produkte gegen Plagiate sind notwendig. Es existieren zwar eine Vielzahl von Einzellösungen auf dem Markt, die aber alleine für einen wirksamen Schutz des Produkts nicht ausreichen (ABELE ET AL. 2008). Besonderen Erfolg versprechen Lösungen, bei denen alle Partner der Wertschöpfungskette – vom Lieferanten bis zum Kunden – zusammenarbeiten. Dem Kunden kommt dabei eine zentrale Rolle zu, denn er ist es letztendlich, der das Plagiat kauft. Wird ihm zum einen die Möglichkeit gegeben die Echtheit der eingesetzten Produkte zu prü-

Bild 145: Ganzheitlicher Produktschutz entlang der Wertschöpfungskette (ABELE & KUSKE 2010)

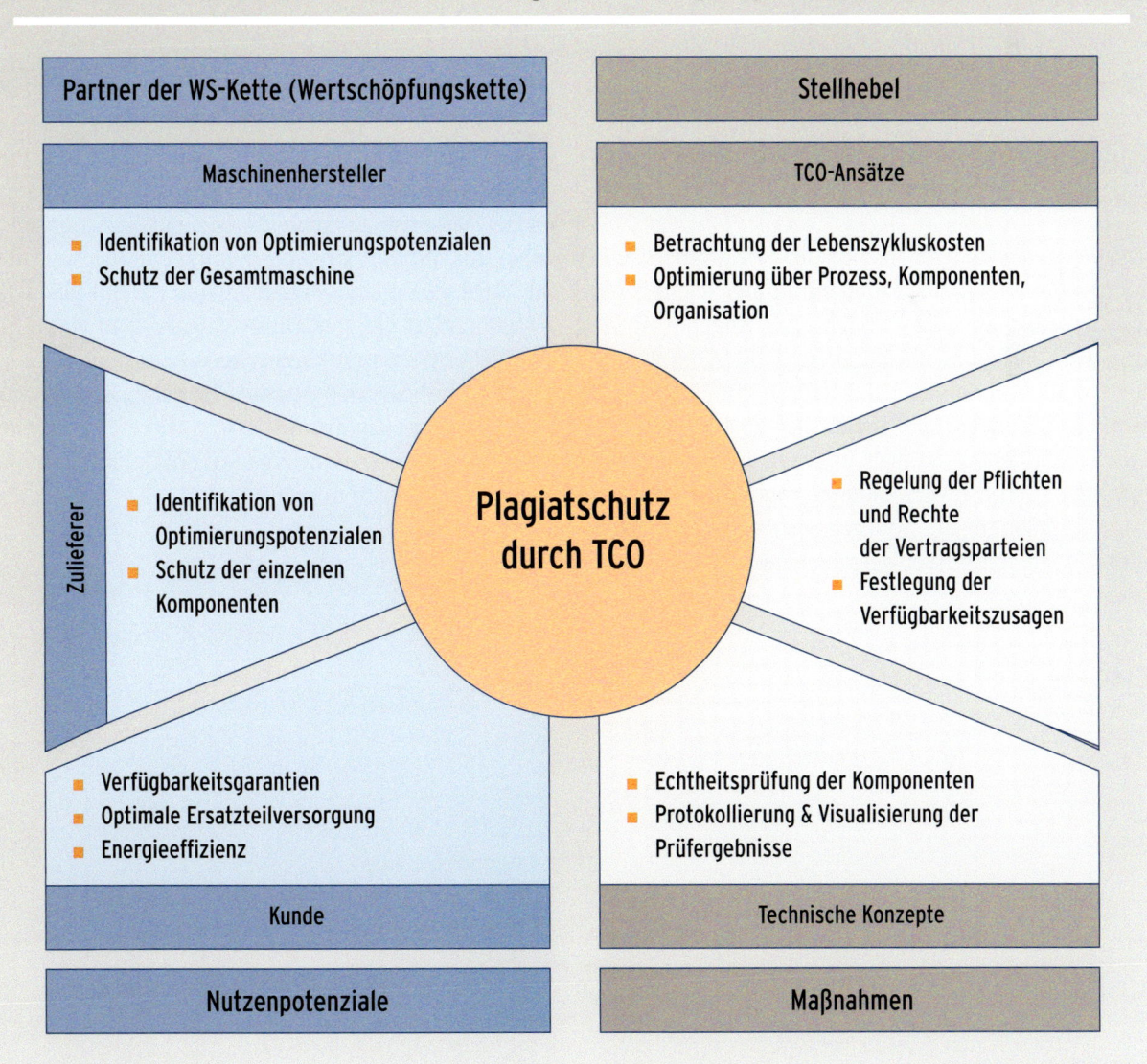

Partner der WS-Kette (Wertschöpfungskette)

- Maschinenhersteller
  - Identifikation von Optimierungspotenzialen
  - Schutz der Gesamtmaschine

- Zulieferer
  - Identifikation von Optimierungspotenzialen
  - Schutz der einzelnen Komponenten

- Kunde
  - Verfügbarkeitsgarantien
  - Optimale Ersatzteilversorgung
  - Energieeffizienz

Nutzenpotenziale

Stellhebel

- TCO-Ansätze
  - Betrachtung der Lebenszykluskosten
  - Optimierung über Prozess, Komponenten, Organisation

- Regelung der Pflichten und Rechte der Vertragsparteien
- Festlegung der Verfügbarkeitszusagen

- Technische Konzepte
  - Echtheitsprüfung der Komponenten
  - Protokollierung & Visualisierung der Prüfergebnisse

Maßnahmen

Plagiatschutz durch TCO

fen und erhält er zum anderen durch das Original die optimale Lösung für sein Problem, so wird der Markt für Plagiate ausgetrocknet. Ein Ansatz ist die Kombination des Sachproduktes mit erweiterten Service-Angeboten zum Beispiel in Form von Total cost of Ownership-Vereinbarungen (TCO). Hierbei sichert der Hersteller gewisse Lebenszykluskosten unter der Voraussetzung des Einsatzes von Originalbauteilen zu.

Der TCO-Ansatz ermöglicht es, die häufig höheren Anschaffungskosten des Originalherstellers durch verbesserte Performance sowie geringere Kosten für Wartung, Ersatzteilbevorratung, Werkzeuge, Energie, Hilfs- und Betriebsstoffe zu rechtfertigen. Um die Kosten garantieren zu können, muss die Echtheit der eingesetzten Komponenten geprüft werden können. Die technische Lösung muss es dem Kunden und dem Hersteller ermöglichen, zu prüfen, ob Originalkomponenten im Einsatz sind. Vertragliche Vereinbarungen regeln die Verfügbarkeitsgarantien sowie die Rechte und Pflichten, wie z. B. die Verpflichtung auf ausschließliche Verwendung von Originalteilen, des Maschinenanwenders und -herstellers. Gelingt es, eine solche Lösung gemeinsam mit den Partnern der Wertschöpfungskette – und insbesondere gemeinsam mit dem Kunden – zu realisieren, ist ein wirksames Bündel aus organisatorischen (d. h. TCO-Vereinbarungen), technischen (d. h. Echtheitserkennung) und juristischen (d. h. Verfügbarkeitsverträge) Schutzmaßnahmen geschnürt (Bild 145).

5.12 Durchgängiges, nachhaltiges Wissen für die Produktion

Das Wissensmanagement in der Produktion von morgen entwickelt sich zu einem immer wichtigeren Wettbewerbsfaktor, weil erstens das Angebot an alternativen Fertigungsverfahren und die Komplexität der Produkte in den nächsten Jahren zunehmen und damit insbesondere die Anzahl der zu beherrschenden Prozessketten deutlich wachsen wird. Zweitens verringert sich die Verweildauer von Mitarbeitern in Planungsabteilungen, wodurch sich die Möglichkeit zum Aufbau von Wissen verschlechtert.

Dieser Herausforderung kann man im Umfeld der Produktionstechnik nur dadurch begegnen, dass systematische Wissensmanagement- und Qualifikationskonzepte für Produktionsunternehmen entwickelt und für unterschiedliche Branchen und Produktbereiche implementiert werden. Diese Aufgabe geht weit über das bisher bekannte klassische Wissensmanagement hinaus. Ein besonderer Aspekt ist dabei, das produktionsrelevante Erfahrungswissen älterer Mitarbeiter zu erfassen, zu strukturieren, zu dokumentieren und schließlich auch zu nutzen.

5.12 Durchgängiges, nachhaltiges Wissen für die Produktion

Thema	Fragestellungen / zukünftige Forschungsschwerpunkte	Verweis
Geschäftsmodell	▪ Management offener Innovationsprozesse ▪ Nutzung externer Wissenspotenziale ▪ Generierung und Nutzung von Wissen aus Dienstleistungen zur Verbesserung der Kundenlösungen	4.1.4
Wissen in der Produktentstehung beherrschen und nutzen	▪ Modelle und Beschreibungssprachen die domänenübergreifendes, rendundanzfreies Arbeiten ermöglichen ▪ Mobiles und redundanzfreies Arbeiten, d. h. fehlerfreies Verwalten und Bearbeiten lokaler Dateien ▪ Werkzeuge zur Beherrschung mechatronischer und multidisziplinärer Produkte ▪ Enorme Wissensmengen durch vernetzte durchgängig virtualisierte Systeme anwenderorientiert nutzbar machen	4.1.7 4.1.8 4.1.9
Durchgängige Planungs- und Steuerungssysteme	▪ Verknüpfung von Simulationsmodellen (Produkt-, Fertigungsprozess-, Fertigungsverfahren-, Maschinensimulation) ▪ Umgang mit zunehmender Komplexität, z. B. durch Werkzeuge für die Beherrschung von global verteilten Wertschöpfungsprozessen ▪ Durchgängige Planungssysteme für schnelle digitalen Produktionsanläufen ▪ Echtzeitfähige Planungs- und Steuerungssysteme ▪ Visualisierung im Shopfloor mit Anbindung an ERP-System ▪ Standards für ERP-Kopplung zwischen Unternehmen ▪ Innovative Bewertungsansätze zur Messung des Technologiereifegrades und Analyse der Applikations- und Anwendungspotenziale	4.2.9 4.3.5 4.3.8
Wissen zielgruppenorientiert verfügbar machen	▪ Anwenderorientierte Bereitstellung von Wissen in durchgängigen Wissensmanagementssystemen ▪ Schnelle Vermittlung von neuem Wissen durch neue Lernformen, wie z. B. das e-Learning, Prozesslernfabriken ▪ Einfach nutzbare Wissensdatenbanken mit Produktwissen für Servicemitarbeiter für schnelle Ermittlung von Kundenlösungen ▪ Entwicklung von Expertensystemen zur Umwandlung von implizitem Wissen in explizites Wissen für wissensintensive Produktionsbereiche, z. B. Prozessauslegung	4.3.6 4.4.6

5.12 Durchgängiges, nachhaltiges Wissen für die Produktion

Lernfabriken: Eine neue Dimension des prozessorientierten Lernens im Bereich der Produktion (ABELE ET AL. 2010B)

Im Gegensatz zu dem Studium von Büchern oder Vorlesungen bieten Lernfabriken die Möglichkeit theoretische Konzepte in der Praxis zu erproben und die mit ihnen verbundenen Vor- und Nachteile direkt zu erleben. Durch die hohe Praxisnähe von Lernfabriken sind sie auch Simulationsspielen überlegen, bei denen häufig die Übertragbarkeit von Ergebnissen in das reale Unternehmensumfeld fraglich bleibt. Beim Aufbau einer Lernfabrik ist das Ziel der Qualifizierung und Auswahl des richtigen Didaktikkonzepts entscheidend. Um die Anwendung in der praxisnahen Umgebung Lernfabrik zu ermöglichen, haben sich sogenannte Lernzellen als erfolgreich erwiesen. Hierbei han-

Bild 146: Meilensteine der Lernfabrik CiP an der TU Darmstadt (Bilder: PTW)

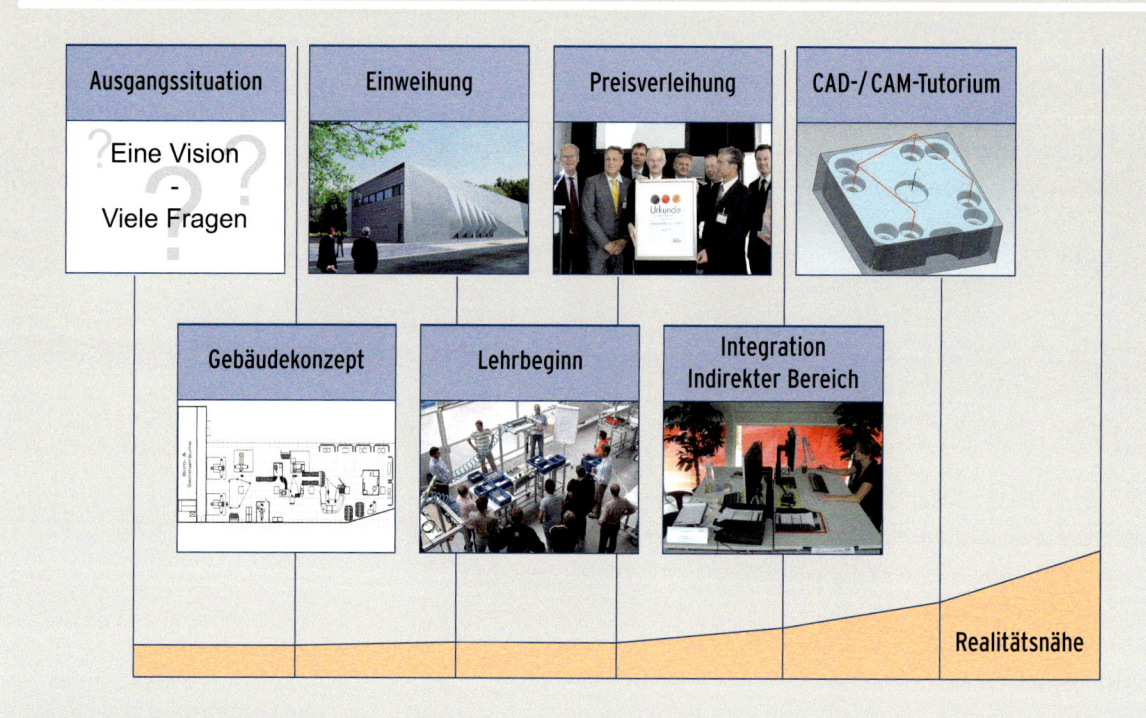

Ausgangssituation
- Ca. 70 % aller Maschinenbauingenieure arbeiten nach Abschluss des Studiums in operativen Bereichen (Entwicklung, Produktion, Logistik, Qualitätssicherung).
- Fehlendes Prozesswissen wird sowohl von Absolventen als auch von Arbeitgebern insbesondere vor dem Hintergrund der zunehmenden Prozessorientierung bemängelt.
- Mitarbeiter fast aller Hierarchieebenen sind skeptisch gegenüber der Einführung neuartiger Produktionsmethoden.

Idee
- Aufbau einer Prozesslernfabrik für Studierenden und Produktionsexperten als Initiative des PTW und McKinsey & Company

Ziel
- Neue effiziente Lehrelemente und Prozesse im Bereich Produktionsplanung, -steuerung
- Konzentrierte Darstellung aller Lean-Methoden-Elemente an Beispielen
- Experimentierfeld für neue Abläufe

delt es sich um Exponate, die zusammen mit einigen Postern die wesentlichen Inhalte eines Schulungsthemas sowohl durch Abbildungen als auch durch ein Praxisbeispiel verdeutlichen. Dieser Zwischenschritt erleichtert dann die Anwendung in der risikofreien Umgebung einer Lernfabrik. Die anschließende Anwendung in der Realität gelingt so vielen Schulungsteilnehmern sehr viel besser als mit traditionellen Konzepten.

Ein erfolgreiches Beispiel für dieses innovative Lernkonzept ist die Prozesslernfabrik CiP an der TU Darmstadt. Sie hat sich in den letzten Jahren zu einem Modellunternehmen entwickelt.

In den vergangenen zwei Jahren hat sich das innovative Konzept Lernfabrik auch an anderen deutschen Universitäten und Unternehmen etabliert. Während das didaktische Konzept in fast allen Lernfabriken ähnlich ist, variieren die Zielsetzungen und die Zielgruppen sowie die Ausgestaltung des Produktionsumfelds und der Lehrinhalte. Die Gestaltung dieser Lernfabriken geben dabei auch einen Ausblick auf die Lösungsansätze für die Herausforderungen der Zukunft. Für Wandlungsfähigkeit werden so entsprechende Maschinen und manuelle Prozesse integriert, die dann von den Schulungsteilnehmern auf verschiedene Szenarien angepasst werden müssen. Durch die gleichzeitige Messung von Energieströmen können dabei auch Fragen zur Energieeffizienz beantwortet werden. Aber auch die Integration von Lieferantenstrukturen und entsprechenden Szenarien kann dabei helfen, die zukünftig steigenden Anforderungen an Produktanläufe zu unterstützen.

Auf die Zielgruppe abgestimmte Lernfabriken und Lernorte bilden ein wichtiges Zukunftskonzept für die Wissensvermittlung in der Produktion.

5.13 Die demografieorientierte Fabrik

Eine Fabrik der Zukunft muss Arbeitsplätze anbieten, die der demografischen Veränderung unserer Gesellschaft gerecht wird. Mit zunehmendem Alter findet keine Verringerung der allgemeinen Leistungskraft statt, vielmehr eine Veränderung in der Struktur der Fähigkeiten, so nimmt beispielsweise zwar die Lern- und Weiterbildungsbereitschaft ab, aber das berufs- und unternehmensspezifische Wissen zu (STOCK-HOMBURG 2008). Unternehmen können somit gezielt von einer älter werdenden Gesellschaft profitieren, wenn sie sich diesen Veränderungen bewusst sind und beispielsweise indem deren Wissen und Erfahrung auf jüngere Mitarbeiter gezielt übertragen. Generationenübergreifendes und innovationsförderndes Lernen werden strategische Elemente der Personalentwicklung werden. Altersspezifische Weiterbildungskonzepte werden die Leistungsfähigkeit älterer Mitarbeiter erhalten. Ergonomisch gestaltete Arbeitsplätze, aber auch neuartige Arbeitshilfen werden die physischen, aber auch mentalen Belastungen in der Fabrik der Zukunft reduzieren und somit die Integration der älter werdenden Bevölkerungsschichten in den Arbeitsprozess erlauben.

Thema	Fragestellungen / zukünftige Forschungsschwerpunkte	Verweis
Produktionsstrategie und -prozesse	■ Arbeitsplatzgestaltung in der Produktion für alternde Belegschaften ■ Gestaltung von Arbeitsmitteln unter dem Aspekt des langfristigen Erhaltens von Leistungsfähigkeit (z. B. durch Mensch-Maschine-Kooperation)	4.3.5

5.13 Die demografieorientierte Fabrik

Thema	Fragestellungen / zukünftige Forschungsschwerpunkte	Verweis
Erfahrungsnutzung und -transfer / alternsgerechte Arbeit	■ Produktionsrelevantes Erfahrungswissen älterer Mitarbeiter erfassen, strukturieren, dokumentieren und nutzen ■ Bildung von Teams aus Jung und Alt, um Stärken beider Gruppen auszuspielen ■ Entwicklung von alternsspezifische Lernformen ■ Angepasste Arbeitssysteme für Bedürfnisse veränderter Belegschaften	4.1.8 4.4.6

Technische Hilfsmittel für die Unterstützung und Integration älterer Mitarbeiter in der Montage (Reinhart et al. 2008)

Einhergehend mit einem höheren Alter, aber auch bedingt durch Krankheiten und Unfälle, verändert sich das individuelle Leistungsprofil vieler Mitarbeiter. Unternehmen stehen daher vor der Herausforderung, älteren und sogenannten leistungsgewandelten Mitarbeitern geeignet gestaltete Arbeitsplätze in angemessener Zahl zur Verfügung zu stellen, um auch in Zukunft eine wettbewerbsfähige Produktion aufrechtzuerhalten und die heute oftmals unterschätzten Fähigkeiten und Erfahrungswerte älterer Mitarbeiter weiterhin bestmöglich nutzen zu können. Von der geschilderten Problemstellung ist in besonderem Maße der Montagebereich betroffen, da hier oft ein hoher Anteil an manuellen Tätigkeiten vorliegt. Eine ergonomisch günstige Gestaltung der Arbeitsplätze nach heutigen Kriterien wird in Zukunft nicht mehr ausreichen, um den Herausforderungen des demografischen Wandels adäquat begegnen zu können.

Bild 147: Mensch-Roboter-Kooperation in der Montage
(Bild: Cotesys / Thorsten Naeser)

Derzeit wird meist versucht, einseitigen Beanspruchungen durch organisatorische Lösungen, wie der regelmäßigen Arbeitsplatzrotation, entgegenzuwirken. Technische Hilfsmittel, wie Handhabungsgeräte zur Traglastreduktion, kommen hauptsächlich bei sehr schweren Bauteilen zur Anwendung, die für den Menschen nicht mehr rein manuell handhabbar sind. Als problematisch erweist sich jedoch die Handhabung geringer Lasten, die zwar einzeln betrachtet den Mitarbeiter zunächst nicht überfordern, jedoch in Kombination mit kurzer Taktzeit und langjähriger Ausführung der Tätigkeit zu gesundheitlichen Schäden führen können. Gängige Hilfsmittel sind bisher häufig unflexibel und wenig praktikabel für den Taktbetrieb. Darüber hinaus stellt eine enge Taktbindung in der Reihen- oder Fließmontage sowie die Notwendigkeit zur Kompensation von Belastungsspitzen gerade für ältere Mitarbeiter eine hohe physische und psychische Belastung dar.

Eine Möglichkeit, den Werker technisch zu unterstützen, besteht in der Mensch-Roboter-Kooperation (MRK) oder Roboterunterstützung. Hierbei interagieren Mensch und Roboter am selben Arbeitsplatz zusammen (Bild 147). Die Ausprägungen der Kooperation können von getrennten, unabhängigen Arbeitsabläufen bis hin zur gleichzeitigen Handhabung und Bearbeitung reichen. Die MRK bietet in der Montage vor allem einen produktionswirtschaftlichen und einen ergonomischen Anreiz: Galt früher ein hoher Automatisierungsgrad noch als Schlüssel zur Produktivitätssteigerung, stellte sich bald heraus, dass derartige Systeme durch eine hohe Störanfälligkeit nur eine geringe Verfügbarkeit aufweisen und kaum an kurzfristige Änderungen anpassbar sind. Von der MRK, als Teil der „angepassten Automatisierung", erwartet man eine höhere und schnellere Anpassungsfähigkeit des Systems durch die Erfahrung und Flexibilität des Menschen, sowie gleichzeitig eine Produktivitätssteigerung mit dem Einsatz eines Roboters.

MRK ist dabei nur ein Beispiel wie den Herausforderungen aus dem demografischen Wandel begegnet werden kann. Die technischen Weiterentwicklung der Ansätze zur altersgerechten Gestaltung von Arbeitsplätze wird für die Zukunft eine wichtige Rolle spielen, um ältere und leistungsgewandelte Mitarbeiter bis zum Rentenalter sinnvoll und wertschöpfend beschäftigen und integrieren zu können.

5.14 Neue Produktionstechnologien für die Medizintechnik von Morgen

Der weltweite Umsatz mit Medizintechnik wird für das Jahr 2010 auf 260 Mrd. € geschätzt. Deutschland ist weltweit nach den USA und Japan der drittgrößte Produzent von Medizintechnik.

Die in Deutschland ansässigen Unternehmen konzentrieren sich auf:
- Implantate, Prothesen, medizinische Instrumente
- Medizinische Geräte
  (Dentaltechnik, Analysegeräte, etc.)
- Bildgebende Diagnostik
  (Sonografie, MRT, CRT und Nuklearmedizin)
- Tissue-Engineering
  (Erzeugung künstlicher Organe)
- Medizinische Informatik

Die Medizintechnik wird gerade in Ländern mit einer im Durchschnitt älter werdenden Bevölkerung Wachstumsmärkte vorfinden. Neben dem Wachstum der bekannten Felder der Medizintechnik gewinnt auch die Individualisierung der Produkte eine steigende Bedeutung. Dieser Individualisierung sind aber bisher technisch und wirtschaftlich enge Grenzen gesetzt. Die Produktionstechnik kann einen entscheidenden Beitrag zur Kostensenkung und zur Individualisierung im Gesundheitswesen leisten und hat das Potenzial sich zum Technologieführer in Prozessen und Ausrüstung in der Medizintechnik zu entwickeln. Dazu müssen sowohl die Verfahren, die bereits im Einsatz sind, verbessert, als auch neue Verfahren entwickelt, erprobt und das Materialspektrum ausgeweitet werden.

Bild 148: Zahl der Patentanmeldung im Jahr 2008 *(EPA 2009, BVMed)*

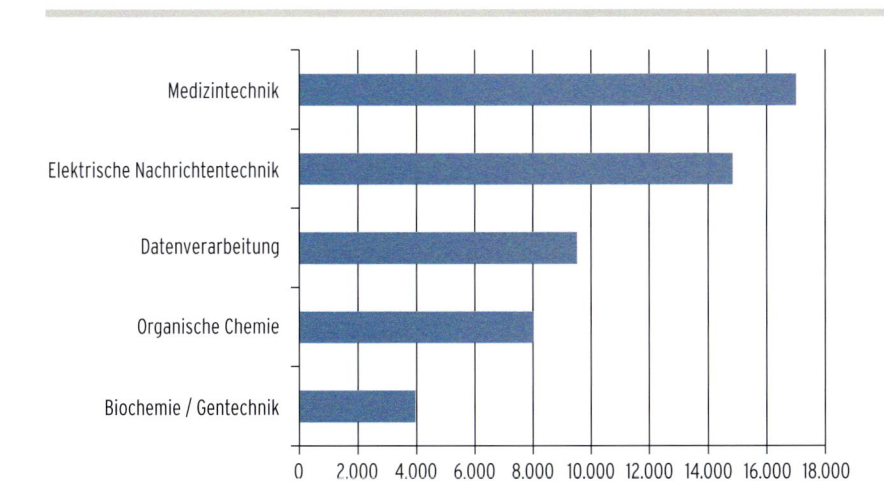

5.14 Neue Produktionstechnologien für die Medizintechnik von Morgen

Thema	Fragestellungen / zukünftige Forschungsschwerpunkte	Verweis
Strategische Produktentwicklung	■ Technologische & medizinische Herausforderungen und daraus resultierenden Wachstumschancen in der Medizintechnik für die Produktion erkennen und nutzen ■ Entwicklung zukünftiger Geschäftsmodelle z. B. im Zahnmedizinbereich (Produktion im Labor vs. Arztpraxis vs. Industrielle Produktion) ■ Sicherung der Wettbewerbsposition durch Mitgestaltung und Setzung neuer Standards	4.1.4 4.1.6
Generative Fertigungsverfahren	■ Verarbeitbarkeit neuartiger Werkstoffe /-kombinationen, wie Metall- und Keramikmischungen ■ Erhöhung der Prozesssicherheit sowie Gewährleistung höherer Aufbauraten ■ Softwarewerkzeuge für vereinfachtes Bauteildesign ■ Einsatz im Tissue Engineering	4.2.4
Trennende Fertigungsverfahren	■ Erschließung neuer Werkstoffe und Werkstoffkombinationen ■ Befähigung der Fertigungsverfahren für kleinste Losgrößen bis hin zum patientenindividuellen Produkt für dezentrale Produktion	4.2.6

Herausforderung Prozesskette Dentaltechnik

In den letzten Jahrzehnten haben sich die Einsatzmöglichkeiten von zahnmedizinischen Anwendungen stark erweitert und die Kosten für diese patientenspezifisch angefertigten Präparate ebenfalls deutlich erhöht. Mit diesem Hintergrund und der Konzeption von neuen Technologien, welche es ermöglichen, kostensparend geringe Losgrößen zu fertigen, wird der Einsatz von computergesteuerten Fertigungsgeräten in der Dentalmedizin zunehmend interessanter. Konkret gibt es seit ca. 25 Jahren Bestrebungen, kleine CNC-Maschinen (Computerized-Numerical-Control) sowie Rapid Prototyping Verfahren einzusetzen.

Die Produktpalette der teilweise oder vollständig maschinell gefertigten Zahnrestaurationen ist in den letzten Jahren rasant gewachsen. Das Indikationsportfolio reicht von der bekannten Erstellung von Brücken und Kronen, über Provisorien und Prothesen, bis zur Fertigung von Hilfspräparaten zur Implantatpositionierung. Anders wie im Maschinenbau wird jede Anwendung mit der Losgröße 1 gefertigt und bedarf zu einem Großteil einer manuellen Nachbearbeitung.

Mit der Einführung von Intraoralscannern hat das digitale Zeitalter in den Zahnarztpraxen Einzug gehalten. Diese ermöglichen es, die Zahngeometrien genau zu erfassen. Mit der Schnittstelle zur digitalen Datenverarbeitung mittels CAD-Systemen öffnet sich die Branche für speziell entwickelte CAM-Systeme. Somit können immer größere Teile der Implantatherstellung beim Zahnarzt direkt erfolgen (s. Bild 149). Aber auch weiterhin werden je nach Indikation Labore und Großlabore Implantate fertigen. Die spannende Fragestellung der Zukunft wird sein, wie sich die Implantatherstellung entwickelt und wo die Implantate letztendlich produziert werden.

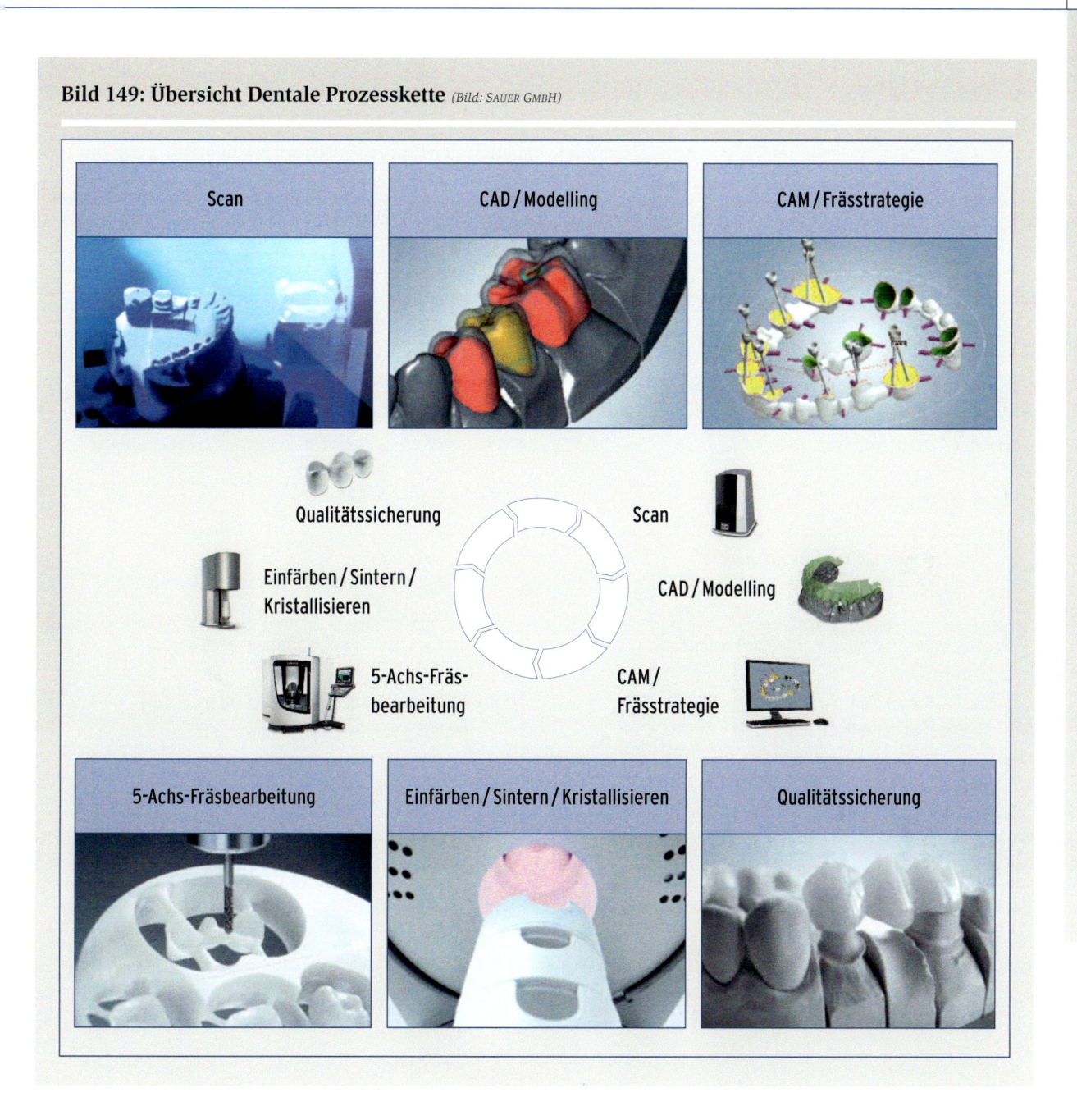

Bild 149: Übersicht Dentale Prozesskette (Bild: SAUER GMBH)

5.15 Neue Produktionstechnologien & -systeme für Energiesysteme

Die Anreicherung der Kohlendioxid-Konzentration in der Atmosphäre gilt als ein wesentlicher Auslöser der globalen Erwärmung. Viele Nationen haben daher ihre Bemühungen verstärkt, die Kohlendioxid-(CO_2)-Emissionen zu reduzieren, indem fossile Brennstoffe durch regenerative Energiesysteme ersetzt werden. Die EU-Verordnung (sog. Emissions Trading Scheme (ETS)) aus dem Jahr 2008 fordert bspw. eine Reduzierung des CO_2-Ausstoßes um 20 %. Die Bundesregierung hat sich in der Koalitionsvereinbarung zu einer weiterreichenden Zielsetzung verpflichtet: Deutschland reduziert bis zum Jahr 2020 seine Treibhausgasemissionen um 40 % (bezogen auf das Basisjahr 1990), wenn die EU-Staaten einer Reduzierung der europäischen Emissionen um 30 % im gleichen Zeitraum zustimmen. Des Weiteren hat sich die Bundesregierung das verbindliche Ziel gesetzt, dass 18 Prozent des Bruttoendenergieverbrauch im Jahre 2020 aus erneuerbaren Energien stammen (BMU 2008).

5.15 Neue Produktionstechnologien & -systeme für Energiesysteme

Diese Anforderungen stellen in erster Linie die Energieversorger, die unter allen industriellen Branchen für ca. 75 % des CO_2-Ausstoßes verantwortlich sind, vor große Herausforderungen. Ein besonders großes Potenzial versprechen in diesem Zusammenhang die Photovoltaik und die Windenergie sowie auch die Solarthermie (BALAGOPAL ET AL. 2010). Eine wirtschaftliche Realisierung von kostengünstigen und zugleich effizienten Energiesystemen stellt jedoch neben der Produktentwicklung in erster Linie die Produktionstechnik vor vollkommen neue Herausforderungen (Bild 150).

Bild 150: Beispielhafte produktionstechnische Fragestellungen für neue Energiesysteme

(Bilder: MANZ AUTOMATION AG (links), NORDEX SE (rechts))

Photovoltaik

Entwicklungstrends:
- Wettstreit von Dünnschicht vs. kristalline Zellen
- Zunehmender globaler Wettbewerb
- …

Produktionstechnische Herausforderungen:
- Automation
- Test & Inspektion
- Laserprozesstechnologie
- Nasschemie
- Ätzanlagen
- …

Windenergie

Entwicklungstrends:
- Offshoring
- Repowering
- Senkung der Herstellkosten
- Senkung der Wartungskosten
- …

Produktionstechnische Herausforderungen:
- Handling von Faserverbundwerkstoffen
- Produktmodularisierung
- Logistik und Montage
- …

Thema	Fragestellungen / zukünftige Forschungsschwerpunkte	Verweis
Produktionsstruktur	▪ Gestaltung der Wertschöpfungsstruktur, vertikale Integration, lokale Verteilung von Wertschöpfung angesichts großvolumiger Teile, etc.	4.3.5
Produktionsprozess	▪ Verfahren für die Prüfung und Bewertung der mechanischen Eigenschaften von Solarzellen	
Trennende Fertigungsverfahren	▪ Bearbeitungsverfahren für Hochleistungswerkstoffe, z. B. in Turbinen ▪ Kostengünstige Getriebefertigung für Windräder ▪ Erhöhung der Siliziumnutzung von Wafermodulen	4.2.6
Montage- und Handhabungstechnik	▪ Wirtschaftliche und ökologische Fertigung der großflächigen Faserverbundwerkstoff-Bauteile, z. B. durch Automatisierung der Produktion	4.2.8

5.15 Neue Produktionstechnologien & -systeme für Energiesysteme

Thema	Fragestellungen / zukünftige Forschungsschwerpunkte	Verweis
Produktion ressourceneffizienter Produkte	■ Fertigungssysteme für Leichtbaukomponenten, wie Windradteile ■ Einsatz alternativer Werkstoffe zur Produktion einzelner Komponenten zur Reduktion des Gesamtgewichts von Windrädern ■ Industrienahe Verfahren zur Herstellung von Siliziumkristallen und -wafern für die Photovoltaik, wie z. B. eine gerichtete Blockerstarrung	4.2.11

Automatisierung der Verarbeitung von Faserverbundwerkstoffen

Einhergehend mit der Entwicklung immer größerer und leistungsstärkerer Windenergieanlagen gewinnt die Massereduktion an Bedeutung. Insbesondere die Verwendung von Faserverbundstrukturen offenbart ein enormes Potenzial bei der Fertigung von Großteilen, wie z. B. Rotorblättern, Turm und Gondelverkleidung. Es zeigt sich jedoch, dass Erfahrungen, die aus anderen Bereichen entstanden sind, nicht exakt übertragen werden können. Um den geplanten Ausbau der Windenergie, insbesondere für Offshore-Anwendungen, zu forcieren, sind Fertigungstechnologien für die automatisierte Kleinserienfertigung zu entwickeln und bereitzustellen (vgl. Bild 151).

Bild 151: Wertschöpfungskette im Wachstumskern Automatisierung von Faserverbundtechnologien
(BUNDESVERBAND WINDENERGIE 2010)

Faserverbund-technologiezulieferer	Komponentenhersteller	Anlagenbauer	Installations- & Betriebsgesellschaften
■ Hilfsstoffe (Folien, Harze etc.) ■ Fasern ■ Faserverbund ■ Technische Textilien ■ Textilmaschinenbau ■ ...	■ **Rotorblätter** ■ **Gondel** ■ **Turm** ■ Getriebe ■ Fundamente ■ Transformator ■ ...	■ Kleine Windenenergieanlagen < 100 KW (onshore) ■ Große Windenenergieanlagen > 4 MW (offshore) ■ ...	■ Bauunternehmen ■ Betriebs- und Wartungsgesellschaften ■ Spezialisierte Servicedienstleister (Monitoring, Logistik, etc.) ■ ...

Damit ist eine wirtschaftliche und ökologische Fertigung der großflächigen Faserverbundwerkstoff-Bauteile zu erreichen. Die Herausforderung der Mechanisierung und Automatisierung bei der Verarbeitung von Faserverbundwerkstoffen liegt im Wesentlichen in den textilen Eigenschaften der Halbzeuge. Die hohe Flexibilität birgt insbesondere bei den großflächigen Teilen technische Risiken und erfordert Innovationen bei der Entwicklung neuer Fertigungstechnologien. Auch wegen der textilen Eigenschaften der Halbzeuge werden bei der Einzel- oder Kleinserienfertigung heute im Wesentlichen manuelle Arbeitsweisen eingesetzt. Die manuell geprägte Fertigung von Faserverbund-Strukturen beinhaltet bei steigender Bauteilgröße ein erhebliches Prozessrisiko. Die Prozessautomatisierung führt maßgeblich zu einer Reduzierung von Prozessunsicherheiten und trägt zur Kostensenkung bei. Dadurch führen automatisierte Fertigungsverfahren zu einer Verbesserung der Wettbewerbsfähigkeit (s. Bild 152). Eine wichtige Komponente innerhalb der automatisierten Prozesskette ist der Einsatz der Preforming-Technologie. Unter Preforming wird der textiltechnische Aufbau einer Bauteilstruktur aus hochspezialisierten Halbzeugen verstanden.

Bild 152: Automatisiertes Portalablegesystem zur Herstellung von Laminaten für Flügelschalen und Holmen (Bild: MAG Europe GmbH)

5.16 Wertschöpfungsketten und Produktionstechnologien für Elektromobilität

Der nationale Entwicklungsplan Elektromobilität sieht vor, den Standort Deutschland zum Leitmarkt für Elektrofahrzeuge zu machen und die Führungsrolle von Wissenschaft sowie der Automobil- und Zulieferindustrie zu behaupten. Nach mehr als 100 Jahren, in denen der Verbrennungsmotor die erfolgreichste Antriebsalternative darstellte, soll mit der Elektromobilität eine technologische Zeitenwende stattfinden. Die Elektrifizierung der Antriebe ist eine bedeutende Stellschraube für eine zukunftsträchtige Mobilität. Einerseits bietet diese die Möglichkeit, die Abhängigkeit vom Öl zu reduzieren. Andererseits können Emissionen reduziert und Fahrzeuge besser in ein multimodales Verkehrssystem, aus z. B. ÖPNV und Individualverkehr, integriert werden.

Für die Produktionstechnik bedeutet ein Wandel vom klassischen Verbrennungsmotor zur Elektromobilität eine grundlegende Veränderung. Die Produktion muss sich demzufolge darauf einstellen, dass heutige Bestandteile des Fahrzeugs (z. B. Getriebe, Tanksysteme) zukünftig nicht mehr gefertigt werden. Dafür kommen neue Bauteile mit neuen Anforderungen an die Fertigung, wie z. B. Batterien oder Bordnetze, hinzu (Bild 153).

Weitere Tendenzen zukünftiger Fahrzeuge sind Modularisierung, Möglichkeiten zum Upgrade bzw. zur Individualisierung. Entsprechende Veränderungen werden sich in den Produktionssystemen von morgen widerspiegeln. Aspekte wie Flexibilität, Wandlungsfähigkeit und Modularität werden daher noch stärker als heute Einzug in die Produktionstechnik halten.

5.16 Wertschöpfungsketten und Produktionstechnologien für Elektromobilität

Bild 153: Technologiefelder der Elektromobilität *(Bild: Robert Bosch GmbH)*

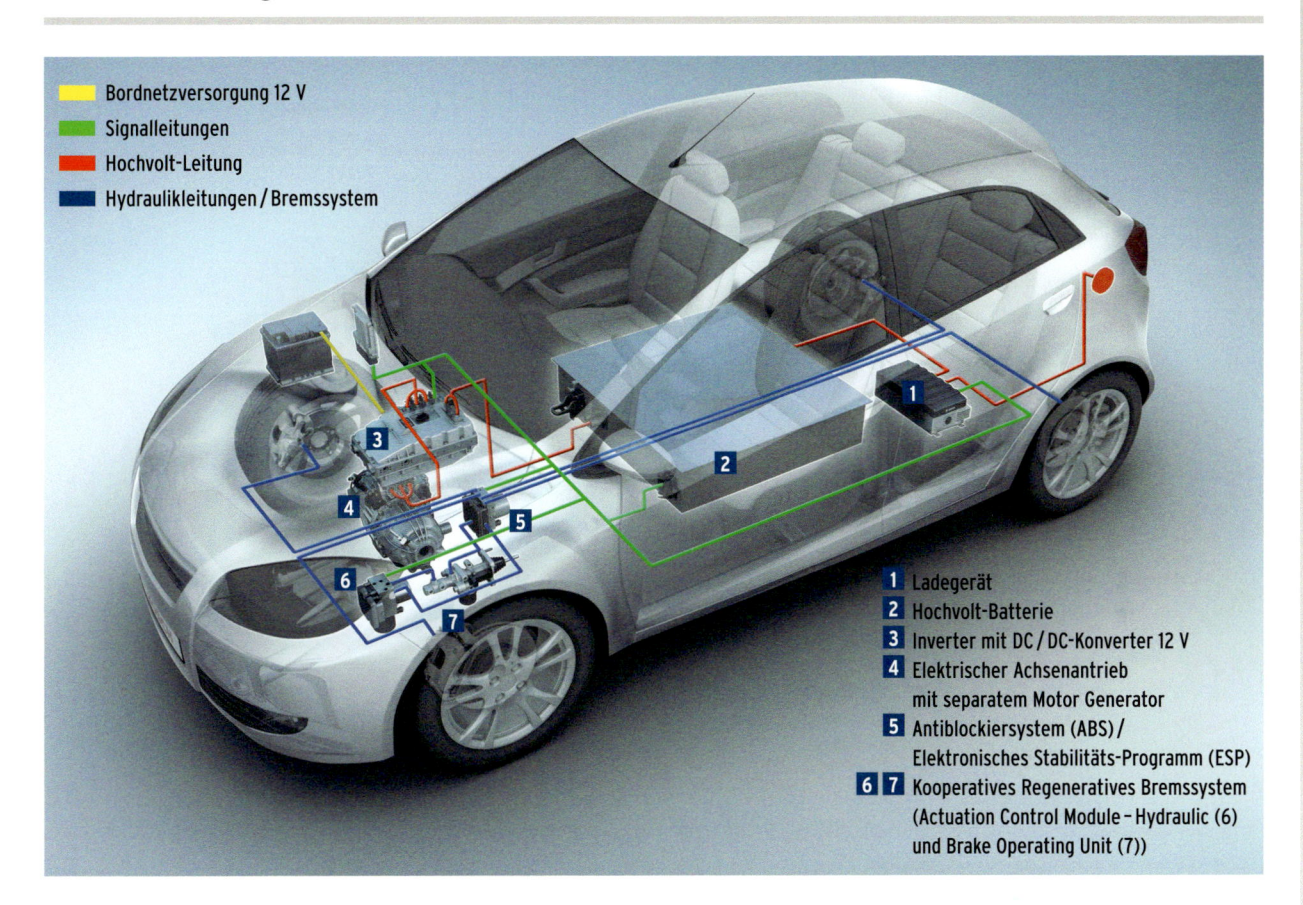

- Bordnetzversorgung 12 V
- Signalleitungen
- Hochvolt-Leitung
- Hydraulikleitungen / Bremssystem

1. Ladegerät
2. Hochvolt-Batterie
3. Inverter mit DC/DC-Konverter 12 V
4. Elektrischer Achsenantrieb mit separatem Motor Generator
5. Antiblockiersystem (ABS) / Elektronisches Stabilitäts-Programm (ESP)
6. 7. Kooperatives Regeneratives Bremssystem (Actuation Control Module – Hydraulic (6) und Brake Operating Unit (7))

Thema	Fragestellungen / zukünftige Forschungsschwerpunkte	Verweis
Produktionsstruktur	■ Aufbau einer nationalen Wertschöpfungskette für Motoren, Energiespeicher, Leistungselektronik, Bordnetz ■ Kostenoptimale Verteilung der Kernkompetenzen auf Partner der neuen Wertschöpfungskette ■ Variantenbeherrschung und Kundenindividualisierung, z. B. Kundenentkopplungspunkt ■ Standards für den Elektroantrieb der Zukunft – Systemstandards – Stecker, Interfaces, Schnittstellen – Ladestationen	4.1.8 4.3.5
Zwischenbetriebliche Logistik	■ Steuerung von Werkstoffkreisläufen mit Engpassmaterialien für z. B. Elektromotoren	4.3.7
Montage- und Handhabungstechnik	■ Handhabungstechnik für neue Herausforderungen der E-Mobilität, wie z. B. Handling von Membranen und Elektrodenfolien, Optimierung der Cu-Füllfaktoren	4.2.8

5.16 Wertschöpfungsketten und Produktionstechnologien für Elektromobilität

Thema	Fragestellungen / zukünftige Forschungsschwerpunkte	Verweis
Industrielle Material- und Komponentenrückgewinnung	■ Verfahren zur effizienten Rückgewinnung von Engpassmaterialien ohne Qualitätsverlust	4.2.12
Produktion ressourceneffizienter Produkte	■ Neue Automatisierungslösungen für die Herstellung von Li-Ionen-Akkumulatoren ■ Großserienfertigungskonzepte für Energiespeicher, Elektromotoren und Leistungselektroniken ■ Produktionsverfahren für Leichtbaukarosserien (z. B. CFK)	4.2.11

Herausforderung Serienproduktion von Energiespeichern für die Elektromobilität
(Zeilinger et al. 2010)

Um Elektromobilität zu etablieren, sind leistungsfähige und zugleich für jedermann erschwingliche Energiespeicher erforderlich. Diese müssen zum einen genügend Energie bereitstellen können, um alltägliche Fahrtstrecken zurückzulegen. Dabei sollen sie möglichst wenig Raum beanspruchen und die Fahrzeugmasse nur geringfügig erhöhen. Zum anderen müssen sie elektrische Leistung in ausreichender Höhe abgeben und aufnehmen können, um das Fahrzeug zu beschleunigen oder die Energie beim Bremsen wieder rückzugewinnen. Diesen hohen Belastungen müssen die Zellen über 3000 bis 5000 Ladezyklen und über einen Zeitraum von 10 bis 15 Jahren standhalten. Die vielversprechendste Technologie für diese Anforderungen scheint derzeit die Lithium-Ionen-Zelle zu sein. Sie hat sich in den vergangenen Jahrzehnten in beinahe allen Elektrogeräten bewährt. Die Kosten für eine Kapazität von einer Kilowattstunde liegen allerdings derzeit noch bei über 1000 Euro. Eine Energiemenge die gerade einmal für eine Strecke von zehn Kilometern ausreicht. Fortschritte in der Produktionstechnik sind der Schlüssel, um die Kosten für Lithium-Ionen-Zellen zu senken und gleichzeitig deren Qualität zu erhöhen. Insbesondere in Deutschland gibt es derzeit keine Massenfertigung solcher Zellen. Das Verbundprojekt „Produktionstechnische Demonstrationsfabrik für Lithium-Ionen-Zellen" (DeLIZ) soll dies ändern. Im Rahmen dieses Forschungsprojektes werden die notwendigen Fertigungskonzepte erarbeitet und die Bear-

Bild 154: Prozesskette bei der Fertigung von Lithium-Ionen-Zellen

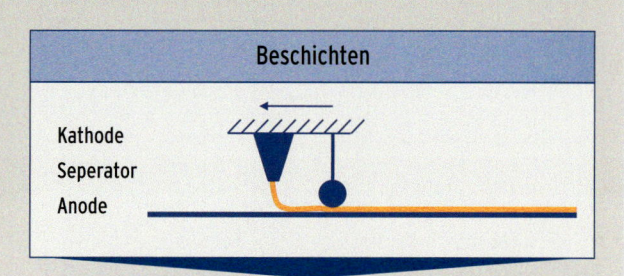

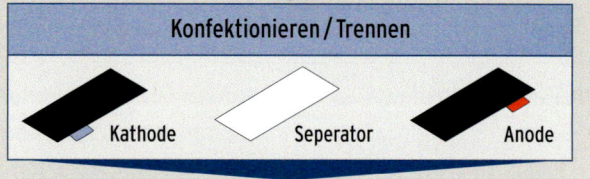

- Beschichten (Kathode, Seperator, Anode)
- Konfektionieren / Trennen (Kathode, Seperator, Anode)
- Stapeln und Fixieren
- Ableiter fügen
- Elektrolytbefüllung und Versiegeln

beitungs- und Handhabungsprozesse erforscht, die eine wirtschaftliche Massenproduktion in Deutschland ermöglichen.

Die Forschungsarbeiten der am Projekt beteiligten Institute befassen sich nahezu mit der gesamten Prozesskette zur Herstellung von Lithium-Ionen-Zellen (Bild 154). Schwerpunkte bilden dabei die Beschichtung der Elektroden im Rolle-zu-Rolle-Verfahren, das Konfektionieren der Blätter durch Laserstrahlschneiden, die automatisierte Zellstapelung und -fixierung, das Fügen der Folienpakete und Ableiter durch Laserstrahlschweißen sowie die Sicherung der Produktqualität über die gesamte Prozesskette.

5.17 Der zukunftsorientierte Prototypen- und Formenbau

Der Prototypen- und Formenbau steht am Beginn der Wertschöpfungskette, er bildet den Übergang von der Produktentwicklung zur industriellen Fertigung eines Produktes. Somit werden in diesem Bereich die Weichen insbesondere für eine effiziente Produktion gestellt. Dieser Bereich ist durch die enge Verknüpfung zur Produktentstehung sehr dynamisch und damit ist seine „Nähe" zum Produktionsstandort entscheidend, um kurze Feedbackschleifen zu erhalten.

Um Kopplungseffekte zu vermeiden, ist es somit von wesentlicher Bedeutung, dass am Standort Deutschland ein „State-of-the-Art"-Prototypen- und Formenbau besteht. Dazu sind neue Geschäftsmodelle, Fertigungsverfahren und IT-Werkzeuge zu erforschen und in die Anwendung zu tragen. Beispielsweise kann hier die Erstellung von virtuellen Prototypen genannt werden, die ebenfalls in einer virtuellen Umgebung getestet und vollständig qualifiziert werden.

Bild 155: Herausforderungen im Formenbau (ZOHM 2006)

Bedrohungen	Chancen
■ Osteuropa und Asien etablieren sich ■ Überkapazitäten qualitativ wie quantitativ ■ Technologische Konvergenz ■ Rigide gesetzliche, tarifäre und bürokratische Regelungen	■ Modelloffensive im Automotive-Sektor ■ Outsourcing-Trend der OEMs ■ Globales Wachstum (global > 5 %; in Wachstumsregionen vielfach 2-stellig) ■ Konsolidierung im Werkzeugbau ■ Technologisch rasanter Fortschritt

Thema	Fragestellungen / zukünftige Forschungsschwerpunkte	Verweis
Geschäftsmodelle und Produktgestaltung	■ Halbierung der Innovationsgeschwindigkeit; Geschäftsmodelle, die eine schnelle Umsetzung von Kundenwünschen erlauben ■ Vorwärtsintegration des Werkzeug- und Formenbaus (Formerstellung, Teileproduktion, Montage für Kunden)	4.1.4

5.17 Der zukunftsorientierte Prototypen- und Formenbau

Thema	Fragestellungen / zukünftige Forschungsschwerpunkte	Verweis
Beschleunigung des Lösungsprozesses	■ Durchgängige Simulation von Prozessen zur optimierten Gestaltung der Werkzeuge und Formen ■ Beschleunigung der Entwicklung kundenindividueller Produkte (z. B. Parametrisierte Modelle) ■ Produktplattformen für Werkzeug- und Formenbau ■ Montagegerechte Gestaltung der Formen	4.1.9
Fertigungsverfahren und Produktionskonzepte	■ Wirtschaftliche Automation (z. B. Elekrodenfertigung) ■ Verfahren für Werkstoffe mit neuen Eigenschaften ■ Generative Verfahren für schnelle kundenindividuelle und wirtschaftlich produzierte Formen ■ Kombination von generativen und trennenden Fertigungsverfahren ■ Leistungssteigerung bei trennenden Fertigungsverfahren ■ Produktionssysteme für Einzelfertigung, z. B. optimale Mischung aus Fließ- und Werkstattfertigung	4.2.4 4.2.6 4.3.5
Dienstleistung	■ Intelligente Werkzeuge mit Sensorik ■ Optimierung der Kundenprozesse in Bauteilkonstruktion und Prozessauslegung	

Die Evolution des Kühlkanals im Werkzeug- und Formenbau (iwb)

Gebohrte Kanäle waren und sind auch noch heute bei vielen Anwendungen Stand der Technik, wenn es um die Temperierung von Spritzgießwerkzeugen geht. Allerdings können durch Schichtbauverfahren (z. B. LaserCUSING®) komplexere Kühlkanalgeometrien technologisch dargestellt werden. Durch gezielte Anpassung der Kühlkanäle an die Form der Kavität können somit höhere Abkühlraten als bei konventioneller Kühlung erreicht werden. Die industrielle Anforderung, die Kanalgeometrien noch näher an der Oberfläche von Werkzeugen zu positionieren und engere Stege zu kühlen, führte zur Entwicklung der Parallelkühlung. Diese beinhaltet neben großen Zu- und Abläufen für das Kühlmedium mehrere parallel geschaltete, dünne Kanäle. Als weiterer Schritt ist die Flächen- oder Mantel-Flächenkühlung zu betrachten. An Stelle von einzelnen Kanälen befindet sich hier ein Netz von Kanälen eng unterhalb der Kavitätsoberfläche.

Dieses sorgt für eine vollständig homogene Temperierung der gesamten Kavitätsoberfläche.

Der in Bild 156 dargestellte Werkzeugeinsatz für die Fertigung eines Staubsaugerdeckels demonstriert, dass auch große Bauteile mit konturnaher Temperierung realisierbar sind. Der Kühlkanalverlauf orientiert sich sehr stark an der Kontur der Kavität und ist speziell darauf abgestimmt, insbesondere Stege zu temperieren, sodass eine gute Entformbarkeit der Bauteile resultiert. Zusätzlich wirken sich die Kühlkanäle positiv auf das Verzugsverhalten der Spritzlinge aus.

Die technologisch anspruchsvollste Lösung zur Temperierung von Formeinsätzen bietet die Flächenkühlung. Entsprechend ist die Kühlstruktur hierbei durch eine durchgängige Kühlfläche mit einer Netzcharakteristik gekennzeichnet Die nur

Bild 156: Werkzeugformeinsatz mit integrierter konturnaher Mantel-Flächenkühlung, in Hybridbauweise hergestellt aus Warmarbeitsstahl 1.2709 mittels LaserCUSING®

(Bilder: Werkzeugbau Siegfried Hofmann GmbH)

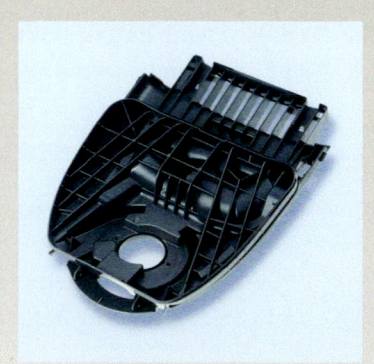

2 mm unterhalb der Formoberfläche liegende Kühlstruktur bietet hohe Volumenströme bei ausreichender Stabilität. Gleichzeitig ermöglichen die nahe an der Kavität liegenden Kanäle eine effiziente und hochdynamische Kühlung, um kürzeste Zykluszeiten zu garantieren.

Die dargestellten Anwendungen aus der Praxis verdeutlichen das enorme Potenzial konturnaher Temperierungen, sowohl die Zykluszeit maßgeblich zu reduzieren als auch die Bauteilqualität im Hinblick auf Verzug und Oberflächen zu verbessern. Auch wenn nahezu ausschließlich von Lösungen für die Kühlung gesprochen wird, eignen sich diese Kanalstrukturen in gleicher Weise für die kontrollierte Erwärmung von Werkzeugen (variotherme Prozessführung).

5.18 Chemische und pharmazeutische Produktionstechnologie

Der Pharmamarkt steht vor einem deutlichen Wandel. Dieser wird sich in den nächsten Jahren in veränderten Wachstumsverhältnissen widerspiegeln. Die entwickelten Märkte, wie die USA und Europa, werden in Zukunft deutlich geringeres Wachstum aufweisen, während die sogenannten „Pharmerging" Markets, zu denen China und Indien gerechnet werden, stark wachsen werden. Diese Veränderungen werden sowohl den Kostendruck auf die Herstellung von Pharmaprodukten erheblich steigern, als auch flexiblere, ganzheitlichere und effektivere Produktionsprozesse erfordern. Dafür sind innovative und schnelle Lösungen von den Zulieferern gefragt, die Maschinen z. B. für die Tablettenherstellung produzieren. (Pharmaproduktion 2010)

Der Markt ist dabei von zwei Trends geprägt. Zum einen werden die Regularien für die Herstellung von Pharmazeutika im Moment durch den größten Pharmamarkt, die USA und die dort zuständige Behörde FDA (Food and Drug Administration) vorgegeben. Produzenten, die ihre Produkte weltweit vertreiben, müssen sich nach diesen Regularien richten und ihre Produktionsprozesse dementsprechend gestalten. Zum anderen wird in den nächsten Jahren für zahlreiche Originalpräparate der Patentschutz auslaufen. Diese werden dann für Generika-Hersteller interessant. Auch hier spielen die Märkte Indien und Brasilien bereits eine zentrale Rolle. In diesen Märkten entsteht ein starker Preiswettbewerb. Um in diesem standhalten zu können, benötigen Generika-Hersteller Maschinen, die auf höchstmögliche Produktivität ausgelegt sind. Als Folge dieser Entwicklung verfügt zum Beispiel Indien schon heute über den größten Bestand an FDA-zugelassenen Maschinen für die Tablettenherstellung. Aber auch die entwickelten Märkte wie die USA und Europa müssen ihre Produktionsprozesse optimieren, um wettbewerbsfähig zu bleiben. (PHARMAPRODUKTION 2010)

Auch das Thema Individualmedikation, d. h. individuelle pharmazeutische Produkte, wird Einfluss auf die Produktionstechnik haben. Es werden Produktionsanlagen für Kleinserien erforderlich, um die Herstellung von individuellen pharmazeutischen Produkten kostengünstig und mit einer hohen Produktivität gewährleisten zu können. Dadurch wird ein hoher Bedarf an Anlagen für die Mikroverfahrenstechnik prognostiziert, sodass beispielsweise bislang nicht herstellbare Medikamente hochpräzise dosiert werden können.

Thema	Fragestellungen / zukünftige Forschungsschwerpunkte	Verweis
Automation und industrielle IT	▪ In-prozess-Überwachung von Verfahrenstechnik ▪ Dosiereinrichtungen für kleinste Mengen	4.2.9
Produktion ressourceneffizienter Produkte	▪ Steigerung der Produktivität für Generikaproduktionsanlagen ▪ Modulare Produktionskonzepte ▪ Anlagentechnik zur Verkleinerung der wirtschaftlichen Losgrößen ▪ Erhöhung der technisch realisierbaren Anlagengrößen ▪ Einsatz von Keramik im Hochtemperaturbereich anstelle von Metallen	4.2.11

Flexible und mobile Produktionsanlagen in der Pharmazeutischen Industrie
(HILLEBRAND & MCCARTHY 2010)

Die intelligente Kombination geeigneter Komponenten ist manchmal schon ausreichend, um einer Prozessanlage mehr Flexibilität und Effizienz zu geben. Die mobile Anwendung bei GlaxoSmithKline am Standort Cork ist dafür ein Beispiel. Das Ziel des Unternehmens war eine Lösung, die den laufenden Produktionsprozess mit einem Höchstmaß an Flexibilität und einfacher Handhabung ausstattet. Die Vision war die Entwicklung einer mobilen Ausrüstung zur Prozesssteuerung, die sowohl eine kostengünstige Installation, als auch einen schnellen Standortwechsel ermöglicht und natürlich allen Sicherheitsanforderungen genügt, die für die Pharmaindustrie typisch sind. Die neue Lösung führt zu einem vielseitig skalierbaren und flexiblen System zur Prozessautomation. Das System bietet dabei zeitsparende Möglichkeiten, um den Standort der Ausrüstung zur Prozesssteuerung jederzeit verändern zu können und das Automationssystem problemlos an veränderte Prozessbedingungen anzupassen.

Ein weiterer Vorteil der Lösung ist die automatische Anpassung der Benutzerschnittstelle an die veränderte Konfiguration des Systems. Sämtliche Grafiken und Referenzen für die mobile Einheit werden bei Nichtbenutzung automatisch ausgeblendet und tauchen bei Bedarf wieder automatisch auf, sobald eine neue Konfiguration eingerichtet ist. Dadurch erfordert eine Veränderung des Hardware-Standorts keinerlei Veränderungen am System selbst. I/O-Fehler sind ausgeschlossen, da die Lösung mit der Intelligenz ausgestattet ist, jede angeschlossene Einheit automatisch zu erkennen.

Sämtliche Komponenten des Systems ermöglichen Hot Swapping, d. h. das Wechseln von Systemkomponenten und Modulen im laufenden Betrieb. Dieser Aspekt ist entscheidend, um bei Standortveränderung und Wartung des Systems den laufenden Prozessablauf nicht zu beeinträchtigen. Der Austausch eines Moduls erfordert keine manuelle Konfiguration, da alle Funktionen des getauschten Moduls über das Gateway automatisch auf das neue Modul übertragen werden. Dadurch werden sowohl Fehler bei der Konfiguration, als auch der Anschluss eines falschen Moduls ausgeschlossen.

Bild 157: Tablettenherstellung bei GlaxoSmithKline (Bild: GLAXOSMITHKLINE)

Ein Hauptvorteil des Systems ist eine Kommunikations-Infrastruktur auf der Basis von Profibus. Sie führt zu erheblichen Kosteneinsparungen durch einen deutlich reduzierten Verkabelungsaufwand und den Wegfall zahlreicher Verteilerschaltschränke. Sie bietet außerdem deutliche Vorteile beim Betrieb der Anlage durch zentrales Engineering und durch die Unterstützung bedarfsorientierter Wartungskonzepte. Damit ist sie ein ideales Hilfsmittel, um regelmäßige Wartungsintervalle zu verlängern und die Betriebskosten zu senken.

5.19 Hochleistungsfertigungsverfahren für die Kunststoff- und Metallverarbeitung

Produktionstechnologien sind die Basis der Produktion. Sie sind somit die Grundlage für eine wettbewerbsfähige Produktion. Um an einem Hochlohnstandort wirtschaftlich zu produzieren, müssen die Produktionsverfahren

- zum einen stetig in ihrer Leistungsfähigkeit gesteigert werden und
- zum anderen für neue Herausforderungen entwickelt und optimiert werden.

Solche neuen Herausforderungen liegen insbesondere in der Bearbeitung von neuen Materialien und Materialmixen, wie z. B. CFK-Bauteilen. Leistungssteigerungen in den bekannten Anwendungsfällen im Rahmen der Wirtschaftlichkeit erhöhen die Effizienz und somit die Wettbewerbsfähigkeit der Produktion, hier spielt bspw. die Erhöhung der Prozessgeschwindigkeit eine bedeutende Rolle.

5.19 Hochleistungsfertigungsverfahren für die Kunststoff- und Metallverarbeitung

Thema	Fragestellungen / zukünftige Forschungsschwerpunkte	Verweis
Generative Verfahren	▪ Erhöhung der Aufbauraten ▪ Erhöhung der Gutteilquote (First pass yield) ▪ Endbearbeitete Produkte aus den generativen Vefahren	4.2.4
Umformtechnik	▪ Verkürzte Prozessketten durch hybride Fertigungsverfahren ▪ Aktive Umformwerkzeuge ▪ Abbildung feinster Oberflächenstrukturen	4.2.5
Trennende Fertigungs-technik	▪ Erhöhung der Leistungsfähigkeit von Zerspanungswerkzeugen ▪ Bearbeitung hochharter, -fester Werkstoffe, von inhomogenen Verbundwerkstoffen ▪ Intelligente Werkzeuge, z. B. zur Kompensation von Ratter-schwingungen ▪ Integration von Adaptronik in Werkzeugmaschinen ▪ Funktionsintegration und Komplettbearbeitung	4.2.6
Montage und Hand-habungstechik	▪ Erweiterung der Einsatzfelder für Mensch- und Maschine-kooperation ▪ Kognition für die Planung und Programmierung	4.2.8
Fügetechnik Generative Verfahren	▪ Intelligente Sensorik für robuste Prozesse der laserbasierten Fertigungsverfahren ▪ Fügeverfahren für innovative Werkstoffe	4.2.4 4.2.7
Elektrische Antriebs-technik	▪ Erhöhung der Antriebsleistungen zur Erhöhung der Leistungs-fähigkeit von Produktionsmaschinen und -anlagen	4.2.10
Leichtbau in Werk-zeugen, Werkzeug-maschinen und Hand-habungsgeräten	▪ Erhöhung der Dynamik ▪ Chancen und Grenzen des CFK-Einsatzes	4.2.5

Zukünftige Rolle des Lasers in der Produktionstechnik

Der Branchenzweig Laser-, Ultraschall-, Ionen- und Plasmastrahlmaschinen ist ein Wachstumskern innerhalb der Werkzeugmaschinenbranche. Lasermaschinenhersteller sind Produktionsausrüster für verschiedene Branchen, wie z. B. für den Automobilbau oder die Medizintechnik. Für die Herstellung des komplexen Produkts Lasermaschine ist eine Vielzahl von Kompetenzen erforderlich. Eine wichtige Kompetenz des Herstellers ist die Kenntnis der Wirkzusammenhänge zwischen der Lasertechnologie (Strahlerzeugung und -führung) und der Fertigungstechnik (Prozess- und Werkstofftechnik).

Die Forschungsbedarfe im Bereich der Lasertechnik entwickeln sich in unterschiedliche Richtungen, je nach Ausrichtung auf die Medizintechnik oder die allgemeinere industrielle Anwendung. In der medizinischen Anwendung liegt der Fokus zum einen auf der ständigen Weiterentwicklung hinsichtlich Verträglichkeit und Präzision, z. B. in der bereits weit verbreiteten refraktiven Chirurgie (Augenlasern), zum anderen in der Entwicklung neuer Behandlungsverfahren. Durch die Anwendung ultrakurzer Laserpulse (fs-pulse) scheint sowohl die präzise Gewebebearbeitung (Photodisruption) als auch eine hochgenaue Bildgebung (Multiphotonen-Mikroskopie, Optische Kohärenztomographie) möglich.

In den industriellen Anwendungen ist für Unternehmen die Bereitstellung von geeigneten Handhabungsmöglichkeiten und intelligenter Sensorik für robuste Prozesse der laserbasierten Fertigungsverfahren von besonderem Interesse. Die berührungslose und kräftefreie Bearbeitung ermöglicht eine hohe Standzeit und Verschleißfreiheit von Werkzeugmaschinen mit entsprechenden Vorteilen gegenüber spanenden Verfahren, z. B. in der Instandhaltung und Wartung der Anlagen. Ein Ansatz im Leichtbau ist die Bearbeitung von Compositmaterialien, wie CFK, mit laserbasierten Verfahren. Neben der Verarbeitung ergeben sich dadurch Möglichkeiten zur Reparatur von CFK-Bauteilen. Ein weiterer Schwerpunkt liegt in der Entwicklung neuer Laserstrahlquellen für verschiedenste Anwendungsfelder. Besonders die diodengepumpten Festkörper- und Faserlaser versprechen für industrielle Applikationen ein hohes Potenzial.

Bild 158: Laserschweißen (Bild: TRUMPF)

5.20 Wettbewerbsfähige EMS-Strukturen durch Anlagen- und Prozessinnovationen[5]

Die Produktion von elektronischen Großserienprodukten ist heute in erster Linie in Asien angesiedelt. Allerdings bietet sich im Bereich der komplexen Produkte mit hochwertigen elektronischen Baugruppen in kleinen und mittleren Stückzahlen ein großes Potenzial für den Standort Deutschland. Beispiele hierfür sind Produkte für den Maschinenbau, die Energie- oder die Medizintechnik. Entsprechende Elektronik benötigt innovative Konzepte für eine wirtschaftliche Produktion, die nahezu ausschließlich von Komplettanbietern am Standort Deutschland zur Verfügung gestellt werden kann. Diese Komponenten werden entweder von OEMs oder Fertigungsdienstleister, sogenannten Electronic Manufacturing Services-(EMS)-Anbietern, produziert.

Anbieter von EMS bieten die komplette Auftragsfertigung von elektronischen Baugruppen, Geräten und Systemen an. Dies umfasst die Entwicklung, die Montage der elektronischen Baugruppen, Prüfkonzepte und die Auslieferung. EMS sind somit Fertigungsdienstleister für das elektronische Gesamtsystem. EMS sind ein wachsender Markt (Bild 159). In vielen Fällen übertrifft die Wachstumsdynamik der Anbieter der EMS, die der Elektronik-OEMs. EMS-Anbieter sind global aufgestellt und betreiben Fabriken in China und anderen Ländern Asiens. Aber auch in Deutschland gilt EMS als Wachstumsbranche, insbesondere für kundenspezifische Produkte in kleinen und mittleren Losgrößen für den Mittelstand.

Bild 159: Electronic Manufacturing Services: Ein wachsender Markt *(ZVEI 2010)*

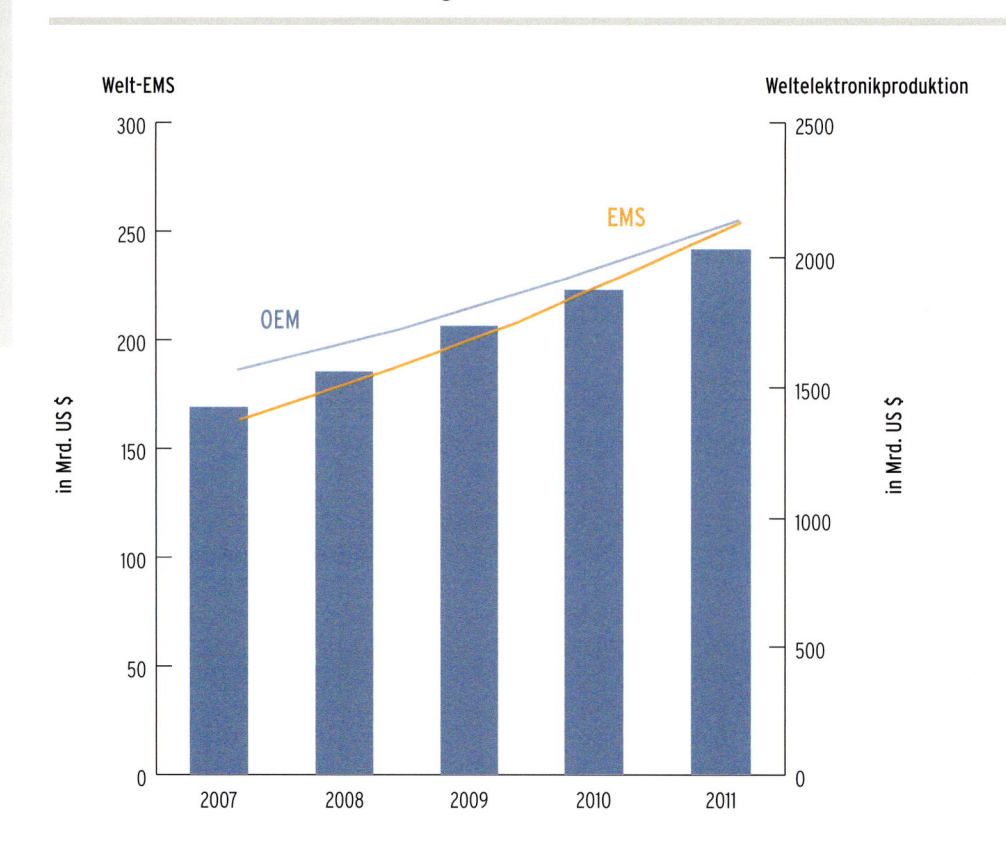

---

[5] *Wir danken Professor Jörg Franke (FABS) für die Unterstützung im folgenden Abschnitt.*

5.20 Wettbewerbsfähige EMS-Strukturen durch Anlagen- und Prozessinnovationen

Thema	Fragestellungen / zukünftige Forschungsschwerpunkte	Verweis
Neue Produkte für die Märkte der Zukunft	■ Strategien zur Nutzung der Flexibilität und des Know-hows der EMS für neue Marktbereiche, z. B. Solar-Modul-Fertigung ■ Anlauf neuer Technologien (z. B. für Leistungsmodule) kann optimal von EMS umgesetzt werden, da Fertigung kleiner / mittlerer Stückzahlen wirtschaftlich möglich.	4.1.6
Produktionstechnik und Ausrüstung	■ Strategien zur Verbesserung der Wandlungsfähigkeit der Produktionsanlagen im Bereich der Elektronikfertigung ■ Herunterskalierung von Produktionstechnologien für komplexe Aufbauten wie System-on-Package oder System-on-Chip für kleine Stückzahlen ■ Angepasste Produktionsplanungssysteme für eine modulare Fertigung, in das einfach und individuell neue Fertigungs- und Montageprozesse integriert werden können	4.2 4.3.5
Organisation und Produktionsmanagement	■ Permanente Weiterentwicklung und Anpassung der Organisationsstrukturen der EMS aufgrund des sich stetig vollziehenden Wandels der Branche (Regionen, Stückzahlen, Geschäftsfelder, Technologien, Produkte, etc.) ■ Konzeptionierung und Etablierung von Produktionsnetzwerken (Kapazitäts- / Technologie-Sharing), um wirtschaftlich ein breites Technologiespektrum anbieten zu können ■ Geschäftsmodelle für Full Service Provider	4.3.5 4.3.6 4.3.7
Mensch und Wissen	■ Expertensysteme zur Verbesserung des Verständnisses komplexer Wechselwirkungen zwischen Prozessparametern und Prozessen	4.4.6

Hochleistungsverfahren für „Organic Electronics"

Unter dem Begriff „Organic Electronics" oder „Polymerelektronik" wird verstanden, dass Polymere eine elektrische bzw. eine elektronische Funktion übernehmen (KIRCHMEYER & ELSCHNER 2005). Je nach Zusammensetzung ihrer Moleküle wirken diese Funktionspolymere elektrisch leitend, halbleitend oder isolierend und können somit als elektronische Bauelemente, wie beispielsweise Feldeffekttransistor (OFET) oder Leuchtdioden (OLED), zusammengestellt werden. Wenn die Polymere in flüssiger Form vorliegen, können sie wie Tinte verarbeitet werden. Mittels verschiedener Drucktechnologien lassen sich die Polymere auf unterschiedlichsten Medien zu elektronischen Bauelementen zusammenfügen (GIERHAKE 2005).

5.20 Wettbewerbsfähige EMS-Strukturen durch Anlagen- und Prozessinnovationen

Die organische Elektronik eröffnet eine Vielzahl von neuen Anwendungsfeldern. Elektronik aus Polymeren ist dünn, leicht, flexibel und kann mittels verschiedenster Drucktechnologien in großen Stückzahlen kostengünstig hergestellt werden. Beispielhafte Anwendungen können flexible Solarzellen zur Energieerzeugung auf Foliencomputern sein, flexible Batterien in Verpackungen, flache Displays für intelligente Verpackungsbeilagen (elektronisches Papier) oder flexible RFID-Etiketten auf jeglicher Art und Form von Produkten (VDMA 2007B).

Bild 160: Gedruckte Elektronik (Bild: PolyIC)

Die Entwicklung der Polymerelektronik bedeutet eine große Chance für alle Beteiligten der Wertschöpfungskette: Angefangen bei den Herstellern der Polymere über die Anlagenbauer und die Produzenten der einzelnen elektronischen Bauteile bis hin zu den Anwendern. Von einem gesamten Marktvolumen im Jahr 2008 von 3 Milliarden US-$ ausgehend, wird das Volumen im Jahr 2014 auf über 34 Milliarden US-$ geschätzt (VDMA 2007B). Allerdings liegen vor dieser Entwicklung noch einige offene Forschungsaufgaben, die es zu lösen gilt. Leitende Polymere sind flexibel und druckbar, erreichen aber die Leitfähigkeit von Metallen noch nicht. Die siliziumbasierte Schaltungstechnik ist immer noch die bessere Technologie. Zur Nutzung der genannten Vorteile der Polymerelektronik und einer industriellen Umsetzung ist es notwendig, die bisher aus der Siliziumwafer-Fertigung adaptierten Technologien zu ersetzen. Eine Herausforderung wird in der Entwicklung von Druck-Formulierungen in elektronischer Hochleistungsqualität gesehen. Des Weiteren werden Maschinen und Anlagen benötigt, die kostengünstig und prozesssicher mit Submikrometer-Auflösung komplette elektronische Produkte, wie Displays, drucken (VDMA 2007B).

6 Die integrative Rolle der Produktion

Die ermittelten prioritären Forschungsbedarfe zeichnen sich vor allem dadurch aus, dass Grenzen zwischen Technologien und Disziplinen immer mehr verschwimmen. Vor dem Hintergrund dieser bereits als Megatrend beschriebenen „Technologiedurchdringung" bekommen Kooperationen und interdisziplinäre Forschung ein vollkommen neues Gewicht. So werden zukünftig Produktionstechnologien, Werkstofftechnologien, Biotechnologien, Nanotechnologien, Mikrosystemtechnologien, Informations-, Kommunikationstechnologien und viele weitere Technologien vernetzt angewandt und ganzheitlich weiterentwickelt werden müssen. Der Frage nach der Art und Weise der Bündelung verteilter Kompetenzen kommt in diesem Zusammenhang eine besondere Bedeutung zu. Sicher ist, dass die Produktion diesbezüglich eine Schlüsselfunktion innehat. Denn die Produktion ist zum einen der Befähiger, um neue Entwicklungen anderer Technologien marktfähig zu machen, und zum anderen ein Hauptnutznießer von Durchbrüchen anderer Technologien.

Bild 161: Produktionsforschung macht Neuentwicklungen anderer Technologien marktfähig *(Bilder: ZEISS)*

Produktionstechnologie ermöglicht die marktfähige Herstellung von Neuerungen aus anderen Technologien, z. B. bei der Brillenglasfertigung

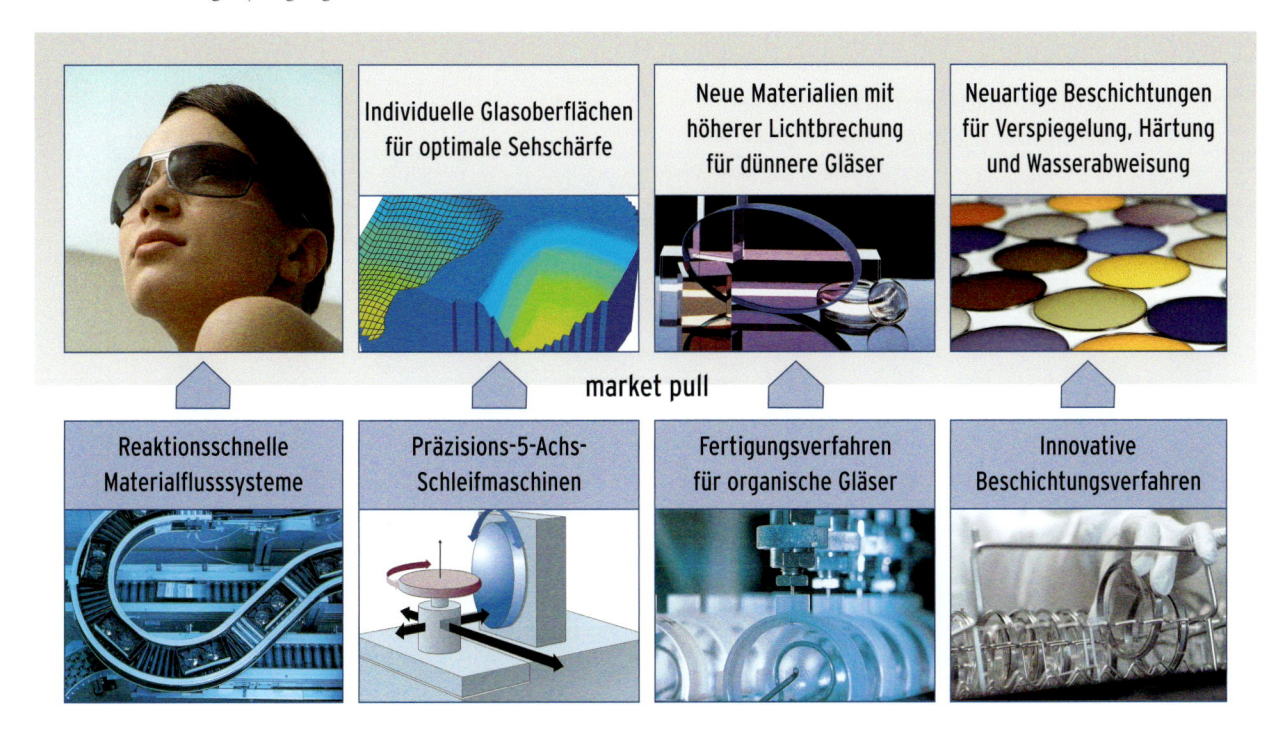

6.1 Produktionsforschung macht Neuentwicklungen anderer Technologien marktfähig

Moderne Produktionstechnologie ist oft die Voraussetzung, um Neuentwicklungen vieler Technologien überhaupt in marktfähige Produkte umsetzen zu können, da sie es häufig erst ermöglicht, die Produkte im industriellen Maßstab mit hoher Qualität und zu akzeptablen Kosten zu produzieren.

So entwickelt beispielsweise die optische Technologie neue Brillengläser, die immer exakter an das individuelle Auge angepasst werden können. Erst geeignete Produktionstechnik ermöglicht es jedoch, diese Gläser in angemessener Zeit und zu vertretbaren Kosten herzustellen. Das Schleifen solcher Optiken übernehmen etwa hochpräzise computergesteuerte Fünf-Achs-Schleifmaschinen (siehe Bild 161).

Wie Produktionstechnologie Neuentwicklungen anderer Technologien zum Marktdurchbruch verhilft, zeigt auch das Beispiel der LC-Displays (LCD), ein Produkt der Werkstofftechnologie. Diese Displays waren anfangs extrem teuer und nur wenigen Spezialanwendungen vorbehalten. Zu einem breiten Markterfolg wurden sie erst, als es gelang, mit neuen Verfahren und Ausrüstungen für die Massenfertigung die Kosten deutlich zu senken.

Die Produktionstechnologie gibt aber auch immer wieder aus der industriellen Anwendung heraus wichtige Impulse für andere Technologien. Sie liefert den Anstoß für die praxisnahe Weiterentwicklung von Neuerungen anderer Schlüsseltechnologien und für nachfrageorientierte Neuentwicklungen. Auf diese Weise befruchten sich die Produktionstechnologien und andere Technologien gegenseitig.

Bild 162: Neuentwicklungen anderer Schlüsseltechnologien: Produktionsforschung entwickelt daraus neue Fertigungsverfahren wie das Lasersintern *(Bilder: EOS Gruppe)*

Produktionstechnologie nutzt Innovationen aus Werkstoffwissenschaften, IKT und optischen Technologien, z. B. für Generative Fertigungsverfahren

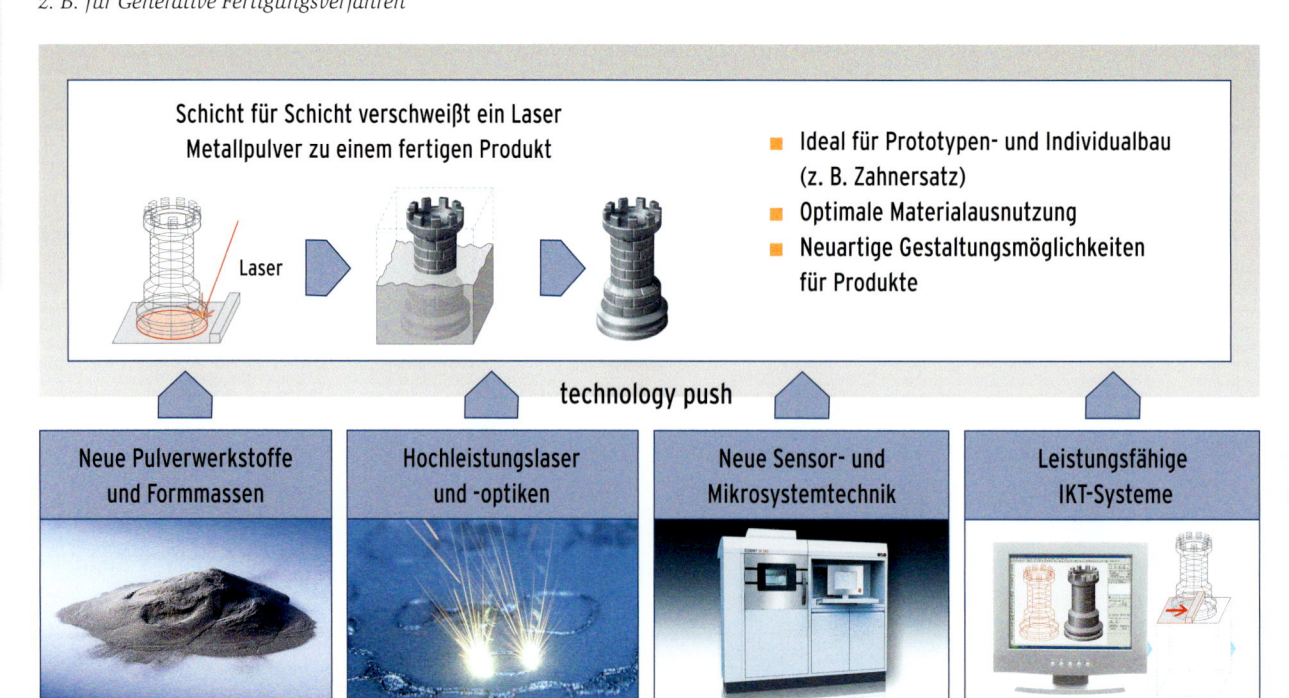

Schicht für Schicht verschweißt ein Laser Metallpulver zu einem fertigen Produkt

- Ideal für Prototypen- und Individualbau (z. B. Zahnersatz)
- Optimale Materialausnutzung
- Neuartige Gestaltungsmöglichkeiten für Produkte

technology push

| Neue Pulverwerkstoffe und Formmassen | Hochleistungslaser und -optiken | Neue Sensor- und Mikrosystemtechnik | Leistungsfähige IKT-Systeme |

6.2 Produktionsforschung nutzt Fortschritte anderer Technologien

Technologien geben Impulse und ermöglichen neue Lösungen für die Produktion. Eine wichtige Aufgabe der Produktionsforschung ist es deshalb, das Potenzial der Forschungsergebnisse anderer Technologien zu erkennen und daraus Wettbewerbsvorteile für die Produktion in Deutschland zu generieren.

Ein Beispiel ist das Nano-Engineering, also die Umsetzung der Erkenntnisse aus der Nanotechnologie in Produktion und Produktionsausrüstung. So ermöglichen neue Nanopartikel-Beschichtungen die Verbesserung konventioneller Fertigungsverfahren. Beispielsweise wird beim Umformen das Werkzeug mit einer Hartstoffschicht überzogen, der Kern des Werkzeugs bleibt jedoch zähfest. Die extrem harte Oberfläche aus Mikro- und Nanohartstoffpartikeln führt in Kombination mit dem zähen Kern zu einer Verdoppelung der Produktivität (NEUGEBAUER & WERTHEIM 2009).

Neben der Verbesserung bestehender Produktionsausrüstung kann die Integration anderer Technologien auch zur Entwicklung vollkommen neuer Fertigungsverfahren führen. So wurden Verfahren wie das Direkte Metall Laser Sintern (DMLS) erst durch Neuerungen in anderen Technologien möglich (siehe Bild 162).

6.3 Interdisziplinarität stärkt die Wettbewerbsposition

Interdisziplinarität in der Produktionsforschung ist in Deutschland bereits vielfältig vorhanden, kann aber zur Stärkung der Wettbewerbsfähigkeit des Produktionsstandorts noch kräftig ausgebaut werden.

Bild 163: Produktion und Produktionsforschung – der Stamm des Technologiebaumes – als Integrator und Befähiger von Technologien

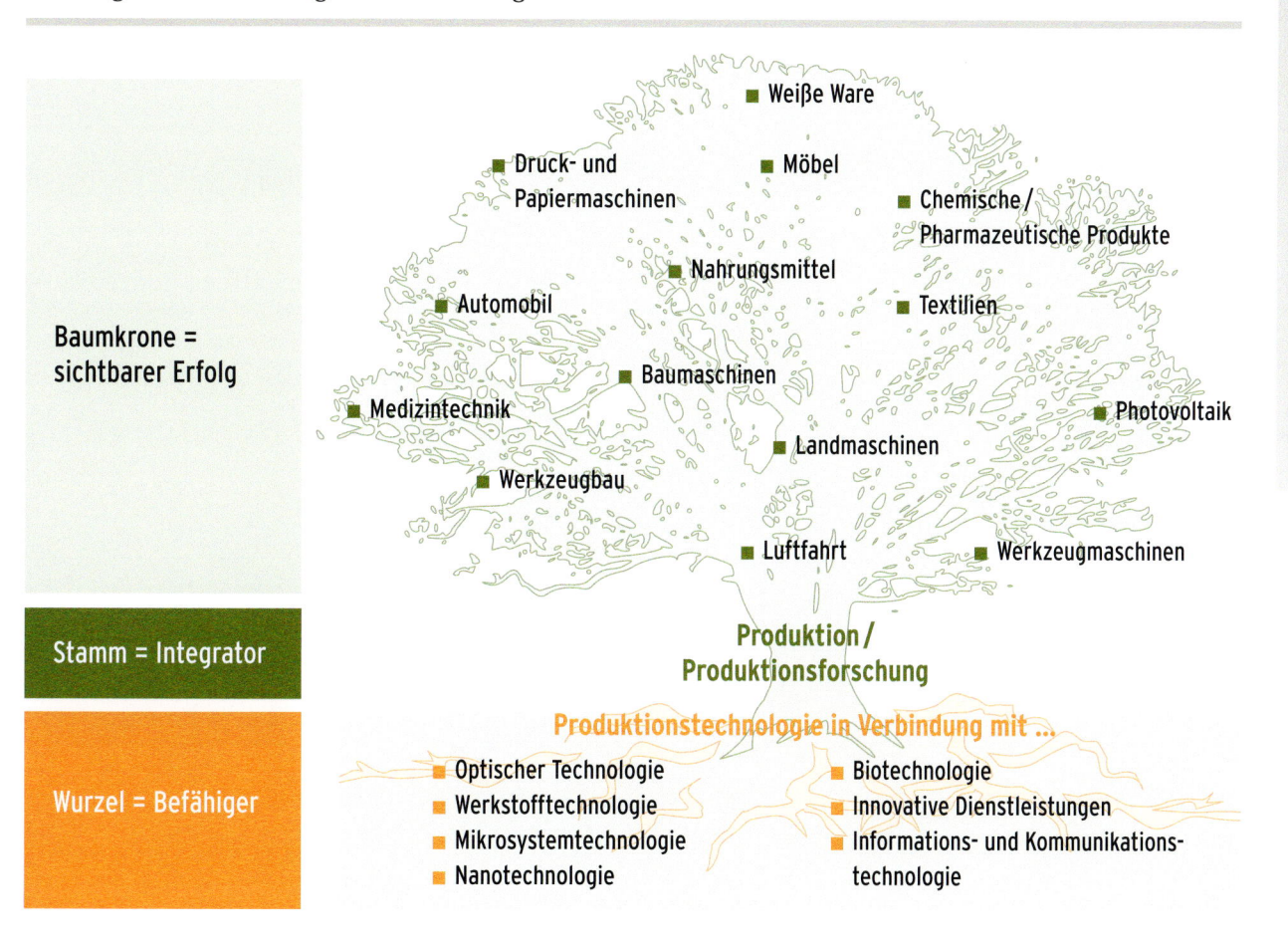

6.3 Interdisziplinarität stärkt die Wettbewerbsposition

Produktionsforschung ist im Kern interdisziplinär angelegt, denn sie betrachtet einerseits die gesamte Wertschöpfungskette von der Idee über die Herstellung eines Produktes bis zu seiner Nutzung beim Kunden und andererseits das produzierende Unternehmen in seiner Gesamtheit mit den Bereichen Entwicklung, Fertigung, Vertrieb, Logistik, Dienstleistungen, Organisation, Personal, Wissensmanagement, usw. Neben den Fortschritten anderer Schlüsseltechnologien lassen sich in der Produktionsforschung auch Erkenntnisse weiterer Fachgebiete wie Physik, Chemie, Biologie und Bionik, Ergonomie, Psychologie, Hygiene oder Wirtschaftswissenschaften hervorragend einbinden. Produktionsforschung ist somit der wesentliche Integrator von Technologien und Disziplinen. Bild 163 illustriert diese Rolle der Produktion als Stamm eines Baumes, dessen Wurzeln die verschiedenen Schlüsseltechnologien repräsentieren und der als Früchte zahlreiche Produkte verschiedener Brachen trägt.

Interdisziplinarität wird zukünftig ein Hauptfaktor zur Sicherung des Innovationsvorsprungs und der Wettbewerbsfähigkeit am Standort Deutschland sein, denn

- ganzheitliche Problemlösungen lassen sich nur durch Zusammenarbeit unterschiedlicher Spezialisten entwickeln,
- Entwicklungsprozesse werden durch gezielte Verknüpfung und Parallelisierung beschleunigt, und
- durch Synergien bei der Bündelung der Vorteile von verschiedenen Technologien lassen sich überlegene Produkte erzeugen.

7 Schulterschluss zwischen Industrie und Wissenschaft

7.1 Notwendigkeit der Kooperation von Forschungsinstituten und Industrieunternehmen

Die zunehmende Bedeutung disziplinübergreifender Kooperationen und die Zusammenarbeit von Unternehmen und Forschungsinstituten ist nachgewiesener Maßen entscheidend, um exzellente und praxisnahe Forschungsergebnisse in der Produktionstechnik zu erzielen. Die besten Innovationen werden nur erreicht, wenn das verfügbare Know-how aus allen erforderlichen Fachrichtungen in einem Forschungsprojekt gebündelt wird. Ob und wann eine Kooperation im Sinne der Forschungsaufgabe sinnvoll ist, hängt von der Thematik und vom „Knowledge Fit" zwischen den Forschungsinstituten und den Unternehmen ab:

- Forschungsinstitute betreiben einerseits Grundlagenforschung und entwickeln somit neue noch nicht marktfähige Technologien, die Unternehmen zur Verfügung gestellt werden. Andererseits führen Forschungsinstitute auch Studien und Prognosen durch, die einen mittel- bis langfristigen Charakter aufweisen und Unternehmen Orientierung bieten können. Der Charakter der Forschungsbemühungen ist in beiden Fällen meist universell.

- Industrieunternehmen konkretisieren die Nutzung der Ergebnisse aus grundlegenden Technologien und allgemeinen Studien. Sie reichern diese Nutzung zudem um spezifische Erfahrungen an, die aufgrund der unmittelbaren Marktnähe gemacht werden. Nicht zuletzt führen Unternehmen selbst Forschungsarbeiten durch, die meistens spezifische Weiterentwicklungen von Produkten und Prozessen darstellen.

- Grundlagenorientierte und kontinuierliche Weiterentwicklungen von Produkten oder Prozessen finden in Unternehmen großenteils getrennt statt. Das Instrument der Forschung im Verbund ist immer dann besonders aussichtsreich, wenn
  - die Forschungsfrage einen revolutionären Charakter hat,
  - die Forschungsfrage einen langfristigen Horizont mit Marktbezug aufweist,
  - die Forschung vorwettbewerblich ist, also die Märkte für die Innovation vorhanden aber noch nicht erschlossen sind, oder
  - die Kompetenzen zur Lösung der Forschungsfrage nicht bei einem Unternehmen gebündelt sind.

Verbundforschungsprojekte sind also eher strategische Projekte, so wie sie im Rahmen der Forschungsbedarfe der Aktionsfelder in Kapitel 4 dargestellt sind. Und gerade diese strategische Bedeutung macht Verbundforschung so wertvoll, denn Deutschland hat eine weltweit einzigartige Kompetenz und Infrastruktur auf dem Gebiet der produktionstechnischen Forschung aufgebaut. Der Schulterschluss zwischen Industrie und Wissenschaft ist gerade auf dem Gebiet der Produktionsforschung in Deutschland viel enger als in anderen europäischen Ländern, Japan und USA. Schätzungsweise arbeiten und forschen rund 2.500 wissenschaftliche Mitarbeiter an Hochschulinstituten, Fraunhofer-Instituten, Steinbeis-Transferzentren und anderen Forschungsinstituten an der Entwicklung zukunftsorientierter Produktionsprozesse, Methoden und Anlagen.

Um diese Spitzenposition zu erhalten, müssen wir die Themen und die mittel- wie langfristige Wirksamkeit

7.1 Notwendigkeit der Kooperation von Forschungsinstituten und Industrieunternehmen

unserer Kooperation stetig überprüfen. Dabei stellen sich die Fragen:

- Sind die in der Forschung angesiedelten Themen relevant? Sind sie zukunftsträchtig?
- Hat die Forschung genügend Freiraum und Ressourcen um komplett neuartige Felder zu erschließen?
- Werden die Grundlagenerkenntnisse schnell genug in Produkte und Prozesse umgesetzt?
- Ist der von der Projektträgerseite vorgegebene Projektrahmen für die Kooperation stimulierend?
- Wie sieht eine Evaluation der Themen und der Forschungskooperation aus, um im Sinne eines lernenden Programms die Effizienz ständig zu verbessern?

Verbundforschungsprojekte werden heute von allen Beteiligten als sehr effizient eingeschätzt. Denn durch die Kooperation von Unternehmen und Forschungsinstituten schaffen beide Einrichtungen gemeinsam eine fruchtbare Innovationskultur. Diese Kultur nutzt allen Beteiligten direkt (siehe auch Bild 164), indem

- marktfähige Innovationen geschaffen werden, die einen echten internationalen Vorteil im globalen Wettbewerb für Unternehmen darstellen,
- Unternehmen die Erkenntnisse aus Grundlagenforschung nahe gebracht werden,
- die Forschungsanstrengungen der Forschungsinstitute am Markt orientiert und auf Praktikabilität ausgelegt werden und
- anwendungsorientierte Spezialisten in den Forschungsinstituten ausgebildet werden, deren Know-how mit ihrem planmäßigen Wechsel in die Industrie übergeht.

7.2 Möglichkeiten der Zusammenarbeit

In Deutschland gibt es unterschiedliche Fördermöglichkeiten, um durch Zusammenarbeit zwischen Industrieunternehmen und Forschungsinstituten Grundlagentechnologien zur industriellen Anwendung zu bringen. Einige Beispiele sind in Bild 165 aufgeführt.

Bild 164: Austausch zwischen Wissenschaft und Wirtschaft durch Verbundforschung

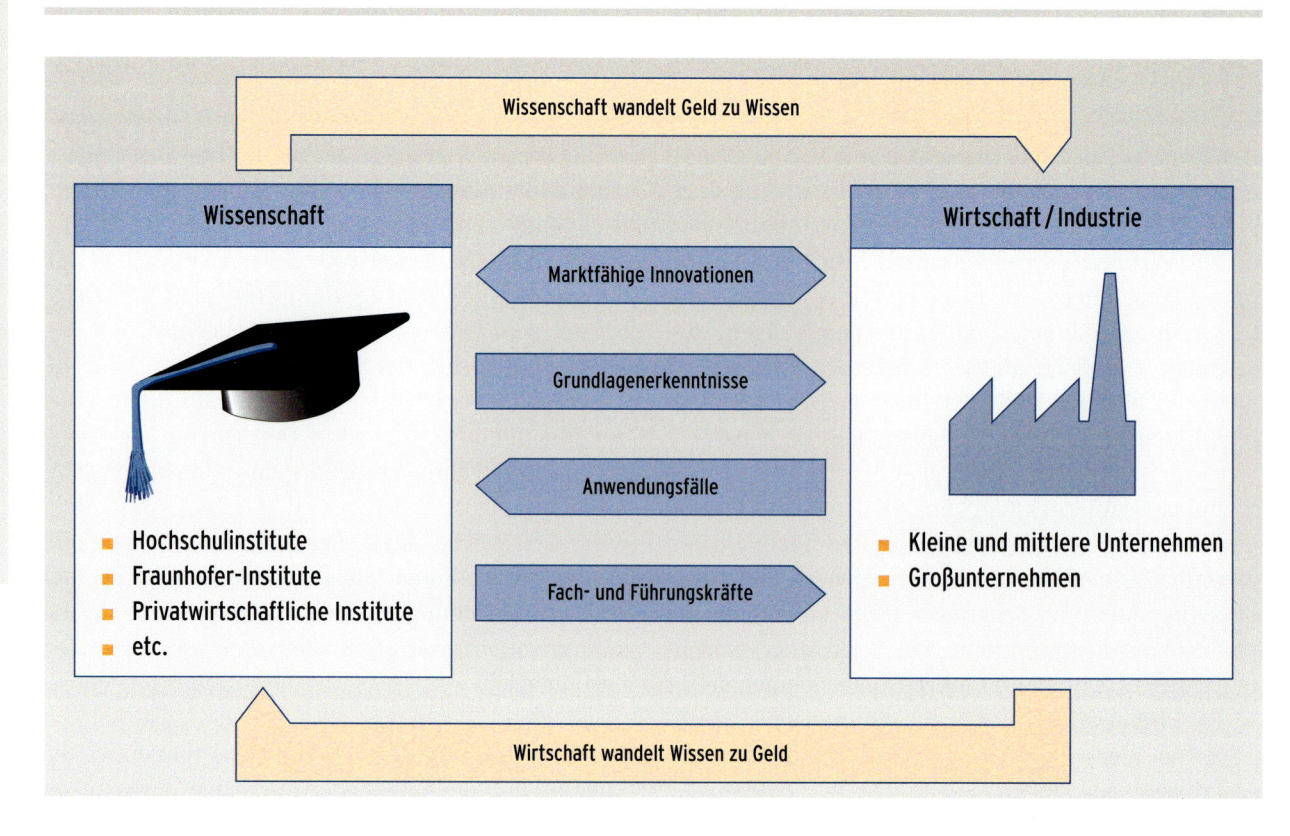

An dieser Stelle sind zum einen Förderprogramme auf Landesebene zu nennen. In den einzelnen Bundesländern existieren zahlreiche Programme, die Forschungsförderung vorwiegend innerhalb der Grenzen der jeweiligen Länder, teilweise aber auch über Ländergrenzen hinweg zum Ziel haben. Als Vertreter der Förderer auf Landesebene können beispielsweise die Volkswagenstiftung in Niedersachsen oder die Bayerische Forschungsstiftung genannt werden. Prinzipiell existieren in nahezu allen Bundesländern themenoffene Förderprogramme, in denen die Förderung produktionsbezogener Themen möglich ist, jedoch nicht gezielt adressiert wird. Darüber hinaus existieren aber auch themenspezifische Programme in unterschiedlichen Ländern. Diesbezüglich kann lediglich Bayern ein auf Prozess- und Produktionstechnik spezifiziertes Förderprogramm aufweisen. Ansonsten stehen derzeit vorrangig umwelt- und ressourcenschonende Technologien im Fokus der themenspezifischen Forschungsförderung.

Darüber hinaus gibt es zahlreiche Forschungsprogramme auf Bundesebene. Dabei ist zwischen vorwettbewerblicher Grundlagen- und Anwendungsforschung zu differenzieren. Die Deutsche Forschungsgemeinschaft (DFG) fördert vorrangig grundlagenorientierte Themen für Forschungsinstitute, beteiligt sich aber mit den sog. Transferprojekten in Sonderforschungsbereichen (SFBs) und Transferbereichen (TFBs) auch an der Verbundforschung. Die einzelnen Bundesministerien (z. B. Bundesministerium für Bildung und Forschung BMBF oder Bundesministerium für Wirtschaft und Technologie BMWi) zeigen sich dagegen schwerpunktmäßig für die anwendungsnahe Forschung verantwortlich. Die Forschungsförderung der Ministerien ist dabei ebenfalls in themenoffene Instrumente und Förderprogramme sowie themenspezifische Forschungsrahmenprogramme für Verbundprojekte unterteilt. Verbundprojekte sind vorwettbewerbliche, arbeitsteilige Kooperationen von mehreren unabhängigen Partnern aus Wirtschaft und Wissenschaft, die

Bild 165: Fördermöglichkeiten für Verbundprojekte

Förderebene	Beispielhafte Förderer und Förderprogramme
International	- Forschungsrahmenprogramme der EU (www.forschungsrahmenprogramm.de) - Forschungsförderung internationales Büro des BMBF (www.internationales-buero.de) und andere
Bund	- Deutsche Forschungsgemeinschaft (DFG) – Transferprojekte in Sonderforschungsbereichen (www.dfg.de) - Bundesministerium für Bildung und Forschung (BMBF) (www.bmbf.de) - Bundesministerium für Wirtschaft und Technologie (BMWi) (www.bmwi.de) - Arbeitsgemeinschaft industrieller Forschungsvereinigungen „Otto von Guericke" e.V. (AiF) (www.aif.de)
Länder	Z. B.: - Bayerische Forschungsstiftung (Bayern) (www.forschungsstiftung.de) - Volkswagenstiftung (Niedersachsen) (www.volkswagen-stiftung.de) - Landes-Offensive zur Entwicklung Wissenschaftlich-ökonomischer Exzellenz (LOEWE) (Hessen) (www.loewe.hessen.de)

7.2 Möglichkeiten der Zusammenarbeit

eigenständige Beiträge zur Lösung einer Forschungs- und Entwicklungsaufgabe erbringen. Verbundprojekte werden in der Regel auf Basis einer Bekanntmachung initiiert, die zu einem oder mehreren aktuellen Förderschwerpunkten ausgeschrieben wird (www.produktionsforschung.de). Nährboden für Innovationen sind von je her vor allem die zahlreichen spezialisierten Unternehmen des Mittelstands. Sie bilden die Basis für den anhaltenden wirtschaftlichen Erfolg. Deshalb förderte die Bundesregierung im Rahmen der Hightech-Strategie Wissenschaft und Wirtschaft mit dem Programm „Forschung für die Produktion von morgen". Im Rahmen dieses Programms, das im Jahr 1999 initiiert und 2005 inhaltlich fortgeschrieben wurde, konnten bis November 2009 mehr als 400 Verbundprojekte mit über 2.600 Partnern aus Industrie und Forschung gefördert werden. Fördersumme für diese Projekte betrug insgesamt 633 Mio. €. Dabei kommen drei Viertel der Projektpartner aus der Industrie, von denen 65 % KMU sind. Forschungsförderung trägt somit entscheidend zur Stärkung des Mittelstandes bei.

Eine themenoffene Komponente der Forschungsförderung speziell für KMU wird vom BMBF mit der Initiative KMU-innovativ angeboten. Damit sollen die Innovationsstärke des deutschen Mittelstands gezielt

Bild 166: ManuFuture-Roadmap für die Produktion der nächsten Generation (JOVANE ET AL. 2009)

IKT = Informations- und Kommunikationstechnologie

		kurzfristig	mittelfristig	langfristig	
		Wettbewerb / Kundenorientierung	Marktführerschaft	Globalisierung	Neue Märkte
	Neue Geschäftsmodelle	■ Post-Lean ■ Lebenszyklus basierte Dienstleistungen ■ „Überlebensstrategien"	■ Europäisches Produktionssystem ■ Wissen & Dienstleistung	■ Echtzeitfähige Unternehmen ■ Neuer Taylorismus	■ Investitionen in F&E ■ Unternehmertum
	Adaptive Produktion	■ Adaptive Automation ■ Modulare Produkte ■ Konfigurierbare Systeme	■ Adaptive Fabriken ■ Anpassung in Echtzeit ■ Adaptive Systeme	■ Echtzeitfähige Fabriken ■ Abschaltbare Fabriken	■ Wissensbasierte Fabriken
Modernes Industrial Engineering	Produktionsnetzwerke	■ Netzwerkentwicklung ■ Kundenorientierte Produktionsnetzwerke	■ Auftragsfertigung ■ Netzwerkstandards	■ Supply Chain Management: – Echtzeitfähigkeit – Global	■ Wissensbasiertes Auftragsmanagement
	Digitale Entwicklungsmethoden und -werkzeuge	■ 3D PLM und Werkzeuge ■ Verkürzung der Entwicklungszeit ■ Digitale Prototypen	■ Multidimensionale Simulation ■ Digitale Fabrik ■ Neue Werkstoffe	■ Prozessstandardisierung ■ Smart Factory ■ Kognitive Simulation	■ Wissensbasiertes Engineering
	Neue Technologien	■ Intelligente Produkte ■ Hochleistungsprozesse ■ Energieeinsparung	■ Generative Technologien ■ Adaptive Materialien ■ Mikro- & Nanotechnologie	■ Verlässlichkeit ■ Prozessmodelle und -simulation	■ Telepräsente Prozess-Überwachung
	IKT für die Produktion	■ Systeme zur Konfiguration ■ Eingebettete Systeme / Mechatronik	■ Multimodale Schnittstellen ■ Software Engineering	■ Allgegenwärtiger Computerzugriff ■ Ferngesteuerte Produktion	■ IKT-gestützte Urbane Produktion

unterstützt und die exzellenten Leistungen und Ergebnisse Deutschlands sowohl in der Grundlagenforschung als auch in der angewandten Forschung konsequent in industrielle Anwendungen und Produkte umgesetzt werden. Ziel ist es, KMU aus forschungsintensiven, technologieorientierten Wirtschaftszweigen in die öffentliche Förderung von Innovationen einzubeziehen und bei der Nutzung ihres Innovationspotenzials im Bereich der Spitzenforschung zu unterstützen.

Ergänzend gibt es auch sogenannte Innovationsallianzen – strategische Kooperationen zwischen Wirtschaft und Wissenschaft, die sich einem langfristigen und umfangreichen Forschungsthema mit hohem Wettbewerbspotenzial widmen. Dabei steht jeweils die Ausrichtung auf bestimmte Anwendungsbereiche oder Zukunftsmärkte im Zentrum. Diese Projekte gehen häufig über die FuE-Phase hinaus und beziehen die gesamte Wertschöpfungskette mit ein. Voraussetzung für die Bereitstellung von Fördermitteln des Bundes ist ein erhebliches finanzielles Engagement der Wirtschaft.

Auf der internationalen Ebene bietet beispielsweise die Europäische Union in sog. Forschungsrahmenprogrammen Fördermöglichkeiten von Gemeinschaftsprojekten an. Diese Programme dienen der Erreichung des Ziels, die wissenschaftlichen und technologischen Grundlagen der Industrie zu stärken und die Entwicklung ihrer internationalen Wettbewerbsfähigkeit zu fördern. Dabei liegt die Konzentration auf einer begrenzten Zahl vorrangiger Forschungsbereiche mit ausgeprägtem europäischem Mehrwert. Mit diesem Rahmenprogramm wird risikoreiche, vorwiegend interdisziplinäre Pionierforschung gefördert und die Autonomie der Wissenschaft bei Förderentscheidungen ist durch einen unabhängigen, wissenschaftsgeleiteten Forschungsrat gewährleistet. Die inhaltliche Gestaltung der europäischen Rahmenprogramme orientiert sich dabei an Vorschlägen der ManuFuture-Initiative. Dafür wurde eine Roadmap erarbeitet, welche die folgenden Felder als wichtige Forschungsbereiche herausstellt:

- Neue Geschäftsmodelle
- Adaptive Produktion
- Produktionsnetzwerke
- Digitale Entwicklungsmethoden und -werkzeuge
- Neue Technologien
- IKT für die Produktion

Die Roadmap unterscheidet zwischen kurz-, mittel- und langfristigen Maßnahmen (vgl. Bild 166). Kurzfristig zielt sie auf eine bessere Wettbewerbsfähigkeit der Unternehmen und eine stärkere Kundenorientierung. Mittelfristige Maßnahmen sollen den beteiligten Unternehmen helfen, internationale Spitzenpositionen zu erlangen. Langfristige Maßnahmen konzentrieren sich überwiegend auf zukünftige Wachstumsmärkte und basieren auf den Ergebnissen der vorhergehenden Phasen.

Mit diesen Möglichkeiten werden die notwendigen Rahmenbedingungen für die deutsche Forschungslandschaft gestellt. Ziel ist dabei, den hocheffektiven, international wettbewerbsfähigen, produzierenden Sektor der deutschen Wirtschaft weiter zu stärken und zur ständigen Verbesserung der Produktion beizutragen.

7.3 Beispiele für erfolgreiche Verbundprojekte

7.3.1 ProOriginal – Ganzheitlicher Produktschutz durch Verbundforschung

Eine innovative Lösung zum Schutz vor Produktpiraterie konnte im Projekt ProOriginal mithilfe der Verbundforschung realisiert werden. In dem Projekt arbeiteten die Werkzeugmaschinenhersteller DECKEL MAHO Pfronten GmbH und KASTO Maschinenbau GmbH & Co. KG, der Steuerungshersteller Siemens AG, der Spindelhersteller WEISS GmbH, der Systemlieferant FESTO AG & Co. KG und die Softwarefirma ProCom GmbH als Partner zusammen. Dadurch waren die wesentlichen Partner aus der Wertschöpfungskette Werkzeugmaschinenbau in dem Konsortium vertreten, als Forschungsinstitut war das PTW der Technischen Universität Darmstadt an dem Projekt beteiligt. Das Forschungsprojekt ProOriginal wurde vom BMBF im Rahmenprogramm „Forschung für die Produktion vom Morgen" gefördert und vom Projektträger Karlsruhe (PTKA) betreut.

Als Antwort auf die Frage nach einer idealen Schutzstrategie vor Produktpiratrie kam das Konsortium zu dem Schluss, dass der wirksamste Schutz gegen Produktpiraterie erreicht wird, wenn alle Partner der Wertschöpfungskette gemeinsam ein optimales, auf-

7.3 Beispiele für erfolgreiche Verbundprojekte

einander abgestimmtes Maßnahmenbündel aus technischen, organisatorischen und juristischen Maßnahmen schnüren.

Um solch ein unternehmensindividuelles Maßnahmenbündel zu definieren, müssen zunächst Riskopotenziale analysiert und bestehende Maßnahmen katalogisiert werden. So wurde vom PTW gemeinsam mit FESTO und ProCom ein softwarebasiertes Prozessmodell entwickelt, welches die Unternehmensprozesse im Werkzeugmaschinenbereich von der Entwicklung bis zum After-Sales-Service abbildet. Mithilfe dieses Modells können die relevanten Risiken (z. B. Haftung, Image, Absatzverluste) identifiziert werden. In dem Modell sind dafür mögliche Risiken und deren Ursachen hinterlegt, die für Produktpiraterie in der Investitionsgüterindustrie typisch sind. Darauf aufbauend können existierende Maßnahmen hinsichtlich ihrer Eignung zur Risikoabwehr überprüft werden. Mit dem Wissen der Konsortialpartner konnten dafür 230 technische und organisatorische Maßnahmen gesammelt und in das Modell eingeordnet werden.

Je nach Anwendungsfall können so einzelne Komponenten der Maschine, wie die Motorspindel, Wartungseinheiten, Ventilinseln oder die Steuerung von Siemens, z. B. durch geeignete Konstruktionsmethoden oder den Einsatz von Kennzeichnungstechnologien, abgesichert werden. Die Erfahrung aus dem Projekt zeigt jedoch, dass bestehende Einzelmaßnahmen für Maschinenkomponenten meist noch keinen wirksamen Schutz gewährleisten. Eine ganzheitliche Absicherung der Werkzeugmaschine wird erst erreicht, indem auf jeder Systemebene der Maschine Schutzmaßnahmen implementiert werden, die wechselseitig wirken.

Neben dem Prozessmodell wurden deshalb auch aussichtsreiche technische Maßnahmen entwickelt. Um dies zu demonstrieren wurde im Projekt ProOriginal gemeinsam von den Projektpartnern ein kopiersicherer Werkzeugmaschinen-Prototyp konstruiert.

Bild 167: Wertschöpfungsübergreifender Schutz des Gesamtsystems Werkzeugmaschine (Bilder: ProOriginal, PTW)

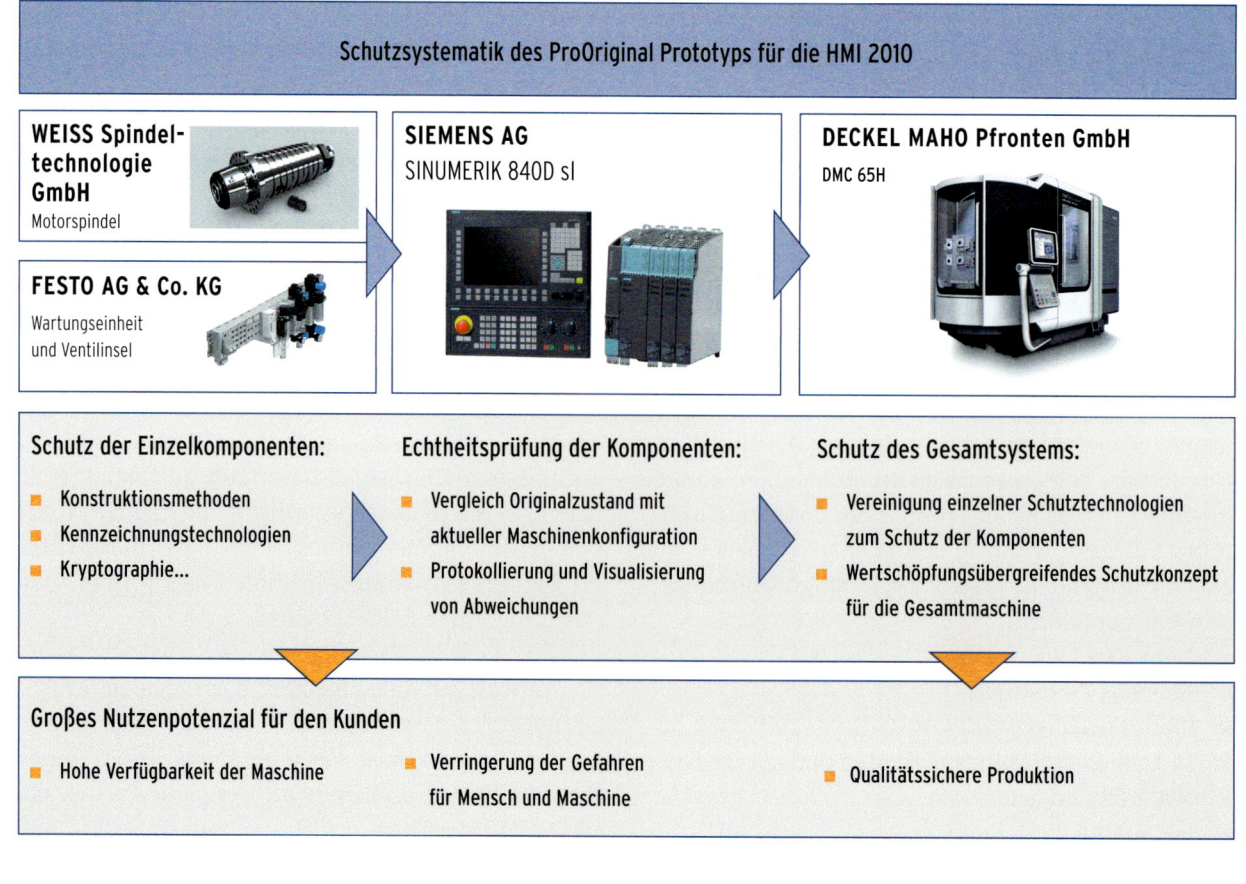

Schutzsystematik des ProOriginal Prototyps für die HMI 2010

WEISS Spindeltechnologie GmbH — Motorspindel

FESTO AG & Co. KG — Wartungseinheit und Ventilinsel

SIEMENS AG — SINUMERIK 840D sl

DECKEL MAHO Pfronten GmbH — DMC 65H

Schutz der Einzelkomponenten:
- Konstruktionsmethoden
- Kennzeichnungstechnologien
- Kryptographie...

Echtheitsprüfung der Komponenten:
- Vergleich Originalzustand mit aktueller Maschinenkonfiguration
- Protokollierung und Visualisierung von Abweichungen

Schutz des Gesamtsystems:
- Vereinigung einzelner Schutztechnologien zum Schutz der Komponenten
- Wertschöpfungsübergreifendes Schutzkonzept für die Gesamtmaschine

Großes Nutzenpotenzial für den Kunden
- Hohe Verfügbarkeit der Maschine
- Verringerung der Gefahren für Mensch und Maschine
- Qualitätssichere Produktion

Eine intelligente Maschinensteuerung nutzt darin die bereits vorhandenen Kommunikationsschnittstellen, um die einzelnen Komponenten auf ihre Echtheit zu überprüfen und die Maschine als ein Gesamtsystem zu schützen. Der Prototyp ist in der Lage, die aktuelle Maschinenkonfiguration zu ermitteln und mit dem Originalzustand zu vergleichen. Davon profitiert der Hersteller, indem er z. B. effektiv ungerechtfertigte Regressforderungen abwehren kann. Aber auch der Kunde zieht daraus einen Nutzen, da er auf diese Weise äußerlich kaum von der Originalkomponente unterscheidbare Plagiate erkennen und sich somit vor dem Einsatz niederwertiger und gefährlicher Komponenten schützen kann.

Bei der Entwicklung dieses ganzheitlichen Schutzkonzeptes für eine Werkzeugmaschine kam die Stärke der Verbundforschung dadurch zum Tragen, dass die Partner der gesamten Wertschöpfungskette gemeinsam an einer Lösung arbeiteten und jeweils ihre Stärken und spezifisches Know-how einbringen konnten. So wurde die Gesamtlösung in eine Maschine von DECKEL MAHO integriert, die steuerungsseitigen Probleme wurden von Siemens übernommen, während die kommunikationsfähigen Komponenten von WEISS und FESTO stammen. Die Identifikation der schutzwürdigen Komponenten und die methodische Begleitung wurden durch das PTW sichergestellt.

Mit den in ProOriginal entwickelten Ergebnissen wurde ein wesentlicher Grundstein zum Schutz des Know-how am Standort Deutschlands gelegt, von dem Kunden, Hersteller, der Staat und Mitarbeiter gleichermaßen profitieren. Diese Art der praxisorientierten Forschung ist nur durch den Schulterschluss aus Industrie und Forschung im Rahmen von Verbundprojekten möglich.

Weitere Informationen unter: www.prooriginal.de

7.3.2 SimuSint – Entwicklung neuer Simulationsmethoden für Strahlschmelzverfahren

Im Rahmen des Verbundprojekts SimuSint wurde ein Beitrag zur effizienten Entwicklung und Optimierung von Strahlschmelzverfahren entwickelt. Ziel des Projekts war es, Methoden zur Prozess-Struktur-Simulation auf Basis der Finite-Elemente-Methode speziell für Schichtbauverfahren zu entwickeln und in einem modulbasierten Simulationsbaukasten abzubilden. Dieser soll aus Sicht der Anwender dazu eingesetzt werden können, repräsentative Prozesse, wie das Selective Laser Melting (SLM), Direct Metal Laser Sintering (DMLS) und LaserCusing zur Verfestigung von definierten Metallpulvern, welche voneinander abweichende, prozessspezifische Ausprägungen besitzen, realitätsnah abzubilden. Damit sollte ein wertvoller Beitrag zur Produktivitätssteigerung bei der generativen Fertigung geleistet werden. Übergeordnet trägt der Ansatz zu einer erhöhten Ressourceneffizienz bei, da zahlreiche zeit- und kostenaufwändige Versuchsreihen direkt am Simulationsrechner durchgeführt werden können.

Das Forschungsprojekt SimuSint wurde vom Bundesministerium für Bildung und Forschung im Rahmenprogramm „Forschung für die Produktion von Morgen" gefördert und vom Projektträger Karlsruhe betreut. Die Aufgabenverteilung innerhalb des Konsortiums entsprach den jeweiligen Kompetenzen der Partner. Das Institut für Werkzeugmaschinen und Betriebswissenschaften (*iwb*) der Technischen Universität München arbeitete eng mit den Anlagenherstellern EOS GmbH, MTT Technologies GmbH und ConceptLaser GmbH sowie dem Simulationsdienstleister CADFEM GmbH zusammen. Für die Validierung der Simulation zeigten sich die Technologieanwender FESTO AG & Co. KG sowie die BMW AG verantwortlich.

In thematischer Hinsicht war das *iwb* Anwenderzentrum Augsburg grundlegend für die Eruierung von Prozesseigenschaften und -parameter sowie für die Konfiguration und Implementierung des Simulationsbaukastens zuständig. Die BMW AG analysierte relevante Verzugs- und Eigenspannungseinflüsse. Als Softwarehaus und Entwickler FEM-basierter Berechnungsroutinen trug die Firma CADFEM die Verantwortung zur Adaption der vorhandenen Simulationsmodule sowie zur Entwicklung und Erweiterung neuartiger Simulationsmethoden bei. Das Anwendungsszenario zur Optimierung von Belichtungsstrategien erforderte die anwendungsspezifische Konfiguration einzelner Simulationsketten und wurde von den Anlagenherstellern EOS, MTT Technologies und CONCEPT Laser mehrheitlich übernommen. Vergleichende Betrachtungen zwischen Simulation und Realität zur Verifikation der Methoden führte demgegenüber die Firma FESTO durch.

Als Ergebnis dieses Projekts entstand das modulare Simulationssystem SIMUSINT. Dieses berechnet mit Hilfe der Finite-Elemente-Methode fertigungsbedingte Temperaturfelder, Bauteilverformungen und -eigenspannungen für verschiedene Strahlschmelzverfahren. SIMUSINT basiert auf der kommerziellen FEM-Software ANSYS Multiphysics und kann für das Selective Laser Melting (MTT Technologies), das Direct Metal Laser Sintering (EOS) und das LaserCusing (CONCEPT Laser) eingesetzt werden. Eine automatisierte Schnittstelle zwischen den verschiedenen Fertigungsanlagen und der Simulation garantiert realitätsnahe Ergebnisse.

Die Simulationsmethoden können speziell von Anlagenherstellern genutzt werden, um neue Scanstrategien zu entwickeln bzw. bereits vorhandene Typen auf bestimmte Schichtgeometrien abzustimmen. Dabei ermöglicht es die Simulation, unter anderem die Auswirkungen auf Verformungen und Eigenspannungen einzelner Schichten bei der Variation von Prozessparametern zu analysieren (vgl. Bild 168).

Die Projektergebnisse ermöglichen dem Anwender ein präventives und kosteneffizientes Validieren unterschiedlicher Prozessparameterkonstellationen mit Hilfe der FEM. Auf Basis der berechneten thermomechanischen Ergebnisse kann ein optimierter Bauprozess gestartet werden. Die Zielsetzung der Anlagenhersteller für die Zukunft besteht demzufolge darin, die Ausschussquote von Bauteilen um etwa 30 % zu senken. Weitere wirtschaftliche Erfolgsaussichten nach Projektende sind Bild 169 zu entnehmen.

Weitere Informationen unter: www.simusint.de

7.3.3 Zusammenfassung

Die interdisziplinäre Zusammenarbeit von Forschungsinstituten und Industrie führt zweifelsfrei zu innovativen Lösungen zur Steigerung der Wettbewerbsfähigkeit von Unternehmen am Standort Deutschland. Die Ergebnisse von Forschungsprojekten tragen dazu bei, das Verständnis für Produktionsprozesse und -systeme zu vertiefen und Innovationen zu erarbeiten. Die beteiligten Firmen können ihr Know-how weiter ausbauen und dadurch einen Innovationsvorsprung generieren. Erst das Zusammenwirken der in den Partnerfirmen und Instituten verteilten Kompetenzen ermöglicht es, die erzielten Ergebnisse zu erreichen, da keiner der Beteiligten alleine das umfassende Expertenwissen und die nötigen Kapazitäten für eine alleinige Lösung der Aufgabe hat.

Bild 168: Nutzen des Simulationssystems für den Anwender *(Bilder: iwb)*

Scanstrategie
Entwicklung neuer Scanstrategien und Ableitung der Bauprozessparameter

Supportstrukturen
Bauteilspezifische Supportgestaltung

Bauplattform-Vorheiztemperatur
Simulationsgestützte Ermittlung der adäquaten Vorheiztemperatur

Bauteilorientierung
Virtuelle Analyse der idealen Bauteilneigung

Schichtdicke
Verformungen und Eigenspannungen in Abhängigkeit von der Pulverschichtdicke

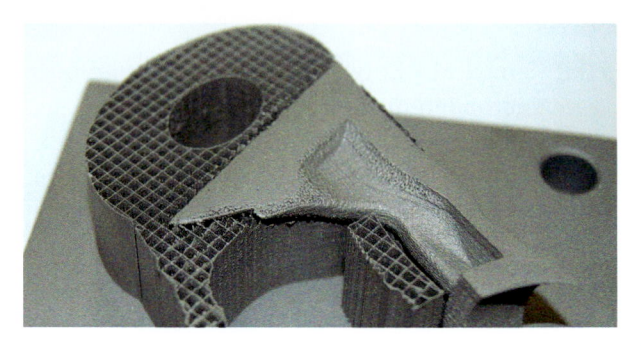

Bild 169: Wirtschaftliche Erfolgsaussichten der beteiligten Partner

Projektpartner	Erfolgsaussichten
CADFEM GmbH	Vermarktung der Ergebnisse als Zusatzmodul für ANSYS Bedarf (Schätzung): 40 Lizenzen
EOS GmbH	Einsatz des Simulationssystems zur Prozessqualifizierung
ConceptLaser GmbH	Senkung der Entwicklungszeit für Belichtungsstrategien um 35 %
MTT Technologies GmbH	Senkung der Ausschussquote um 30 %
FESTO AG & Co. KG	Einsatz des Simulationssystems zur Erhöhung der Prozesssicherheit; Reduzierung der Herstellkosten (30 %)
BMW AG	Einsatz des Simulationssystems im Produktenstehungsprozess (PEP)

8 Schlusswort

Eine starke Produktionsbasis in Deutschland ist Garant für Beschäftigung, Wohlstand und somit für die Zukunftssicherung Deutschlands. Das diesem Buch zugrunde liegende Forschungsprojekt, das über 70 Wissenschaftler unter Einbeziehung zahlreicher Industrie- und Verbandsvertreter durchgeführt haben, zeigte dies mehr als deutlich. Deutschland braucht Innovations- und Entwicklungskompetenz in zukunftsträchtigen Branchen und Produkten. Aber genauso brauchen wir Wertschöpfungskompetenz, also die Fähigkeit innovative Produkte herzustellen, dafür Prozesse zu entwickeln, Produktionsanlagen zu bauen und diese hier am Standort Deutschland auch unter den globalen Wettbewerbsbedingungen wirtschaftlich zu betreiben.

Vielfach sind entsprechende Kompetenzen bereits im Rahmen der Globalisierung abgeflossen. Eine weiter fortschreitende Verlagerung der Produktion in andere Länder verbunden mit dem unweigerlichen Abwandern von Entwicklungskompetenz und dem Wandel zu einer oftmals postulierten Dienstleistungsgesellschaft sind keine Option. Politik, Wissenschaft und Unternehmen sind hier zum gemeinsamen Handeln für unser Land und Europa aufgerufen. Wir benötigen langfristig angelegte Strategien, die den Aufbau wegweisender Innovations- und Wertschöpfungsnetzwerke ermöglichen.

Die Globalisierung und andere Megatrends wie die Ressourcenverknappung, die Mobilitätsbedürfnisse oder der demografische Wandel stellen uns Menschen mit unserem begrenzten Wissen vor anspruchsvolle Herausforderungen, bieten uns aber auch gewaltige Chancen für neue Produkte, neuartige Produktionstechniken und Produktionsausrüstung, innovative Produktionsorganisation und für ein global denkendes und lokal agierendes Management. Daraus leitet sich umfassender Forschungsbedarf ab, der sich in mehreren übergeordneten Forschungskomplexen wiederfindet. Wichtige Themen sind beispielsweise:

- Die Schaffung von Voraussetzungen zur kostengünstigen und ressourcenschonenden Produktion von Elektromobilität
- Die weitere Entwicklung in der Medizintechnik durch günstige Geräte für die Diagnostik und neuartige Produkte für die Therapie
- Die weitergehende Automatisierung der Stückgutprozesse, um trotz des demografischen Wandels und zurückgehender Humanressourcen die Wertschöpfung in Deutschland zu halten
- Die weitere Erhöhung der Kapazitätsflexibilität und Wandlungsfähigkeit von Fabriken bis hin zur vorübergehenden Stilllegung um der Volatilität der Märkte zu begegnen
- Die Einführung neuartiger Formen des Lernens und ein nachhaltiger Umgang mit Wissen

Die Produktionstechnik ist ein Wegbereiter zur Lösung dieser Herausforderungen und gleichzeitig Bindeglied zwischen neuen Entwicklungen in Schlüsseltechnologien und der daraus folgenden Herstellung von marktfähigen Produkten. Die Verbundforschung ist ein wichtiges Instrument, um durch zielorientierte Kooperation zwischen Wissenschaft und Industrie aus neuen Technologien und neuen Ideen innovative Produkte zu machen und ihre Produktion zu ermöglichen. Sie muss deshalb – auch mit öffentlichen Mitteln – weiter unterstützt und intensiviert werden. Staat und Wissenschaft können Unternehmertum nicht ersetzen, aber einen Beitrag zur Verbesserung der Rahmenbedingungen leisten. Vordringlich erscheinen:

- Weitere Investitionen in die Bildung: Technikbegeisterung bereits in der Grundschule zu fördern, die duale Ausbildung weiter zu kräftigen und Mädchen für Technik zu interessieren sind nur drei der für eine Zukunft der Produktion notwendigen Stellhebel.
- Verbesserung der Hochschulausbildung: Die Lehre an Hochschulen muss das komplexe Produktionsfeld in Theorie und Anwendungsnähe abbilden. Beispielsweise können sog. Lernfabriken (fabrikähnliche Lernumgebungen) zukünftigen Hochschulabgängern den Einstieg in eine erfolgreiche Laufbahn im Produktionsumfeld erleichtern.
- Förderung von Führungsnachwuchs: Das Potenzial der wissenschaftlichen Mitarbeiter, die im Rahmen von Verbund-Forschungsprojekten mit der Industrie und im Laufe ihrer Promotion in hervorragender Weise auf eine spätere Führungsaufgabe vorbereitet werden, muss noch besser genutzt und weiter ausgebaut werden.
- Erhöhung der Ressourcen für Forschung in der Produktion: Sowohl für die Grundlagenforschung, aber auch für die anwendungsnahe Entwicklung neuer Methoden und Verfahren müssen zusätzliche Ressourcen von der öffentlichen Hand bereitgestellt werden. Leuchtturmprojekte müssen Mut zum Aufbau einer Produktionslandschaft hier in Deutschland machen. Die schon über viele Jahre vom BMBF und Projektträger Karlsruhe angestoßenen und begleiteten Verbundforschungsprojekte sind eine ideale Projektform der gemeinsamen Entwicklung von Wissen und industrieller Anwendung. Allerdings erscheinen die in den letzten Jahren hier investierten Mittel als viel zu gering um die Zukunft der Produktion in Deutschland zu sichern.

Mit diesem Buch wird deutlich, dass rasch wachsende Produktionskapazitäten in Schwellenländern und insbesondere in den BRIC-Staaten die Produktion „Made in Germany" vor immense Herausforderungen in den nächsten Jahrzehnten stellen. Es ist sprichwörtlich „Fünf vor Zwölf" und es besteht die Dringlichkeit zum Handeln. Dieses Buch zeigt eine Vielzahl von Chancen, die wir gerade durch die Stärkung der Produktionsforschung ergreifen können. Effiziente Kooperationen zwischen Unternehmen und Forschungsinstituten resultieren in disziplinübergreifenden vorwettbewerblichen Innovationen und legen damit den Grundstein zur Nutzung neuer Chancen. Lassen Sie uns gemeinsam daran arbeiten, dass die Produktion in Deutschland auch für unsere Kinder eine Zukunft hat.

Glossar

BRIC
Umfasst die Staaten Brasilien, Russland, Indien und China

Condition Monitoring
Der Begriff Condition-Monitoring beschreibt die Zustandsüberwachung von Maschinen auf Basis einer regelmäßigen oder permanenten Erfassung des Zustandes durch Messung und Analyse aussagefähiger physikalischer Größen (Schwingungen, Temperaturen, Lage/Näherung etc.). Es dient zur Erhöhung der Sicherheit und Effizienz von Maschinen und Anlagen.

Data Mining
Unter Data Mining wird das systematische Suchen und Auffinden von Wissen in Wissensdatenbanken mit Hilfe von mathematisch-statistischen Algorithmen verstanden.

Dienstleistung
Dienstleistungen sind immaterielle marktfähige Leistungen, die an einem Objekt oder einer Person erbracht werden um nutzenstiftende Wirkungen zu erzielen.

Dienstleistungs-Produktionssystem
In Anlehnung an in der Industrie verbreitete ganzheitliche Produktionssysteme wird unter dem Begriff Dienstleistungsproduktionssystem eine Sammlung von Methoden verstanden, die dazu dient, die Effektivität und Effizienz der Dienstleistungserbringung zu erhöhen.

Digitale Fabrik
Der Begriff Digitale Fabrik steht für ein integriertes, digitales Modell eines Fertigungsbetriebes, in dem die Produkte, die Planungs- und die Produktionsvorgänge ohne Medienbruch abgebildet sind. (SYSKA 2006)

eLearning
Unter eLearning werden alle Formen von Lernen verstanden, bei denen elektronische oder digitale Medien für die Präsentation und Distribution von Lernmaterialien und/oder zur Unterstützung zwischenmenschlicher Kommunikation zum Einsatz kommen.

Elektromobilität
Elektromobilität bezeichnet allgemein die Nutzung von Elektrofahrzeugen. Insbesondere wird darunter der Einsatz von Elektro- und Hybridfahrzeugen im Straßenverkehr verstanden.

EMS
EMS steht für Electronic Manufacturing Services (EMS). Electronic Manufacturing Services kann übersetzt werden mit Fertigungsdienstleister für elektronische Komponenten.

Entität
Als Entität wird in der Datenmodellierung ein eindeutig zu bestimmendes Objekt benannt, dem Informationen zugeordnet werden. Diese Objekte können dabei materiell oder immateriell, konkret oder abstrakt sein.

Fertigung
Fertigen ist die Herstellung von Werkstücken geometrisch bestimmter Gestalt. (TÖNSHOFF & DENKENA 2001)

Flexibilität
Flexibilität beschreibt die Fähigkeit eines Produktionssystems, sich schnell und nur mit sehr geringem finanziellen Aufwand an geänderte Einflussfaktoren anzupassen. Die Veränderung, d. h. die möglichen erreichbaren Systemzustände, sind im Kontext der Flexibilität durch vorgehaltene Maßnahmenbündel definiert und durch zum Zeitpunkt der Planung festgelegte Fähigkeitskorridore begrenzt. (ABELE ET AL. 2006B)

Glossar

Ganzheitliche Produktionssysteme

Ganzheitliche Produktionssysteme sind organisatorische Modelle und methodische Regelwerke für die Produktion in einem Unternehmen. Sie verstehen sich als Rahmen und Anleitung für Aufbau, Betrieb und Weiterentwicklung der Produktionsabläufe. Zunehmend wird ihr Wirkungsbereich auf die Auftragsabwicklungsprozesse und damit auf die Bürobereiche erweitert. Ein wirklich „Ganzheitliches" Produktionssystem umfasst also das gesamte Produktionsunternehmen. (KORGE & LENTES 2009)

Global Footprint

Der Global Footprint eines produzierenden Unternehmens ist die Aufstellung der Wertschöpfungsstufen in einem weltweiten Netzwerk – gleichsam sein geografischer Fußabdruck. (BERGER 2004)

hybrides Leistungsbündel

Ein hybrides Leistungsbündel kennzeichnet eine integrierte Entwicklung, Erbringung und Nutzung von Sach- und Dienstleistungsanteilen. Somit handelt es sich bei einem hybriden Leistungsbündel um ein Absatzobjekt, das zur Lösung eines bestimmten Kundenproblems geeignet ist.

Incentivierung

Durch Incentivierung wird das Schaffen von Leistungs- oder Kaufanreizen, z. B. durch Geld- oder Sachprämien verstanden.

Innovation

Innovationen sind neue Kombinationen, die sich am Markt durchsetzen. Dabei gibt es fünf Arten: neue Produkte, Produktionsprozesse, Entdeckung und Verwertung neuer Rohstoffe und neuer Technologien und neue Organisationsstrukturen. (MILBERG 2002)

Invention

Mit Invention wird die Erfindung gekennzeichnet. Sie umfasst sowohl die erstmalige technische Umsetzung als auch die neue Kombination bestehender wissenschaftlicher Erkenntnisse und ist i.d.R. das Resultat erfolgreich verlaufener F & E-Aktivitäten. (SPECHT ET AL. 2002)

Kognition

Kognition beschreibt die Fähigkeit, Umweltinformationen aufzunehmen, zu erinnern, zu verarbeiten, für eine Entscheidungsfindung zu verwenden und daraus zu lernen. Kognitive Fähigkeiten ermöglichen es dem Menschen, sich in seiner Umwelt zu orientieren und sich an neue Randbedingungen anzupassen.

Lernfabrik

Lernfabriken stellen Lernumgebungen dar, in denen anhand von realitätsgetreuen Produktionsprozessen die Anwendung von Optimierungs- und Managementmethoden erlernt und ausprobiert werden kann.

Low-Cost-Automation

Automatisierung ist die Einrichtung und Durchführung von Arbeits- und Produktionsprozessen durch den Einsatz automatischer Einrichtungen. Im Sinne der schlanken Produktion brauchen flexible Fertigungslinien keine teuren und unflexiblen Automationslösungen, sondern einfache Lösungen, eine intelligente Automation, sogenannte Low-cost-(intelligent)-Automation, sind gefordert. (SYSKA 2006)

Make-or-Buy

Make-or-Buy bezeichnet die Fragestellungen nach der Eigenfertigung oder dem Fremdbezug von (Sach-)Gütern. (GEBHARDT 2006)

Mechatronik

Mechatronik ist eine interdisziplinäre Ingenieurwissenschaft; sie ist die systematische Kombination von Mechanik- Elektronik – Informatik, weitere funktionell erforderliche Technologien werden integriert. (CZICHOS 2008)

Megatrends

Längerfristige Entwicklungen, die durch globale, nachhaltige Auswirkungen mit hohen Eintrittswahrscheinlichkeiten gekennzeichnet sind.

Glossar

Montage

Nach der VDI-Richtlinie 2860 (VDI 1990) ist Montieren die Gesamtheit aller Vorgänge, die dem Zusammenbau von geometrisch bestimmten Körpern dienen. Montagen bestehen im Kern aus Vorgängen des Fügens, wie in (DIN 8593) spezifiziert, und Funktionen der Werkstückhandhabung nach der VDI-Richtlinie 2860. (LOTTER 2006)

Net-shape

Net-shape ist die Weiterentwicklung des near-net-shape-Gedankens und zielt auf die endformgetreue Fertigung des Bauteils ab (z. B. durch Umformen), sodass keine Nachbearbeitung mehr nötig ist.

Nanoengineering

Nanoengineering erforscht nano- und mikroskalige Materialien, aber auch Bausteine und Systeme, deren Strukturen und Komponenten (gegenüber dem Makroskopischen) besondere physikalische, chemische und biologische Eigenschaften, Phänomene und Prozesse ausprägen. (LYSHEVSKI 2001)

Nanotechnologie

Nanotechnologie fungiert als Sammelbegriff für Techniken für und mit nanoskaligen Systemen (das sind Systeme, die in mindestens einer Dimension einen Größenbereich zwischen 1 und 100 Nanometer aufweisen). (GRUNWALD & FLEISCHER 2007)

Produkt

Produkt ist alles, was das Unternehmen (Lieferant) bearbeitet, und der Kunde braucht. Dies können physische Objekte (materiell), Informationen oder Dienstleistungen (immateriell) sein. (HOLZBAUR 2007)

Produktentstehung

Die Produktentstehung umfasst sämtliche Prozesse von der Produktidee über die Produktion bis zum Verkauf des fertigen Produktes.

Produktion

Unter der Produktion im engeren Sinne versteht man die eigentliche Be- und Verarbeitung von Rohstoffen zu Halb- und Fertigfabrikaten. (THOMMEN & ACHLEITNER 1998)

Produktionssystem

Unter einem Produktionssystem wird ein soziotechnisches System verstanden, dessen Aufgabe es ist, aus einem gegebenen Input im Rahmen wertschöpfender und assoziierter Prozesse End- oder Zwischenprodukte zu erstellen. (NYHUIS ET AL. 2008)

Produktionstechnik

Die Produktionstechnik gliedert sich in folgenden Bereiche: Produktionstechnologie, Produktionsmittel und Produktionslogistik. (SPUR 2008)

Produktionstechnologie

Die Produktionstechnologie ist als die Lehre von der Umwandlung und Kombination von Produktionsfaktoren in Produktionsprozessen unter Nutzung materieller, energetischer und informationstechnischer Wirkflüsse. (SPUR 2008)

Produktlebenszyklus

Das Konzept des Produktlebenszyklus geht davon aus, dass der Umsatz und der Gewinn eines Produktes im Zeitablauf einen idealtypischen Verlauf aufweisen. Der Produktlebenszyklus weist die Entwicklungs-, Einführungs-, Wachstums-, Sättigungs- und Degenerationsphase auf. (STEVEN 2008)

Produzierendes Gewerbe

Das Produzierende Gewerbe umfasst die Bereiche Bergbau und Gewinnung von Steinen und Erden, Verarbeitendes Gewerbe, Energie- und Wasserversorgung sowie Baugewerbe; dabei sind auch die Unternehmen und Betriebe einbezogen, deren Inhaber und Inhaberinnen oder Leiter und Leiterinnen in die Handwerksrolle eingetragen sind. (DESTATIS 2009)

Reassembly

Bezeichnet als Konzept die Montage von, aus gebrauchten Geräten entnommenen, ggf. reparierten, aufgearbeiteten Baugruppen oder Bauteilen. (WALTHER 2010)

Glossar

Rekonfigurierbarkeit

Rekonfigurierbarkeit bedeutet den anpassungsfähigen Aufbau von Maschinen (und Betriebsmitteln). Ein Schlüsselelement ist eine modulare Gestaltung. Dadurch werden Funktionalität und Kapazität eines Betriebsmittels an die Nutzerbedürfnisse anpassbar. (ABELE ET AL. 2006B)

Schlüsseltechnologien

Schlüsseltechnologien sind Technologien, die eine Erschließung neuer Technikbereiche ermöglichen.

Service-Supply-Netzwerke

In Anlehung an den Begriff der Supply Chain charakterisiert ein Service-Supply-Netzwerk die systematische Organisation sämtlicher Tätigkeiten zur Dienstleistungserbringung innerhalb eines Netzwerks von Unternehmen, die an der Erbringung der Dienstleistung beteiligt sind.

time-to-market

Unter dem Begriff time-to-market wird die Zeitdauer von der Produktentwicklung bis zur Platzierung des Produkts am Markt verstanden.

Verarbeitendes Gewerbe (Verarbeitende Industrie)

Das Verarbeitende Gewerbe umfasst die Bereiche des produzierenden Gewerbes ohne die Bereiche Bergbau und Gewinnung von Steinen und Erden, Energie- und Wasserversorgung sowie Baugewerbe. (DESTATIS 2009)

Verbundprojekte

Öffentlich geförderte Forschungskooperationen zwischen mehreren Industrieunternehmen und Forschungsinstituten mit dem Ziel vorwettbewerbliche Innovationen zu schaffen.

Virtuelles Engineering

Virtuelles Engineering umfasst das Engineering (technische Planen) mit digitalen Modellen in der Produktentwicklung und der Produktionsplanung. Hierbei werden frühzeitig im Entwicklungsprozess virtuelle und funktionale Prototypen erstellt und mittels Simulationsverfahren getestet. (CECIL & KANCHANAPIBOON 2007)

Wandlungsfähigkeit

Vermögen, auch über vorgehaltene Korridore hinaus Veränderungen der Organisation oder Technologie umsetzen zu können, ohne bestimmte, durch die Konzeption des Produktionssystems bereits fest vorgegebene Machbarkeitsgrenzen beachten zu müssen. (BERKHOLZ 2008)

Wertschöpfungsketten

Die Wertschöpfungskette beschreibt den Prozess der Schaffung von Mehrwert durch Bearbeitung. Nach Porter werden dabei primäre Aktivitäten (Eingangslogistik, Operationen, Ausgangslogistik, Marketing, Vertrieb und Kundendienst) und unterstützende Aktivitäten (Unternehmensstruktur, Personalwirtschaft, Technologieentwicklung und Beschaffung) unterschieden. (KOCH 2006)

Literatur

ABB 2003
ABB (Hrsg.): Entdecke die Möglichkeiten. ABB Connect (2003) 4. <http://www.ng.abb.com/cawp/seitp202/cb-cdd20047ddae4dc125702d003379a2.aspx> - 25.11.2010.

ABEL ET AL. 2009
Abel, J.; Hirsch-Kreinsen, H.; Ittermann, P.: Einfacharbeit in der Industrie. Status quo und Entwicklungsperspektiven. Soziologisches Arbeitspapier Nr. 24/2009. Technische Universität Dortmund 2009.

ABELE ET AL. 2006A
Abele, E.; Kluge, J.; Näher, U.: Handbuch Globale Produktion. München: Carl Hanser 2006.

ABELE ET AL. 2006B
Abele, E.; Liebeck, T.; Wörn, A.: Measuring Flexibility in Investment Decisions for Manufacturing Systems. In: Annals of CIRP 55 (2006) 1.

ABELE ET AL. 2008
Abele, E.; Kuske, P.; Kuhn, S.: Die richtigen Hebel bei Produktpiraterie – Mit dem optimalen Maßnahmen-Mix Werkzeugmaschinen, Komponenten und Ersatzteile schützen. Industrie Management 24 (2008) 6, S. 47–50.

ABELE ET AL. 2009A
Abele, E.: Produktionsforschung 2020 – Öffentlicher Diskurs. Vortrag vom 20.11.2009

ABELE ET AL. 2009B
Abele, E.; Rumpel, G.; Hohenstein, J.; Bennung, K.-H.: Elektromobilität – Konsequenzen für die Zerspanung. Zeitschrift für Wirtschaftlichen Fabrikbetrieb ZWF 104 (2009) 11, S. 993–997.

ABELE ET AL. 2010A
Abele, E.; Kuhrke, B.; Rothenbücher, S.: Entwicklungstrends zur Erhöhung und Bewertung der Energieeffizienz spanender Werkzeugmaschinen. In: Neugebauer, R. (Hrsg.): Energieeffiziente Produkt- und Prozessinnovationen in der Produktionstechnik. 1. Internationale Kolloquium des Spitzentechnologieclusters eniPROD. Chemnitz 24.-25. Juni 2010. Chemnitz: Verlag Wissenschaftliche Scripten 2010, S. 99–120.

ABELE ET AL. 2010B
Abele, E., Eichhorn, N., Wolff, M.: Prozesslernfabriken qualifizieren Mitarbeiter. VDI-Z 152 (2010) 4, S. 67–69.

ABELE & EISELE 2010
Abele, E.; Eisele, C.: Energieeffiziente Produktionsmaschinen durch Simulation in der Produktentwicklung. ZWF 105 (2010) 11, S. 980–983.

ABELE & KUSKE 2010
Abele, E., Kuske. P.: Plagiatschutz durch Total Cost of Ownership. ZWF 105 (2010) 3, S. 231–236.

ARMBRUSTER ET AL. 2006
Armbruster, H.; Kirner, E.; Kinkel, S.: Neue Nutzungspotentiale für Industrieroboter. wt Werkstattstechnik online 96 (2006) 9, S. 631–636.

AURICH ET AL. 2008
Aurich, J. C.; Bohr, C.; Kranz, J.-N.: Ersatzteile vor Produktpiraterie schützen – Ein ganzheitlicher Ansatz für die Investitionsgüterindustrie. Industrie Management (2008) 6, S. 39–42.

AZUMA ET AL. 2001
Azuma, R.; Baillot, Y.; Behringer, R.; Feiner, S.; Julier, S.; MacIntyre, B.: Recent Advances in Augmented Reality. Computer Graphics and Applications, IEEE 21 (2001) 6, S. 34–47.

BÄRWALDT 2010
Bärwaldt, G.: LithoRec – Recycling von Lithium-Ionen-Batterien. <http://www.lithorec.de /fileadmin/lithorec/Veröffentlichungen/100208_GB_Graz_LithoRec.pdf> - 11.11.2010.

BAETHGE-KINSKY ET AL. 2006
Baethge-Kinsky, V.; Holm, R.; Tullius, K.; Baethge, M.: Dynamische Zeiten – langsamer Wandel: Betriebliche Kompetenzentwicklung von Fachkräften in zentralen Tätigkeitsfeldern der deutschen Wirtschaft. Schlussbericht des Forschungsvorhabens „Kompetenzentwicklung in deutschen Unternehmen. Formen, Voraussetzungen und Veränderungsdynamik". Göttingen: Soziologisches Forschungsinstitut Göttingen 2006.

BAIER 2008
Baier, E.: Semantische Technologien in Wissensmanagementlösungen. Einsatzpotenziale für den Mittelstand. Stuttgart: MFG Stiftung Baden-Württemberg 2008. (FaziT Schriftenreihe 13).

BALAGOPAL ET AL. 2010
Balagopal, B.; Paranikas, P.; Rose, J.: What's Next for Alternative Energy? Boston: The Boston Consulting Group 2010. (BCG-Report).

BDA 2009
Bundesvereinigung der Deutschen Arbeitgeberverbände (BDA) (Hrsg.): Erfolgreich mit älteren Arbeitnehmern. Positionspapier zur konsequenten Fortsetzung des erfolgreichen Kurses für mehr Beschäftigung älterer Arbeitnehmer. Berlin: 2009.

Literatur

BERGER 2004
Roland Berger (Hrsg.): Global Footprint Design – Die Spielregeln der internationalen Wertschöpfung beherrschen. München 2004.<http://www.rolandberger.com/media/pdf/rb_press/RB_Global_Footprint_20040819.pdf>, - 27.11.2010.

BERKHOLZ 2008
Berkholz, D.: Wandlungsfähige Produktionssysteme – der Zukunft einen Schritt voraus. In: Nyhuis, P.; Reinhart, G.; Abele, E. (Hrsg.): Wandlungsfähige Produktionssysteme. Garbsen: PZH Produktionstechnisches Zentrum GmbH 2008, S. 13–18.

BERTSCHEK ET AL. 2006
Bertschek, I.; Müller, B.; Ohnemus, J.; Schleife, K.; Schmidt, T.: e-business in Baden-Württemberg. Unternehmensbefragung im Juni/Juli 2006. Stuttgart: MFG Stiftung Baden-Württemberg 2006. (FaziT Schriftenreihe 4).

BGR ET AL. 2005
Bundesanstalt für Geowissenschaften und Rohstoffe (BGR), Fraunhofer Institut für Innovationsforschung (ISI), Rheinisch-Westfälisches Institut für Wirtschaftsforschung (RWI) (Hrsg.): Trends der Angebots- und Nachfragesituation bei mineralischen Rohstoffen. Abschlussbericht zum BMWi-Forschungsprojekt 09/2005. <http://www.rwi-essen.de/media/content/pages/publikationen/rwi-projektberichte/PB_Mineralische-Riohstoffe.pdf> - 08.02.2011.

BITKOM ET AL. 2007
Bundesverband Informationswirtschaft, Telekommunikation und neue Medien e.V. (BITKOM); Verband Deutscher Maschinen und Anlagenbau e.V. (VDMA); Zentralverband Elektrotechnik und Elektronikindustrie e. V. (ZVEI) (Hrsg.): Qualifizierung in Kompetenzfeldern. Das IT/M+E-Strukturmodell für die duale Berufsausbildung. Berlin: 2007.

BLIND ET AL. 2009
Blind, K.; Cuntz, A.; Köhler, F.; Radauer, A: Die volkswirtschaftliche Bedeutung geistigen Eigentums und dessen Schutzes mit Fokus auf den Mittelstand. Berlin: Bundesministerium für Wirtschaft und Technologie (BMWi) 2009. (Forschungsbericht Nr. 579).

BMBF 2008
Bundesministerium für Bildung und Forschung (BMBF) (Hrsg.): Stand der Anerkennung non-formalen und informellen Lernens in Deutschland im Rahmen der OECD Aktivität „Recognition of non-formal and informal Learning". Bonn: BMBF 2008.

BMU 2008
Bundesministerium für Umwelt, Naturschutz und Reaktorsicherheit (BMU) (Hrsg.): Investitionen für ein klimafreundliches Deutschland. Endbericht. Studie im Auftrag des Bundesministeriums für Umwelt, Naturschutz und Reaktorsicherheit. Potsdam: 2008

BMU 2009
Bundesministerium für Umwelt, Naturschutz und Reaktorsicherheit (BMU) (Hrsg.): GreenTech Made in Germany 2.0. München: Franz Vahlen Verlag 2009.

BMW 2010
BMW Group: BMW-Forschungsprojekte: Virtuelle Welt trifft Wirklichkeit. <http://www.bmw.com/com/de/owners/service/augmented_reality_introduction_1.html> - 25.11.2010.

BMWI 2010
Bundesministerium für Wirtschaft und Technologie (BMWi) (Hrsg.): Energie in Deutschland – Trends und Hintergründe zur Energieversorgung. Berlin: BMWi 2010.

BRECHER ET AL. 2008
Brecher, C.; Witt, S.; Klein, W: Condition Monitoring – Werkzeugmaschinen-Komponenten mit Sensorik und Signalanalyse überwachen. MaschinenMarkt 114 (2008) 34, S. 30–31.

BRÜCKNER 2010
Brückner, F.: Das geheime Elektroauto von BMW fährt vor. Handelsblatt, Düsseldorf. Ausgabe vom 02.07.2010. <http://www.handelsblatt.com/unternehmen/industrie/mega-city-vehicle-das-geheime-elektroauto-von-bmw-faehrt-vor;2611962> - 11.11.2010.

BULLINGER & HOMPEL 2008
Bullinger, H. J.; Hompel, M. ten: Internet der Dinge: www.internet-der-dinge.de. Berlin: Springer 2008.

BUNDESVERBAND WINDENERGIE 2010
Bundesverband Windenergie (Hrsg.): Technik. <http://www.wind-energie.de/de/technik/> - 27.05.2010.

CECIL & KANCHANAPIBOON 2007
Cecil, J.; Kanchanapiboon, A.: Virtual engineering approaches in product and process design. In: International Journal of Advanced Manufacturing Technology 31 (2007) 9/10. S. 846–856.

COMPUTER BILD 2010
Computerbild Online Dienstleistungs-GmbH (Hrsg.): Technik, Geräte, Filme – alles über Blu-ray. <http://www.computerbild.de/artikel/avf-Ratgeber-Kurse-Wissen-Blu-ray-Player-Filme-Technik-2703904.html> - 27.11.2010.

CZICHOS 2008
Czichos, H.: Mechatronik – Grundlagen und Anwendungen technischer Systeme. Wiesbaden: Vieweg 2008.

DAIMLER 2003

DaimlerChrysler (Hrsg.): Global Supplier. Ein Extended Enterprise®-Magazin für Zulieferer und Mitarbeiter. Heft Nr.13, 1. Quartal 2003.

DESTATIS 2009

Statistisches Bundesamt (Hrsg.): Statisches Jahrbuch. Wiesbaden: Statisches Bundesamt 2009.

DÖBLER 2007

Döbler, T.: Potenziale von social software. Stuttgart: MFG Stiftung Baden-Württemberg 2007 (FaziT Schriftenreihe 5).

EDER 2006

Eder, S. W.: Prävention ist besser als Feuerwehreinsätze. VDI-Nachrichten, Düsseldorf. 8. September 2006, S. 21.

EISENHUT & LÄSSIG 2011

Eisenhut, M.; Lässig, R.: Production Systems 2020: Global challenges and winning strategies for the mechanical engineering industry. Roland Berger Strategy Consultants 2011. <http://www.rolandberger.com/expertise/publications/2011-01-13-rbsc-pub-Production_Systems_2020.html> - 20.01.2011.

EPA 2009

Europäisches Patentamt (EPA) (Hrsg.): Jahresbericht 2008. München: EPA 2009

FANDEL & REESE 2005

Fandel, G.; Reese, J. (Hrsg.): Reverse Logistics II. Zeitschrift für Betriebswirtschaft ZfB Special Issue (2004) 5.

FOCUS 2010

FOCUS Magazin Verlag GmbH (Hrsg.): Babyboomer ohne Nachwuchs. Focus Magazin (2010) 15, S. 46–56.

FOXCONN 2010

Foxconn Technology Group (Hrsg.): CSER Annual Report, <http://www.foxconn.com/ser/2009 FoxconnCSER Report.pdf> - 15.06.2010.

FREITAG ET AL. 2004

Freitag, M.; Herzog, O.; Scholz-Reiter, B.: Selbststeuerung logistischer Prozesse – Ein Paradigmenwechsel und seine Grenzen. Industrie Management 20 (2004) 1, S. 23–27.

FRIELING ET AL. 2007

Frieling, E.; Bernard, H.; Bigalk, D.; Müller, R.: Lernförderliche Arbeitsplätze – Eine Frage der Unternehmensflexibilität? In: Arbeitsgemeinschaft Betriebliche Weiterbildungsforschung e. V./ Projekt Qualifikations-Entwicklungs-Management (Hrsg.): Berufliche Kompetenzentwicklung in formellen und informellen Strukturen. Berlin: Arbeitsgemeinschaft Betriebliche Weiterbildungsforschung e. V./ Projekt Qualifikations-Entwicklungs-Management 2007, S. 109–140. (QUEM-report 69)

GALINSKI 2006

Galinski, C.: Wozu Normen? Wozu semantische Interoperabilität? In: Pellegrini, T.; Blumauer, A. (Hrsg.): Semantic Web – Wege zur vernetzten Wissensgesellschaft. Berlin: Springer 2006, S. 47–72.

GANZ ET AL. 2009

Ganz, C.; Isaksson, A.; Horch, A.: Jedes Bisschen zählt. ABB Technik (2009) 2, S. 50–54.

GAUSEMEIER 2009

Gausemeier, J.: Zukunftsorientierte Unternehmensgestaltung. München: Carl Hanser 2009.

GEBHARDT 2006

Gebhardt, A.: Entscheidung zum Outsourcing von Logistikleistungen. Wiesbaden: Gabler 2006.

GEVATTER & GRÜNHAUPT 2006

Gevatter, H.-J.; Grünhaupt, U.: Handbuch der Mess- und Automatisierungstechnik in der Produktion. 2. Aufl. Berlin: Springer 2006.

GIERHAKE 2005

Gierhake, O.: Massenhaft und kostengünstig – Erste Anwendungen für gedruckte Polymerelektronik stehen zur Verfügung. Intelligenter Produzieren (2005) 6, S. 16–18.

GOLDMANN SACHS 2007

The Goldman Sachs Group, Inc. (Hrsg.): Brics and Beyond, Goldman Sachs Global Economic Research 2007. <http://www2.goldmansachs.com/ideas/brics/book/BRIC-Full.pdf> - 08.02.2011

GROCHE ET AL. 2010

Groche, P.; Scheitza, M.; Kraft, M.; Schmitt, S.: Increased total flexibility by 3D Servo Presses. CIRP Annals – Manufacturing Technology 59 (2010) 1, S. 267–270.

GRÜNWEG 2010

Grünweg, T.: Leichtgewicht aus München. SpiegelOnline, München. Artikel vom 02.07.2010. <http://www.spiegel.de/auto/aktuell/0,1518,704072,00.html> - 11.11.1020.

GRUNWALD & FLEISCHER 2007

Grunwald, A.; Fleischer, T.: Nanotechnologie – Wissenschaftliche Basis und Gesellschaftliche Folgen. In: Gazsó, A.; Greßler, S.; Schiemer, F. (Hrsg.): Nano – Chancen und Risiken aktueller Technologien. Wien: Springer 2007.

GÜNTHNER ET AL. 2010

Günthner, W. A.; Chisu, R.; Kuzmany, F.: Die Vision vom Internet der Dinge. In: Günthner, W. A.; ten Hompel, M. (Hrsg.): Internet der Dinge in der Intralogistik. Berlin: Springer 2010.

Literatur

HAASIS 1998
Haasis, H. D.: Umweltorientierte Produktionsplanung und -steuerung (UPPS). In: Wildemann, H. (Hrsg.): Innovation in der Produktionswirtschaft – Produkte, Prozesse, Planung und Steuerung. München: TCW 1998.

HAASIS & BUCHHOLZ 2009
Haasis, K.; Buchholz, A.: Digitale Wege zu neuen Märkten. Stuttgart: MFG Stiftung Baden-Württemberg 2009.

HAMMANN 2010
Hammann, G.: Werkzeugmaschinen der Zukunft – Sicht eines Herstellers. In: Bundesministerium für Bildung und Forschung (BMBF) (Hrsg.): BMBF-Kongress 10. Karlsruher Arbeitsgespräche Produktionsforschung 2010. Karlsruhe: 09.-10.03.2010.

HANDELSBLATT 2009
Handelsblatt (Hrsg.): Zukunftsatlas Deutschland. Ausgabe vom 21.09.2009.

HANNEN 2010
Hannen, P.: Der China-Faktor: Hightechmetalle. VDI-Nachrichten, Düsseldorf, Ausgabe vom 23.04.2010.

HARTEN 2009
Harten, K.: Wer ist Hon Hai? Focus Money (2009) 25, Seite 30–32.

HENNES & SOMMER 2010
Hennes, M.; Sommer, U.: Firmen forschen bei den Kunden. Handelsblatt, Düsseldorf. Ausgabe vom 22.06.2010, S. 20–21.

HINGST ET AL. 2007
Hingst, M.; Hoffmann, T.; Schlieper, H.: Personalentwicklung für ältere Arbeitnehmer in der chemischen Industrie. Düsseldorf: Hans-Böckler-Stiftung 2007. (Arbeitspapier 135).

HILLEBRAND & MCCARTHY 2010
Hillebrand, R.; McCarthy, T.: Mobil macht flexibel. Remote I/O sorgt für die nötige Verbindung bei GlaxoSmithKline. <www.pharmaproduktion.com/0110401> - 15.04.2010.

HIRZEL & MATHES 2010
Hirzel, J.; Mathes, N.: Die Mega Trends der Jobs. Focus (2010) 20, S. 134–141.

HOLZBAUR 2007
Holzbaur, U.: Entwicklungsmanagement. Berlin: Springer 2007.

IFM 2010
Institut für Mittelstandsforschung Bonn (IfM) (Hrsg.): Schlüsselzahlen des Mittelstands, <http://www.ifm-bonn.org/index.php?id=889> - 27.11.2010.

IFO 2010
Institut für Wirtschaftsforschung an der Universität München (ifo) (Hrsg.): ifo World Economic Survey. Weltwirtschaftsklima 4. Quartal 2010. <http://www.cesifo-group.de/portal/page/portal/ifoHome/a-winfo/d1index/20indexwes> - 27.11.2010.

IPA 2010
Fraunhofer Institut für Produktionstechnik und Automatisierung IPA (Hrsg.): Robbie, bitte übernehmen Sie! Pressemitteilung, Stuttgart, Juli 2010.

ITP & BVU 2007
Intraplan Consult GmbH (ITP), Beratergruppe Verkehr + Umwelt GmbH (BVU) (Hrsg.): Prognose der deutschlandweiten Verkehrsverflechtungen 2025. Abschlussbericht Forschungsprojekt FE-Nr. 96.0857/2005. München, Freiburg: 2007.

IRMER 2009
Irmer, K.: Plagiate verursachen Milliardenschäden. Produktion 49 (2009) 47, S. 7.

JACOBS 2010
Jacobs, T.: Sherpas der Welt. In: Die Megatrends des Jahrhunderts. Focus Money Spezial, S. 4–7, erschienen in Focus Money, Heft 16, 2010.

JORDAN 2010
Jordan, G.: Erfolgsfaktoren von produzierenden Unternehmen in Deutschland. In: Bundesministerium für Bildung und Forschung (BMBF) (Hrsg.): BMBF-Kongress 10. Karlsruher Arbeitsgespräche Produktionsforschung 2010. Karlsruhe: 09.-10.03.2010.

JOVANE ET AL. 2009
Jovane, F.; Westkämper, E.; Williams, D.: The ManuFuture Road – Towards Competitive and Sustainable High-Adding-Value Manufacturing. Berlin: Springer 2009.

JUNG 2009
Jung, K. P.: Globales Supply Chain Management braucht starkes lokales Know-how. Logistik für Unternehmen (2009) 6, S. 20–21.

KELICHHAUS & GIESE 2010
Kelichhaus, T.; Giese, T.: Das virtuelle WZM-Labor: Ein innovatives Konzept hilft bei der Verbreitung der WZM-Simulation. In: Hoffmann, H.; Reinhart, G.; Zäh, M. F. (Hrsg.): Münchener Kolloquium – Innovationen für die Produktion: Tagungsband zum Produktionskongress, München, 6.10.2010. Utz 2010. S. 291–301.

KINKEL & LAY 2004
Kinkel, S; Lay, G.: Produktionsverlagerungen unter der Lupe. Karlsruhe: Fraunhofer ISI 2004. (Mitteilungen aus der Erhebung Modernisierung der Produktion Nr. 34).

KINKEL ET AL. 2008
Kinkel, S.; Friedewald, M.; Hüsing, B.; Lay, G.; Lindner, R.: Arbeiten in der Zukunft – Strukturen und Trends der Industriearbeit. Berlin: edition sigma 2008.

KIRCHMEYER & ELSCHNER 2005
Kirchmeyer, S.; Elschner, A.: Ohne Stoff keine Funktion – Materialdesign für die Polymerelektronik. Intelligenter Produzieren (2005) 6, S. 5–6.

KLETTI 2007
Kletti, J.: Konzeption und Einführung von MES-Systemen. Berlin: Springer 2007.

KOCH 2006
Koch, W. J.: Zur Wertschöpfungstiefe von Unternehmen. Wiesbaden: Gabler 2006.

KORGE & LENTES 2009
Korge, A.; Lentes, H.-P.: Ganzheitliche Produktionssysteme. In: Bullinger, H.-J.; Spath, D.; Warnecke, H.-J.; Westkämper, E. (Hrsg.): Handbuch Unternehmensorganisation. Berlin: Springer 2009.

KÜRTEN-KREIBOHM 2010
Kürten-Kreibohm, S.: RFID – Dem Stossfänger auf der Spur. A&D – Vorsprung Automation 12 (2010) 6, S. 57–59.

KUHRKE 2007
Kuhrke, B.: Studie zur Ressourcenverwendung und Energieeffizienz spanender und umformender Werkzeugmaschinen. Abschlussbericht. Darmstadt: PTW 2007.

LANDER 2004
Lander, S.: Strategische Planung von Kreislaufwirtschaftssystemen. Diss. Technische Universität Berlin (2004). <http://deposit.ddb.de/cgi-bin/dokserv?idn=974317497> - 27.05.2010.

LEISCHNER 2007
Leischner, E.: Das Toyotaproduktionssystem. München: Grin Verlag 2007.

LEHNER 2006
Lehner, F.: Wissensmanagement: Grundlagen, Methoden und technische Unterstützung. München: Carl Hanser 2006.

LÖWER 2009
Löwer, C.: Grüne Logistik erhält Auftrieb. Handelsblatt, Düsseldorf 11.12.2009. <http://www.handelsblatt.com/technologie/co2-management/nachhaltigkeit-gruene-logistik-erhaelt-auftrieb;2471895> - 25.11.2010.

LOTTER 2006
Lotter, B.: Einführung. In: Lotter, B.; Wiendahl, H.-P. (Hrsg.): Montage in der industriellen Produktion. Ein Handbuch für die Praxis. Berlin: Springer 2006, S. 1–9. (VDI-Buch).

LYSHEVSKI 2001
Lyshevski, S. E.: Nano- and Microelectromechanical Systems: Fundamentals of Nano- and Microengineering. London: CRC Press 2001.

MÄRZ & LANGSDORFF 2001
März, L.; Langsdorff, P. von: Flexibilität und Marktorientierung in der Montage. In: Westkämper, E. et al. (Hrsg.): Montageplanung – effizient und marktgerecht. Berlin: Springer 2001, S. 3–10. (VDI-Buch).

MCKINSEY&COMPANY 2009
McKinsey&Company (Hrsg.): Made in Germany – Zukunftsperspektiven für die Produktion in Deutschland. München 2009.

MEIER & LANZA 2009
Meier, H.; Lanza, G.: Kooperative Geschäftsmodelle zur Integration von Sach- und Dienstleistung. Frankfurt: VDMA Verlag 2009.

MILBERG 2002
Milberg, J.: Erfolg in Netzwerken. In: Milberg, J.; Schuh, G. (Hrsg.): Erfolg in Netzwerken. Berlin: Springer 2002.

MTM 2010
Deutsche MTM-Vereinigung e.V. (Hrsg.): Neue IT-Lösung garantiert schnittstellenfreie Integration in SAP. Pressemitteilung, Dresden, 22.06.2010.

MÜLLER & BRECHER 2009
Müller, R.; Brecher, C.: Studie Strategien und Trends in der Montagetechnik und -organisation. Cluster of excellence integrative production technology for high wage countries. Aachen: Apprimus 2009.

NEUGEBAUER ET AL. 2008
Neugebauer, R.; Westkämper, E.; Klocke, F.; Kuhn, A.; Schenk, M.; Michaelis, A.; Spath, D.; Weidner, E.: Energieeffizienz in der Produktion. Untersuchung zum Handlungs- und Forschungsbedarf. Abschlussbericht. München: Fraunhofer Gesellschaft 2008.

NEUGEBAUER & WERTHEIM 2009
Neugebauer, R.; Wertheim, R.: Forschen für die Produktion von Morgen – Nano- und Mikrotechnologien für Energie- und Ressourceneffizienz. Branchendialog „NanoEngineering", Düsseldorf: 08.12.2009.

NIRO 2010
Netzwerk Industrie Ruhr Ost (NIRO) (Hrsg.): Industrienetzwerk erwirkte neuartigen Tarifvertrag – NIRO-Betriebe tauschen erstmals Mitarbeiter aus. Pressemitteilung, Unna/Hamm/Dortmund, 23.07.2010.

NOWY ET AL. 2008
Nowy, M.; Heß, G.; Marczinski, G.: Überzeugendes Toolmanagement der anderen Art. ZWF 103 (2008) 7-8, S. 531–535.

Literatur

NYHUIS ET AL. 2008
Nyhuis, P.; Heinen, T.; Reinhart, G.; Rimpau, C.; Abele, E.; Wörn, A.: Wandlungsfähige Produktionssysteme: Theoretischer Hintergrund zur Wandlungsfähigkeit von Produktionssystemen. In: wt Werkstattstechnik online 98 (2008) 1/2, S. 85–91.

PENTER ET AL. 2007
Penter, L.; Wiemer, H.; Schatz, M.: Erweiterte Prozess-Simulation unterstützt Inbetriebnahme eines Ziehwerkzeuges. MM Maschinenmarkt (2007) 38, S.30–33.

PHARMAPRODUKTION 2010
o.V.: Pharmamarkt im Wandel. Fette Compacting sieht Wachstumschancen in den Pharmerging Markets. <http://www.pharmaproduktion.com/pharma/-/article/27519819/30264871/maximized> - 22.10.2010.

POST 2010
Deutsche Post AG (Hrsg.): Delivering Tomorrow: Zukunftstrend Nachhaltige Logistik. Bonn: Deutsche Post AG 2010.

PROBST & ROMHARDT 1997
Probst, G.; Romhardt, K.: Bausteine des Wissensmanagements: Ein praxisorientierter Ansatz. In: Wieselhuber & Partner (Hrsg.): Handbuch Lernende Organisation. Wiesbaden: Gabler 1997, S. 129–143.

PROGNOS 2008
Prognos AG (Hrsg.): Arbeitslandschaft 2030. Steuert Deutschland auf einen generellen Personalmangel zu? München: vbw – Vereinigung der bayerischen Wirtschaft e.V. 2008.

PROGNOS 2009
Prognos AG (Hrsg): Energieeffizienz in der Industrie. Berlin: VDMA Forum Energie 2009.

PWC 2010
PricewaterhouseCoopers AG (Hrsg.): Elektromobilität – Herausforderungen für Industrie und öffentliche Hand. PricewaterhouseCoopers International Limited 2010.

RAGER 2008
Rager, M.: Energieorientierte Maschinenbelegungsplanung für identische parallele Maschinen. Wiesbaden: Gabler 2008.

RAPIDX 2010
RapidX (Hrsg.): Fertig zum Abheben. RapidX (2010) 1, S. 32–34.

RAVEL 1993
Schweizer Bundesamt für Konjunkturfragen (BFK) (Hrsg.): Antriebstechnik im Maschinenbau. Impulsprogramm RAVEL (Rationelle Verwendung von Elektrizität). Bern: BFK 1993. (Schriftenreihe Ravel 724.332 d).

REINHART ET AL. 1999
Reinhart, G.; Grunwald, S.; Rick, F.: Virtuelle Produktion – Technologie für die Zukunft. VDI-Z Special C-Techniken 141 (1999) 5, S. 26–29.

REINHART ET AL. 2006
Reinhart, G.; Bredow, M. von; Neise, P.; Sudhoff, W.: Produzieren in globalen Netzwerken. In: Hoffmann, H.; Reinhart, G.; Zäh, M.F. (Hrsg.): Tagungsband zum Münchener Kolloquium, 9./10.03.2006. München: Utz 2006.

REINHART ET AL. 2008
Reinhart, G.; Thiemann, C.; Spillner, R.; Schilp, J. (2008): Demographische Herausforderungen in der Montage. wt Werkstatttechnik online 98 (2008) 9, S. 681–686.

REINHART ET AL. 2009
Reinhart G.; Schindler, S.; Pohl, J.; Rimpau, C.: Cylce-Oriented Manufacturing Technology Chain Planning. In: Zaeh, M.F. (Hrsg.): Proceedings of the 3rd International Conference on Changeable, Agile, Reconfigurable and Virtual Production (CARV 2009). München 5. bis 7.10.2009, S. 702–711.

REINHART & RÖSEL 2010
Reinhart, G.; Rösel, W.: Interaktiver Assistenzroboter in der Montage. ZWF 105 (2010) 1-2, S. 80–83.

RUSIN 2007
Rusin, V.: Adaptive Regelung von Robotersystemen in Kontaktaufgaben. Diss. Otto-von-Guericke-Universität Magdeburg (2007).

SCHÄPPI ET AL. 2005
Schäppi, B.; Andreasen, M. M.; Kirchgeorg, M.; Radermacher, F.-J.: Handbuch Produktentwicklung. München: Hanser 2005.

SCHACK 2008
Schack, R.: Methodik zur bewertungsorientierten Skalierung der Digitalen Fabrik. Diss. Technische Universität München (2008). München: Utz 2008. (Forschungsberichte *iwb* 207).

SCHOLZ-REITER ET AL. 2005
Scholz-Reiter, B.; Freitag, M.; Rekersbrink, H.; Wenning, B. L.; Gorldt, C.; Echelmeyer, W.: Auf dem Weg zur Selbststeuerung in der Logistik – Grundlagenforschung und Praxisprojekte. Magdeburg: Logisch-Verlag 2005.

SCHOLZ-REITER ET AL. 2007
Scholz-Reiter, B.; Böse, F.; Hinrichs, U.; Lampe, W.: Umweltorientierung in der Logistik – Identifikation und Umsetzung umweltgerechter Logistikdienstleistungen. In: Wimmer, T.; Bobel, T. (Hrsg.): Effizienz – Verantwortung – Erfolg. Hamburg: DVV Media Group, Deutscher Verkehrs-Verlag 2007.

SCHOLZ-REITER & KROHNE 2010
Scholz-Reiter, B.; Krohne, F.: Ramp-Up Excellence – Ein skalierbares Anlaufmanagementprozessmodell für Elektronik Zulieferer. Schlussbericht zum Forschungsvorhaben 15072 N der Arbeitsgemeinschaft industrieller Forschungsvereinigungen „Otto von Guericke" e.V. <http://www.ramp-up.biba.uni-bremen.de/uploads/media/Schlussbericht_15072N_Ramp-Up_Excellence_01.pdf> - 16.11.2010.

SCHULZE 2010
Schulze R.: Nachhaltigkeit – Erfolgsformel fürs Geschäft. VDI-Nachrichten, Düsseldorf. 17. Mai 2010, S. 19.

SELIGER 2007
Seliger, G.: Roadmap. In: Seliger, G. (Hrsg.): Sustainability in Manufacturing – Recovery of Resources in Product and Material Cycles. Berlin: Springer 2007.

SPECHT ET AL 2002
Specht, G.; Beckmann, C.; Amelingmeyer, J.: F&E-Management – Kompetenz im Innovationsmanagement. Stuttgart: Schäffer-Poeschel 2002.

SPUR 2008
Spur, G.: Produktion. In: Czichos, H.; Hennecke, M. (Hrsg.): Hütte – Das Ingenieurwissen. Berlin: Springer 2008, S. L3–L4.

STATISTISCHES BUNDESAMT 2010A
Statistisches Bundesamt (Hrsg.): Ein- und Ausfuhr (Außenhandel) <www.destatis.de> - 14.01.2010.

STATISTISCHES BUNDESAMT 2010B
Statistisches Bundesamt (Hrsg.): Volkswirtschaftliche Gesamtrechnungen des Bundes, Kostenstrukturerhebung der Unternehmen im Verarbeitendem Gewerbe. <www.destatis.de> - 14.01.2010.

STÄHLER 2002
Stähler, P.: Geschäftsmodelle in der digitalen Ökonomie. Lohmar: Eul 2002.

STEVEN 2008
Steven, M.: BWL für Ingenieure. München: Oldenbourg 2008.

STOCK-HOMBURG 2008
Stock-Homburg, R.: Personalmanagement. Wiesbaden: Gabler 2008.

SYDOW 1999
Sydow, J.: Management von Netzwerkorganisationen – Zum Stand der Forschung. In: Sydow, J. (Hrsg.): Management von Netzwerkorganisationen. Wiesbaden: Gabler 1999, S. 279–314.

SYSKA 2006
Syska, A.: Produktionsmanagement. Wiesbaden: Gabler 2006.

THOMMEN & ACHLEITNER 1998
Thommen, J.-P.; Achleitner, A.-K.: Allgemeine Betriebswirtschaft. Wiesbaden: Gabler 1998.

TIETZE 2003
Tietze O.: Strategische Positionierung in der Automobilbranche – Der Einsatz von virtueller Produktentwicklung in Wertschöpfungsnetzwerken. Wiesbaden: Gabler 2003.

TÖNSHOFF & DENKENA 2001
Tönshoff, H. K.; Dekena, B.: Übersicht über die Fertigungsverfahren. In: Grote, K.-H.; Feldhusen, J. (Hrsg.): Dubbel – Taschenbuch für den Maschinenbau. Berlin: Springer 2001.

UBA 2010
Umweltbundesamt (UBA) (Hrsg.): Struktur des Energieverbrauchs nach Sektoren. <www.umweltbundesamt-daten-zur-umwelt.de> - 27.11.2010.

UN 2010
UN Data (Hrsg.): Database Gross Value Added (GVA), <http://data.un.org> - 27.11.2010.

VDI 2003
VDI-Ausschuss Innovationsnetzwerke (Hrsg.): Innovationsnetzwerke. Ein Leitfaden. Düsseldorf: VDI 2003.

VDMA 2007A
Verband Deutscher Maschinen- und Anlagenbau (VDMA) (Hrsg.): German Technology: „Electronics Production Equipment". 9. Aufl. Frankfurt: VDMA 2007.

VDMA 2007B
Verband Deutscher Maschinen- und Anlagenbau (VDMA) (Hrsg.): Organic Electronics Association: „Organic Electronics". 2. Aufl. Frankfurt: VDMA 2007.

VDMA 2010
VDMA – Arbeitsgemeinschaft Produkt- und Knowhow-Schutz (Hrsg.): VDMA-Umfrage zur Produkt- und Markenpiraterie 2010. Frankfurt: VDMA 2010.

VDW 2010
Verein Deutscher Werkzeugmaschinenfabriken e.V. (VDW) (Hrsg.): Die deutsche Werkzeugmaschinenindustrie im Jahr 2009. Frankfurt: VDW 2010.

VOGEL-HEUSER 2009
Vogel-Heuser, B.: Visionen für das Engineering der Automatisierungstechnik 2020. atp – Automatisierungstechnische Praxis 50 (2009) 5, S. 49–56.

WACHE 2003
Wache, H.: Semantische Mediation für heterogene Informationsquellen. Berlin: Akademische Verlagsgesellschaft Aka GmbH 2003. (Dissertationen zur Künstlichen Intelligenz 261).

WALTHER 2010
Walther, G.: Nachhaltige Wertschöpfungsnetzwerke. Wiesbaden: Gabler 2010.

Literatur

Warschat 2009
Warschat, J.: Virtual Engineering. In: Bullinger, H.-J. et al. (Hrsg.): Handbuch Unternehmensorganisation: Strategien, Planung, Umsetzung. Berlin: Springer 2009, S. 530–544. (VDI-Buch).

WEF 2010
World Economic Forum (WEF) (Hrsg.): The Global Competitiveness Report 2010-2011. <www.weforum.org> - 27.11.2010.

WGP 2010
Wissenschaftliche Gesellschaft für Produktionstechnik (WGP) (Hrsg.): WGP stellt sich vor. <www.wgp.de> - 27.11.2010.

Wiggermann 2010
Wiggermann, W: Tausch von Mitarbeitern für alle Seiten ein Gewinn. Westfälische Rundschau überregional, Dortmund 24.07.2010.

Wollenweber 2009
Wollenweber N.: Product Carbon Footprint: Produkte hinterlassen Klimaspuren. VDI-Nachrichten, Düsseldorf. 23.10.2009, S. 6.

Wolff 2010
Wolff, Roman: Condition Monitoring von Windenergieanlagen. Vortrag, 12. windcomm Werkstatt, Rendsburg 26.04.2010. <http://www.windcomm.de/Downloads/windcomm_werkstatt/12_windcomm_werkstatt/Vortrag-Wolff.pdf> -16.11.2010.

Würker 2004
Würker, Z.: Radführende Bauteile hergestellt im CPC-Verfahren. Giesserei-Praxis (2004) 12, S.461–462.

WWF 2008
World Wildlife Fond (WWF) (Hrsg.): Living Planet Report 2008. <http://www.wwf.de/fileadmin/fm-wwf/pdf_neu/Living_Planet_Report_2008_WWF.PDF> - 25.10.2010.

Zäh et al. 2007
Zäh, M. F.; Ostgathe, M.; Friedrich, M.; Hoisl, F.: Kognitive Produktionssysteme – auf dem Weg zur intelligenten Fabrik der Zukunft. ZWF 102 (2007) 9, S. 525–530.

Zäh et al. 2010
Zäh, M. F.; Ostgathe, M.; Wiesbeck, M.: Ganzheitliches Datenmodell für kognitive Produktionssysteme. ZWF 105 (2010) 4, S. 309–315.

Zeilinger et al. 2010
Zeilinger, T.; Mösl, J.; Kurfer, J.: Produktionstechnisches Demonstrationszentrum für Lithium-Ionen-Zellen. In: Zäh, M.F.; Reinhart, G. (Hrsg.): *iwb* Newsletter. (2010) 3, S. 1–3.

Zhou et al. 2008
Zhou, Y.; Wang, S.: Generic Model of Reverse Logistics Network Design. Journal of Transportation Systems Engineering and Information Technology 3 (2008) 8, S. 71–78.

Zohm 2006
Zohm, F.: Benchmarking im Werkzeugbau – Von den Besten Lernen. <http://www.industrieverband-blechumformung.de/ibu_webSite/dc/upload/zohm_bench_werkzeugbau_22-06-05.pdf> - 07.02.2011.

ZVEI 2010
Zentralverband Elektrotechnik- und Elektronikindustrie e.V. (ZVEI): Service in EMS. <http://www.zvei.org/fileadmin/user_upload/Fachverbaende/Electronic_Components/Sevices_in_EMS/Broschüren_Flyer_neues_Logo_PCB/Services_in_EMS_de.pdf> - 04.02.2010.

Verzeichnis der Autoren

Prof. Dr.-Ing. Eberhard Abele,
geb. 1953, studierte bis 1977 Maschinenbau und schloss 1983 seine Promotion an der Technischen Hochschule Stuttgart ab. Von 1977 bis 1986 arbeitete er als wissenschaftlicher Mitarbeiter und Abteilungsleiter am Fraunhofer Institut für Produktionstechnik und Automatisierung, Stuttgart (IPA). Im Anschluss war er von 1986 bis 1990 in leitender Tätigkeit bei der Stihl AG & Co. KG in der Fertigungsentwicklung und Fertigungsplanung beschäftigt. 1990 bis 2000 arbeitete er als Hauptabteilungsleiter Fertigungstechnologie und Werkleiter der Bosch AG, u. a. in Spanien und Frankreich. Schwerpunkte seiner Industrietätigkeit lagen im Bereich Automatisierung, Produktivitätssteigerung in der spanenden Fertigung sowie Beschleunigung der Produktionsanläufe.

Prof. Abele wurde 1999 auf die Professur für Produktionstechnik an der Technischen Universität Darmstadt berufen. Er leitet dort seit Juli 2000 das Institut für Produktionsmanagement, Technologie und Werkzeugmaschinen (PTW), das mit rund 70 Mitarbeitern an innovativen Themenstellungen auf dem Gebiet der Produktionstechnik arbeitet. Er ist u. a. Mitglied der Deutschen Akademie der Technikwissenschaften und war Vorsitzender des Kernteams „Produktionsforschung 2020".

Prof. Dr.-Ing. Gunther Reinhart,
geb. 1956, studierte bis 1982 Maschinenbau mit dem Schwerpunkt Konstruktion & Entwicklung an der Technischen Universität München (TUM) und schloss 1987 die Promotion am Institut für Werkzeugmaschinen und Betriebswissenschaften (*iwb*) der TUM bei Prof. Dr.-Ing. J. Milberg ab. Von 1988 bis 1993 war er leitender Angestellter bei der BMW AG, erst zuständig für die Entwicklung von Füge- und Handhabungstechnologien, später verantwortlich für die Münchener Karossen-Lackiererei. 1993 wurde Prof. Reinhart in die Leitung des *iwb* berufen. Von März 2002 bis Februar 2007 war Prof. Reinhart beurlaubt und übernahm die Aufgabe des Vorstandes für Technik und Marketing bei der IWKA Aktiengesellschaft in Karlsruhe. Seit 2007 leitet er gemeinsam mit Herrn Prof. Dr.-Ing. Michael Zäh das zwischenzeitlich auf weit über 100 Mitarbeiter gewachsene *iwb* an den Standorten Garching und Augsburg. Seit dem 1. Januar 2009 ist er Leiter der Fraunhofer IWU Projektgruppe für Ressourceneffiziente Mechatronische Verarbeitungsmaschinen (RMV) in Augsburg. Er ist Mitglied bei mehreren wissenschaftlichen Gesellschaften und Akademien.

Verzeichnis der Autoren

Dipl.-Ing. Thomas Bonin,
geb. 1980, studierte an der Technischen Universität München (TUM) Maschinenbau. Seit Dezember 2006 arbeitet er am Institut für Werkzeugmaschinen und Betriebswissenschaften (*iwb*) der TUM als wissenschaftlicher Mitarbeiter im Bereich Werkzeugmaschinen. Sein Forschungsschwerpunkt liegt in der Effizienzsteigerung der numerischen Simulation von Werkzeugmaschinen durch Einsatz moderner Modellordnungsreduktionsverfahren.

Dr.-Ing. Gregor Branner,
geb. 1980, studierte an der Technischen Universität München (TUM) Maschinenbau mit den Schwerpunkten Fahrzeug- und Motorentechnik sowie Produktionsmanagement. Von 2005 bis 2010 war er als wissenschaftlicher Mitarbeiter am Institut für Werkzeugmaschinen- und Betriebswissenschaften (*iwb*) tätig und leitete am *iwb* Anwenderzentrum das Forschungsfeld Rapid Manufacturing und das Geschäftsfeld Digitale Fabrik. Seit Juli 2010 ist er Mitarbeiter der Technologieentwicklung bei der AUDI AG.

Dipl.-Wirtsch.-Ing. Benjamin Frank Hueske,
geb. 1980, studierte an der TU Darmstadt Wirtschaftsingenieurwesen der Fachrichtung Maschinenbau. Seit Juli 2006 arbeitet er als wissenschaftlicher Mitarbeiter am Institut für Produktionsmanagement, Technologie und Werkzeugmaschinen (PTW) an der TU Darmstadt und leitet die Forschungsgruppe Produktion & Management. Sein Forschungsschwerpunkt liegt im Werkzeugmanagement für die Großserienfertigung.

Dipl.-Wirt.-Ing. Guido Rumpel,
geb. 1983, studierte an der Universität Rostock Wirtschaftsingenieurwesen der Fachrichtung Maschinenbau. Seit Mai 2007 ist er wissenschaftlicher Mitarbeiter und Oberingenieur am Institut für Produktionsmanagement, Technologie und Werkzeugmaschinen (PTW) an der TU Darmstadt tätig. Sein Forschungsschwerpunkt liegt auf der Gestaltung ganzheitlicher Produktionssysteme.

Dipl.-Ing. Hendrik Schellmann,
geb. 1982, studierte an der Technischen Universität München (TUM) Maschinenbau. Seit November 2006 arbeitet er am Institut für Werkzeugmaschinen und Betriebswissenschaften (*iwb*) der TUM als wissenschaftlicher Mitarbeiter im Bereich Produktionsmanagement und Logistik. Sein Forschungsschwerpunkt liegt auf der Bewertung von Flexibilität in Unternehmen und Wertschöpfungsnetzwerken.